Kunst-Reiseführer in der Reihe DuMont Dokumente

Zur schnellen Orientierung – die wichtigsten Orte und Sehenswürdigkeiten des südlichen Niedersachsens auf einen Blick:
(Auszug aus dem ausführlichen Ortsregister S. 387 ff.)

Alfeld	252	Hohenhameln	48
Amelungsborn	360	Holzminden	362
Apelern	293	Hornburg	134
Bad Gandersheim	259	Hülsede	296
Bad Harzburg	206	Katlenburg	271
Bad Lauterberg	226	Kemnade	356
Bad Münder	344	Königslutter	93
Bad Pyrmont	352	Lamspringe	257
Baum	327	Lucklum	109
Bevern	358	Marienburg	42
Braunlage	221	Marienrode	161
Braunschweig	66	Marienthal	106
Brüggen	251	Möllenbeck	332
Bückeburg	320	Münden (Hann.)	365
Bursfelde	364	Northeim	269
Clausthal-Zellerfeld	216	Oberkirchen	319
Clus	263	Osterode	229
Duderstadt	290	Riddagshausen	90
Einbeck	264	Riechenberg	203
Equord	65	Rinteln	327
Fischbeck	334	Salzdahlum	133
Fredelsloh	274	Salzgitter	136
Goslar	164	Saupark/Springe	45
Göttingen	277	Schöningen	107
Gronau	249	Söder	163
Hahnenklee	213	Springe	45
Hameln	337	Stadthagen	313
Hämelschenburg	350	St. Andreasberg	220
Hannover	22	Süpplingenburg	97
Hehlen	355	Uslar	275
Helmstedt	99	Walkenried	222
Herzberg	227	Wolfenbüttel	110
Hildesheim	139	Wülfinghausen	44

In der vorderen Klappe: Übersichtskarte Südliches Niedersachsen

In der hinteren Klappe: Stadtplan Hannover

G. Ulrich Großmann

Hannover
und das südliche Niedersachsen

Geschichte, Kunst und Landschaft zwischen
Harz und Weser, Braunschweig und Göttingen

DuMont Buchverlag Köln

Umschlagvorderseite: Königslutter, ehemalige Klosterkirche St. Peter und Paul
Umschlagklappe vorn: Hildesheim, St. Michael, Holzdeckenbemalung
Umschlagrückseite: Rinteln, Ortsansicht
Frontispiz: Hameln, Rattenfängerhaus, historische Ansicht, um 1880

© 1988 DuMont Buchverlag, Köln
2., durchgesehene und aktualisierte Auflage 1988
Alle Rechte vorbehalten
Satz und Druck: Rasch, Bramsche
Buchbinderische Verarbeitung: Bramscher Buchbinder Betriebe

Printed in Germany   ISBN 3-7701-1864-2

Inhalt

Vorbemerkung 7

Südliches Niedersachsen – Naturraum und Geschichte 8

Hannover 22

Das Umland Hannovers zwischen Deister und Braunschweig . . 41
    Marienburg 42
    Springe 46

Braunschweig 66

Rund um den Elm und Helmstedt 93
    Königslutter 93
    Helmstedt 99
    Wolfenbüttel 110
    Salzgitter 136

Hildesheim 139

Goslar, das Goslarer Land und der Oberharz 164
    Goslar 164
    Bad Harzburg 206

    Geologie und Bergbau im Oberharz 207
    Geologische Harzrundfahrt 210
    Rundfahrt zu Kunst, Kultur und Bergbau des Harzes 213

    Clausthal-Zellerfeld 216
    Kloster Walkenried 222
    Osterode 229

INHALT

Zwischen Harz und Solling 249
- Alfeld 252
- Bad Gandersheim 259
- Einbeck 264
- Northeim 269

Göttingen 277

Landkreis Schaumburg 293
- Stadthagen 313
- Bückeburg 320
- Rinteln 327

Weser und Solling 337
- Hameln 337
- Bad Pyrmont 352
- Münden 365

Weiterführende Literatur (Auswahl) 371

Glossar 373

Abbildungsnachweis 376

Praktische Reisehinweise 377
- Wege ins Südliche Niedersachsen 377
- Fahrrad 377
- Wandern 377
- Wassersport 377
- Wintersport 377
- Kurorte 378
- Kirchen und Schlösser 378
- Bergwerke 379
- Museen 379

Personen- und Ortsregister 383

Vorbemerkung

Der vorliegende Kunst-Reiseführer entstand in den Jahren 1985 bis 1987. Zahlreiche Besichtigungen teilweise privater und nur schwer zugänglicher Bauten waren nötig, um den Text aktuell abzufassen. Viele Privateigentümer erteilten geduldig Auskunft und nehmen in Kauf, daß in der Folge noch mehr Besucher um Einlaß bitten. Deshalb erhoffen sich Autor und Verlag Zurückhaltung bei jenen Gebäuden und Baudenkmälern, die als Privatwohnungen nicht zur Besichtigung vorgesehen sind. – Der Kunstreiseführer widmet sich der Architektur und Kunst in den südniedersächsischen Städten und Dörfern, Kirchen, Klöstern, Burgen und Schlössern. Bei einer der reichsten und dichtesten Kunstlandschaften in Deutschland sind aber auch Beschränkungen nötig. So kann auch auf die umfangreichen Bestände der Museen und Sammlungen nur verwiesen werden; Fremdenverkehrsinformationen (Verzeichnisse von Hotels und Gaststätten) sind über die Fremdenverkehrsämter und -vereine zu beschaffen.

Große Hilfe erfuhr der Verfasser durch wichtige und interessante Hinweise zahlreicher Kollegen, namentlich von D. Großmann (Marburg), H.-G. Griep (Goslar), Chr. Leiber (Holzminden), H. Masuch (Hannover, Institut für Denkmalpflege), K. B. Kruse (Hildesheim), A. Reuschel (Uslar), S. Schütte (Göttingen), den Besitzern der Schlösser Adelebsen (v. Metternich), Bevern (Kreis Holzminden), Hülsede (v. Bronsart), Münden (Stadtarchiv Münden) und Schwöbber (M. Cohrs) sowie der Deutschen Spezialglas AG (Grünenplan), den Schaubergwerken Lautental und St. Andreasberg, von den Stadtverwaltungen Braunschweig, Duderstadt, Goslar, Hameln, Helmstedt, Hildesheim, Münden, Osterode, Stadthagen, Wolfenbüttel und schließlich der Kurbetriebsgesellschaft ›Der Oberharzer‹. Den Text über die Geologie des Harzes verfaßte ein gelernter Bergmann, Regierungs-Gewerbedirektor Dipl.-Ing. Franz Hoppe (Detmold). Textdurchsicht und Ergänzungen nahm Katharina Hoppe (Marburg) vor. Viele Hinweise interessierter Leser konnten für diese neue Auflage berücksichtigt werden, einige neueste wissenschaftliche Erkenntnisse ließen sich einarbeiten. Auch für diese wertvollen Hinweise ist herzlich zu danken.

U. G., Juli 1988

Südliches Niedersachsen – Naturraum und Geschichte

›Südliches Niedersachsen‹ – das ist sicher keine geographische Bezeichnung mit gleicher Aussagekraft wie ›Oberbayern‹, ›Westfalen‹ oder ›Ostfriesland‹. Der Begriff benennt jedoch einen Raum von besonderer geschichtlicher Bedeutung und landschaftlicher Vielfalt zwischen Weser, Harz, Hannover, Braunschweig und Göttingen. Die einzelnen Landschaften sind ebenso berühmt wie ihre kulturell und historisch wichtigen Stätten.

Der Harz ist das höchste Gebirge in Westdeutschland nördlich des Mains. Die Teilung Deutschlands beließ ein Drittel des Gebirges im Westen. Es ist bis auf dessen höchste Erhebung, den 1142 m hohen, in der DDR gelegenen Brocken, der landschaftlich reizvollere Teil. Tiefe Täler schneiden in die bewaldeten Berge ein, künstliche Seen des Harzbergbaus bestimmen das Bild der Hochflächen und sind lohnende Wanderziele. Im Winter finden Skiläufer auf hochgelegenen Pisten eine feste Schneedecke vor, und bis April können Schnee und Eisglätte Winterreifen erforderlich machen, wenn die Straßen überraschend noch einmal weiß werden.

Eine sanfte Mittelgebirgslandschaft umschließt den Harz. Im Norden sind es die ausgedehnten Wälder des Elms und des Lappwaldes. Westlich des Harzes ziehen die Täler von Leine und Innerste den Besucher vor allem durch ihre Kulturstätten Hildesheim, Göttingen, Alfeld und Einbeck an. Das südliche Harzvorland bietet mit Duderstadt und dem Eichsfeld, frühgeschichtlichen und frühen mittelalterlichen Befestigungen auf kleinen Anhöhen, Quellteichen, Städtchen und Dörfern eine große landschaftliche und kulturelle Vielfalt. Im Süden leiten das enge Werratal und das blühende Zentrum der Keramikproduktion von Großalmerode nach Hessen über.

Der Erholungsuchende findet aber auch im Wesertal und den östlich sich anschließenden Hügelketten des Sollings, des Hils und des Deisters attraktive Ausflugsziele. Die Weser schlängelt sich von hier aus in weiten Kehren durch das Weserbergland und vermittelt vom Zusammenfluß der Fulda und der Werra bei Münden bis zum Übergang in die Niederdeutsche Tiefebene bei Minden immer wieder abwechslungsreiche Eindrücke. Südlich fügt sich das nordhessische Mittelgebirge, westlich der Weser die ostwestfälische Kulturlandschaft an. Dem ortsfremden Besucher wird jedoch der Wechsel von einem Bundesland in das andere kaum auffallen, auch wenn sich die kulturellen Gemeinsamkeiten manchmal hinter landespolitischen Barrieren zu verschanzen scheinen.

Der Solling ist bekannt für seinen roten schiefrigen Sandstein, der das Material für Dachdeckungen und Fassadengestaltungen der Häuser beidseits der Weser lieferte; den Hils verbindet man vor allem mit der Glasindustrie, beim Deister mag man außer an Kurbäder

Das Okertal am Harz, historische Ansicht

auch an den Saupark bei Springe denken. Das Wesertal selbst lädt zum Rad- und Wasserwandern ein, wenngleich die Salzfracht aus der DDR den Fluß für Heringe derzeit attraktiver macht als für Forellen. Bei diesem vieldiskutierten Problem scheint jedoch allmähliche Besserung in Sicht zu sein.

Wie die meisten Bundesländer ist auch Niedersachsen ein künstlicher Zusammenschluß aus mehreren bis 1946 unabhängig voneinander bestehenden Ländern. Seither bilden Braunschweig, Schaumburg-Lippe, Oldenburg und Hannover (bis 1945 preußisch) das Bundesland Niedersachsen. Sein Name unterscheidet es von ›Sachsen‹ bzw. ›Obersachsen‹, ohne jedoch ein geographischer Gegenbegriff wie etwa Niederbayern zu Oberbayern zu sein. Das Gebiet des heutigen Niedersachsens hatte schon einmal Sachsen geheißen, bevor der Titel des Herzogs von Sachsen und damit auch der Name Sachsen 1180 auf den Anhalt (Bernhard von Anhalt) übertragen worden war. Deshalb wählte man bei der Gründung des Bundeslandes 1946 den neuen Namen Niedersachsen.

Ende des 3. Jhs. gab es im Gebiet des heutigen Holsteins einen Stamm der Sachsen, der im Zuge der Völkerwanderung den Weg nach Süden antrat und sich auf mehr oder weniger

NATURRAUM UND GESCHICHTE

friedliche Weise im Raum der heutigen Bundesländer Niedersachsen und Westfalen festsetzte.

Als sich das sächsische Gebiet in karolingischer Zeit (8. Jh.) vergeblich gegen die Territorial-, Herrschafts- und Glaubensansprüche der fränkischen Könige (Karolinger) zur Wehr setzte, handelte Sachsen zum letzten Mal in der Geschichte als ein politisch zusammengehöriges Gefüge. Damals unterschied man Westfalen, Engern und (Ost-) Sachsen bzw. Ostfalen, wobei der östliche Teil von Engern und Ostfalen etwa das Gebiet einnahm, das in diesem Buch behandelt wird. 772 begann Karl der Große Sachsen zu unterwerfen und zu christianisieren. 782–785 kam es zu heftigen kriegerischen Auseinandersetzungen, den eigentlichen Sachsenkriegen, die Karl für sich entscheiden konnte. Sofort begann man zu missionieren und Sachsen dem fränkischen Herrschaftsbereich einzuverleiben. Bistümer wurden gegründet: 787 Bremen, später Verden an der Aller, Minden, Paderborn, Münster und Osnabrück, die dem Erzbistum Köln zugeordnet wurden, sowie Hildesheim und Halberstadt, die man dem Erzbistum Mainz eingliederte. Ludwig der Fromme schloß diese Gründungstätigkeit mit der Stiftung des Erzbistums Hamburg 836 ab.

Die sächsischen Adelsgeschlechter wurden jedoch nicht rigoros entmachtet, sondern behielten ihre politische Stellung unter der neuen fränkischen Oberherrschaft bei. Das einflußreichste sächsische Adelsgeschlecht, die zwischen Harz und Weser angesiedelten Liudolfinger, stieg durch seinen Sproß Heinrich sogar zur Königswürde auf: Mit den Stimmen der Franken wurde er zum gemeinsamen deutschen König Heinrich I. ernannt. Er begründete das sächsische Königsgeschlecht der Ottonen, das erst 1024 mit dem Tod Heinrichs II. ausstarb. Die Kernlandschaft des ottonischen Königtums umfaßte den überwiegend am südlichen Harzrand vor Duderstadt gelegenen Bereich um die Pfalzen Werla, Grone und Pöhlde.

Die sächsische Königsherrschaft endete konfliktträchtig: Die fränkischen Salier, denen später die Königswürde übertragen wurde, hatten Zugang zu den sächsischen Königsgütern

Siegel Heinrichs I.

im Bereich des Harzes und damit auch zum Harzbergbau erhalten, der in Goslar etwa seit dem Jahr 1000 seinen Aufschwung nahm. Der salische König Heinrich IV. versuchte durch die Gründung der Harzburg ab etwa 1068 seinen Einflußbereich militärisch zu sichern. Er scheiterte jedoch am Widerstand des sächsischen Adels, dem auch Stifte und Klöster als Stützpunkte gegen die Salier dienten. Verteidigungszwecke erfüllte etwa das Stift Gandersheim, das von Liudolfingern gegründet worden war und dem Königshaus später eng verbunden blieb, als keine Sachsen mehr auf dem Thron saßen.

Eine Blütezeit erlebte das Bistum Hildesheim. Die ebenso politisch einflußreichen wie geschickten Bischöfe Bernward (sein Schüler war u. a. der spätere Kaiser Otto III.), Godehard, Azelin, Hezilo und Bernhard bauten ab der Jahrhundertwende bis ins 12. Jh. hinein Stadt, Dom und Stifte aus und begründeten die Bedeutung Hildesheims als Bistum und Territorialstaat. Verstärkt wurde der damalige Ruhm Hildesheims durch die Heiligsprechung der Bischöfe Bernward und Godehard im 12. Jh.

Obwohl der sächsische Adel verhinderte, daß der Salier Heinrich IV. weitere Burgen errichtete, behielt dieser in Goslar eine gesicherte Position und nutzte gewinnträchtig den Bergbau am Rammelsberg. Heinrich gewährte Goslar ›Reichsunmittelbarkeit‹, wodurch die Stadt herzoglichem Einfluß entzogen und statt dessen direkt vom König abhängig wurde. Für Goslar bedeutete dies eine langewährende Festschreibung der 1340 erneut bestätigten reichsunmittelbaren Stellung und eine erhebliche Selbständigkeit. Erst als die Könige und Kaiser wieder an Einfluß verloren, wurde es den Territorialherren der Umgebung möglich, Goslar in ihre politische und wirtschaftliche Abhängigkeit zu bringen und die Stadt im 16. Jh. schließlich ganz für sich zu gewinnen.

Heinrich V. setzte die Bemühungen seines Vorgängers fort, auf sächsischem Boden Fuß zu fassen. Ihm trat jedoch Lothar von Supplinburg entgegen, der sich nicht nur in der direkten Auseinandersetzung mit dem Salier behaupten konnte, sondern vor allem durch die Wahl zum deutschen König 1125 sehr an Bedeutung gewann. Seine Heirat mit der Billungerin Richenza von Northeim machte ihn auch innerhalb Sachsens politisch stark. Zum Aufbau eines neuen sächsischen Königtums kam es nicht. Schon 1137 starb der Herrscher, ohne einen direkten Nachkommen und Thronfolger hinterlassen zu haben. Sächsischer Erbe Lothars von Supplinburg und der Billunger wurde Heinrich der Löwe. War sein Großvater, der Welfe Heinrich der Schwarze, vermählt mit Wulfhilde Billung, nur Herzog von Baiern gewesen, so erlangte sein Vater Heinrich der Stolze auch die sächsische Herzogswürde. Durch dessen Ehe mit der Kaisertochter Gertrud von Supplinburg konnte er zugleich das Northeimer, Brunonische und Supplinburgische Erbe an sich ziehen. Nutznießer wurde sein Sohn Heinrich der Löwe, dem 1142 die Herzogswürde von Sachsen und 1156 auch von Baiern verliehen wurde. Heinrich der Löwe hatte sich im Reich nach dem Kaiser die stärkste politische Stellung aufgebaut. Seinen Einfluß sicherte und förderte er durch Gründungen wie durch Zerstörungen. Das rief auf die Dauer den Widerstand benachbarter und betroffener Herrscherhäuser hervor. Doch zunächst fand er beim Kaiser, seinem Vetter Friedrich I. (Barbarossa), Rückhalt. Es entstand Lübeck, seine wichtigste Stadtgründung, und Braunschweig wurde als Residenz entscheidend gefördert.

NATURRAUM UND GESCHICHTE

Die ständische Gliederung der mittelalterlichen Gesellschaft. Miniaturen aus dem sächsischen Land- und Lehnsrecht

Als Heinrich der Löwe eine weitere Ausdehnung seines Herrschaftsbereichs zur Bedingung für die Gefolgschaft bei einem Kriegszug Barbarossas in Italien machte, fanden die sächsischen Fürsten mit ihren Klagen gegen Heinrich ein offenes Ohr beim Kaiser. Da Heinrich einer Vorladung vor seinen Vetter nicht Folge leistete, wurde er 1180 durch einen Gerichtsspruch mit der Acht belegt, sein Herzogtum aufgelöst, und die zu seinen Stammlanden hinzuerworbenen Gebiete wurden anderen Territorialfürsten zugewiesen. Den Herzogentitel teilten sich von nun an die Erzbischöfe von Köln, die Engern und Westfalen als Herzogtum erhalten hatten, und Bernhard von Anhalt, der sich nun Herzog von Sachsen nannte und so elbaufwärts für die Ausbreitung des Namens ›Sachsen‹ sorgte. Heinrich der Löwe blieb jedoch ein ernstzunehmender Herrscher in Sachsen, denn der Kaiser beließ ihm seine sächsischen Stammlande zwischen Braunschweig und Lüneburg, nachdem er sich ihm 1181 doch noch unterworfen hatte. Der politische Werdegang Heinrichs des Löwen ist für das hohe Mittelalter durchaus typisch: Schon der berühmte Bußgang Heinrichs IV. nach Canossa 1077 hatte gezeigt, daß der Königstitel nicht mehr ausreiche, immer und überall im Reich uneingeschränkt Machtpolitik betreiben zu können. Kleineren Grafen und Fürsten

gelang es zunehmend erfolgreich, ihre eigenen Privilegien zu verteidigen und gegen erstarkende Zentralgewalten zu opponieren. Indessen verhinderte der Sturz eines Herrschers nicht den Wiederaufstieg der Nachkommen in Ämter und Würden. Auch Heinrichs des Löwen Sohn Otto genoß als Gegenkönig zu dem Staufer Philipp von Schwaben schon 1198 überregionales Ansehen, wurde nach dessen Tod 1209 alleinherrschender König und im selben Jahr als Otto IV. sogar zum Kaiser gekrönt. Nachdem er jedoch versucht hatte, die Reichshoheit auf Mittelitalien auszudehnen und das Königreich Sizilien zu erobern, bannte ihn der Papst und nahm den Sachsen damit erneut den Königsthron.

Mit Friedrich II. erlangte 1212 ein Staufer die Königswürde und wurde 1220 zum Kaiser gekrönt. In Sachsen selbst hatte 1202 unter den Söhnen Heinrichs des Löwen die erste Erbteilung des welfischen Territoriums stattgefunden, bei der Otto IV. nur den braunschweigischen Landesteil erhalten hatte. Nach seinem Tod und dem seines Bruders Heinrich wurde das sächsische Stammland bis 1227 zunächst wiedervereinigt. Durch die Verleihung eines neuen Herzogtitels entstand 1235 das Herzogtum Braunschweig-Lüneburg, dessen erster Herzog Otto das Kind, ein Enkel Heinrichs des Löwen wurde. Nach Ottos Tod 1267 wurde das Herzogtum aufgeteilt. Die Linie Lüneburg bestand selbständig neben der Braunschweiger Linie weiter, die 1291 eine nochmalige Aufteilung in die Unterlinien Braunschweig-Wolfenbüttel, Grubenhagen (bei Einbeck) und Göttingen-Calenberg erfuhr. In den folgenden etwa 350 Jahren erlebte das Herzogtum in unregelmäßigen Abständen knapp ein Dutzend weitere Teilungen und Wiedervereinigungen. Sie endeten damit, daß 1635 Lüneburg erneut abgetrennt und das Braunschweiger Gebiet in die Linien Grubenhagen-Göttingen-Calenberg sowie Wolfenbüttel aufgeteilt wurde. Das bedeutete aber nicht, daß es zeitweilig bis zu vier Herzogtümer statt eines gegeben hätte, denn man verstand das Herzogtum immer als ein zusammenhängendes Territorium; es kam aber vor, daß die herzoglichen Linien bei Auseinandersetzungen mit Dritten unterschiedlich Partei ergriffen. In der ›Hildesheimer Stiftsfehde‹, die 1519–23 wegen Unstimmigkeiten bei Pfandeinlösungen zwischen dem Hildesheimer Bischof und dessen Landadel entbrannte, kämpfte Lüneburg beispielsweise auf seiten des Bischofs, während Wolfenbüttel und Calenberg auf seiten des Landadels standen. Diese beiden Linien vereinnahmten als Sieger einen Teil des Hildesheimer Territoriums, nachdem der Kaiser den Bischof und Herzog von Lüneburg durch die Reichsacht zur Unterwerfung gezwungen hatte.

Der Reformation schlossen sich die Linien zu verschiedenen Zeitpunkten an, und die Einführung der neuen oder die Wahrung der alten Lehre wurde mit unterschiedlichem Eifer betrieben. In Lüneburg führte man die Reformation schon 1526 ein, während Ernst von Calenberg weiterhin katholisch blieb. Heinrich d. J. von Wolfenbüttel vertrat den katholischen Glauben sogar sehr kämpferisch, wurde aber durch den ›Schmalkaldischen Bund‹ vertrieben, der sich 1531 unter Führung von Kursachsen und Hessen zur Verteidigung der protestantischen Länder gegen die kaiserliche Religionspolitik gebildet hatte. 1547 setzte ihn der Kaiser wieder ein, nachdem der Schmalkaldische Bund im gleichnamigen Krieg zerschlagen worden war.

Kriegsrat im Schmalkaldischen Krieg. Aus dem 1559 erschienenen Kriegsbuch Reinhardts d. Ä.

Während der Reformationszeit nahm der Harzbergbau einen neuen Aufschwung. Ein Edikt Kaiser Karls V. sicherte 1525 den Landesherren die Rechte für den Bergbau und die daraus resultierenden Gewinne zu. Diese waren beträchtlich und dürften auf Kosten der Städte mit zum Erstarken des Feudaladels beigetragen haben. Überdies erleichterte eine gestraffte Verwaltung den Landesherren ihre uneingeschränkte, frühabsolutistische Herrschaft, weil sie einen besseren Überblick über ihre Untertanen und deren Abgaben ermöglichte.

Der aus den Bauernunruhen des späten 15. Jhs. erwachsene Bauernkrieg von 1525 erfaßte Niedersachsen nur am Rande. Das ›Maierrecht‹, das den Bauern zwar auch hier unter eine Grundherrschaft stellte, ihn jedoch persönlich frei beließ (er war also nicht leibeigen), dürfte für diese relative Ruhe Voraussetzung gewesen sein. Eines der Zentren der Bauernkriege war allerdings der nördliche thüringische Raum, und von hier aus übertrugen sich die Auseinandersetzungen auf das seither zerstörte Kloster Walkenried.

Der Dreißigjährige Krieg (1618–1648) führte nach einer Zeit wechselnder wirtschaftlicher Blüten und Krisen im 16. Jh. zur Entmachtung der Städte und Unterjochung des Landes, denn nur der Adel verfügte über finanzielle Mittel zur Aufstellung eines eigenen Heeres; zudem griffen ausländische Mächte in den Krieg ein, um die religiöse Zerrissenheit des Reiches für sich zu nutzen. 1626 siegte Tilly jedoch in der Schlacht bei Lutter am Barenberge über den Dänenkönig Christian IV. und konnte weite Teile Norddeutschlands für die katholische Seite gewinnen. Drei Jahre später forderte Kaiser Ferdinand II. mit dem ›Restitutionsedikt‹ die Rückgabe aller seit dem Passauer Vertrag (1552) von den Protestanten eingezogenen Stifte und Kirchengüter. Als die Schweden 1630 in das Kriegsgeschehen eingriffen, zog die Kriegsfront erneut über Norddeutschland hinweg. Das Herzogtum Braunschweig-Lüneburg, das auf ein eigenes Heer verzichtet hatte, mußte Gebiete an Hildesheim abtreten, seine Grafschaft Schaumburg ging 1647 an Hessen über, während der andere Landesteil (Bückeburg und Stadthagen) an eine Linie der Grafen von Lippe fiel. Die Festung Calenberg war derart beschädigt worden, daß 1636 ein neuer welfischer Regierungssitz in Herrenhausen bei Hannover gegründet wurde, der in vorübergehende Konkurrenz zu Wolfenbüttel (Salzdahlum) trat und zur wichtigsten Barockresidenz des Landes werden sollte.

Als das Kurfürstentum Pfalz nach Aussterben des protestantischen Hauses Pfalz-Simmern 1685 an einen Katholiken überging, waren die protestantischen Kurfürsten im sogenannten Kurkolleg, dem Gremium, das allein zur Wahl der deutschen Könige berechtigte, unterrepräsentiert. Mit Erfolg forderte Herzog Ernst August von Braunschweig-Lüneburg-Calenberg daraufhin von König Leopold I. eine neue Kurwürde für sich und sein Haus. Auf diese Weise stieg das Herzogtum Calenberg (Hannover) 1692 zum Kurfürstentum auf. Angesichts der Kinderlosigkeit des englischen Königspaares wurde um 1700 das Haus Hannover erbberechtigt, dessen Kurfürstin Sophie eine Enkelin des ehemaligen englischen Königs Jakob I. war. Sie setzte ihren Sohn Georg Ludwig 1714 als Georg I. auf den englischen Königsthron und begründete damit eine bis 1837 währende Herrschaft in ›Personalunion‹ zwischen Hannover und London. Im Herzogtum Calenberg regierte während dieser Zeitspanne ein Geheimer Rat das Land.

NATURRAUM UND GESCHICHTE

1794 war der linksrheinische Teil des Deutschen Reiches besetzt und Frankreich im Frieden von Lunéville zugesprochen worden. Im sogenannten Reichsdeputationshauptschluß ordnete der Reichstag daraufhin 1803 die rechtlichen und politischen Grundlagen des alten Reiches neu. Als Entschädigung für ihre territorialen Verluste westlich des Rheins sprach er den weltlichen Herrscherhäusern rechtsrheinische Gebiete zu, die der Kirche entzogen wurden. 1805 rückten die napoleonischen Truppen erneut vor und besetzten bis 1806 ganz Westfalen, Hessen und die welfischen Herzogtümer. Napoleon gründete an ihrer Stelle ein Königreich Westphalen mit der Hauptstadt Kassel und setzte als König seinen Bruder Jérôme ein. Die straffe Verwaltung dieser Zeit und die Gewerbefreiheit (z. B. zahlreiche Mühlengründungen) hatten wirtschaftliche und strukturelle Auswirkungen über die napoleonische Besatzungszeit hinaus, die mit den Befreiungskriegen 1813 selbst ein Ende fand. Der Wiener Kongreß sorgte 1815 nach dem endgültigen Sieg über Napoleon in Europa für ein Mächtegleichgewicht, das im Deutschen Reich u. a. zu einer starken Reduzierung der Kleinstaaterei führte. Übrig blieben im südlichen Niedersachsen das Königreich Hannover unter Einschluß von Hildesheim und Goslar, das Herzogtum Braunschweig und das Land Schaumburg-Lippe, das sich seit 1807 unangefochten, jedoch ohne eine offizielle Verleihung des Titels, als Fürstentum bezeichnete. Hannover blieb durch König Wilhelm IV. mit dem englischen Königshaus verbunden, bis nach dessen Tod 1837 ein unterschiedliches Erbrecht die Personalunion beendete; in London bestieg Königin Viktoria den Thron, in Hannover Ernst August, der den Titel ›König von Hannover‹ erhielt. Widerrechtlich schränkte er die liberale Verfassung des Landes, das 1833 erlassene ›Hannoversche Staatsgrundgesetz‹, ein und löste damit den berühmt gewordenen Protest sieben Göttinger Professoren aus, unter denen sich auch Jakob und Wilhelm Grimm befanden. Einer ersten reaktionären Phase folgte bald eine zweite. Nationale, soziale und konstitutionelle Forderungen wurden laut. Sie gipfelten in der Revolution von 1848 und führten zur Bildung der ersten deutschen Nationalversammlung, dem Frankfurter Parlament. Die politische Reaktion der anschließenden Jahre ruinierte das Erlangte; die in der Paulskirche beschlossenen Grundrechte wurden wiederaufgehoben, und wenige Jahre später trug auch Preußen dazu bei, die demokratischen Ansätze endgültig zu zerstören. Mit militärischer Gewalt dehnte es seinen Machtbereich aus und zwang manchen kleineren Staat wie z. B. Lippe und Schaumburg-Lippe, sich mit der deutschen Großmacht zu arrangieren, um seine Souveränität zu bewahren. Das Kurfürstentum Hessen-Kassel hingegen wurde annektiert und Hannover eine Provinz Preußens, nachdem 1866 preußische Truppen einmarschiert waren und König Georg V. abgesetzt hatten. Bis 1870 verband sich angesichts der deutsch-französischen Auseinandersetzungen liberales und deutsch-nationales Gedankengut mit dem reaktionärer Kreise und wirkte seit 1871, der Gründung des Deutschen Reiches, stabilisierend für das Kaisertum. Preußen übernahm die politische Führung, stellte Kaiser sowie Reichskanzler und konzentrierte die Staatsverwaltung in Berlin, wo seither beispielsweise auch über staatliche Baumaßnahmen und Denkmalpflegefragen entschieden wurde.

Nach dem Ersten Weltkrieg erklärten sich Braunschweig und Schaumburg-Lippe zu Freistaaten und verabschiedeten 1921 bzw. 1922 eigene Verfassungen. Der Nationalsozialis-

Hannover von Nordosten, Radierung von 1768

mus faßte hier sehr unterschiedlich schnell Fuß. In Schaumburg-Lippe mußte erst ein Reichskommissar für die Ablösung der gewählten Regierung sorgen. In Braunschweig hingegen erleichterte man Hitler durch Verleihung der deutschen Staatsbürgerschaft den Weg zum Kanzleramt und mußte zulassen, daß Heinrich der Löwe zum Symbol deutscher Mannhaftigkeit stilisiert und der Dom zum Staatsdom umfunktioniert wurde. Der Nationalsozialismus hinterließ nicht nur mittelbar seine Spuren durch kriegszerstörte Städte wie Hannover, Braunschweig und Hildesheim, sondern auch unmittelbar durch Bauten der Macht und des Terrors.

Am 1. November 1946 wurde das Land Niedersachsen mittels Zusammenschluß der vor 1933 selbständigen Länder gebildet, 1947 trat ein erstes gewähltes Parlament zusammen. Trotz großer Wiederaufbauleistungen konnten die zerstörten Stadtbilder nicht in alter Schönheit wiederhergestellt werden, und manch ein bedeutendes Bauwerk wurde sogar ohne Not zusätzlich abgebrochen. Ökonomisch entwickelte sich das landwirtschaftlich geprägte Bundesland weniger schnell als andere Länder. Was damals als Nachteil empfunden werden konnte, wirkt sich heute positiv auf die niedersächsischen Natur- und Kulturlandschaften aus, die weit weniger zerstört wurden als andere. Davon profitieren nicht nur die ausgesprochenen Fremdenverkehrsregionen Niedersachsens zwischen Harz und Weser.

NATURRAUM UND GESCHICHTE

Zeittafel historischer Persönlichkeiten

Deutsche Könige/Kaiser	Hildesheimer Bischöfe	Herzöge von Sachsen und Welfen	Zeitgenössische Baudenkmale
Karolinger			
768–814 Karl d. Große			
814–840 Ludwig d. Fromme	828–835 Günther		
843 Reichsteilung	836–848 Ebo	**Liudolfinger**	
843–876 Ludwig II.		880–912 Otto I.	856/881 Gandersheim I
900–911 Ludwig das Kind	903 Walbert		
911–918 Konrad I.	919 Sieghart	912–936 Heinrich I.	Um 900/950 Möllenbeck I
Ottonen			
919–936 Heinrich I.	928 Diethart	936–961 Otto II.	
936–973 Otto I.	944 Othwin	**Billunger**	
973–983 Otto II.		961–973 Hermann Billung	Nach 1000 Goslar, Pfalz
983–1002 Otto III.	993–1022 Bernward (Hl.)	973–1011 Bernhard I.	Um 1010/33 Hildesheim, St. Michael
1002–1024 Heinrich II.			
Salier (Franken)			
1024–1039 Konrad II.	1022–1038 Godehard (Hl.)	1011–1059 Bernhard II.	1050 Goslar, Domweihe
1039–1050 Heinrich III.	1038–1044 Dietmar	1059–1072 Ordulf	Um 1050/80 Hildesheim, Dom
1056/1106 Heinrich IV.	1044–1054 Azelin	1072–1106 Magnus	
1106–1125 Heinrich V.	1054–1079 Hezilo	Supplinburg:	
	1079–1114 Udo	1106–1127 Lothar (dann Kaiser, Vorfahr: Graf v. Northeim)	Ab 1130 Süpplingenburg

Deutsche Könige/Kaiser	Hildesheimer Bischöfe	Herzöge von Sachsen und Welfen	Zeitgenössische Baudenkmale
Sachsen			
1125–1137 Lothar v. Supplinburg	1114–1119 Bruning	1127–1138 Heinrich d. Stolze	1135–n. 1150 Königslutter, Stiftsk.
Staufer			
1127–1152 Konrad III.	1119–1130 Berthold I.	1138–1142 Albrecht der Bär	1133–72 Hildesheim, St. Godehard
1152–1190 Friedrich I. Barbarossa	1130–1153 Bernhard I. 1153–1160 Bruno	1142–1180 Heinrich der Löwe	Ab 1173 Braunschweig, Stiftskirche
1169–1197 Heinrich VI.	1160–1171 Hermann	1195 Erste Erbteilung in Herzogtum Br. und Lü.	Um 1173/1220 Goslar, Neuwerkkirche
1198–1208 (Philipp v. Schwab. u. Otto IV. von Br. als Gegenkönig)	1171–1190 Adelog	1235–1250 Otto I. d. Kind	
1210–1250 Friedrich II.	1193–1197 Conrad I.	1267 Teilung Br. u. Lü.	1216–75 Riddagshausen, Kloster
1237–1254 Konrad IV.	1211–1246 Conrad II.	Albrecht I. von Br.-Grubenh.	Um 1240 Wiebrechtshausen, Klosterkirche
	1260–1279 Otto I. v. Woldenbg.	Johann I. von Lü.	1276 Göttingen, Rote Str. 25 (hier ältestes erhaltenes Fachwerk)
Häuser Habsburg, Nassau, Wittelsbach, Luxemburg			
1273–1291 Rudolf von Habsbg. 1292–1298 Adolf von Nassau	1279–1310 Siegfried II.	1286 Linie Göttingen begründet	
1298–1308 Albrecht I. v. Habsb.			1275–1506 Einbeck, Stiftskirche
1308–1313	1310–1318		Um 1300 Duderstadt, Rathaus

NATURRAUM UND GESCHICHTE

Deutsche Könige/Kaiser	Hildesheimer Bischöfe	Herzöge von Sachsen und Welfen	Zeitgenössische Baudenkmale
Heinrich VII. v. Lux. 1314–1347 Ludwig d. Bayer 1346–1378 Karl IV. (Kaiser ab 1335)	Heinrich II. 1319–1331 Otto II. 1331–1361 Heinrich III.		Um 1335/53 Hannover, Marktkirche
		Linien Br.-Ca. und Br.-Lü.	Ab 1394 Duderstadt, St. Cyriakus
1378–1400 Wenzel v. Böhmen	1365–1413 Gerhard v. Berge	1400–1416 Heinrich II. von Br.-Lü.	1479–1505 Möllenbeck, Kloster
1400–1410 Rupprecht III. v. d. Pfalz		1416–1482 Wilhelm I. von Br.-Lü.	1529 Hülsede, Schloß
1410–1437 Sigismund		1482–1495 Friedrich II. von Ca.	1534–38 Stadthagen, Schloß
1438–1439 Albrecht V. (als Kaiser: II.) v. Österr.		1495–1540 Erich I. von Ca.	1559–1556 Uslar, Schloß
		1540–1584 Erich II. von Ca.	Ab 1562 Münden, Schloß
1440–1493 Friedrich III.		1514–1568 Heinrich II. von Wo.	1547–89 Wolfenbüttel, Schloß
Haus Habsburg 1493–1519 Maximilian I.		1568–1589 Julius von Wo.	
1519–1556 Karl V.	1502–1527 Johann IV.	1589–1613 Heinrich Julius von Wo.	Ab 1608 Wolfenbüttel, Hauptkirche
1556–1564 Ferdinand I.		1613–1634 Friedrich Julius von Wo.	
1564–1576 Maximilian II.		1559–1592 Wilhelm von Br.-Lü.	1603–12 Bevern, Schloß
1576–1612 Rudolf II.		1592–1611 Ernst II. von Br.-Lü.	
1612–1619 Matthias		1611–1633 Christian von Br.-Lü.	ab 1613 Wolfenbüttel, Zeughaus
		1636–1648 Friedrich von Br.-Lü.	1634–42 Clausthal, Kirche

Deutsche Könige/Kaiser	Hildesheimer Bischöfe	Herzöge von Sachsen und Welfen	Zeitgenössische Baudenkmale
1619–1637 Ferdinand II.	1612–1650 Ferdinand	1635–1666 August von Wo. u. Dannenberg	
1637–1657 Ferdinand III.	1650–1687 Maximilian Heinrich		ab 1666 Hannover-Herrenhausen, Großer Garten
1658–1705 Leopold I.	1688–1702 Jobst Edmund Fürstbischöfe	1704–1714 Anton Ulrich v. Wo. 1714–1731 August Wilhelm von Wo.	1688–94 Salzdahlum, Schloß 1693 Brüggen, Schloß
1705–1711 Josef I.	1702–1723 Josef Clemens	1665–1679 Joh. Friedr. v. Br.-Lü.-Ca.	
1711–1740 Karl VI.	1724–1761 Clemens August	1679–1698 Ernst August I., ab 1692 Kurfürst	1711–18 Hannover, Clemenskirche
1745–1765 Franz I. (verh. m. Maria Theresia)	1763–1785 Wilhelm v. Westph.	1698–1727 Georg Friedrich, ab 1714 Georg I., König von Großbritannien	1694–98 Hann.-Herrenhausen, Galerie
Haus Habsburg-Lothringen 1765–1790 Josef II. 1790–1892 Leopold II. 1792–1806 Franz II.	1789–1802 Franz Egon	1727–1760 König Georg II. 1760–1820 König Georg III. 1820–1837 König Georg IV. 1837–1851 König Ernst August II. 1851–1866 König Georg V.	ab 1769 Hann.-Herrenh., Georgengarten 1769 Braunschweig, Schloß Richmond 1835–37 Göttingen, Aula Universität 1842–43 Springe, Jagdschloß 1858–67 Marienburg bei Pattensen

Abkürzungen: Br(aunschweig) Ca(lenberg) Wo(lfenbüttel) Lü(neburg)

Die Zeittafel benennt historische Persönlichkeiten, die für das vorliegende Buch von Interesse sind. Die Jahreszahlen geben ihre jeweilige Regierungs- bzw. Amtszeit an. Die Bauten stehen mit den zeitgleich aufgeführten Persönlichkeiten im Zusammenhang oder dienen dem Vergleich.

Hannover

Die mit weit mehr als einer halben Million Einwohnern zweitgrößte norddeutsche Stadt hatte keineswegs immer ihre heutige Bedeutung. 1636 wurde Hannover Residenz, und erst seither überflügelte die Stadt historisch wichtigere Städte wie Goslar, Hildesheim und Braunschweig.

An Stelle älterer Besiedlungen auf hochwasserarmen Terrassen in der Leineaue, darunter das im 10. Jh. gegründete Dorf Tigislege, war bis Mitte des 12. Jhs. die vicus honovere genannte Kaufmannssiedlung entstanden. Bereits im frühen 12. Jh. hatten die Grafen von Roden den Ort in Nachfolge der 1106 ausgestorbenen Billunger zum Lehen erhalten. Nach 1141 verleibte Heinrich der Löwe die Siedlung seinem Hoheitsbereich ein; bei der Gebietsteilung des sächsischen Stammlandes unter seinen Söhnen gehörte Hannover zum Besitz des Pfalzgrafen Heinrich.

1186 wurde die Stadt durch den Staufer und späteren Kaiser Heinrich VI. zerstört, und anschließend baute man sie auf etwas geändertem Grundplan wieder auf; 1241 bestätigte Herzog Otto von Braunschweig der Stadt ihre Rechte. Obgleich Hannover während des 13. und 14. Jhs. eine relativ große, für die meisten mittelalterlichen Städte durchaus übliche Selbständigkeit gegenüber dem Landesherrn erlangte, entwickelte sich die Stadt nicht zu einer ›Metropole‹, wie das für Braunschweig, Lüneburg oder Goslar zu beobachten war. Dies äußert sich etwa in der geringen Anzahl bedeutender Kirchen. Allerdings war auch Hannover im 15. Jh. noch stark genug, um 1464 die herzogliche Burg Calenberg erobern zu können.

Nach sozialen Unruhen vollzog sich während der Reformation 1532/33 eine Änderung in der Zusammensetzung des Rates auf Kosten des Patriziats und zugunsten der handwerklichen Bürgerschaft. Diese hatte zuvor auf dem Marktplatz demonstrativ für die Einführung des neuen Glaubens votiert. Wirtschaftliche und politische Änderungen, die in den Dreißigjährigen Krieg einerseits und in die absolutistische Herrschaft des Herzogs andererseits mündeten, nahmen der Stadt jedoch ihre Selbständigkeit: Herzog Georg von Calenberg war militärisch stark genug geworden, Hannover zur Residenz und das ehemalige Minoritenkloster zu seinem Residenzschloß zu machen.

Westlich der Leine wurde die Calenberger Neustadt gegründet, gleichzeitig entstand ein Wirtschaftshof im Dorf Haringhausen, der 1665 in die Sommerresidenz Herrenhausen umgewandelt wurde. Die (Alt-)Stadt hatte zu dulden, daß die Calenberger Neustadt, die an Stelle einer zerstörten mittelalterlichen Ansiedlung gegründet worden war, in das Befestigungssystem einbezogen wurde. Als Herzog Ernst-August 1692 die Kurwürde erhielt, stieg

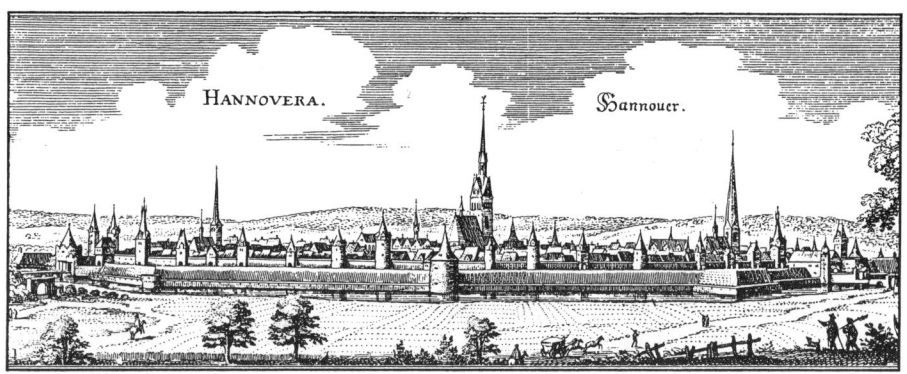

Hannover von Osten, Kupferstich von Matthäus Merian

Hannover zur Kurfürsten- und ab 1837, mit Verleihung des Königstitels, zur Königsresidenz auf. 1866 wurde die Stadt von Preußen annektiert. Eingemeindungen der Jahre 1859 (Vorstadt), 1891 (List, Herrenhausen), 1907 (mehrere Landgemeinden), 1920 (Linden) und 1974 (Misburg und mehrere Gemeinden) ließen die Stadt von rund 150 ha auf 20415 ha Grundfläche mit nunmehr etwa 570000 Einwohnern anwachsen. Trotz größerer Straßendurchbrüche und Kriegszerstörungen ist der elliptische Altstadtgrundriß noch erkennbar. Die Hauptachsen bilden die *Schmiede-* und *Marktstraße* im Osten sowie die *Knochenhauer-* und *Köbelingerstraße* im Westen, die die Baublöcke mit dem *Alten Rathaus* und der *Marktkirche* umschließen. Etwa parallel dazu verlaufen weiter im Westen die *Burg-* und *Leinestraße* sowie im Osten die *Osterstraße*. Sie alle sind von Nordwest nach Südost, also leineparallel, orientiert, durch etliche Querstraßen miteinander verbunden und treffen an den beiden Ortsausgängen wieder zusammen, wie es bei Stadtgründungen des 12. Jhs üblich war.

Der heutigen *Marktkirche St. Georg und Jakob* im Zentrum Hannovers ging ein einschiffiger, kreuzförmiger Bruchsteinbau des 12. Jhs. voraus. Um 1335 wurde mit dem Neubau begonnen, dessen Außenwände den romanischen Bau vollständig umschlossen, 1347 erhielt der neue Westturm sein Fundament. 1349 brach man die romanische Kirche ab, ihr Mauerwerk konnte jedoch teilweise für die neuen Pfeilerfundamente verwendet werden (heute im ›Bödekersaal‹ unter der Kirche sichtbar). Die Einwölbung wurde 1352 vorgenommen, der Turmbau zog sich noch bis 1366 hin. Als Baumaterial der Kirche diente Backstein, wie er aus Lüneburg und Lübeck geläufig ist, nur für Sockel, Gesimse und Kapitelle wurde Werkstein verwendet. Backsteinsichtig ist die Kirche vor allem im Innern jedoch erst seit dem Wiederaufbau 1946–52 (Architekt Dieter Oesterlen), wodurch der ›materialgerechte‹ Eindruck entstand, der nicht für das Mittelalter, sondern das 20. Jh. typisch ist und aus St. Georg und Jakob eine modern empfundene Kirche in historischem Gehäuse werden ließ.

Das gotische Gotteshaus ist eine dreischiffige, fünfjochige Hallenkirche mit drei Apsiden. An ein schmales Chorjoch sind eine Siebenzehntel Hauptapsis und zwei Fünfzehntel-

Nebenapsiden angefügt, die im Grundriß auf St. Petri in Soest zurückgehen und eine gewisse Parallele zur Soester Kirche St. Maria zur Wiese (begonnen vermutlich 1331) aufweisen.

Auf den Turm der Lüneburger Johanniskirche verweist hingegen der 97 m hohe Westturm, der jedoch weitaus bescheidener gegliedert ist als jener. Die Giebeldreiecke am Turm sind im Osten mit dem Pentagramm, an Nord- und Südseite mit dem Hexagramm (Davidstern, Symbol des Alten Bundes) und im Westen mit dem Kreuz Christi versehen. Das Bronzeportal schuf Gerhard Marcks 1959. Es zeigt den segnenden Christus, darunter Krieg und Frieden (Zwietracht und Eintracht) in einer zwar drastischen, aber auf tatsächliche Kriegsursachen doch kaum eingehenden Darstellungsweise. Künstlerisch bezieht sich Marcks auf frühromanische Bronzearbeiten, besonders auf die Bernwards-Türen im Hildesheimer Dom (Abb. 36). An den Figuren des 1852–55 wiederhergestellten Westportals war Ernst Bandel maßgeblich beteiligt. Während einer finanziell bedingten Pause beim Bau des Detmolder Hermannsdenkmals hatte er seine Werkstatt nach Hannover verlegt und hier vor allem an weiteren Entwürfen der Hermannsstatue gearbeitet. Die Denkmäler Pastor Bödekers und Martin Luthers bei der Kirche schuf Carl Dopmeyer 1879/80 bzw. um 1890.

Mächtige ziegelgemauerte Langhauspfeiler mit schlanken, profilierten Diensten und kleinen Kapitellen tragen breite Scheidbögen sowie schlanke Gurtbögen und Rippen. Die Halle ist hier deutlich als gerichteter Raum empfunden und nicht als richtungsloser Einheitsraum zu verstehen. Von der historistischen Ausmalung Hermann Schapers (1893) sind nur geringe Reste im Chor erhalten geblieben (Verkündigung an Maria, Ausgießung des Heiligen Gei-

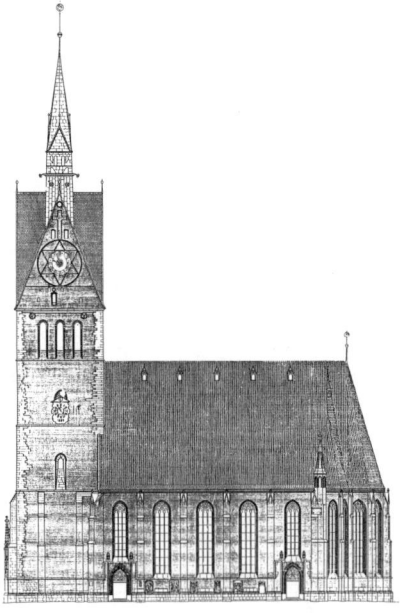

Hannover, Marktkirche St. Georg und Jakob, Aufriß der Südseite

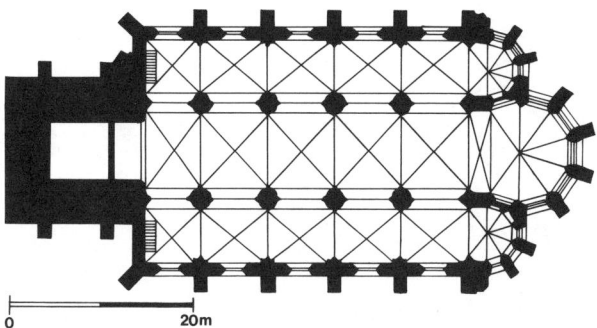

Hannover, Grundriß der Marktkirche St. Georg und Jakob

stes). Der Passionsaltar mit dem Mittelbild der Kreuzigung und 20 Seitenbildern zur Passion Christi (Einzug in Jerusalem, Abendmahl, Gefangennahme, Verhöre, Verurteilung, Kreuzestod. Auferstehung) entstammt dem letzten Viertel des 15. Jhs. und folgt in einigen Darstellungen einem Kupferstichzyklus Martin Schongauers. Die beiden sehr ähnlichen Bronzetaufbecken sind wohl in einer Hildesheimer Werkstatt entstanden und gehören der Zeit um 1520 an. Das auf Löwen stehende Becken war ursprünglich in der Ägidienkirche aufgestellt. Die Chorfenster stammen z. T. noch aus dem 14. Jh., einige Figurenscheiben wurden im 19. Jh. und im 20. Jh. ergänzt.

Das *Alte Rathaus* ist im Laufe seiner Geschichte zwischen dem 13. und 19. Jh. von einem einflügeligen Bau am Marktplatz zu einem von vier Straßen umgebenen Baukomplex angewachsen (Abb. 7). Das ursprüngliche Rathaus entstand gegenüber der Marktkirche; Fundamente und Kellermauerwerk dürften im heutigen Bau enthalten sein. An der zur Marktstraße gelegenen Seite wurde zwischen 1409 und 1413 im Winkel ein zweiter Flügel angesetzt. Er ist mit einem Terrakottafries versehen, der Weinranken, Wappen und Bildnisse zeigt. Sie repräsentieren das Reich, den Landesherrn, die Stadt selbst und den Kurfürsten. Der 1453–55 von den Baumeistern Cordt und Ludeke Haverkoper vollständig erneuerte Marktflügel wurde 1490 um die kleine Gerichtslaube an der Köbelingerstraße erweitert. Der gotische Rathausflügel hat eine Sockelzone mit flachen Nischen, die für segmentbogige Kellerfenster, Sitze und für gekuppelte kleinere Nischen genutzt wurden. Darüber befindet sich das Hocherdgeschoß mit dreibahnigen, backsteingemauerten Segmentbogenfenstern; ein durchgehender Terrakottafries (1455) in der Art des älteren Frieses am Marktstraßen-Flügel trennt das Obergeschoß ab. Er enthält Blattwerkranken, die einzelne Masken und Medaillons mit Wappen und Büsten fassen. Die drei kleinen Zwerchgiebel aus glasierten und reich profilierten Steinen stehen in keinem klaren Bezug zu den Fenstern der beiden Hauptgeschosse; insgesamt ist die Fassade nicht völlig symmetrisch. Besonders eindrucksvoll sind die hohen gotischen Staffelgiebel, die durch Backsteinlisenen und Gesimse stark gegliedert sind und gekuppelte Spitzbogenfenster enthalten.

An den gotischen Backsteinbau wurde 1845–48 zur Köbelingerstraße hin der ›Dogenpalast‹ als erste historische Erweiterung angefügt. Die Pläne lieferte Stadtbaumeister August

HANNOVER

Der Marktplatz Hannovers, Lithographie von 1834

Andreae. Dieser renaissanceartige Palast als Westflügel des Rathauses hat zwei Sockelgeschosse in kräftigen Quadern, Rundbogenöffnungen und über dem ersten Obergeschoß einen abschließenden Terrakottafries. Die beiden obersten Geschosse mit Rundbogenfenstern sind aus Backstein gemauert. Der Bezug zur oberitalienischen Renaissance mag sich über den bürgerlichen Autonomiegedanken der Stadt gegenüber dem König hinaus auch durch den Architekten erklären, dem als Schüler des Münchner Architekten F. v. Gärtner die Orientierung an italienischer Renaissance nahegelegen haben dürfte. Der vierte Rathausflügel an der neu angelegten Karmarchstraße (Farbabb. 1, Abb. 6) wurde 1890–91 nach Plänen von C. W. Hase in enger Anlehnung an den mittelalterlichen Bau erstellt. Allerdings ist dieser Flügel um ein Geschoß höher als der gotische, und das Erdgeschoß wurde in hohe Arkaden aufgelöst. Zudem hat Hase auch die Traufseite durch einen siebenachsigen, über dem ersten Obergeschoß ansetzenden Giebel betont, der den Rathausgiebeln des 15. Jhs. nachgebildet ist.

Das *Eckhaus Kramerstr.* 25 entstand 1884 nach Plänen von Christoph Hehl. Es ist ein gewinkelter, fünfgeschossiger Bau mit Mittelrisalit, an Formen der Gotik und der Renaissance orientiert. Das *Haus Kramerstr.* 24 gehört mit seiner schlichten fünfachsigen und fünfgeschossigen Fassade ganz augenscheinlich in den Klassizismus. Eine bauarchäologische Untersuchung, wie sie in Hannover nur noch an ganz wenigen Häusern überhaupt möglich ist, ergab jedoch, daß im Innern Teile von zwei aufeinanderfolgenden Vorgängerbauten des 14. und des 15. Jhs. erhalten sind, die 1576 durch ein Fachwerkhaus überbaut worden waren. Dessen hohe Diele wurde im 17. Jh. unterteilt, 1830 entstand die heutige Außenwand mit einer einheitlichen, dem Klassizismus angemessenen Farbgebung. In der gesamten *Kramerstraße* (Abb. 1) sind noch ältere, den Fassaden nach in das 17. bis 19. Jh. gehörende Fachwerkbauten am alten Standort erhalten.

Die Bronzegruppe der *Spielenden Kinder* in der Grupenstraße (Abb. 4), 1952–53 von Kurt Lehmann als Brunnenskulptur geschaffen, verkörpert einen unheroischen Denkmaltyp, der sicher stark unter dem Eindruck des überwundenen Nationalsozialismus steht und sich deutlich von der nur wenige Jahre zuvor üblichen Monumentalkunst unterscheidet.

Auch die *Kreuzkirche* im Norden der Altstadt ist nur ein sehr bescheidener gotischer Bau. An den Westturm, dessen viertes Geschoß aus dem Quadrat zum Achteck überleitet und dessen Turmhelm 1652–55 von Johann Duve gestiftet wurde, ist ein einschiffiges Langhaus angegliedert. Die Maßwerkfenster wurden nach dem Zweiten Weltkrieg erneuert. Der eingezogene, einjochige Chor hat einen Fünfachtel-Schluß. Dieser Bau entstand im frühen 14. Jh. und wurde 1333 geweiht. Das dreijochige Nordseitenschiff ist erst um 1560 angefügt worden, als die Kirche auch ihre Wölbung erhielt. Die Langhauswölbung war im 14. Jh. zwar wohl vorgesehen, aber nicht ausgeführt worden. Architektonisch bedeutsam ist im Winkel zwischen Langhaus und Chor der Anbau der *Duvekapelle* aus dem Jahr 1655. Die Fassade setzt sich aus Quadern zusammen, die ihr schon auf den ersten Blick einen ganz anderen Charakter verleihen als das Bruchsteinmauerwerk der gotischen Kirche. Pilaster mit Engelskapitellen gliedern die Wand in drei Felder, ein Mittelportal und zwei seitliche, ganz flache muschelbekrönte Nischen, über denen sich Rundfenster befinden. Der oberhalb angebrachte Giebel ist überaus flach und an den Kanten wie an der Fläche mit Knorpelwerk dekoriert. Die Inschrift gibt als Grund für den Kapellenbau das Erbbegräbnis für den Oberbergfaktor und Ratsverwandten Johann Duve an. Der Altar mit einer figurenreichen Darstellung des Kalvarienberges und der Heiligen Alexander und Felicitas wurde vor 1537 von Lucas Cranach d. Ä. gemalt (signiert). Der Altar war bis 1667 in der Stiftskirche St. Alexandri in Einbeck aufgestellt. Das Bronzetaufbecken aus dem zweiten Viertel des 15. Jhs. ist vermutlich eine Hildesheimer Arbeit. Das Becken wird von vier knienden Gestalten getragen und ist mit einer Kreuzigungsgruppe und Heiligenstatuen versehen.

Die angrenzende *Kreuzstraße* erinnert zumindest in der Enge ihrer Bebauung noch an das historische Hannover, obwohl der *Ballhofplatz*, in den sie mündet, erst bei der ›Sanierung‹ Hannovers 1939 geschaffen wurde. In der *Burgstraße* ist ein weiterer älterer Bau erhalten (*Nr. 12*, 1566), der Renaissanceschnitzwerk zeigt. Im südlichen Teil der Burgstraße hat man nach dem Krieg die verbliebenen Fachwerkhäuser auf der einen Seite gesammelt wieder aufgebaut. Auf der anderen Straßenseite verengt der Neubau des *Historischen Museums* mit einer gestaffelten Fassade die Straße. Das Gebäude wurde 1960–66 nach Entwürfen von Dieter Oesterlen errichtet, den man als den bestimmenden Architekten der 50er und 60er Jahre im Raum Hannover ansehen darf. Das Museum hat vor allem durch seine moderne

HANNOVER

Gestaltung in historischem Kontext viel Beachtung in der Fachwelt erfahren. An der Leineseite wurde das historische Mauerwerk des ehemaligen *Zeughauses*, um das es sich bei dem Museum handelt, stehen gelassen und lediglich statt des kriegszerstörten Fachwerkaufbaues mit einer waagerechten Betonplatte abgedeckt. Der sich anschließende Turm mit spätgotischen Fensterchen ist der 1352–57 erbaute Beginenturm.

Gegenüber dem Historischen Museum stehen am Holzmarkt das historistische, kurz vor 1900 errichtete *Noltehaus* und der benachbarte, umstrittene Nachbau des *Leibnizhauses*. Das ursprüngliche Gebäude war 1499 unter Verwendung älterer Teile in der Schmiedestraße erbaut und 1652 durchgreifend erneuert worden. Dabei hatte man an der Fassade nur zwei Terrakottafriese aus dem Jahre 1499 übernommen. Die Reste des im Krieg schwer beschädigten Gebäudes wurden 1964 zugunsten eines Parkhauses abgebrochen. Doch die Diskussion um den Wiederaufbau verstummte dadurch nicht. Aber im Gegensatz zu vergleichbaren Plänen in Hildesheim entschloß man sich in Hannover zum Wiederaufbau an ganz anderer Stelle und schob die Fassade – gedanklich – durch die Stadt bis zu einer auffälligen Stelle am Holzmarkt. Hier nun entstand die Fassade bis 1983 neu und wurde mit dem renovierten Noltehaus und einem weiteren Neubau verbunden. Die Details konnten dabei recht gewissenhaft nach älteren Fotos und erhaltenen Trümmern rekonstruiert werden, das Bauwerk hinter der Fassade hat jedoch keinen Bezug mehr zum historischen Gebäude. Am gegenüberliegenden *Haus Leinestr. 33* wurden beim Wiederaufbau 1958 Werksteinteile (Gesimse, Fenster, Portal) des von Joachim Pape 1617–24 errichteten Hauses der Väter wiederverwendet.

Das gegenüberliegende *Leineschloß* ist ein großer Komplex, dessen Entstehung auf ein im 13. Jh. gegründetes und 1533 aufgehobenes Franziskanerkloster zurückgeht. Der nordwestliche Flügel des 1636 zur Residenz bestimmten Bauwerks wurde 1742–46 erneuert, die übrigen Teile entstanden zwischen 1817 und 1842 nach Entwürfen von G. L. F. Laves. Das Gebäude, in dem heute der Niedersächsische Landtag seinen Sitz hat, verfügt zur Leinestraße hin über einen repräsentativen Portikus (1836–39) mit sechs korinthischen Säulen, dem Metopenfries, darüber den Akroterien und dem flachen Dreiecksgiebel, der das Wappen Niedersachsens trägt. Von den klassizistischen, aus einem rustizierenden Sockelgeschoß und zwei Obergeschossen bestehenden Seitenflügeln wurde der linke nach Kriegszerstörung durch einen neuen Bau ersetzt, aus dem drei moderne, Wasserspeiern ähnelnde Plastiken herausragen. Der Leineflügel wirkt demgegenüber in seiner Gesamterscheinung barock; er ist dreigeschossig und hat zwei seitliche Risalite und ein Mansarddach. Von der Klosteranlage blieb nur die ab 1292 errichtete Kirche in etwas verkürzter Form als Schloßkirche erhalten, und auch sie wurde mehrfach, zuletzt 1836–39, umgestaltet. Den Wiederaufbau nach 1945 plante D. Oesterlen, der vor allem den Plenarsaal als modernen Flügel ansetzte. Die Leine durchfließt an dieser Stelle eine Staustufe mit großem *Kraftwerk*, das man oberirdisch aber nur als Brücke wahrnimmt. Noch etwas weiter südlich sieht man das Neue Rathaus, jenseits der Leine gelangt man in die Calenberger Neustadt.

Die *Ruine der Aegidienkirche* erinnert als Denkmal an die Kriegszerstörung Hannovers. Die romanische Kirche aus dem dritten Viertel des 12. Jhs. wurde ab 1342 zur dreischiffigen

Das Leibnizhaus, Lithographie von Kretschmer, 1858

Hallenkirche umgebaut, die Giebel über allen Langhaus-, Querhaus- und Chorjochen stellen eine Beziehung zu den Braunschweiger Kirchen her. Von der Aegidienkirche überdauerten den Zweiten Weltkrieg lediglich die beiden Längswände des insgesamt fünfjochigen Langhauses sowie das Mauerwerk der Fünfachtel-Apsis und der in den oberen Geschossen barockisierte Westturm. Obwohl damit diese Kirche nicht schlimmer zerstört war als viele andere, ließ man die Ruine als Mahnmal an den Krieg unverändert stehen.

Die *Villa Nr. 5/5 A* am Friedrichswall zwischen Leineschloß und Neuem Rathaus wurde 1822 von G. L. F. Laves als eigenes Wohnhaus errichtet. Sie ist ein dreigeschossiger, siebenachsiger Bau mit Rundbogenfenstern im Erdgeschoß, dessen drei Mittelachsen zu einem Risalit zusammengezogen und mit einem Giebel bekrönt sind. Das benachbarte *Palais Wangenheim* (Friedrichswall 1, 1829–33 von Laves erbaut) ist heute Sitz des niedersächsischen Verkehrsministeriums. Fachwerkhäuser an dieser Straße zu errichten war verboten, da man einen repräsentativen Boulevard entstehen lassen wollte. Das *Kestnermuseum* gegenüber den beiden Palais baute 1958–61 Werner Dierschke in Gestalt eines weitgehend fensterlosen Kubus wieder auf. Dabei ummantelte er die erhaltene Außenwand (1889) des Vorgängerbaus von Architekt Manchot mit einer seinerzeit vielbeachteten Wabenfassade aus kleinen Karos. Nachdem Kaufhausbauten mit ähnlichen, allerdings häufig geschmacklosen Fronten errichtet worden sind, wird man diese Architektur heute kaum mehr zu würdigen wissen.

HANNOVER

Das *Neue Rathaus* (Abb. 2) ist der bedeutendste historistische Bau in Hannover. Gemeinsam mit dem stadtseitig benachbarten Kestnermuseum und einem weiteren Flügelbau wurde es in der Art barocker Schlösser als Dreiflügelanlage geplant. Das Bauwerk führte man 1903–08 nach einem Entwurf aus, mit dem 1898 Hermann Eggert aus einem Architekturwettbewerb als Sieger hervorgegangen war. Der Neubau entstand unter Stadtdirektor Heinrich Tramm (1891–1918), der selbst Sohn eines Hofbaumeisters war und unmittelbaren Einfluß auf das Baugeschehen sowie Fragen der Ausstattung ausübte. Das Rathaus hat einen zentralen, überkuppelten Mittelbau; zwei hufeisenförmige Seitenflügel rahmen die beiden Innenhöfe ein. Über der zentralen Eingangshalle befindet sich eine Loggia mit seitlichen Balkonen. Der Mittelteil wird durch eine übergiebelte Fassade betont und von zwei Rundtürmen begrenzt. Seitlich schließen sich die Längsflügel an, von äußeren Giebelbauten nochmals eingefaßt. Die rustizierenden Fenster sind korbbogig und werden oberhalb teilweise von Relieffeldern begrenzt. Über der mittleren Loggia halten zwei wilde Männer das Wappen Hannovers (was damals zunächst scharf kritisiert wurde), am Giebel dahinter finden sich der Braunschweiger Löwe und das niedersächsische Roß. Die Reliefs stellen ein Bildprogramm zur Geschichte Hannovers mit besonderer Würdigung der Zugehörigkeit zum Deutschen Reich dar. Es handelt sich um mehrfigurige Szenen, die jedoch alle so gestaltet sind, daß man nur die Büsten sieht. Der Kuppelbau wird von einem zweigeschossigen lichteinlassenden Aufsatz, einer sogenannten doppelten Laterne, bekrönt. Insgesamt mischen sich hier Stilmerkmale der Spätgotik mit solchen der Renaissance. Die Weigerung des Architekten, für die Innenausstattung Formen des Jugendstils zu verwenden, führte zu seiner Entlassung. Unter Leitung von Gustav Halmhuber wurde das Neue Rathaus bis 1913 im Jugendstil ausgestattet. 1911 beauftragte man den schweizerischen Maler Ferdinand Hodler, für den Sitzungssaal ein Leinwandbild zu schaffen. Es entstand nach Vorstudien

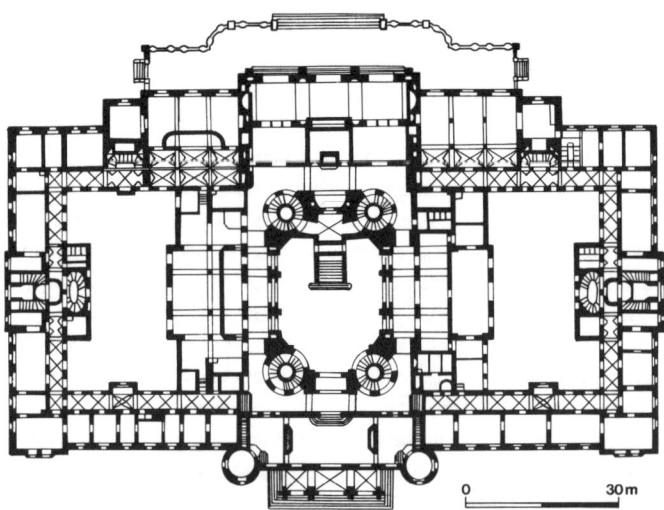

Hannover, Grundriß des Neuen Rathauses

(1911) in den Jahren 1912–13 eine Historienmalerei mit dem Thema ›Einigkeit‹, die jedoch stark von dem abwich, was man sich in der wilhelminischen Kaiserzeit unter der bildlichen Darstellung eines historischen Ereignisses vorstellte. Insbesondere verzichtete Hodler auf die rahmende Architektur und die heldenhafte Überhöhung der Hauptfigur; überdies ist die dargestellte Menschenmenge kaum in die Tiefe gestaffelt. Durch einen dem Raum zugewandten Redner wird der Betrachter in die Darstellung einbezogen, fast ermuntert mitzustimmen: Das Thema stellt ein Ereignis aus dem Jahre 1533 dar, bei dem Dietrich Arnsborg die protestantisch gesinnte Bürgerschaft als ihr Wortführer aufforderte, mit einem einmütigen Votum für den neuen Glauben den katholischen Rat zu überstimmen. Auf diese Weise kam es zur Einführung der Reformation. Insgesamt vertritt das Rathaus die Aufgaben eines Repräsentationspalastes, der bewußt in einen räumlichen Zusammenhang mit den zwei Museen (s. u.) und dem Landschaftspark im Maschgelände gestellt wurde. Beamtenschaft und gehobenes Bürgertum spielten im damaligen Hannover eine besonders große politische und gesellschaftliche Rolle; die benachbarte Ägidienvorstadt war Wohnsitz der städtischen, teilweise adligen Oberschicht, während als Arbeiterwohnort bis 1928 die selbständige Stadt Linden vor den nordwestlichen Toren Hannovers diente. (Eine Dauerausstellung im Rathaus dokumentiert anhand von Stadtmodellen Entwicklung, Zerstörung und Wiederaufbau Hannovers.)

Das *Niedersächsische Landesmuseum* wurde 1852 gegründet, um die Sammlungen mehrerer Vereine in einem gemeinsamen Haus zusammenzutragen. Das Gebäude am Maschpark entstand 1897–1901 nach Plänen von Hubert Stier; es umfaßt einen ehemals überkuppelten Mittelbau, zwei seitliche Risalite und zwei mit Kolonnaden gegliederte Längsbauten als vorderer Abschluß eines Innenhofs. Vorbild war der Louvre in Paris, der nach der Französischen Revolution von der Residenz in ein Museum umgewandelt wurde. In Einzelformen entfernte man sich jedoch z. T. erheblich von diesem Vorbild. – Südlich des Museums steht das *Funkhaus des NDR,* in mehreren Bauabschnitten zwischen 1948 und 1963 nach Plänen von F. W. Kraemer, G. Lichtenhahn und D. Oesterlen errichtet.

Das zweite Museum in der Nähe des Maschsees ist das *Sprengelmuseum* mit der Sammlung moderner Kunst, das nach Plänen der Arbeitsgemeinschaft P. und U. Trint und D. Quast (1972/73) bis 1979 errichtet wurde (Abb. 11). Eine lange, schmale ›Museumspassage‹ erschließt die Ausstellungs- und Versammlungsräume des Betonbaus, der mit seiner klaren Architektur einen funktionalen Rahmen für die Bestände moderner Kunst bildet. Er ist noch ohne Verwendung ›postmoderner‹ Stilzitate aus verschiedenen historischen Bauepochen konstruiert, wie sie augenblicklich in Mode sind.

Im Nordosten begrenzt die *Georgstraße,* am Kröpcke abknickend, die Altstadt; sie ist heute eine Hauptgeschäftsstraße. Die *Landeszentralbank,* Georgsplatz 5, entstand 1894–96 nach Plänen von Max Hasak; sie folgt Renaissancebauten Wismarscher Prägung sowie der Gestaltung italienischer Palazzi.

Das *Opernhaus* (Farbabb. 3) wurde 1845–52 als Königliches Hoftheater nach Entwurf des Baumeisters G. L. F. Laves errichtet, Detailzeichnungen lieferte Hofbaukonduktor Tramm, der Vater des späteren Stadtdirektors. Der übergiebelte spätklassizistische Mittelbau wird von zwei Seitenflügeln eingefaßt, die sich schon deutlich am Rundbogenstil orientieren. Ursprünglich gelangte man über eine Freitreppe oder die gekurvte Auffahrt zum Eingang. Seit dem Bau einer Tiefgarage ist das Gelände eingeebnet und der herrschaftliche Zugang einer autogerechten Zufahrt gewichen.

Im ›Bankenviertel‹ zwischen Rathenau- und Sophienstraße stehen mehrere Bauten des klassizistischen Architekten Ernst Ebeling (*Rathenaustr. 2*, mit Zinnenbekrönung und seitlichen schlanken Türmchen, heute Börse, 1846; *Prinzenstr. 21*, 1848; *Landschaftsstr. 7*, 1850). Das *Geschäftshaus Rathenaustr. 3* entwarf der Hannoveraner Architekt Friedrich Geb gegen 1900. Das *Palais Grothe* in der Sophienstr. 7 plante Architekt Otto Goetze (1862–64); mit seinen reichen neugotischen Formen nimmt es Motive des zeitgenössischen Bahnhofsbaus (Backsteinarchitektur) wie Formen der englischen Gotik auf. Das *Künstlerhaus* (Sophienstr. 2) von 1853–55 ist ebenfalls ein Beispiel des Rundbogenstils, wie man an den Längsflügeln erkennen kann. Der Mittelrisalit des von C. W. Hase geplanten Gebäudes mit Rundbogen-Maßwerkfenstern in einer gleichfalls rundbogigen großen Arkade weist aber schon deutlich auf gotisierende Tendenzen hin, die sich in der Folgezeit durchgesetzt haben. Die vier Statuen an der Fassade stellen Albrecht Dürer, Peter Vischer, Gottfried Wilhelm Leibniz und Alexander von Humboldt als Vertreter von Malerei, Bildhauerei, Naturwissenschaften und Geographie dar. Das *Haus Georgstr. 33*, einer der interessantesten Nachkriegsbauten, ist mit Glasbändern und gerundeter Ecklösung an einen schmalen, als Scheibe wirkenden Erschließungstrakt angefügt worden (Haus Magis, Architekten Thiele und Brandes).

Das *Empfangsgebäude des Hauptbahnhofs* (Abb. 3) von 1877–79 ersetzte den schnell zu klein gewordenen, von Stüler & Schwarz entworfenen Vorgängerbau (1847). Die Architekten und Ingenieure Grüttefien, Seeliger und Hesse leiteten den 1874 begonnenen Neubau der Bahnhofsanlage, Hubert Stier war mit der Planung des Empfangsgebäudes betraut. Das Gleisniveau wurde auf Brückenhöhe angehoben, um den Bahnverkehr vom Stadtverkehr zu trennen. Das bemerkenswerte Empfangsgebäude hat durch flache Vorbauten im allzu verbreiteten Bahnhofsstil der jüngsten Vergangenheit leider stark verloren. – Das *Reiterstandbild des Königs Ernst August* vor dem Bahnhof stammt von A. Wolff, 1861.

Das Gebäude in der *Lavesstr. 82* zeigt eine Spätrenaissancefassade des Baumeisters A. Siemerding (1663), die 1884 hierhin versetzt und dadurch erhalten wurde. Die stark in Rechteckfenster aufgelöste viergeschossige Außenwand – im 19. Jh. mag hier noch einiges ergänzt worden sein – ist mit Bauplastik des Knorpelstils versehen.

Jenseits der Eisenbahn liegt das ehemalige *St. Vinzenzstift*, das 1882 als Erweiterung einer 1865 nach Plänen von Architekt Bösser errichteten Villa entstand. Den Umbau führte Architekt Christoph Hehl durch. Heute dient das Gebäude nicht mehr der Rekonvaleszenz Kranker, sondern der Bewahrung und Wiederherstellung von Kunst und Kultur in Niedersachsen, denn hier hat das Institut für Denkmalpflege seinen Sitz (Scharnhorststr. 1). In der Gellertstraße, gleich hinter dieser Behörde, errichtete Christoph Hehl 1894–95 die katholische *Pfarrkirche St. Elisabeth*. Er kombinierte in ihrer Straßenfassade verschiedene Elemente des romanischen Kirchenbaus. So entstanden nebeneinander eine basilikale Front, ein

Kirchturm, eine dreibogige Vorhalle und eine Apsis. Als Vorbild für das Kircheninnere diente St. Fosca in Torcello bei Venedig. Zur ursprünglichen Ausstattung zählt vor allem die Ausmalung der Kirche von Oskar Wichtendahl mit der Madonna in der Apsiskalotte und Szenen aus dem Leben der heiligen Elisabeth (1897–1904).

Die am Rand der *Eilenriede* gelegene *Stadthalle* (Adenauerallee) ist ein großer überkuppelter Rundbau mit klassizistisch wirkendem Portikus, ein mächtiger Bau der Jahre vor dem Ersten Weltkrieg (1912–13). Die Pläne schuf Paul Bonatz, der einen durch den Klassizismus beeinflußten konservativen Stil bis in die späten 30er Jahre beibehielt, ohne sich dadurch dem autoritären Stil der Nationalsozialisten unterordnen zu müssen.

Die evangelisch-lutherische *Dreifaltigkeitskirche* in der Bödekerstraße westlich der Eilenriede ist gleichfalls ein Bau Hehls. Sie wurde 1880–83 errichtet, nachdem Hehl 1879 einen Wettbewerb für sich entschieden hatte. Die Kirche steht noch stärker unter dem Einfluß C. W. Hases. Sie ist ein Backsteinbau neugotischer Prägung, eine Basilika mit Turm, Schwibbogen am Langhaus, polygonal geschlossenem Querhaus und Fünfachtel-Chorschluß. Das Innere wird von einer umlaufenden Empore eingefaßt. Über niedrigen Stützen aus Werkstein setzen ziegelgemauerte Pfeiler an, die verputzte Wandflächen zwischen sich aufnehmen.

Die *Calenberger Neustadt* westlich der Leine entstand aus einer kleineren dörflichen Siedlungen des Mittelalters, nachdem Hannover 1636 Residenz geworden war. Entscheidend für den Ausbau dürfte eine im Auftrag des Herzogs erfolgte Baumaßnahme gewesen sein, bei der der Kaufmann und Ratsherr Johann Duve 1662–64 geschlossene Wohnblöcke für den Wohnbedarf unterschiedlicher Sozialschichten errichtete. Insgesamt wurden 42 Häuser gebaut, die die Stadt in Konkurrenz zur Altstadt Hannovers brachten, zumal bald auch hier ein Marktplatz angelegt wurde.

St. Johannis wurde 1666–70 als Kirche der Neustadt errichtet, die Bauleitung des wohl ebenfalls von Duve geförderten Baus hatte Brand Westermann. Der katholische Herzog Johann Friedrich beanspruchte die Schloßkirche ab 1665 für sich und seinen Hofstaat. Der quadratische Westturm mit achteckigem Aufsatz und Helm entstand 1691–1700. St. Johannis ist eine protestantische Predigtkirche mit äußerer Strebepfeilergliederung. Der längsgerichtete Saal schließt östlich in einem etwas schmaleren Chor mit Kanzelaltar ab. Die umlaufende Empore läßt sich auch außen an der Fensteranordnung ablesen, ursprünglich gab es jedoch zwei Emporen. Daher hat nur die Ostseite mit drei profan wirkenden, übereinanderliegenden Rechteckfenstern das Aussehen des Gründungsbaus bewahrt; die seitlichen Rundbogenfenster wurden erst 1870–72 eingefügt. Die vor das Schiff gestellten Querbauten nahe dem Westturm hatten die Emporentreppen aufzunehmen. Mit dem Bau von *St. Clemens* wurde nach verschiedenen Vorentwürfen im Jahr 1711 begonnen, ein Kirchenmodell aus dem Jahr 1714 spricht jedoch dafür, daß man sich erst nach dem Baubeginn in allen Einzelheiten festlegte. Ein großer Förderer des von Tomaso Giusti entworfenen Kirchengebäudes war Opernkapellmeister Agostino Steffani, der auch Titularbischof von Spiga in Westindien und apostolischer Vikar gewesen ist. Für die Zeit der Fundamentlegung ist jedoch auch die Mitwirkung des Süddeutschen Johann Dientzenhofer belegt. Eine Ursache

HANNOVER

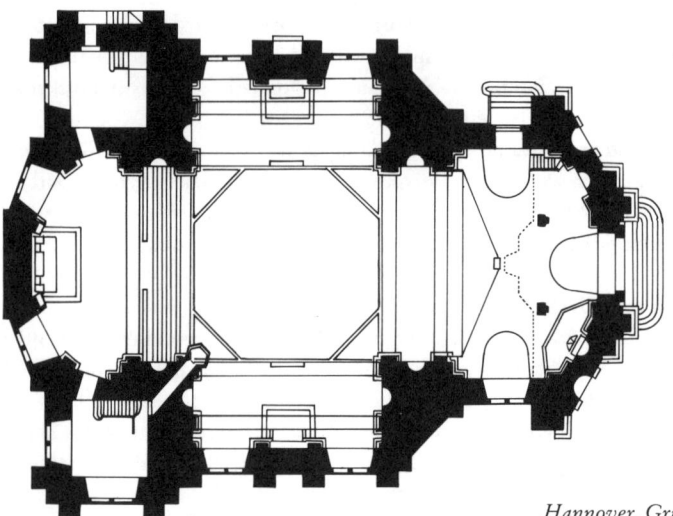

Hannover, Grundriß der Clemenskirche

dafür mag man darin sehen, daß als Protektor des in der Diaspora stehenden katholischen Kirchenbaus Erzbischof Lothar Franz von Schönborn aus Würzburg bestimmt worden war. Die Kirche wurde 1718 geweiht, ohne daß jedoch aus finanziellen Gründen die im Kirchenmodell vorgesehenen Kuppel- und Turmaufbauten ausgeführt wurden. Erst nach der Kriegszerstörung bezog man diese beiden Bauelemente in vereinfachter Form in den Wiederaufbau ein, der von Architekt Otto Fiederling (Hannover) betreut wurde.

Auch die Calenberger Neustadt ist durch Kriegszerstörungen stark in Mitleidenschaft gezogen worden. Dennoch haben sich vereinzelt ältere Bauten von unterschiedlicher Bedeutung erhalten. Gruppen traufenständiger *Fachwerkhäuser* aus dem 18. und 19. Jh. befinden sich in der *Mittelstr. 9–11* sowie der *Brandstr. 24*. Die *Reformierte Kirche*, einen kleinen historistischen Bau, schuf der bekannte Architekt Hubert Stier 1896–98. Am Archiv 1 befindet sich das historische, 1713–21 von Louis Remy de la Fosse errichtete *Archivgebäude*, das nach Vereinigung der Lüneburger und der Calenberger Linie der Welfenherzöge für die bis dahin getrennt aufbewahrten Archivalien notwendig geworden war. 1889–93 wurde das heute unter dem Namen Hauptstaatsarchiv Hannover geführte Gebäude aufgestockt und um einen Winkelbau vergrößert. Das Nachbargebäude Am Archiv 2 ist der zweite große Staatsbau in der Calenberger Neustadt. Es handelt sich um das *ehemalige Ministerialgebäude*, heute Sitz des Regierungspräsidiums Hannover. Der Südflügel, ein Putzbau, entstand 1837–45 nach Plänen des Architekten Hermann Hunaeus, West- (1862–67) und Nordflügel (1876–79) wurden vom selben Architekten als Quaderbauten hinzugefügt.

Im Westen der Neustadt steht an der Humboldtstr. 5 das *Krankenhaus Friederikenstift*, 1928–30 von Architekt P. Brandes mit expressionistischem Ziegeldekor errichtet. An der Glockseestraße westlich des Goetheplatzes wurde ein 1882 erbauter *Gasometer* zur Kantine umgestaltet und als Denkmal für die Gasversorgung Hannovers erhalten. Die Verbindung des hannoverschen Könighauses mit England förderte die Errichtung einer Gasanstalt (1826) für eine Gasbeleuchtung der Stadt. Es war das erste Gaswerk auf dem Kontinent und wurde bis zum Ersten Weltkrieg von einer englischen Gesellschaft betrieben. Am Waterlooplatz südlich der Neustadt siedelte man militärische Einrichtungen an: Neben der *Kaserne* von 1833, Nr. 5, steht mit Nr. 5 a die *ehemalige Heeresanwaltschaft* (um 1912); unter Nr. 20 wird der *Schützenplatz* geführt (Eingangsbauten 1936/37), Nr. 9 ist die *ehemalige Kriegsschule* (1842–43) des Architekten Eberling, von dem auch das gänzlich unmilitärische Haus Nr. 1 stammt (1859/60). Es handelt sich um die *Villa* für den Hofmaler Friedrich Kaulbach. Die *Waterloosäule* selbst entwarf Architekt Laves, 1832.

An der Hardenbergstr. 1 entstand nach Plänen des Architekten Kieschke 1900–03 die *Polizeidirektion*. Kieschke wirkte auch außerhalb Hannovers an Staatsbauten mit, wie etwa am Regierungsgebäude in Minden/Westfalen. Das Haus Nr. 3–5 ist die *ehemalige Oberzolldirektion*, 1906/08 nach Plänen des zuständigen Ministeriums unter Leitung von Architekt Delius erbaut. Das *Anzeiger-Hochhaus* an der Goseriede 9 (Abb. 5) bildet nicht nur einen wesentlichen Akzent der nördlichen Randbezirke der Innenstadt, sondern ist zugleich der bedeutendste expressionistische Bau Hannovers. Das 1927/28 nach Plänen Fritz Högers errichtete Hochhaus ist ein mit Backsteinen verkleideter Skelettbau; ausgezackte Bögen bilden das Erdgeschoß. Sowohl auf den Pfeilern zwischen den Bögen als auch auf den Schlußsteinen setzen dreieckig vortretende Lisenen an, die die gesamte Höhe des Bauwerks gliedern. Die Mauerflächen dazwischen sind mit Fischgrätenmuster dekoriert und nehmen die Fenster auf; der Mittelteil des Hochhauses ist überkuppelt. Die benachbarte städtische *Badeanstalt* (Goseriede 11) von Stadtbaurat Carl Wolff (1902–05) gehört einer in Hannover seltenen Baugruppe an, für die man Beispiele sonst häufiger im Bereich des Bahnhofsbaus findet. Die Grundformen sind neubarock, wie sie in der Phase des späten Historismus als Reaktion auf die nunmehr abgelehnten überreichen historischen Formen Verbreitung fanden. Details jedoch gestaltete man mit Motiven des Jugendstils, die sich mit den neubarocken Grundformen gut verbinden ließen. Den *Gänseliesebrunnen* schuf 1897 der vielbeschäftigte Bildhauer Carl Dopmeyer.

Am oberen Ende des Klagesmarktes, Zentrum der ersten nordwestlichen Stadterweiterung Hannovers, steht die *Christuskirche*. Sie stellt eine städtebauliche Verbindung zwischen dem Klagesmarkt und dem 1857 begonnenen Neubau des Welfen-Schlosses her. Städtebaulich kann diese Situation mit der der Wiener Votivkirche oder der der Münchener Mariahilfkirche verglichen werden (H.J. Böker), ein allgemeiner Einfluß darf auch dem seinerzeit vollendeten Kölner Dom zugeschrieben werden. Die Kirche war der erste große sakrale Bau Conrad Wilhelm Hases (1859–64), mit dem die Bautätigkeit der von ihm begründeten ›Hannoverschen Schule‹ einsetzte. Es handelt sich um eine Hallenkirche, die mit Querhaus, Umgangschor und Westturm versehen ist. Als Baumaterial wurde Backstein gewählt, nur für Gliederungselemente nutzte man Werkstein. Den bildhauerischen Schmuck schufen die Künstler Christian Mohr, Peter Fuchs, Carl Dopmeyer und Edmund Renard. Die Nordseite zeigt Szenen des Alten Testaments, am Portaltympanon die Vertreibung aus dem Paradies zwischen den Statuen von Moses und Jesaias; an der Südseite finden sich Darstellungen des Neuen Testaments, im Portaltympanon die Madonna, eingerahmt von einer Verkündigungsgruppe, deren Mittelachse auf Christus bezogen ist. Zu den Außenplastiken zählt auch ein Hase, das Kirchenmodell tragend, gerahmt von einem Bären und einem Keiler. Dieses eigenwillige Bildwerk erklärt sich aus den Namen des Architekten und der beiden Bauführer: C. W. Hase, L. Bähr und W. Hauers.

Von der Christuskirche führt die Schloßwender Straße nach Westen. An der Brühlstraße steht das *Arbeitsamt*, ein früher Nachkriegs-Verwaltungsbau von Dieter Oesterlen (1951–53), etwas weiter nördlich am Königswörther Platz befindet sich das 1952–53 von den Architekten E. Zinsser und W. Dierschke erbaute *Conti-Hochhaus*, in dem die Hauptverwaltung des gleichnamigen Konzerns untergebracht ist. (Das Conti-Verwaltungsgebäude an der Vahrenwalder Straße ist dagegen ein Industriebau von Peter Behrens, 1913–14.)

Das *Welfen-Schloß* (Farbabb. 2) an der Stelle des barocken Lustschlosses Monbrillant (Nienburger Straße) sollte ab 1857 nach den Plänen des Baumeisters Chr. H. Tramm eine Sommerresidenz für Georg V. werden. Schon bald entschied Georg, das Schloß in seine Hauptresidenz umzuwandeln und ließ die Baupläne entsprechend ändern. 1866 war der Bau soweit gediehen, daß die Fenster eingesetzt werden konnten – doch der Einmarsch preußischer Truppen in Hannover im selben Jahr verhinderte die bauliche Fertigstellung und vor allem die geplante Nutzung, denn der König wurde abgesetzt. Baumeister Hunaeus leitete 1875–79 den Umbau des Schlosses zur *Technischen Hochschule*. Seit 1978 wird das bedeutende Gebäude im Rundbogenstil, versetzt mit Motiven der englischen Neugotik (Türmchen, breitgelagerte Gesamterscheinung), von der Universität Hannover genutzt.

Drei Jahre nach der Wahl Hannovers zur Residenz der Herzöge von Calenberg konnte Herzog Georg das Gelände des späteren *Herrenhausen* erwerben und ein Vorwerk erbauen. 1666 erhob man es zur Sommerresidenz und errichtete bald danach ein entsprechendes Gebäude. 1676, 1704–08 sowie 1820–21 wurden an dem Bauwerk Umbauten vorgenommen, von denen nach Zerstörungen des Zweiten Weltkrieges jedoch kaum etwas übrigblieb. So fehlt seither dem Garten dieser optische Abschluß. Heute steht nur noch die *Galerie* östlich des Schlosses. Sie wurde 1694–98 wahrscheinlich nach Plänen der Brüder Johann Peter und Johann Heinrich Wachter errichtet und diente zunächst als Orangerie. Die Wände des Festsaals wurden durch illusionistisch gemalte Nischen mit Reiterstandbildern und Szenen aus der Äneas-Sage gegliedert. Sie stammen von der Hand des Architekten und Malers Tommaso Giusti. Auch die Nebenräume zeigen hervorragende Malereien. Dem modernen westlichen Bau mit gußeisernem Laubengang (1841, G. Laves) liegen Pläne von Arne Jacobsen (Kopenhagen) aus dem Jahre 1966 zugrunde. Parallel zur Galerie entstand 1720–23 das neue *Orangeriegebäude* als verputzter Fachwerkbau, später massiv erneuert und klassizistisch umgestaltet.

Der *Große Garten* (Farbabb. 4, Abb. 9), einer der bedeutendsten Barockgärten der deutschen Schloßarchitektur, wurde 1666 angelegt, 1674–78 unter Mitwirkung des Hofgärtners Perronet aus Celle vergrößert und mit der Kaskadenanlage sowie der Grotte vor dem

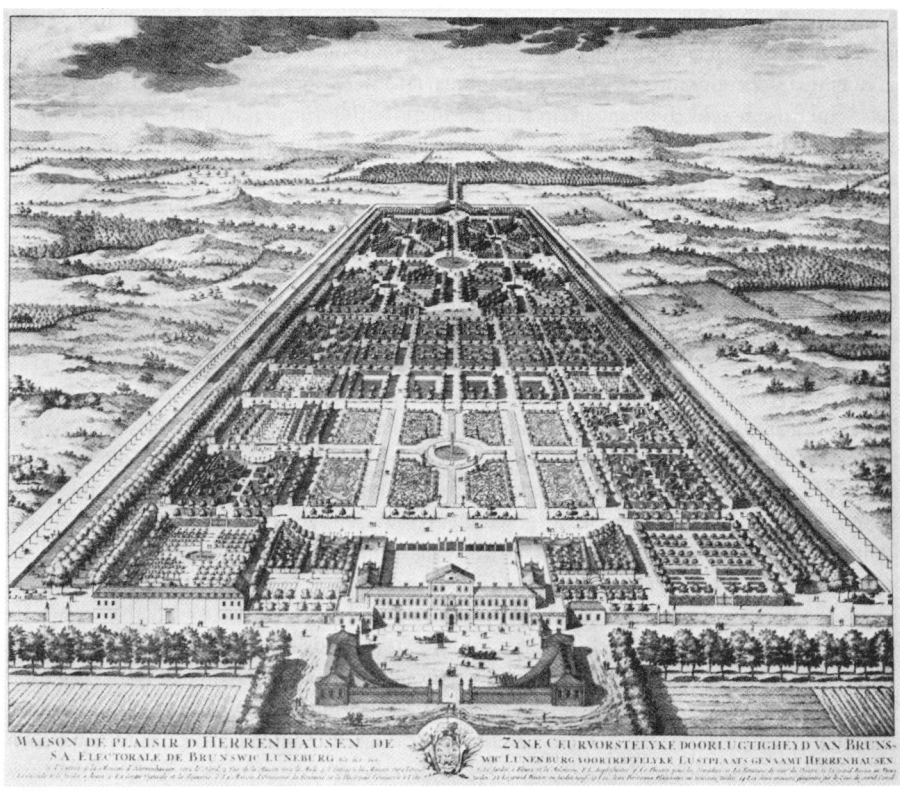

Hannover-Herrenhausen, ehemaliges Schloß und Großer Garten. Radierung von 1714

(zerstörten) Schloß ausgestattet. Eine weitere Umgestaltung ab 1682 durch Martin Charbonnier (Osnabrück) führte im wesentlichen zum heutigen Erscheinungsbild der nördlichen Gartenhälfte. 1689–93 legte man in diesem Bereich nach Entwurf Charbonniers und unter der Bauleitung Brand Westermanns das *Gartentheater* an. 1696 bis etwa 1710 wurde der Große Garten auf die doppelte Fläche erweitert und durch einen neu gestalteten Kanal umfriedet. Den südlichen Bereich teilte man in vier Quadrate auf. Die Gesamtanlage und jedes der Quadrate erhielten als Zentrum Fontänen, von denen die 82 m hohe *Große Fontäne* besonders berühmt ist. Bereits im 18. Jh. war man hier in der Lage, einen Wasserstrahl von 35 m Höhe zu erzeugen. Diagonal angelegte Wege verbinden sternförmig alle Zentralpunkte dieses jüngeren Parkteils. In den südlichen Ecken errichtete Brand Westermann 1707–08 *Pavillons* nach Entwürfen von Louis Remy de la Fosse. Im nördlichen Parkabschnitt hingegen wurde das Rastersystem des späten 17. Jhs. beibehalten und der Park wohl auch nur teilweise neu bepflanzt. Zu den späteren Änderungen gehören die Anlage des *Irrgartens* im

Nordwesten des Parks und die Schaffung von acht Beispielbepflanzungen für historische Gärten zwischen den quadratischen Wasserbecken und dem etwas jüngeren Gartenteil, etwa in der Mitte der Gesamtanlage (Renaissancegarten, Barockgarten, Rokokogarten, niederdeutsche Rosen- und Blumengärten, Rasen-, Insel- und Springwassergärten). Diese Veränderungen entstanden 1936–37 im Zuge einer Restaurierungs-Maßnahme. Hundert Jahre zuvor, 1839–40, errichtete G. L. F. Laves eine eiserne Verbindungsbrücke von der Ostseite zum Georgengarten. Der südwestlich des Gartens entlangfließende *Ernst-August-Kanal* (heute durch den Westschnellweg abgetrennt) wird durch eine 1718–20 konstruierte und 1861–64 von Baurat Hagen verbesserte Schleusenanlage aufgestaut, die früher die Große Fontäne mit Wasser versorgte. Das alte *Gebäude der Wasserkunst* gehört zu den interessanten Beispielen technischer Denkmäler im südlichen Niedersachsen.

Der *Georgengarten* befindet sich auf den Grundstücken barocker Villengärten, die 1766 von Johann Ludwig Reichsgraf von Wallmoden-Gimborn, einem Sohn des Kurfürsten Georg II., angekauft und 1818 im englischen Stil umgestaltet wurden. In seiner Größe übertrifft dieser Park den Großen Garten bei weitem und läßt sich in seiner Bedeutung für Hannover durchaus mit dem Englischen Garten in München vergleichen. Schon im 19. Jh. diente er mit seinen Wasserläufen, gewundenen Wegen, Baumgruppen und Wiesen der Naherholung. Das *Wilhelm-Busch-Museum* wurde im ehemaligen Georgenpalais untergebracht, das 1782 von Baumeister Tenzel für Johann Ludwig von Wallmoden-Gimborn am Rande des Georgengartens errichtet worden war. Während des Krieges lagerte man die Bestände nach Wiedensahl, dem Geburtsort Buschs, aus. Der *Leibniztempel* (Abb. 8) entstand 1787–90 nach einem Entwurf von Hofrat Ramberg. Bis er 1934 in den Georgengarten versetzt wurde, hatte er an der Esplanade (Waterlooplatz) gestanden. Das Denkmal besteht aus einer Plattform mit drei Stufen, auf der zwölf ionische Säulen errichtet sind. Sie tragen ein antikisches Gebälk und eine flache Kuppel. Ramberg orientierte sich für diesen Monopteros an den ›Zehn Büchern über die Baukunst‹ des Römers Vitruv (die Basen allerdings sind entgegen Vitruv und der Renaissanceliteratur dorisch, die übrige Architektur ist ionisch). Die Büste schuf Christopher Hewetson.

Der dritte bedeutende Park liegt gegenüber dem Großen Garten. Der sogenannte *Berggarten* wurde 1666 als Wirtschaftsgarten angelegt und diente nach mehreren Veränderungen seit 1750 der botanischen Forschung. 1774 begann man mit der Umgestaltung in einen botanischen Landschaftsgarten. (Heute wird er von der Fakultät für Gartenbau und Landeskultur der Universität Hannover genutzt.) Im Norden und Süden begrenzen zwei Bauten G. L. F. Laves' den Park. Im Süden handelt es sich um den 1817–20 in der Achse der Herrenhäuser Allee errichteten *Bibliothekspavillon*, einen flachen Bau mit zentraler Kuppel und zweigeschossigen Eckbauten; im Norden um das spätklassizistische, 1842–47 erbaute *Mausoleum* mit einer dorischen Tempelfassade. Die Sarkophage schuf Christian Rauch.

An der Alten Herrenhäuser Straße stehen in der Verlängerung der Achse zwischen Orangerie und Galerie, im Westen des Großen Gartens, das eingeschossige *Pagenhaus*, ein Fachwerkbau mit Mansarddach (1707 von Brand Westermann erbaut), sowie die *ehemalige Meierei* (Alte Herrenhäuser Str. 7), ein gleichfalls eingeschossiger breiter Fachwerkbau, und das *Hardenbergsche Haus* (Nr. 10), 1747 für den Gartendirektor v. Hardenberg errichtet. Das *Fürstenhaus,* Alte Herrenhäuser Str. 14 (Abb. 10), ist ein 1719 im Auftrag Georg I. gebauter, verputzter Fachwerkbau, den er wenig später Louise von Delitz schenkte. Georg V. erwarb das Anwesen zurück und ließ es 1864–65 restaurieren. Heute enthält es das Herrenhausen-Museum, in dem vor allem Möbel, Bilder und Interieurs zu sehen sind, die aus den Schlössern Herrenhausen, Herzberg, Blankenburg und Schloß Marienburg zusammengetragen wurden.

Von der Hannover umgebenden mittelalterlichen Landwehr sind noch die Türme auf dem Lindener Berg sowie der *Döhrener-* und der *Pferdeturm* erhalten, quadratische oder runde ziegelgemauerte Türme mit Fachwerkaufbauten der Jahrhundertwende.

Zu den bekannten Ausflugszielen innerhalb der Stadt gehört das Naherholungsgebiet der *Eilenriede,* eines sehr großen zusammenhängenden Waldgebietes im Osten Hannovers, an das sich südlich das Gelände des Zoos anschließt. Manchem Besucher mag die Eilenriede vor allem wegen zahmer Eichhörnchen ein Begriff sein.

Das *Minna-James-Heinemann-Stift* wurde 1929–31 in Hannover-Kirchrode (Brabeckstr. 86) nach den Plänen Henry van de Veldes in Zusammenarbeit mit Wilhelm Hübotter errichtet. Es gilt als sein wichtigstes Werk und blieb sein einziger verwirklichter Großbau in der Zwischenkriegszeit. Nationalsozialismus und – nicht weniger – der gedankenlose Umgang mit der Architektur in den ersten zwei Jahrzehnten nach dem Krieg bewirkten die weitgehende Zerstörung der Inneneinrichtung dieses zumeist von jüdischen Bewohnerinnen genutzten Damenstiftes. Zwei Torhäuser flankieren die Zufahrt, an der das längliche, viergeschossige Backsteingebäude steht, vor ihm befand sich in der ursprünglichen Konzeption ein geometrischer Garten und hinter ihm ein Park. Gliederndes Moment ist der Backstein, in den waagerechte und senkrechte Fensterbänder eingeschnitten scheinen. Die Ecken sind zumeist abgeschrägt, das in den 20er Jahren beliebte Motiv des Eckfensters findet sich auch hier. – Bedeutende *Siedlungen der 20er Jahre* stehen in Ricklingen (Friedrich-Ebert-Straße), in der Südstadt (Redenstraße), in Kleefeld (Berckhusen- und Gartenstraße) sowie in List, von denen viele Bauten expressionistisches Ziegeldektor aufweisen. 1923–24 wurde nach Plänen von Hans Poelzig in Hannover-Vinnhorst das Verwaltungsgebäude der *Textilfabrik Meyer* errichtet. 1927–28 entstand das von Friedrich Fischer entworfene *Jugendheim Hannover-Misburg* als kubischer Ziegelbau in Grundformen der Neuen Sachlichkeit.

Ein weiteres technisches Kulturdenkmal ist das *Wasserreservoir* auf dem Lindener Berg (1876–78), dessen rechtwinklige Anlage von mächtigen Strebepfeilern abgestützt wird. Die katholische *Pfarrkirche St. Godehard* (1874 geweiht) gehört zu den Bauten des Ungewitter- und Haseschülers Christoph Hehl. Ein durchfensterter Riegel legt sich vor die dreischiffige Hallenkirche, die nach dem Zweiten Weltkriege stark erneuert wurde und dabei spätexpressionistische Züge erhielt. Die sakrale Ausstattung aus dem Jahr 1957 (Glasfenster, Kreuzweg, Mosaik) stammt von Ludwig Bauer aus Telgte.

Das *Kloster Marienwerder,* im Nordwesten Hannovers gelegen, gehört heute zur Stadt und wurde 1196 von Graf Conrad I. von Roden gestiftet. Anstelle der Augustinerchorherren bezogen im Jahr 1216 Augustinerinnen aus Obernkirchen das Kloster. 1542 wurde es reformiert, 1620 als evangelisches Damenstift eingerichtet. Zusammen mit vier anderen Calenberger Klöstern, darunter Barsinghausen, zählt es zum ›Allgemeinen Hannoverschen Klosterfonds‹. Die ursprüngliche Klosterkirche, eine dreischiffige Basilika mit Querhaus und drei Apsiden, ist bis auf das nördliche Seitenschiff gut erhalten. Das kurze Langhaus hat zwei kreuzgewölbte Mittelschiffjoche, denen einst vier Seitenschiffjoche zugeordnet waren, deren Gewölbe auf kräftigen Pfeilern sitzen. Die Darstellungen der Kreuzigungsgruppe sind Bildwerke aus dem dritten Viertel des 13. Jhs. und zeigen das Kruzifix, Johannes und die trauernde Maria. Verglasung und Ausmalung des Chores entstanden 1898. Die Konventsgebäude entstammen weitgehend dem späten 17. und frühen 18. Jh. Bei einem durchgreifenden Umbau wurden hier Treppengeländer und die Stuckdecke aus dem Herrenhaus Dieckhorst eingebaut.

Das Umland Hannovers zwischen Deister und Braunschweig

Die evangelische *Pfarrkirche St. Michael* in **Ronnenberg** südwestlich Hannovers erhielt 1876 durch eine Renovierung C. W. Hases ihre heutige Form. Querhaus und beide Nebenapsiden gehören aber noch der hochmittelalterlichen Bauphase des 12. Jhs. an, die polygonale Hauptapsis entstand 1464. Das Portal besteht aus seitlichen Gewänden mit Ranken und einem dreieckig übergiebelten Sturz, auf dem das Lamm Gottes in der Mandorla, gerahmt von zwei Vögeln und zwei Fabelwesen, zu sehen ist. Die primitive Reliefkunst und die Darstellung heute unbekannter Fabelwesen sowie von Blattwerkranken und Palmetten hat zu absurden Datierungsvorschlägen bis in die Merowingerzeit (7. Jh.) geführt. Tatsächlich werden die einzelnen Reliefmotive in Westfalen und in Südniedersachsen im 12. und frühen 13. Jh. geläufig. Im Innern der Kirche befinden sich seit kurzem drei Gewändesteine eines Portals der 1660 abgebrochenen Bonifatiuskapelle.

Die **Burg Calenberg** (Ruine Alt-Calenberg bei Schulenburg) war für die Grafschaft namensgebend. Die wahrscheinlich 1292 von Herzog Otto dem Strengen von Lüneburg gegründete Wasserburg wurde im 16. Jh. zur Festung ausgebaut. Nach Beschädigung im Dreißigjährigen Krieg verfiel sie allmählich, nur noch geringe Teile, wie die Kasematten, sind erhalten.

Pattensen erscheint urkundlich erstmals 1022. Der an wichtigen Straßen gelegene Ort stand unter Mindener Einfluß (Mindener Archidiakonat) und war Sitz einer frühen Gerichtsstätte sowie Standort einer 1519 zerstörten Burg. Die *Kirche,* einst St. Lucas geweiht, ist ursprünglich eine dreischiffige romanische Basilika gewesen, von der nur noch der Triumphbogen steht. Der Langchor und das einst dreijochige Hallenlanghaus wurden um 1400 errichtet, wie aus Datierungen an den Seitenschiffsportalen hervorgeht. Der Westturm war bereits Mitte des 13. Jhs. an das damalige Langhaus angefügt worden und zeigt noch einzelne romanische Basen und Kapitelle. 1801 erfolgte der Umbau des Langhauses zu einem breiten Saal mit korbbogiger Holzdecke, über dem sich ein bemerkenswertes klassizistisches Walfischrückendach erhebt, als Bohlen-Lamellen-Dach in direkter Nachfolge des preußischen Baumeisters David Gilly konstruiert. Den Umbau nahm Ingenieur-Kapitän Georg Christian Lasius vor, wobei die Deckenkonstruktion vielleicht erst 1830 entstand. Das Gestühl in dem nunmehr querrechteckigen Saal – die gotischen Außenmauern blieben stehen – wurde halbkreisförmig auf die Kanzelwand orientiert. Zu den interessanteren Profanbauten gehören das *Rathaus* aus dem Jahr 1757 und die *Stadtwache* an der Hannoverschen Landstraße von 1838.

Die evangelische *Pfarrkirche* in **Schulenburg** wurde 1856 bzw. 1885 auf ihre heutige Länge vergrößert und 1856 von Eduard Wellenkamp neugotisch ausgestattet. Das zum Dominalgut gehörende Amtshaus (›Ablager‹), bis zum 17. Jh. ein selbständiger Meierhof, ist ein mit guten Stukkaturen ausgestatteter Fachwerkbau. Die Stuckwerke werden dem in Celle nachgewiesenen italienischen Stukkateur G. B. Tornielli zugeschrieben.

Nördlich von Nordstemmen, bei Pattensen-Schulenburg, liegt auf dem Marienberg oberhalb des Leinetals die romantisch-historische **Marienburg** (Farbabb. 5). Der Berg ist in großem Umkreis um die Burg durch einen mächtigen frühgeschichtlichen (bzw. frühmittelalterlichen) Erdwall befestigt. Es wird vermutet, daß es sich um einen von sächsischer Seite gegen Karl den Großen errichteten Wall handelt, obwohl man beim Durchbruch der Zufahrt zum historistischen Schloß auch bronzezeitliche Funde machte. Das *Schloß* selbst entstand 1857–67 im Auftrag König Georgs V. als Witwensitz für seine Frau Königin Marie, nach Plänen von C. W. Hase, den 1864 E. Oppler in der Bauleitung ablöste. Die überaus große vierflügelige Gesamtanlage unterscheidet sich stark von dem gleichzeitig erbauten Welfen-Schloß Georgs V. in Hannover. Sie ist von einer historistischen Mauer umgeben und hat zur Bergseite hin ein diagonal zum Schloßhof gelegenes Tor mit zwei Rundtürmen. Den Schloßhof umgeben achsensymmetrisch angelegte Gebäude, die dem in den Hof ragenden zentralen Bergfried talwärts angefügt sind. Dessen äußere Galerie mit Zinnen, vier Eckürmchen und einem achteckigen Aufsatz bildet die weithin sichtbare Bekrönung der Gesamtanlage. Der ›Bergfried‹ dient jedoch nur als Treppenturm mit einem Zugang zum talseitigen Südflügel und dem (unvollendeten) Rittersaal, der sich in einer regelrechten Apsis zum Tal hin

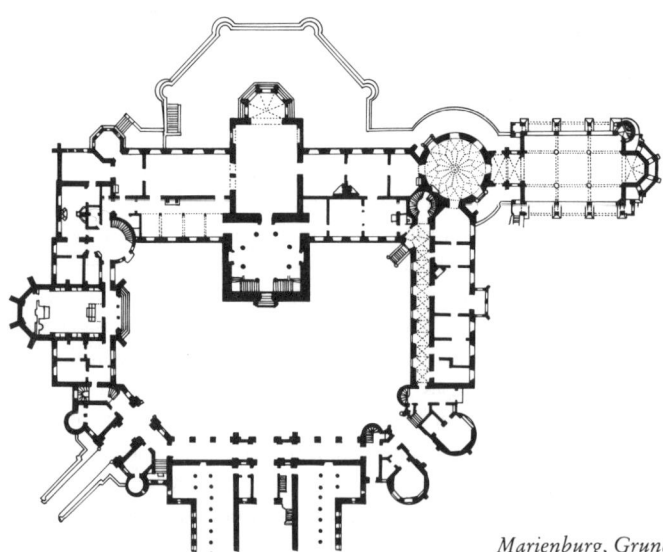

Marienburg, Grundriß der Burg (Erdgeschoß)

öffnet. Im Südwesten wird die Anlage durch einen runden kräftigen Turm mit einem sich anschließenden runden Treppenturm akzentuiert, in dem die Bibliothek untergebracht wurde. Nach Westen schließt sich hier die Ruine einer dreischiffigen, dreijochigen Kirche an. Die eigentliche Schloßkapelle steht hingegen mittig im Ostflügel und hat im Gegensatz zur Kirchenruine ihre Apsis im Osten. Sie vertritt zumindest äußerlich den Typ einer herrschaftlichen Doppelkapelle, ist aber tatsächlich nur einräumig. Das Mauerwerk des Schlosses besteht aus Bruchquadern; Fenstergewände, Zinnen und Friese wurden aus Werksteinen gehauen, während man den Bergfried sorgfältig aus Quadern mauerte. Für stilistische Details orientierte man sich an gotischen Formen, ohne jedoch gotische Baustrukturen genau zu kopieren (Farbabb. 6). So entstand eine Anlage, die durch ihre Regelmäßigkeit, Flügelanordnung und selbst durch ihre Gebäudetypen teilweise von der gewohnten mittelalterlichen Bauweise abweicht. Darüber hinaus hat man sich durchaus nicht immer an einheimischen Vorbildern orientiert. Der Bergfried erinnert beispielsweise an hessische Türme; den talseitigen Eckturm mit dem sich anschließenden runden Treppenturm findet man in dieser Form in der französischen Baukunst. Besonders an der Ostseite wirken die Bauteile stark miteinander verschachtelt. Die Umfassungsmauer folgt malerisch dem Verlauf des schroffen roten Sandsteinfelsens.

Die evangelische *Kirche* in **Adensen** besitzt einen recht ungewöhnlichen spätgotischen Kirchenraum. An den Westturm des 13./14. Jhs. wurde etwa zwischen 1483 und 1503 ein zweischiffiges Hallenlanghaus angefügt, dessen Hauptschiff die Breite des Turmes einnimmt, während das nördliche Seitenschiff erheblich schmaler ist. Achteckige Pfeiler tragen tief heruntergezogene Gewölbe, die stark bauchig gebildet sind. Die Ausstattung entstammt einer Restaurierung (1852) durch Landbaumeister Wellenkamp.

Die *Poppenburg* in **Burgstemmen** sichert eine Leinebrücke. 1049 wurde der mit einem Gut versehene Siedlungsplatz von Kaiser Heinrich III. dem Bischof zu Hildesheim geschenkt. Bei dem hohen, massiven und mit einem Dachreiter versehenen Südflügel des winkelförmigen Gebäudes handelt es sich um den Saalbau (Palas) der Burg, in dem 1785 eine Kapelle eingerichtet wurde. Der Saal gehört wohl dem 14. Jh. an und wurde im 16. Jh. erneuert. Dabei mag auch der sich nördlich anschließende Längsflügel erbaut worden sein. Die *Kirche* in Burgstemmen selbst ist ein einschiffiger romanischer Bau mit Westturm, eingezogenem Chor und Halbkreisapsis. Das mittelalterliche Mauerwerk ist trotz Erneuerungen im 18. Jh. gut erhalten; im Innern finden sich Reste der alten Ausmalung. Nördlich des Ortes steht eine vollständig erhaltene *Kappenwindmühle*.

Die heute zu Springe gehörende ehemalige Stadt **Eldagsen** erinnert in ihrer Anlage an ein Hagendorf. Die lange, fast schnurgerade Hauptstraße wird auf beiden Seiten von zumeist giebelständigen Häusern gesäumt, hinter denen gleich – außer im Bereich um Marktstraße und Kirche – das freie Feld beginnt. Dies mag Folge von Wiederaufbauten nach verheerenden Bränden im Dreißigjährigen Krieg (1625) und in den Jahren 1742 und 1770 sein. Die evangelische *Kirche* in der Ortsmitte entstand im 12. Jh., wie die vermauerten Rundbogenfenster an der Nordseite deutlich machen. Im übrigen wird ihr Äußeres durch spätgotische

Strebepfeiler und barocke Rundbogenfenster bestimmt. Dem Langhaus ist westlich ein aus Quadern gemauerter, in seiner Form an einen Block erinnernder Turm vorgelagert, der wohl noch dem späten 12. Jh. angehört. Das ab 1704 erneuerte Langhaus hat eine umlaufende Empore auf Steinsäulen. Der Fünfachtel-Chorschluß der Kirche wird von kräftigen Strebepfeilern gestützt. Wertvollster Teil der Ausstattung ist der spätgotische, um 1480 entstandene Flügelaltar mit Darstellungen zum Leben von Maria und Christus unter geschnitzten Ornamentbögen. An der Südwand der Kirche befindet sich das Kinderepitaph der 1603 verstorbenen Margarita Wedemeyer. Das Epitaph der Familie Wedemeyer im Innern gehört in das späte 16. Jh., das Motive von P. P. Rubens (Kreuzaufrichtung in Antwerpen) rezipierende Bild sogar erst in die Mitte des 17. Jhs.; die Jahreszahl 1532 ist eine Fehlrestaurierung.

Das **Kloster Wülfinghausen** südlich von Eldagsen wurde 1236 als Augustiner(innen)kloster gegründet und nach der Säkularisation seit 1593 bis heute als evangelisches Damenstift weitergeführt. Von der Straße wird die Klausur durch das geräumige Klostergut mit großen Scheunen, Stall- und Wohnbauten, zumeist von 1729–34, abgeschirmt. Den Abschluß des Gebäudekomplexes bildet das siebenachsige Herrenhaus mit Freitreppe, zentralem Flur und Régencetreppenhaus aus der Entstehungszeit des Klosters. Klausur und Klosterkirche liegen am Hang des Osterwaldes. Die Kirche bildet den nordöstlichen Eckbau des im Geviert erhaltenen Klosters. Sie hat Strebepfeiler und einfache Maßwerkfenster; der sich unmittelbar westlich anschließende Klausurbau verfügt über Kreuzstockfenster. Dies sind die mittelalterlichen Gebäudeteile, während die übrige Klosteranlage der Neubauphase nach einem Brand von 1728 angehört. Die einschiffige *Klosterkirche* mit gerade geschlossenem Chor ist ein schlichter kreuzrippengewölbter Bau. Von der ersten Ausstattung sind lediglich die beiden dem 15. Jh. angehörenden Gestühlreihen erhalten. Kanzel und Empore mit geschnitzten Säulen und repräsentativer Treppe wurden erst Ende des 19. Jhs. von anderer Stelle hierher versetzt, nachdem die Kirche zuvor einige Jahrzehnte als Stall gedient hatte. Das Ostfenster schuf 1905 Lucie von Duehring. Hofseitig ist der Kirche ein niedriger Kreuzgang vorgelagert, der als einziger Teil den Brand von 1728 überstanden hat. Er ist kreuzgratgewölbt; die Gurtbögen lassen Reste von Quadermalerei wohl des 16. Jhs. erkennen. Westlich schließen sich an die Kirche ein drei- und ein zweijochiger Raum an, beide dreischiffig und mit quadratischen Pfeilern, die mit Resten ornamentaler spätgotischer Malereien versehen sind. Es handelt sich um die frühere Unterkirche. Heute dient dieser Teil dem Kloster als Meditationsraum. Die übrigen drei Flügel des 18. Jhs. haben zum Hof hin einen breiten Flur, in dem noch fünf Leinwandbilder mit der Geschichte Esthers hängen. Nach außen waren diese Flügel in einzelne Wohnungen unterteilt. Jede bestand aus einer Küche mit Steinboden, Herdstelle, abgeteilter Schlafbutze für eine Bedienstete sowie im Obergeschoß drei Wohn- und Schlafräumen. Die Treppen gehören durchweg der Régence an und wirken sehr repräsentativ.

An den romanischen Westturm der *Kirche* in **Völksen** (Springe) mit gekuppelten Schallarkaden an Nord-, Ost- und Südseite ist ein im 17. Jh. erweitertes, im Kern wohl mittelalterliches Langhaus mit Dreiachtel-Schluß angefügt. C. W. Hase, der auch die gotisierende

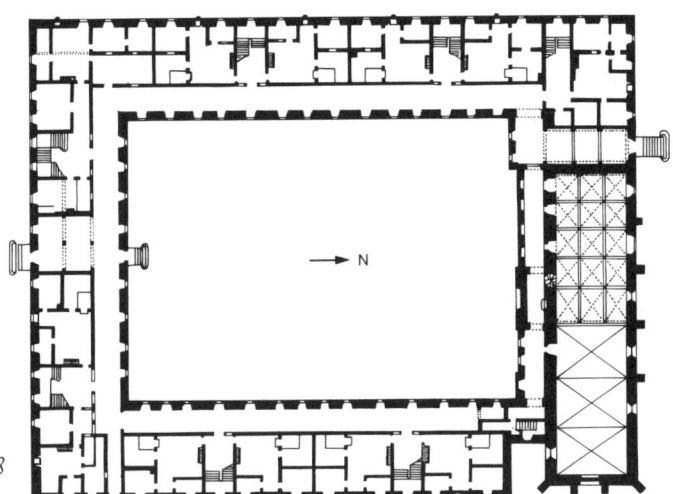

Wülfinghausen, Grundriß des Klosters

Ausstattung entwarf, erneuerte auch das Bauwerk im 19. Jh. – Nördlich der Kirche steht ein klassizistischer Grabstein von 1833.

Der bekannte **Saupark** bei Springe liegt an der Straße von Alvesrode nach Eldagsen. Er entstand nach einem Gerichtsurteil, das die Könige von Hannover dazu verurteilte, den durch Jagden reduzierten Wildbestand zu ersetzen und weitere Wildschäden zu vermeiden. Daraufhin wählte man ein geeignetes Gelände am Kleinen Deister aus und umschloß es 1836–40 mit einer 18 km langen Mauer, um hier ungestört jagen zu können. 1871 erbte der deutsche Kaiser Wilhelm I. das Gelände, und seit dem Zweiten Weltkrieg laden die niedersächsischen Ministerpräsidenten zu Staatsjagden hierher ein. Unmittelbar am Ausgang des zum Park gehörenden Waldes (Burgberg am Kleinen Deister) steht nahe der Stadt das *Jagdschloß Springe*. Es wurde 1838–42 nach Plänen von Landbauinspektor G. L. Comperl unter Mitwirkung von G. L. F. Laves als Unterkunft für die königlichen Jagdgesellschaften errichtet. Derselben Bauzeit entstammt außer dem Erdgeschoß des Mittelbaus nur der linke östliche Pavillon, ein Wohnhaus mit angrenzendem Stall. Nachdem das Schloß in den Besitz Preußens gelangt war, wurde 1875 spiegelsymmetrisch zum östlichen Pavillon, westlich ein zweiter, als Gästehaus dienender Pavillon angelegt (Pläne L. R. Persius in Anlehnung an den bestehenden Bau). Das Schloß wurde ab 1878 vergrößert und 1889 nach Entwurf von L. Frühling (Hannover) aufgestockt. Das mittlere, neunachsige Gebäude hat seither zwei Geschosse und ein Mansarddach, während die seitlichen Bauten noch die ursprünglichen Walmdächer tragen. Die Inneneinrichtung sowie Querflur, Kassettendecke, Säulenstellung und ›Lavessaal‹ im rechten Teil des Haupthauses blieben unverändert erhalten.
Über einen Paß zwischen Kleinem und Großem Deister führt die Fernstraße Hannover–Hameln vom Leinetal in das Wesertal. Beim namensgebenden Flüßchen Haller legten die

DAS UMLAND HANNOVERS ZWISCHEN DEISTER UND BRAUNSCHWEIG

Grafen von Hallermunt, oberhalb des heutigen Sauparks, eine gleichnamige Burg an, die dazu gegründete Ortschaft **Springe** trug bis in das 18. Jh. den Namen Hallerspringe. Erst seither läßt man ›Haller‹ aus dem Namen fort. Die historische Hauptstraße (Lange Straße) verläuft in West-Ost-Richtung und mündet in der Stadtmitte auf dem Marktplatz. Das *Eckhaus Markt 1/Burgstraße* (ehem. Lange Str. 31) ist ein reichgeschnitztes, 1616–19 erbautes Dielenhaus mit Speicherstock, die Diele war von Anfang an mit einem zweigeschossig unterteilten Seitenschiff versehen. Auf Geschoßhöhe sind an der Traufe durchgehend Brüstungsplatten mit Renaissancedekor erhalten. Zum ursprünglichen Zustand gehört der unterkellerte Saalbau, der sich rückwärtig an die Diele anschließt, jedoch nur sehr schmal ist. Solche Saalbauten entstanden in spätmittelalterlicher Tradition und sind auch noch an anderen Häusern in Springe zu sehen. Zum Markt hin ist das Haus mit einer Lucht ausgestattet, das Giebeltor wurde erneuert. Der *Marienbrunnen* auf dem Marktplatz hat über einem barockisierenden steinernen Brunnenbecken einen kunstvollen Jugendstilaufbau aus Schmiedeeisen, der 1903 von Sanitätsrat Heinrich Seebohm gestiftet wurde. Vier Fische speien das Wasser. Das rahmende Eisengestell wird von eisernem Blattwerk umrankt, das sich im gesprengeartigen Aufbau zu Laubblättern und Zapfen ausweitet und dort die Wappen Springes und Hannovers trägt. Am westlichen Ende begrenzen den Markt das ehemalige Rathaus (jetzt Ratskeller) und das Amtsgericht. Dem *Rathaus* fehlt die befahrbare Diele und es fällt gegenüber den anderen Fachwerkbauten durch seinen hohen Steinsockel auf. Das 1638 errichtete Gebäude unterscheidet sich als Verwaltungsbau dadurch von den Wohnbauten. Neben dem Portal ist das Stadtwappen zu sehen. Das spätbarocke *Amtsgericht* ist ein neunachsiger, zweigeschossiger Fachwerkbau, dessen drei mittleren Achsen segmentbogig als flacher Risalit vorgezogen sind. Das Fachwerk ist nicht verputzt, Holzwerk und Ausfachung wurden jedoch einheitlich gestrichen, wie dies in Niederdeutschland um 1800 sehr häufig vorkam. 1775 erbaute man das heutige Amtsgericht als Herrenhaus des Breymannschen Rittergutes, das um 1851 in das Eigentum König Georgs V. von Hannover überging und später zeitweilig als Sitz des Amtes Springe genutzt wurde. Die *Kirche St. Andreas* liegt abseits des Marktplatzes. Sie hat wie alle Kirchen der Umgebung einen bruchquadergemauerten Westturm, der hier (vermutlich durch einen Umbau) eine Dreifenstergruppe im Erdgeschoß aufweist. Das sich anschließende, als Stufenhalle konstruierte Langhaus aus der Mitte des 15. Jhs., ist dreijochig. Im Osten folgt ein Rechteckchor am Mittelschiff, nach Plan des Landbaumeisters Wellenkamp 1860–62 dreischiffig erweitert und mit einem runden Sakristeianbau versehen. Das Langhaus wirkt durch die übergangslos an den Achteckpfeilern ansetzenden Gewölben und Bögen sehr gedrungen. Möglicherweise war der Kirchenraum höher geplant als er schließlich ausgeführt wurde. – Den Schnitzaltar schuf Carl Dopmeyer anläßlich der Kirchenerweiterung.

Das *Land zwischen Hannover und Braunschweig,* im Süden durch die aus dem Harz zur Leine fließende Innerste und im Norden vom Mittellandkanal begrenzt, ist von umfangreichen Industrieansiedlungen geprägt. Teilweise wirkt die Landschaft zerrissen, vor allem durch die auffälligen Kaliberge der Salzindustrie. Viele Ansiedlungen sind aus rein bäuerlichen Gemeinden erwachsen und erst in den letzten Jahrzehnten zu Industriedörfern geworden.

Eine typische Schachtanlage dieser Gegend ist das *Kaliwerk Bergmannssegen-Hugo* zwischen Lehrte, Ilten und Sehnde, mit dessen Bau 1892 begonnen wurde. 1909 war die Anlage, der bis 1926 eine Chlorkaliumfabrik angeschlossen wurde, betriebsbereit. Über einen sehr bedeutenden Baubestand verfügt ferner noch das *Kaliwerk der Salzdetfurth-Gruppe* in Salzdetfurth. Zu den – vom Abbruch bedrohten – wichtigen Fabriken zählt auch die *Schachtanlage Glückauf-Sarstedt* (Glückaufstr. 103) aus den Jahren 1906–09. Es bestimmen jedoch nicht nur technische Denkmäler des 20. Jhs., sondern auch frühindustrielle und handwerkliche des 19. Jhs. das Erscheinungsbild des Landes um Hildesheim, Hannover, Peine und Braunschweig. Zu jedem Dorf gehörte einst eine Windmühle, vielfach eine Bockwindmühle aus der ersten Hälfte des 19. Jhs. (die Gewerbefreiheit in napoleonischer Zeit ab 1807 bewirkte hier einen erheblichen Aufschwung), sonst Kappenwindmühlen zumeist aus der zweiten Jahrhunderthälfte. Einige der Mühlen lassen sich sogar bis in das frühe 17. Jh. zurückdatieren wie die *Bockwindmühle* in **Machtsum** (Harsum) aus dem Jahre 1638. Besonders sehenswert sind die *Windmühlen* in **Hohenhameln** (Abb. 14) (1837 mit jüngerer Technik) und die in **Abbenrode,** letztere kann besichtigt werden. Die *Kappenwindmühle* in **Wendhausen** (Abb. 13) aus dem Jahre 1837 ist die einzige in Niederdeutschland erhaltene Windmühle mit fünf Flügeln, die in Folge einer Mitte des 19. Jhs. bedeutenden Experimentierphase mit ›modernen‹ technischen Mitteln, entstand.

Nördlich der südniedersächsischen Mittelgebirge, des Harzes, des Sollings und des Hildesheimer Waldes, beginnt eine ›Hauslandschaft‹ mit Hausformen, die sich von den mitteldeutschen südlicher Landesteile sehr unterscheiden. Das ländliche Haus – bei städtischen Häusern ist der Unterschied zwischen den beiden Hauslandschaften weit weniger deutlich – ist im Süden sehr oft zweigeschossig. Der Eingang befindet sich an der Längsseite und erschließt einen, früher mit der Küche verbundenen Flur (›Ern‹). Seitlich liegt die zur Straße orientierte Stube, ferner Kammern in beiden Geschossen und u. U. ein Stall. Scheune und weitere Ställe sind in eigenen Hofgebäuden untergebracht. Die niederdeutsche Bauweise kennt zwar ebenfalls die Funktionstrennung in mehrere Häuser, und auch hier gibt es gesonderte Scheunen, Schweineställe und Speicher, das Haupthaus selbst enthält jedoch einen großen, mit Ackerwagen befahrbaren Wirtschaftsteil sowie Ställe für Pferde und Kühe. Die Küche ist mit diesem Wirtschaftsteil eng verbunden. Als Wohnteil folgt an der Rückseite nur ein ›Kammerfach‹ mit einer unterkellerten Stube (wenn der Raum durch einen Ofen beheizt werden kann) oder einem Saal (wenn der Raum durch einen Kamin beheizt wird) sowie einem Schlafraum. Das große Dielentor kennzeichnet diese Gebäudeform ebenso wie die Breite, das große Dach und die Eingeschossigkeit: Nur niedrige Futterbühnen, manchmal auch Knechtkammern, säumen die Diele als eine Art Obergeschoß über den Ställen. Besonders schöne und gut erhaltene *Bauernhäuser* dieses Typs kann man nördlich des Mittellandkanals in dem endlos langen Hagendorf **Isernhagen** bewundern, das mit rund 6 km Länge eines der längsten Dörfer Deutschlands ist.

DAS UMLAND HANNOVERS ZWISCHEN DEISTER UND BRAUNSCHWEIG

Die katholische *Pfarrkirche St. Caecilia* in **Harsum** wurde 1885–86 nach Plänen von Christoph Hehl erbaut. Sie ist eine kreuzförmige Basilika in romanischen Formen, mit gedrungenen Arkadensäulen, einer Emporenzone in rheinischer Bauweise, Obergaden in axsialem Bezug zu den Arkaden und weitgespannten Gewölben. Von einer Kopie romanischer Kirchen ist man trotz der engen Anlehnung in den Einzelformen weit entfernt. Der Eindruck der Kirche wird durch die ursprüngliche Ausmalung von V. Volk (1896–98) und die alte Ausstattung unterstrichen. Zu den kleineren barocken Landkirchen im nördlichen Teil des Kreises Hildesheim gehört die 1710 an einen Turm von 1499 angefügte *Kirche* in **Borsum** (Harsum). Ihr durch Pfeilervorlagen gegliedertes Langhaus mündet in einen eingezogenen Chor mit Säulenaltar und zwei Nebenaltären am Triumphbogen, der einen klassizistischen Aufbau hat.

Die *Pfarrkirche* in **Groß-Algermissen** wurde 1720 erbaut. Sie ist gleichfalls eine Saalkirche mit eingezogenem polygonal geschlossenem Chor und Westturm. Die Deckengemälde wurden auf Leinwand gemalt, u. a. sind die Dreifaltigkeit, die Kirchenväter und die Himmelfahrt Christi dargestellt. Die übrige Ausstattung, neben den Altären vor allem die Orgel, wurde um 1720 angeschafft. Die evangelische *Pfarrkirche* in **Lühnde** (Algermissen) war einst eine dreischiffige, der Romanik angehörende Kirche mit Querhaus und drei Apsiden. Erhalten haben sich das Mittelschiff, das Nordquerhaus und der Westturm, während der Chor im 14. und das Südquerhaus im 16. Jh. neu gebaut wurden. Das Südseitenschiff brach man im 17. Jh. ab. Die Renovierung der Kirche 1884 fand unter Leitung von C. W. Hase statt.

Sarstedt, im historischen Kern kaum größer als ein Dorf, wurde in napoleonischer Zeit sogar Distrikthauptstadt eines eigenen Kantons. Ein bischöflich-hildesheimischer Hof bestand seit 1216, Stadtrechte wurden 1296 erteilt. Von der einstigen Stadtmauer sind aber nur noch minimale Reste erhalten. Die evangelische *Pfarrkirche* im Süden der Stadt ist einschiffig und kreuzförmig, sie hat einen breiten Westturm und einen polygonalen Chor. Dieser als einziger Raum gewölbte Chor wurde um 1457 (Inschrift) an das dem 14. Jh. angehörende Langhaus angefügt, das sich seinerseits an einen romanischen Westturm anschloß. Auch diese Kirche wurde unter Leitung von C. W. Hase renoviert, und zwar im Jahr 1865.

Hohenhameln und die zugehörigen Ortsteile sind ihrer Kirchen wegen ein durchaus lohnendes Ziel. Die 1778 von Maurermeister A. Beier errichtete *Kirche* in Hohenhameln selbst hat noch den riegelartigen Westturm des 13. Jhs., der eigentümlicherweise mit zwei schlanken Helmen versehen ist. Sie entstanden nach 1485. Der Saal wurde mit einem Kanzelaltar ausgestattet, der unter dem Auge Gottes in der Mitte die Kanzel enthält; vor den zurückschwingenden Seitenteilen stehen die Statuen der Evangelisten Matthäus und Markus zwischen Säulen, als Bekrönung dienen Standbilder der Evangelisten Lukas und Johannes.

1 HANNOVER Kramerstraße mit Blick zur Marktkirche ▷

2 HANNOVER Neues Rathaus

3 HANNOVER Hauptbahnhof

4 HANNOVER Grupenstraße mit Plastik ›Spielende Kinder‹ von Kurt Lehmann

5 HANNOVER   Anzeiger Hochhaus

6 HANNOVER   Altes Rathaus, Erweiterungsbau

7 HANNOVER   Altes Rathaus und Marktkirche

8 HANNOVER   Leibniztempel im Georgengarten ▷

9 HANNOVER-HERRENHAUSEN   Großer Garten mit Blick zur Orangerie

10 HANNOVER-HERRENHAUSEN   Fürstenhaus in der ›Alte Herrenhäuser‹ Straße

11 HANNOVER Sprengelmuseum

12 HANNOVER Plastik von Niki de St. Phalle am Leine-Ufer

13 WENDHAUSEN Fünfflügelige Windmühle

14 HOHENHAMELN Bockwindmühle

15 EQUORD bei Hohenhameln Kirche des Freiherrlichen von Hammersteinschen Gutes

16 BRAUNSCHWEIG St. Katharinen

17 BRAUNSCHWEIG St. Martini, St. Martin am Kanzelfuß
18 BRAUNSCHWEIG St. Martini, Taufbecken in der Annenkapelle
19 BRAUNSCHWEIG St. Martini, Langhaus nach Osten

20 BRAUNSCHWEIG Schloß Richmond

21 BRAUNSCHWEIG Nebengebäude der Villa ›Salve Hospes‹ am Lessingplatz

23 KÖNIGSLUTTER Löwenportal an der Nordseite der ehemaligen Klosterkirche
22 KÖNIGSLUTTER Ehemalige Klosterkirche St. Peter und Paul, Nordflügel des Kreuzganges
24 KÖNIGSLUTTER Jagdfries an der Apsis der ehemaligen Klosterkirche

25 KÖNIGSLUTTER   Ehemalige Klosterkirche, Blick auf die Türme des Westbaus

26 KÖNIGSLUTTER Kapitell im Kreuzgang der ehemaligen Klosterkirche
27 HELMSTEDT Juleum (ehemalige Universität), Portal
28 HELMSTEDT Doppelkapelle der ehemaligen Benediktiner-Abtei St. Ludgeri

29 SÜPPLINGENBURG   Ehemalige Klosterkirche nach Osten

In Hohenhameln wie in **Mehrum** wurden die Decken der Kirchen mit barocken Malereien versehen, die von dem bekannten Maler Josef Georg Winck aus Hildesheim stammen. In Hohenhameln ist die Geburt Christi in einer perspektivisch von unten gesehenen Höhle dargestellt, ferner finden sich Kreuzigung, Auferstehung und Himmelfahrt. In der *Mehrumer Kirche* erhielt das gleiche Bildprogramm eine etwas einfachere Darstellungsweise. Gemeinsam ist beiden Kirchen eine Inschrifttafel über dem Portal, die die Bauherren, den Pfarrer, den Schulmeister (in Hohenhameln war dieser Posten seinerzeit unbesetzt), die Altarmänner, auch die der Vororte, sowie den Maurermeister nennt. In Hohenhameln war dies A. Beier, in Mehrum Anton Wendt. Die Pläne stammten vermutlich aus der bischöflichen Verwaltung; J. v. Lochhausen und F. C. de la Tour werden an beiden Bauten genannt und dürften mit Planung und Abrechnung der Baukosten betraut gewesen sein.

Auch in **Clauen** und **Sossmar** (Hohenhameln) wurden die Kirchen in der zweiten Hälfte des 18. Jhs. neugebaut, nur der jeweilige Kirchturm des Mittelalters blieb erhalten. Die *Clauener Kirche* enthält einen Kanzelaltar von 1796, der dem Zopfstil angehört und deutlich frühklassizistisch gegliedert ist. Bemerkenswert ist hier besonders die Orgel aus dem Jahr 1725. Orgel und Empore mit ihrem Schnitzwerk von hoher Qualität wirken zu reich und zu teuer für eine Dorfkirche – tatsächlich stammen sie aus der Schloßkirche in Wolfenbüttel. Schließlich hat auch die *Kirche* in *Sossmar* einen barocken Kanzelaltar. Der mit hohem Mansarddach versehene und an seiner Spiegeldecke Stukkaturen tragende Bau wurde 1767 vollendet.

In **Bierbergen** (Hohenhameln) erfolgte der Umbau der im Kern romanischen *Kirche* im 18. Jh. Der Kanzelaltar ist datiert von 1719. Das Tympanon mit einer Büste des segnenden Christus stammt aus dem zweiten Viertel des 13. Jhs.

Die *Kirche* des *Freiherrlichen von Hammersteinschen Gutes* in **Equord** bei Hohenhameln (Abb. 15) vertritt als barocker Zentralraum einen sonst in Niedersachsen seltenen Typ. Die zwischen etwa 1686 und 1710 errichtete Kirche hat außen die Form eines griechischen Kreuzes. Die Portalfassade wird durch Segmentgiebel und ein kleines Dachhäuschen etwas betont. Innen erweist sich die Kirche als runder Bau mit kräftigen, die Kuppel tragenden Pfeilern und drei rechteckigen sowie einem polygonalen Seitenraum. Die Kuppelpfeiler haben Doppelpilaster, die Kuppel selbst ist durch ein vorkragendes Gesims vom Unterbau abgeteilt. Der Zentralraum enthielt einst die Grabgruft des Bauherrn. Typologisch wird man hier an das Mausoleum in Stadthagen erinnert (s. S. 315), ohne daß damit auch ein kunsthistorisches Vorbild benannt ist.

Braunschweig

Mit mehreren Nebenarmen schlängelte sich die Oker einst durch eine sanfte Talmulde westlich des Elms, die Platz für die Gründung der heutigen Großstadt Braunschweig bieten sollte. Erste Besiedlungen lassen sich für das achte und neunte Jh. archäologisch nachweisen. 1031 wurde Braunschweig erstmals urkundlich erwähnt, eine Siedlung bestand im Bereich des Eiermarktes. Nach mehrfacher Vergrößerung entstand westlich der herzoglichen Burg das ›Weichbild‹ der Altstadt um Rathaus und Martinikirche. Damit war die Altstadt zunächst eine Ansiedlung, die zwar größer als ein Dorf war, als Vorläufer einer späteren Stadt bzw. eines Stadtteiles jedoch noch keine Stadtrechte hatte.

Die *Neustadt* nördlich der Altstadt und der *Hagen* auf der östlichen Okerseite sind neben der *Altstadt* noch im 12. Jh. als selbständige Weichbilder entstanden. Das *Altewiek* im Südosten der Innenstadt ist ebenfalls schon 1031 erwähnt und gehört damit auch zu den Keimzellen Braunschweigs. Als fünfter selbständiger Teil entstand im 13. Jh. das der Burg auf der linken Okerseite vorgelagerte Weichbild *Sack*. Erst im Spätmittelalter vereinigten sich diese Weichbilder zu einer Stadt und bildeten einen gemeinsamen Rat, ohne auf einen jeweils eigenen Rat und ihre erhebliche Selbständigkeit zu verzichten. Die soziale Schichtung der Stadtteile dürfte sehr unterschiedlich gewesen sein, und zwischen Alteingesessenen und Neuhinzugezogenen, zwischen Patriziat, Kaufleuten, Handwerkern, aber auch zwischen der Stadt insgesamt und dem Herzog war ein ständiges Ringen um die Vorherrschaft an der Tagesordnung. Die Konflikte innerhalb der Stadt wurden mehrfach auch blutig ausgetragen, bei einer solchen als ›Schicht‹ bezeichneten Auseinandersetzung der Jahre 1374 bis 1386 wurden beispielsweise acht Ratsangehörige erschlagen. Der Herzog sah sich gezwungen, um 1300 die Residenz nach Wolfenbüttel zu verlegen, denn die Stadt hatte eine zu hohe Selbständigkeit erlangt und duldete den Landesherrn nicht mehr in den eigenen Mauern. Die Einführung der Reformation 1528 und der Beitritt der Stadt zum ›Schmalkaldischen Bund‹ 1531 verstärkten die Kämpfe mit dem Herzog. Im Schmalkaldischen Bund (s. S. 14) versuchten die protestantischen Länder und Städte, sich gegenüber dem (katholischen) Kaiser durchzusetzen. Die Belagerungen 1550 und 1553 wurden zwar überstanden, dennoch nahm die politische Stärke der Stadt im beginnenden Absolutismus zugunsten des Landesherren stetig ab, wie dies auch für Hannover oder Goslar zu bemerken war. 1671 ging die Selbständigkeit der Stadt gänzlich verloren, als sie von herzoglichen Truppen besetzt wurde. 1753 verlegte der Herzog seine Residenz von Wolfenbüttel nach Braunschweig

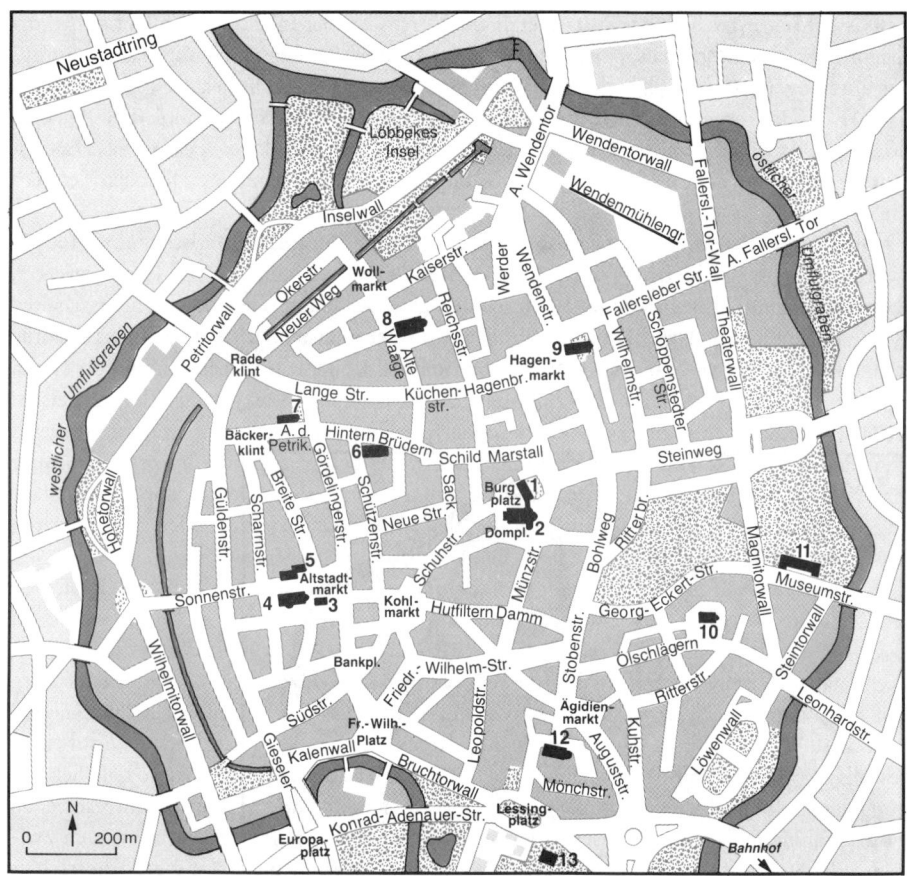

Braunschweig   1 Burg Dankwarderode   2 Stiftskirche St. Blasius (Dom)   3 Gewandhaus   4 Martinikirche   5 Altstadtrathaus   6 Brüdernkirche   7 Petrikirche   8 Andreaskirche   9 Katharinenkirche   10 Magnikirche   11 Herzog-Anton-Ulrich-Museum   12 Ägidienkirche   13 Haus Salve Hospes

zurück, wurde allerdings durch einen Aufstand 1830 erneut vertrieben, und das Schloß ging bei dieser Gelegenheit in Flammen auf. Die Städteordnung von 1834 sicherte Braunschweig die Selbstverwaltung zu.

Im Zentrum des Burgbezirks steht das *Löwendenkmal* (Farbabb. 8), das erste dieser Art im deutschen Raum. (Das Original der Löwenfigur befindet sich in dem im Vieweghaus untergebrachten Braunschweigischen Landesmuseum.) 1166 ließ Heinrich, genannt der Löwe, das aus Bronze gegossene und als Machtdemonstration auf einem steinernen (inzwischen erneuerten) Postament ruhende Denkmal auf den Burgplatz stellen. Obwohl kaum eine naturwissenschaftliche Untersuchungsmethode bei der jüngsten Restaurierung

BRAUNSCHWEIG

(1980–83) ausgelassen wurde – das Metall, die Korrosion, der Inhalt des hohlen Löwenkörpers, selbst die Isotopenzusammensetzung des Bleianteils der Legierung waren einer Autopsie unterzogen worden –, hält die Diskussion über die kunstgeschichtliche Einordnung noch immer an. Die vorgeschlagene Beziehung zum venezianischen Machtsymbol, dem Markuslöwen, ist dabei glaubwürdiger als der Hinweis auf Aquamanile, kleine gegossene Löwenfiguren, die als kultische Gefäße während des hohen Mittelalters in hiesigen Kirchen Verwendung fanden.

Die *Burg Dankwarderode* (Farbabb. 8) begrenzt den Burgplatz im Osten. Um 1160–75 wurde sie an der Stelle früherer Burgbauten durch Herzog Heinrich den Löwen errichtet. Nach Brand und Teileinsturz im 16. Jh. fanden zunächst keine Wiederherstellungsarbeiten statt, da die Eigentumsverhältnisse zwischen den verschiedenen welfischen Linien umstritten waren. Zwischen 1616 und 1640 wurde die Burg schließlich ausgebaut, und im 18. Jh.

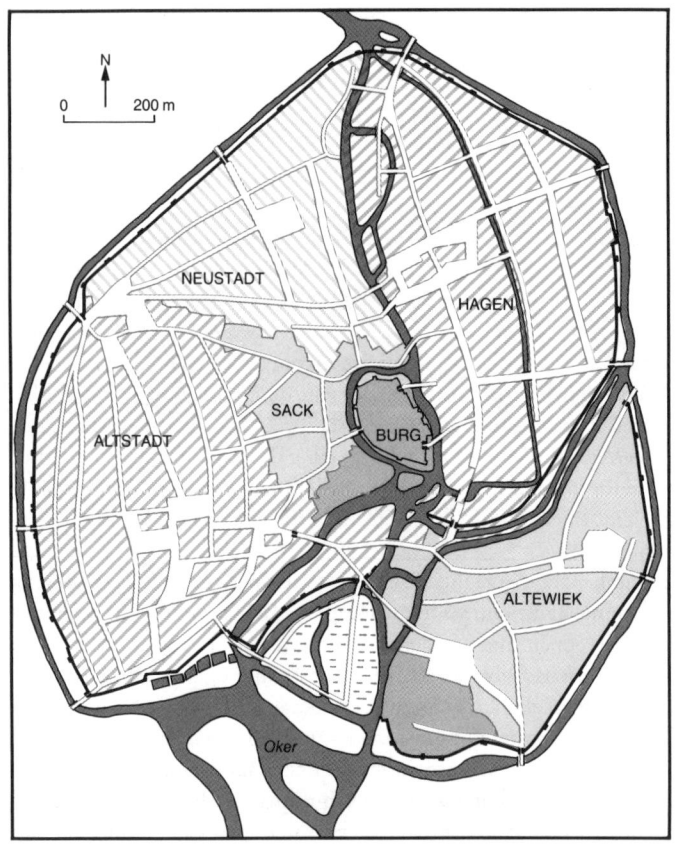

Braunschweig, mittelalterliche ›Weichbilder‹, die Vorläufer der späteren Stadtteile

schlossen sich weitere Umbauten an. Nach einem Brand 1876 kaufte die Stadt das Gebäude, das 1883 abgebrochen werden sollte. In den Jahren 1886–89 wurde unter Wahrung älterer Substanz der bestehende historistische Bau errichtet.

Der traufenständigen Burg Dankwarderode ist eine Art Querhaus mit Eingang im Erdgeschoß und Treppenaufgang zum Obergeschoß vorgelagert, das sich in zwei Biforien auf einen Balkon hin öffnet. Auch die übrigen Fronten sind weitgehend historistisch, lassen jedoch an der Südostecke Ansätze von Mauerwerk erkennen, die auf übernommene mittelalterliche Baureste hinweisen. Allerdings sind auch hier die Werksteine erneuert, und die Formen der Kantensäulchen sowie der einfachen Blattwerkkapitelle entsprechen denen der Stiftskirche. Aus Quadern gemauerte Portale, Fenster und Gebäudekanten stehen den Bruchstein-Wandflächen gegenüber. Ein schmaler Fachwerkgang, von vier romanisierenden Arkaden getragen, verbindet die Burg Dankwarderode mit der Stiftskirche. Die Burg, heute Ausstellungsraum der mittelalterlichen Abteilung des Herzog-Anton-Ulrich-Museums, besteht im Erdgeschoß aus einer flachgedeckten, zweischiffigen Halle mit kräftigen Zwischenpfeilern mit Kantensäulchen. Die Halle ist trotz Erneuerung in der Substanz auf den Bau des 12. Jhs. zurückzuführen.

In unmittelbarer Nähe zu seiner Burg ließ Herzog Heinrich der Löwe ab 1173 – gleichzeitig mit dem Bau des Lübecker Doms – die *Kollegiatstiftskirche St. Blasius* an der Stelle eines älteren Baus errichten. Trotz der Verbannung Heinrichs 1182–1185 war der Kirchenbau bei seinem Tode 1195 schon so weit fortgeschritten, daß alle wesentlichen Teile des Lang- und Querhauses bereits vollendet oder zumindest angelegt waren. Die Vollendung des Westriegels zog sich mit der Einfügung des Glockenhauses allerdings noch bis in das späte 13. Jh. hin. Umbauten fanden im 14. und 15. Jh. statt und umfaßten die Errichtung zweier weiterer Seitenschiffe. Der romanische ›Dom‹ – wie man die Stiftskirche seit dem Spätmittelalter bezeichnete, obwohl sie nie ›Dom‹ im Sinne einer Bischofskirche war – zeigt sich als kreuzförmige Pfeilerbasilika. Querhaus und Chor sind mit drei Apsiden versehen.

Das Äußere des Bruchsteinbaus wird, soweit nicht von den gotischen Seitenschiffen verdeckt, durch Lisenen und Rundbogenfriese gegliedert. Die Langhausfenster sind paarweise gruppiert, ein Hinweis auf die von Anfang an bestehende Wölbung. Im westlichen Joch sitzen die Langhausfenster im Obergaden etwas höher als im übrigen Langhaus; in diesem Joch vermutet man eine (nicht ausgeführte) Herrscherloge oder einen Herrschereingang. Der Westriegel mit querrechteckigem Untergeschoß, polygonalem Mittelgeschoß und zwei achteckigen Türmen mit maßwerkgegliedertem Zwischenbau wird durch profilierte Lisenen an den Kanten betont. Die Seitenfronten wirken geschlossen, selbst die schmalen Schlitze zur Beleuchtung der Treppen sind weitgehend an die Westfront gelegt. Dort befindet sich ein schmales, um die Jahrhundertwende entstandenes, rundbogiges Portal sowie ein großes Radfenster. Besonders repräsentativ wirkt das Glockengeschoß zwischen den beiden Türmen, das unter einem großen Spitzbogen mehrere spitzbogige Maßwerkfenster und -tondi einfaßt. An die Front des Südquerhauses wurden als Ersatz für den um 1830 abgebrochenen Kreuzgang 1886–96 in romanischen Formen die achteckige Sakristei und Taufkapelle mit drei Apsiden angegliedert. Ähnlich den Türmen sind ihre Kanten mit Säulchen profiliert, die sich anschließenden Werksteinrahmungen gehen in einen oberen Rundbogenfries über. Hier hat man im Historismus das Formengut der romanischen Apsiden mit dem der Domtürme kombiniert. An das romanische Seitenschiff wurde zwischen 1322 und 1334 (östlicher Teil) bzw. 1346 ein zweites südliches Seitenschiff angefügt. Seine Fassade ist durch acht Giebelchen betont.

Im Norden ersetzte man das romanische Seitenschiff um 1469–74 durch eine zweischiffige gotische Halle. Die nur durch senkrechte Maßwerkstäbe unterteilten flachbogigen Maßwerkfenster erinnern an den englischen ›perpendicular style‹. Die Halle hat Rundbogenpfeiler, die von spiralig gedrehten Diensten umgeben sind und von Doppeljoch zu Doppeljoch unterschiedliche Netzgewölbe tragen. Die gegenläufige Schraubung der Säulen führt durch die Richtungslosigkeit zu einer optischen Erweiterung des Raumes. Das romanische Mittelschiff selbst hat eine Folge von vier Jochen im gebundenen System. Einfache Pfeiler mit Kantensäulchen wechseln sich mit solchen, denen Vorlagen angepaßt wurden, ab, um die Stichkappen des Gewölbes zu tragen. Dieses besteht aus einer durchgehenden Tonne, in die die Stichkappen so weit eingreifen, daß fast ein Kreuzgratgewölbe entsteht. Jochtrennende Gurtbögen fehlen aber. Ein Schachbrettfries teilt die Arkadenzone vom Obergaden ab. Kantensäulchen findet man schon an älteren Kirchen, z. B. in Lippoldsberg und Hildesheim (St. Godehard), für die Bauten Heinrichs des Löwen und die nachfolgende Architektur wurden sie zum baulichen Standard wie etwa auch für den Lübecker Dom.

Die romanische Stiftskirche vertrat den Machtanspruch Heinrichs des Löwen und des Herzogtums Sachsen gegenüber dem Kaiser und den kaiserlichen Kirchen wie Goslar, Gandersheim und vor allem Königslutter. Durch die Übernahme jener Dekorations- und Bausysteme, die in Goslar oder Königslutter die Würde und Bedeutung der kaiserlichen Architektur ausmachten, wollte Heinrich erreichen, daß ihm ähnliche Wertschätzung zuteil wurde wie dem Kaiser. Auf diese Weise steht der Dom in direktem Zusammenhang mit der Burg Dankwarderode, die die Rolle einer Pfalz zu spielen hatte, und dem Löwendenkmal, das als imperiales Wahrzeichen dienen sollte. Zugleich ist die Kirche herzogliche Grablege: Mathilde († 1189) und Heinrich († 1195) fanden im zweiten Mittelschiffjoch ihre letzte Ruhestätte; an entsprechender Stelle in Königslutter war auch Kaiser Lothar III. begraben

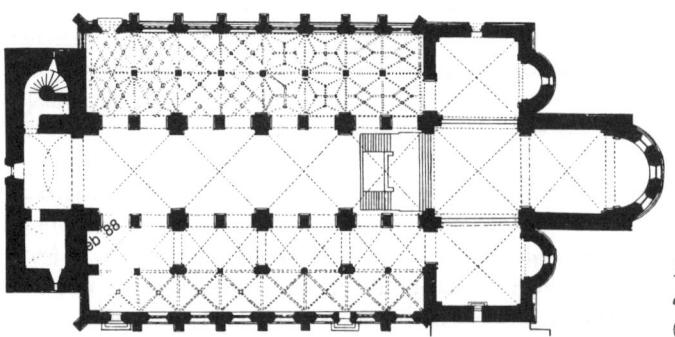

Braunschweig, Grundriß der Stiftskirche St. Blasius (Dom)

Braunschweig, Stiftskirche St. Blasius. Titelkupfer von 1815

worden. Das Grabdenkmal von höchster Qualität wurde jedoch erst um 1240 geschaffen. Es zeigt das Herzogsehepaar mit Mänteln bekleidet, deren überreicher Faltenwurf den Übergang vom romanischen zum gotischen Stil kennzeichnet. Heinrich ist mit Schwert und Kirchenmodell als herzoglicher Stifter der getreu wiedergegebenen Stiftskirche dargestellt, mit den Händen schürzt er zugleich den Mantel. Bei Mathilde dagegen fällt der Mantel wie ein leichtes Tuch quer über die Beine und deckt knapp ein langes Gewand zu. Beide Gestalten stehen mit den Füßen auf kleinen Sockeln, liegen jedoch auf Kopfkissen. Diese Kombination von Stehen und Liegen ist für die hochmittelalterliche Darstellung Verstorbener üblich. Der Marienaltar, aus fünf Säulchen und einer Altarplatte geschaffen, wurde 1188 geweiht, später aber vom Chor ins Langhaus (Stellung eines Kreuzaltars) vorgezogen. Die Weihe nahm einer Stiftungsurkunde zufolge Bischof Adelog von Hildesheim vor, der als Gegner Heinrichs des Löwen gilt. Bemerkenswert an diesem Altar ist die Verwendung von fünf Bronzesäulen, deren mittlere Reliquien aufzunehmen hatte. Der siebenarmige Leuchter in der Vierung ist ein zwischen 1170 und 1196 entstandener Bronzeguß. Der Sockel besteht aus Löwenfiguren, auf die sich Drachen stützen; zwischen diese wurden Ende des 19. Jhs. neue Zwickelfüllungen mit kleinen durchbrochenen Reliefs eingesetzt. Der Schaft der Säule hat zwei Ringe mit Emailleplatten, oberhalb deren die Leuchterarme astartig aus dem Schaft wachsen.

Die Ausmalung des romanischen Doms ist in Chor und Querhaus noch erhalten, obgleich sie trotz der Wiederherstellungen 1845, 1896 und nach dem Zweiten Weltkrieg teilweise beeinträchtigt wurde. Wenn auch bei der Betrachtung mittelalterlicher Kirchen die Architektur gemeinhin dominiert, war die Ausmalung ein wesentlicher Bestandteil der ursprünglichen Ausstattung, wie in den Ostteilen des Gebäudes besonders gut zu sehen ist. Dargestellt sind in der Vierung das himmlische Jerusalem mit der turm- und zinnenbewehrten Mauer, aus deren Toren die zwölf Apostel herausschauen; die Mitte nimmt das Lamm Gottes ein, umgeben von den Szenen der Geburt Christi, der Vorführung Christi im Tempel, der drei Frauen am Grabe, des Ganges nach Emmaus, des Abendmahls in Emmaus und des Pfingstwunders (der Aussendung des Heiligen Geistes). Im Chor ist die Wurzel Jesse dargestellt, an den Wänden gibt es Szenen des Alten und des Neuen Testaments sowie vom Leben des 1226 heiliggesprochenen Thomas Becket zu betrachten, der seit 1227 Patron der Kirche ist. Im Südquerhaus sieht man Christus und Maria als Himmelskönigin thronend nebst den klugen und den törichten Jungfrauen. Christus in der Vorhölle, Auferstehung und Himmelfahrt sowie 18 Szenen zur Kreuzeslegende (z. B. Auffindung der Nägel des Kreuzes) ergänzen das Bildprogramm an den Wänden. Man nimmt an, daß die Wand- und Deckenmalereien im zweiten Viertel des 13. Jhs. entstanden sind. Die Passionssäule und der sitzende Christus sind zwei spätgotische holzgeschnitzte Bildwerke, die zusammen in der südlichen Querhausapsis aufgestellt sind. Während vor allem die Säule mit Schweißtuch der Veronika, Petrushahn, Seil, Palmzweig und Schwert Petri eher eine lehrende bzw. der Andacht dienende Aufgabe hatte, kam der Gestalt Christi mehr eine Gebrauchsfunktion zu, indem er die geweihten Hostien aufzunehmen hatte, um so die Gleichbedeutung von Brot und Leib Christi im Gottesdienst (vor Karfreitag) zu dokumentieren. Zusammengehörigkeit und Datierung der Bildwerke sind heftig umstritten. Mit Hilfe der Dendrochronologie (Altersbestimmung von Holz) glaubt man aber, daß die Christusstatue um 1450 und damit früher als die um 1470 zu datierende Säule entstanden ist. Der Hahn stammt etwa aus dem Jahr 1520. Weil Datierungen von geschnitztem Holz eine Unsicherheit von etwa zehn Jahren enthalten, ist eine zeitliche Zusammengehörigkeit von Säule und Christus allerdings nicht völlig auszuschließen.

Vom Nordquerhaus gelangt man durch eine schmiedeeiserne Tür (1570) in die dreischiffige Hallenkrypta. Sie ist in den Chorbereich und den Freiraum unter der Vierung getrennt und hat einzelne schlanke Säulen mit Würfelkapitellen. Westlich schließt sich die Gruft Heinrichs des Löwen an, die nach eher stümperhaften Schürfungen im Bereich des vermuteten Heinrichgrabes 1935–38 im Zusammenhang mit der Umgestaltung des Domes zu einer nationalen Weihestätte angelegt wurde. Die von Walter und Johannes Krüger entworfene Gruft ist dabei nur der verbliebene Rest der umfangreichen faschistischen Eingriffe in den Dom. Dazu zählte die propagandistische Ausgestaltung mit Malereien Wilhelm Dohmes im Langhaus (z. B. ›Grenzschutz gen Osten‹, ›Zug der Soldaten nach Osten‹ usw.) ebenso wie bauplastische Werke und eine Plastik (Löwenkopf) nach dem Entwurf Arno Brekers. 1938 wurde der Dom dem Gottesdienst entzogen. Initiator der faschistischen Zweckentfremdung und Umgestaltung war der braunschweigische Ministerpräsident Klagges, der 1932 Hitler zur deutschen Staatsbürgerschaft verholfen hatte. Der romanische Holzkruzifix im nördlichen Seitenschiff, der wohl laut Inschrift von ›*Imervard*‹ um 1173 geschaffen wurde (Farbabb. 10), gehört zu den bedeutendsten seiner Zeit. Der im strengen Parallelfaltenwurf gestaltete und aus drei Eichenstücken geschnitzte Kruzifix zeigt Christus mit einem Mantel bekleidet, nicht als einen am Kreuz gestorbenen Menschen, sondern als Triumphator. In einen verschließbaren Behälter im Haupt der Statue konnten Reliquien eingelassen werden. Als Vorbild ist der im 12. und 13. Jh. hoch verehrte ›volto santo‹ im Dom zu Lucca (Toskana) anzusehen, jedoch nicht das dort verwahrte Kreuz aus dem frühen 13. Jh., sondern dessen kunsthistorisch erschlossener Vorgänger, wohl der Zeit um 1100 (R. Hauserr). An den Langhauspfeilern zum Mittelschiff und zu den Seitenschiffen finden sich überlebensgroße gemalte Statuen, darunter in Richtung südliches Seitenschiff ein Paulus, der auf eine Königsfigur tritt.

Im südlich angebauten Seitenschiff gibt es eine Reihe von bemerkenswerten Epitaphien, beispielsweise an der Wand das Denkmal Ottos des Milden († 1344) und seiner Gemahlin Agnes von Brandenburg, zwei unter Baldachinen stehenden, beinahe lebensgroßen Figuren in der für die Mitte des 14. Jhs. typischen Tracht. Davor befindet sich das frei stehende Grabdenkmal Ludwig Rudolphs und seiner Gemahlin Christine († 1735 bzw. 1743), der Großeltern Maria Theresias. Auf einem stark bauchigen Marmorsockel mit Wappen und Inschriften stützen sich die auf Kissen und Kanonen ruhenden Zinnstatuen der beiden Verstorbenen. An der Westseite des romanischen Seitenschiffs ist noch das Renaissanceepitaph der Eheleute Müller aus dem Jahre 1634 mit einem auferstehenden Christus zu beachten.

Der *Burgplatz* wird im Norden von zwei *Fachwerkhäusern* gerahmt, von denen das linke *(Burgplatz 2)* 1573 entstand und 1868 renoviert, das rechte *(Nr. 2a)* wohl 1526 als Wohnhaus des Patriziers F. Huneborstel errichtet und 1902 vom Sack 5 hierher versetzt wurde. Die Neubauplanung im Innern nahmen Stadtbaurat Ludwig Winter und Architekt Otto Rasche vor. Dieses Gebäude mit einer hohen Diele, seitlichem Einfahrtstor und ehemals zwei als Lager dienenden Obergeschossen (sie waren während des Zweiten Weltkriegs durch Abbau sichergestellt worden) zeigt besonders reiche Flachschnitzereien an der Schwelle und den dreieckigen Fußbändern, die den Beginn der Renaissance im niederdeutschen Fachwerkbau markieren. An den Ständern sind Planeten und Gottheiten dargestellt, an den gekehlten Knaggen der Obergeschosse finden sich Narren, Bettler und einfaches Volk. Die Brüstung im ersten Obergeschoß ist mit Engeln, Putten, miteinander kämpfenden Löwen und verschlungenen Drachen versehen, die des zweiten Obergeschosses mit einem spitzbogigen Maßwerkfries, in dem Fabelwesen, Putten und Tiere hocken. – Das benachbarte *Gildehaus* ist ein dreigeschossiger historistischer Bau, dessen eines Fachwerkgeschoß Formen der Renaissance aufgreift. Die Westseite des Burgplatzes wird durch das *Vieweghaus* abgeschlossen, das 1799–1804 als Wohn- und Geschäftshaus für den Verleger J. F. Vieweg errichtet wurde. Die Pläne für dieses bedeutende klassizistische Bauwerk lieferte wahrscheinlich David Gilly, dessen früh verstorbener Sohn Friedrich mitgewirkt haben mag. Der 1981–85 erfolgte Umbau zum Landesmuseum machte das Gebäude zwar der Öffentlichkeit zugänglich, hat jedoch auch einen Teil der von der Fachwelt seinerzeit befürchteten Beeinträchtigung der originalen Substanz zur Folge gehabt. Der offizielle Bericht der staatlichen Denkmalpflege umschreibt dies mit dem Satz: »Die neue Nutzung erzwang weitgehende Erneuerung der Innenkonstruktion.« Über einem hohen Kellergeschoß befinden sich zwei durch ein Mäandergesims voneinander getrennte Obergeschosse und ein Mezzaningeschoß. Das

BRAUNSCHWEIG

untere Stockwerk hat im Putz angelegte Quader, der obere Teil des Hauses ist glatt geputzt. Die frühe Architekturform, die die Fensteröffnungen ohne Gewändesteine aus einer weichen Steinmasse herausschnitt, hat bei der jüngsten Sanierung zum ›postmodernen‹ Eindruck des nunmehr überdachten Innenhofes beigetragen.

Vom Dom mag der Rundgang durch die Altstadt über die Straße ›Vor der Burg‹ und die gewundene Schuhstraße westwärts führen. Hier sind noch einige ältere Fachwerkbauten erhalten geblieben, die vereinzelt aus dem 15. Jh. stammen (*Kleine Burg 12/13*, 1490; *Kleine Burg 15*, 1488). Die Schuhstraße mündet auf dem Kohlmarkt, der insgesamt sehr heterogen erscheint. Die schmale vierachsige Fassade des *Hauses Nr.1* mit den segmentbogigen, stabwerkgerahmten Fenstern im Ober- bzw. den Arkaden im Erdgeschoß entstand wohl Ende des 16. Jhs. und wurde 1637 verändert. Die Giebelkante ist mit ausschweifenden Voluten und die Eckquader der Obergeschosse mit Bossen in der Art der Weserrenaissance versehen. Das benachbarte fünfgeschossige *Haus Nr. 2* aus dunklen Quadern ist ein historischer Bau, in dem ebenfalls Formen der Renaissance aufgenommen wurden. Das *Gewandhaus* (ehem. Kaufhaus der Tuchhändlergilde) am Altstadtmarkt ist ein Gebäude des 13. oder 14. Jhs., 1303 erstmals erwähnt. Es erhielt bei einem Umbau 1589–91 die beiden Schaufassaden, deren westliche gotisierende Fenster aufweist (von Meister Wolter aus Hildesheim), während die östliche, reicher verzierte das Beispiel einer besonders aufwendig gestalteten Fassade der Spätrenaissance ist. Die Pläne werden Hans Lampe, dem Generalbaumeister Braunschweigs, zugeschrieben. Als Mitarbeiter wirkten, neben anderen, Balthasar Kircher, ein aus Baden stammender Baumeister, und Jürgen Röttger mit. Über drei offenen korbbogigen Arkaden des Untergeschosses mit kreuzrippengewölbter Laube erheben sich drei Ober- und vier Giebelgeschosse. Die drei Achsen der Fassaden sind durch Dreiviertel-Säulen mit toskanischen, ionischen und korinthischen Kapitellen gegliedert, die Geschosse werden durch Gesimse voneinander abgesetzt, von denen dasjenige über dem flachen Erdgeschoß mit einem Metopenfries versehen ist, der Tierköpfe zeigt. Die Mittelzone darüber hat eine Brüstung mit Maßwerk, sonst besteht die Mittelachse aus hohen korbbogigen Ladeluken; die seitlichen Achsen weisen gekuppelte Rechteckfenster auf. Der Giebel mit Volutenkanten und Hermenpilastern wirkt stärker manieristisch als der Unterbau. Die Fensterachsen verspringen gegenüber dem Unterbau, und die doppelten Gesimse treten stärker in Erscheinung. Auf einer Kartusche findet sich die Jahreszahl 1590. Als Bekrönung dient eine Statue der Justitia, seitlich wird der Giebel von ›Spes‹ und ›Fides‹ sowie zwei Wappenträgern bewacht. – Der Fachwerkflügel zum Marktplatz entstand während des Dreißigjährigen Krieges, 1643. An der Westfassade hat das Gewandhaus im Erdgeschoß zwei spitzbogige Arkaden des 15. Jhs., was auf den älteren Baukern verweist. Die Fenster der drei Ober- sowie der vier Giebelgeschosse wurden segmentbogig mit Stabwerk erneuert, die Giebelkanten mit ausschweifenden Voluten und die Lisenen mit Bossenquadern versehen.

Das *Altstadtrathaus* (Farbabb. 9) ist ein zweigeschossiger Winkelbau, der über einfachen Spitzbogenarkaden des Erdgeschosses eine hohe offene Maßwerkarkaden-Gliederung aufweist; ihre acht Giebel reichen bis zum Dach hinauf. Ihre heutige Form erhielt die Schaufront des Rathauses 1447–68, als rippengewölbte Lauben und Maßwerke vereinheit-

*Braunschweig, Grundriß
der Pfarrkirche St. Martini*

licht bzw. erneuert wurden. Im Kern ist der zur Martinikirche weisende Westflügel jedoch schon ein Bau des 13. Jhs., 1347 mit neuem Giebel und 1393–96 mit ersten Lauben versehen, während der in denselben Jahren errichtete Nordflügel zunächst keine Lauben hatte. Die Fenster des Westflügels wurden im 16. Jh. mit nachgotischem Stabwerk nochmals erneuert. Die Pfeiler zwischen den Maßwerköffnungen enthalten Nischen mit Statuen der Liudolfinger und der Welfen, 1455–68 von Hans Hesse und Hans Müller geschaffen. Der Westflügel beherbergt die 1345 erstmals erwähnte Dornse (beheizbare Ratsstube), der Nordflügel zwei weitere Stuben. Das Rathaus vertritt signifikant die Ansprüche der Altstadtgemeinde auf die städtische Vorherrschaft, obgleich der Gemeine Rat, in dem die Altstadtgemeinde nach 1269 acht Mitglieder stellte (Hagen sechs, Neustadt vier), seit 1386 im Neustädter Rathaus tagte. Man könnte den Eindruck gewinnen, daß dieser Repräsentationsverlust durch den Rathausumbau einige Jahre später aufgehoben werden sollte. – Der seitliche Anbau des 17. Jhs. ist der ›Autorhof‹, ein städtisches Gebäude, dessen Portale und Fenster mit rustizierenden Pilastern gefaßt sind.

Bei der *Pfarrkirche St. Martini* (Abb. 19) scheint es sich um den ersten Bau an dieser Stelle zu handeln. Die wohl noch im späten 12. Jh. begonnene und um 1230 vollendete Kirche war eine kreuzförmige Pfeilerbasilika, deren riegelhafter Westbau in zwei Achtecktürmen endete. Erhalten sind von dem romanischen Gebäude der Westbau und das Mittelschiff mit den Hauptpfeilern. Dominierten beim Westbau des Domes die achteckigen Turmaufbauten mit ihrem polygonalen Unterbau, so rückt hier der blockhafte Westbau mit geringer Durchfensterung in den Vordergrund, auf dem sich übergangslos die Helme mit niedrigem zwischengespanntem Glockenhaus erheben. Nur die beiden obersten Turmgeschosse sind durch gekuppelte Öffnungen gegliedert (1713 z. T. erneuert). Die Erweiterung zur Hallenkirche setzte um 1250 ein. Die Seitenschiffwände wurden in der Flucht des Querhauses neu aufgemauert, wobei Teile der romanischen Portale wiederverwendet wurden. Die romanischen Zwischenpfeiler des Langhauses entfernte man und mauerte Scheidbögen zwischen die verbliebenen Hauptpfeiler. Vor ihre Flanken stellte man im Obergadenbereich die Vorlagen der abgebrochenen Zwischenpfeiler. Der Chor wurde um ein Joch verlängert und wenig später auch hier dreischiffig ausgeweitet. Der Baufortschritt ist durch Altarweihen dokumentiert (Südseitenschiff 1304, Nordseitenschiff 1316, Chornebenjoch 1312). Das

Aufsetzen der Giebel über den Seitenschiffen scheint sich noch mehrere Jahrzehnte hingezogen zu haben. Den Fünfachtel-Chorschluß fügte man um 1400 an; 1434 wurde die Annenkapelle an der Südseite errichtet. Am Außenbau sind noch die beiden Querhausfronten zu beachten. Die nördliche hat über dem spitzbogigen, mit einem Tympanon (Marientod) versehenen Brautportal ein hohes Maßwerkfenster, das von sieben Blendmaßwerkbahnen gerahmt wird. Diese zeigen neben Christus mit Ecclesia und Synagoge in einzelnen Feldern die Statuen der klugen und der törichten Jungfrauen. Trotz des sehr ähnlichen Aufbaus der südlichen Querhausfront sitzen die Blendmaßwerkbahnen dort auf einem Segmentbogen auf, der wie ein Regenbogen die gesamte Giebelbreite einnimmt und von einem Fenster durchbrochen wird. Die Statuengruppe dieses Giebels zeigt eine Anbetung der Madonna. Der Mittelgiebel der Annenkapelle enthält ein flaches Relief, das den segnenden Gottvater und darunter die Auferstehung Christi mit den schlafenden Wächtern am Grabe zeigt. Auch die seitlichen Maßwerkgiebel sind reicher als die des übrigen Langhauses und Chores. Die Chorgiebel wurden erst um 1700 hinzugefügt, um ein einheitliches Aussehen mit den übrigen Gebäuden am Marktplatz zu erreichen. Die beiden Strebepfeilerfiguren Maria und Bernward stammen aus der Bauzeit der Apsis. Ein Chorstrebepfeiler wurde mit der Statue Luthers versehen. Im Gegensatz zum Dom ist die Martinikirche im Westen durch das vierfach abgestufte Portal zu betreten, dessen korinthisierende Kapitelle (wie die der Seitenportale) in Abhängigkeit vom Dom in Königslutter stehen. Man gelangt zunächst in eine kleine gewölbte Vorhalle innerhalb des Westbaus, über der sich ein Emporenraum zum Mittelschiff öffnet. Die Vorhalle mag als Ehrensitz des Stadtherrn angelegt worden sein; 1204 wurde die Kirche von König Otto IV. an die Bürger der Stadt übergeben.

Das heutige Langhaus läßt die romanischen Pfeiler mit ihren am Vorbild des Doms orientierten Kantensäulchengliederungen ebenso erkennen wie die gotischen Aufstockungen der Pfeiler. Sie zeigen zu den Seitenschiffen hin einzelne Kapitelle des späten 13. Jhs. sowie an den Flanken die wiederverwendeten romanischen Kantensäulchen der früheren Zwischenpfeiler. Der romanische Bau weist jedoch keine Rippen auf und ist dadurch von den gotischen Erweiterungen klar zu unterscheiden. Die ›Zweistöckigkeit‹ der Pfeiler kennzeichnet neben der St. Martinikirche auch die St. Katharinen- und St. Andreaskirche. Lediglich im romanischen Chorjoch sind die Kantensäulchen ununterbrochen hochgeführt, wobei aber das Gewölbe des Chorjochs entsprechend dem romanischen Bau nur Gratgewölbe aufweist. Die romanische Vierung ist durch Scheidbögen ausgeschieden.

Die Ostapsis mit Fünfachtel-Schluß hat bei sonst schlichter Architektur Fenster mit jeweils drei Dreipässen, die zueinandergestellt ein sphärisches Dreieck ergeben. Verstellt wird dieser Chorschluß durch den Marmorhochaltar, den Anton Detlev Jenner 1722–25 nach einem Entwurf des Architekten Johann Jakob Müller schuf. Über einem dreiteiligen Unterbau, der durch Pilaster und Pfeiler mit Nischenfiguren gegliedert wird und ähnlich einer Ikonostase (Bilderwand zwischen Altar- und Gemeinderaum) zwei Durchgänge enthält, baut sich ein hoher, von Säulen gerahmter Mittelteil auf, der von einem reichen Figurengiebel mit einer Darstellung der Auferstehung Christi bekrönt ist. Auf dieses Bildwerk sind die Kreuzigung im Mittelteil und das Abendmahl im unteren Teil des Altars zu beziehen. Die Statuen zeigen Moses und Jesaias sowie die vier Evangelisten. Der Altartisch selbst wurde im Historismus mit farbigem Mosaik (Lamm Gottes) verkleidet. – Im südlichen Chorfenster befinden sich Glasscheiben mit Darstellungen und Wappen Heinrichs des Löwen und Julius' von Braunschweig-Lüneburg, 1842 vom Glasmaler Eli hergestellt. Der Leuchter im romanischen Chorjoch entstand um 1600.

In die Sakristei im nördlichen Chorseitenschiff führt ein mit 1572 datiertes Renaissance-Intarsienportal. An der Ostwand des Südseitenschiffs steht das aus Eichenholz geschnitzte gotische Chorgestühl (um 1500). Darüber hängt das Epitaph des Martin Chemnitz (†1586), dessen Rahmen in der Werkstatt J. Röttgers entstand. Das Cranach d. J. zugeschriebene Portrait (um 1580) zeigt den Superintendenten mit Buch und Feder am Schreibtisch. Eine Reihe weiterer Epitaphien befinden sich an den Wänden der Seitenschiffe, darunter an der Nordseite das Grabdenkmal Gerke Pavels († 1554) von Meister Jürgen, genannt Spinrad, mit der Darstellung des Christus am Kreuz, dem verstorbenen Ehepaar Pavel und seitlichen Hermenpilastern (Hermen in der Art trauernder Mönche). Als Bekrönung des Epitaphs dient der auferstehende Christus. Im Nordseitenschiff befinden sich weitere Epitaphien wie die des Jost Kale und seiner Frau Anna geb. Wohlmann (†1584) von einem Meister H. S. sowie das Epitaph des 1570 gestorbenen Oberst Christoph von Steinberg († 1570). (Malereien wohl von Adam Offinger.) Die 1617 gestiftete Kanzel, ein Werk Jürgen Röttgers und seiner Werkstatt, war bis 1621 vollendet. Vor dem Kanzelfuß steht – ganz ungewöhnlich – ein heiliger Martin (Abb. 17). Der alabasterne Kanzelkorb zeigt in Reliefs die Verkündigung, Maria und Elisabeth, die Anbetung durch die Hirten und die Beschneidung, am Treppenaufgang die Anbetung der Könige, die Darstellung Jesu im Tempel und die Flucht nach Ägypten. Am Zugang sind auf die Brüstung Statuetten der klugen und der törichten Jungfrauen aufgesetzt worden. Als Vorlage für die Reliefs wurden Stiche benutzt, teilweise von Martin de Vos. Der hölzerne Kanzeldeckel weist Szenen der Passion Christi auf.

Im Westen erhielt das Mittelschiff um 1618/20 die das Westjoch einnehmende Empore (in Niederdeutschland Prieche genannt), deren von Röttger und seiner Werkstatt geschnitzte Reliefs für die 1630 entstandene Große Orgel wiederverwendet wurden. Die Reliefs sind durch Evangelistenstatuen gegliedert und stellen die Passion Christi dar: im Süden die Gefangennahme, Christus vor Pilatus, Geißelung Christi und Verspottung, im Norden Christus vor Kaiphas, Verurteilung, Kreuztragung, Kreuzigung und die Aufschrift »Es ist vollbracht«. Die Orgel geht vermutlich auf einen Entwurf des Orgelbauers Jonas Weigel zurück. Erhalten ist nicht das Werk selbst, sondern der Prospekt von Hauptwerk und Rückpositiv. Er steht am Beginn barocker Gliederung mit gestaffelten Türmen, von einheitlichen karyatidengerahmten Zwischenteilen unterbrochen und mit reicher Rahmung in Formen des frühen Ohrmuschelstils ausgestattet. Musizierende Engel bekrönen die Orgel; Sonne und Mond fassen den Mittelturm ein, auf dem ein Pelikan dargestellt ist, der seine Jungen ernährt. Den plastischen Schmuck schufen die Bildhauer Ulrich Behr, J. Braun und Andreas Meveus.

Die 1434 von Wasmod von Kemme, einem Braunschweiger Bürger, gestiftete *Annenkapelle* am südlichen Seitenschiff hat von den Dienstkonsolen ausgehend einen Rippenstern ohne Differenzierung von Haupt- und Nebenrippen und ohne Schlußstein. Die Ostseite nimmt ein gemalter und von zwei Fialen gerahmter Altar ein (erneuert). Unter den dreibahnigen Maßwerkfenstern befinden sich vier Sitzgruppen, deren Vorderfront mit Kielbogennischen versehen sind (auf den Bögen sitzen paarweise Fabelwesen, dargestellt sind ferner die Verkündigung, die Geburt Christi und die Anbetung der Hirten). Sie sind von Kielbogenarkaden überwölbt, die mit Fialen und Statuetten plastisch dekoriert sind (Apostel, Maria und Christus thronend). Bei den Statuen zwischen den Fenstern handelt es sich um Anna selbdritt, Joachim sowie eine Anbetung der Könige mit der Madonna an der Ostwand. Das 1441 von Erzgießer Barthold Sprangken in Bronze gegossene Taufbecken (Abb. 18) steht hier erst seit 1899. Es ruht auf den vier personifizierten Paradiesströmen und zeigt in Reliefs das Leben Christi von der Verkündigung über die Geburt, Anbetung, Taufe bis zu Kreuzestod und Himmelfahrt. Die hohe hölzerne Bekrönung des Taufbeckens wurde 1618 von der Werkstatt Jürgen Röttgers geschaffen und mit Darstellungen des Alten und des Neuen Testaments versehen (u. a. Arche Noah, Beschneidung Christi, Bundeslade, Durchzug durch das Rote Meer). Oberhalb der Reliefzone rahmen Säulen eine Art Tempelchen, auf dessen Plattform die Taufe Christi dargestellt ist; in der Laterne darüber sieht man die Kreuzigung. Das schmiedeeiserne Gitter entstand erst 1671 unter Einfluß der Ornamentik der Spätrenaissance. Eine Figurengruppe der Anbetung der Könige wurde von außen (dort Kopien) in das Innere der Annenkapelle gebracht und steht jetzt unter der Orgelempore. Aus Stein gehauene Bildwerke lassen sich an freier Luft nicht mehr sicher unterbringen, da der Schadstoffgehalt in der Luft und im Regen zerstörend wirkt.

An der Martinikirche 7 befindet sich das *Kammergebäude,* ein 1764 von E. W. Horn errichteter spätbarocker Bau mit rustizierendem Erdgeschoß. Ober- und Mezzaningeschoß sind durch eine Kolossalordnung gegliedert, haben in der Mitte Rundbogenfenster und weisen seitlich mit Dreiecksgiebeln versehene Rechteckfenster auf. Das Relief am Hauptgiebel stammt von J. H. Peters und J. H. Oden. Südlich der Martinikirche steht die *Ruine des Landschaftsgebäudes,* das 1794–99 nach Plänen von Chr. G. Langwagen errichtet wurde. Erhalten blieb nur der Portikus mit vier Kolossalsäulen, ionischen Kapitellen und zweigeschossigen Rechteckfenstern. Der dahinterliegende *Eiermarkt* wird z. Z. (1987) neugestaltet und u. a. mit einer großen Tiefgarage versehen. Ein Teil der angekündigten umfangreichen Ausgrabung des stadtgeschichtlich wichtigen Geländes ist schon abgeschlossen.

Während der direkte Weg zur Brüdernkirche nun in nördlicher Richtung verläuft, sei hier noch auf einen Abstecher in südlicher Richtung verwiesen: Er führt zum *Gemeindehaus St. Martini* (Am Eiermarkt 3), einem häßlichen (Beton-)Neubau, zu dessen Baukomplex jedoch die verbliebenen Teile der über älteren Fundamenten im 15. Jh. erneuerten *St. Jakobskapelle* gehören.

Über den Eiermarkt gelangt man in die Steinstraße, die bis zum Bankplatz reicht. Die Straße Am Bruchtor führt aus der Altstadt heraus und läuft auf den *ehemaligen Bahnhof* am Friedrich-Wilhelm-Platz zu, der heute zum Komplex der Norddeutschen Landesbank gehört und von H. Westermann 1963–66 umgebaut wurde (benachbart ein sechzehngeschossiger Neubau). Das *Empfangsgebäude* des ehemaligen Kopfbahnhofs, 1843–44 nach

Braunschweig, historische Ansicht vom Kohlmarkt

Entwurf von Karl Theodor Ottmer errichtet, ist der zweitälteste deutsche Bahnhofsbau. Er hat ein klassizistisches Mittelportal in der Art eines Triumphbogens, mit zwei Engeln bekrönt und gerahmt von zwei niedrigeren Seitenportalen, die durch vier Pilaster gegliedert werden. Die zwei seitlichen Flügel sind fünfachsig, außen folgt je ein einachsiger Eckrisalit. Der Bahnhof ist mit der in gotisierenden Formen gestalteten *Oberpostdirektion* (1878–81 von J. C. Raschdorff) durch eine Straßenachse verbunden. Das *Haus Bruchtor/Steinstraße* ist ein größerer historistischer Bau. Das Erdgeschoß mit Rustikaquadern, zwei Ziegelobergeschossen mit gekuppelten Werksteinfenstern und das vorkragende abschließende Attikagesims unter einem Palmettenfries verweisen auf die florentinische Renaissance. Von der Steinstraße zweigt die Leihhausgasse ab. Hier steht im Hinterhof ein annähernd quadratischer *mittelalterlicher Massivbau* aus Bruchstein. An der veränderten Giebelseite befand sich ehemals eine Dreiarkadengruppe und an der Traufe ein spitzbogiger Eingang. In der *Alten Knochenhauerstraße* sind noch Fachwerkbauten des 15. Jhs. erhalten, darunter das 1470 erbaute *Eckhaus Nr. 13*, in dem sich bei der Restaurierung (bis 1985) umfangreiche Reste der alten Farbigkeit (Gefache mit Begleiterstreifen, unterseitig bemalte Dielenbretter) fanden. Auf die spätmittelalterliche Entstehungszeit weisen auch die Figurenknaggen und die ›Treppenfriese‹ an den Schwellen hin. Der gegenüberliegende gerundete Eckbau wurde 1875 von Konstantin Uhde als jüdisches Gemeindehaus errichtet.

BRAUNSCHWEIG

Die *Michaeliskirche*, die zweite Pfarrkirche der Altstadt, ist eine kleine dreischiffige und dreijochige Hallenkirche mit Westturm. Im späten Mittelalter wurde in mehreren Abschnitten der Gründungsbau aus der Mitte des 12. Jhs. ersetzt und mit einfachen Dreiecksgiebeln über dem gerade geschlossenen Mittelschiff und den Seitenschiffen versehen. Die Halle mit weitgespanntem Kreuzrippengewölbe im Mittelschiff hat einfache Rechteckpfeiler. In der Güldenstraße 7, neben der Michaeliskirche, steht das *Haus zur Hanse*, ein mit Renaissance-Schnitzwerk überfülltes, jedoch um 1900 stark erneuertes Gebäude. Nördlich neben der Kirche befindet sich der *Michaelishof* (Güldenstr. 8), der 1978 als Fachwerkneubau nach dem Vorbild des zerstörten Vorgängerbaus errichtet wurde.

In nördlicher Richtung führt der Weg von der Martinikirche zur *Brüdernkirche* (Franziskanerkirche). Die Franziskanerniederlassung gründete man wohl nach 1223, unmittelbar im Anschluß an diejenige in Hildesheim. Der Kirchenbau des 13. Jhs. wurde durch die vor 1343 begonnene (Chorweihe 1361) und Mitte des 15. Jhs. vollendete Kirche ersetzt. Sie ist turmlos und an der Westseite nur durch die Strebepfeiler gegliedert. Zwischen die beiden mittleren Strebepfeiler wurde Ende des 15. Jhs. eine gewölbte schmale Vorhalle gesetzt. Die Kirche besteht aus einem fünfjochigen Langhaus in Form einer Pseudobasilika (Mittelschiff überhöht mit Obergaden, jedoch fensterlos) mit Achteckpfeilern und schlichten Kämpfern. Eigenartig wirkt die Fensterreihe im Erdgeschoß an der Südseite, die sich zum Hof des Kreuzgangs hin öffnet. Unmittelbar hinter dem Eingang steht die Taufe (Farbabb. 7): Nach Aufhebung des Klosters 1528 wurde die Kirche 1544 Pfarrkirche der St. Ulrichsgemeinde. Von der Ausstattung, die aus der abgebrochenen Ulrichskirche stammt, ist vor allem das um 1440 von Barthold Sprangken gegossene Taufbecken zu nennen, das teilweise in denselben Formen entstand wie das der Martinikirche. Es ruht auf den Paradiesströmen und zeigt am Becken in Reliefs die Kreuzigung Christi und die Apostel. Als Umrahmung dient ein schmiedeeisernes Gitter von 1611. Die Fragmente des 1593 geschaffenen hölzernen Lettners

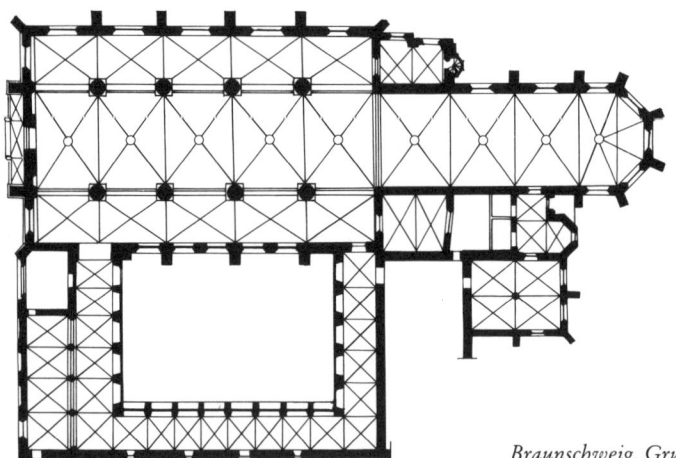

Braunschweig, Grundriß der Brüdernkirche

*Die Brüdernkirche
in Braunschweig.
Historische Ansicht*

befinden sich z. Z. unrestauriert neben dem Eingang. Der Mittelteil unter dem Halbkreisbogen stand zwischen zwei rechteckigen Relieffeldern (Auferstehung, Kreuzigung, eherne Schlange), die mit Säulen und Architravstücken eingefaßt waren. Seitlich der Durchgänge waren Felder mit schmiedeeisernen Gittern angebracht, von denen eines im Detail (sie hängen an der Seitenschiffswand) eine Darstellung des Braunschweiger Löwen erkennen läßt. Im Osten schließt sich ein dreijochiger Chor mit Fünfachtel-Schluß an. Ein mächtiger eichengeschnitzter Lettner trennt den Chor gegenüber dem Langhaus ab. Es handelt sich bei diesem sehr bemerkenswerten Werk um den historistischen Nachfolger des ursprünglichen Lettners. Er wurde 1901–04 von Wilhelm Sagebiel entworfen und ausgeführt. Vier breite Holzpfeiler und das Mittelfeld belassen vier spitzbogige Durchgänge. Das Mittelbild stellt das Abendmahl dar, darüber, in einem Bogen, Christus im Garten Gethsemane mit den schlafenden Jüngern. Im Mittelgesprenge steht Martin Luther, auf die Bibel weisend, den oberen Abschluß bildet der Kruzifix mit Maria und Johannes. Auf den seitlichen Bekrönungen sieht man die Geburt Christi, die Taufe, die Grablege und die Auferstehung. Im Langchor befindet sich ein spätgotisches Chorgestühl, das mit Maßwerk, Kreuzblumen, Weinranken und Fabelwesen geschmückt ist. Es gehört dem frühen 15. Jh. an und wurde 1597 von dem Niederländer Reinhold Roggen mit umfangreichen Malereien versehen. Gezeigt werden Kirchenväter der vorkonstantinischen Zeit, des vierten Jhs., des frühen Mittelalters, des hohen und späten Mittelalters sowie Reformatoren der Neuzeit. In dieser letzten Abteilung sind Martin Luther, Philipp Melanchthon, Johannes Bugenhagen, Joachim Märlin, Martin Chemnitz, Ägidius Hunnius, Polykarp Leyer und Georg Mylius dargestellt. Zur mittelalterlichen Ausstattung zählt ein Franziskusrelief im Chor neben dem Gestühl, das den Heiligen mit seinen Wundmalen unter einem von Engeln gehaltenen Heiligenschein zeigt. Es entstand um 1360/70 und steht mit einer Gruppe von Bildwerken im Dom sowie in den Kirchen von Halberstadt und Magdeburg in Zusammenhang. Der Hochaltar mit einer Kreuzigung und Marienkrönung, plastischen Heiligendarstellungen unter Maßwerkbaldachinen an der Festtagsseite und gemalten Bildern aus dem Leben und der Passion Christi an der Werktagsseite gehört zu den ältesten Schnitzaltären in Niederdeutschland. Die Entstehung des Werkes ist wohl im zweiten Jahrzehnt des 15. Jhs. anzusetzen. Die Außenseite der Flügel zeigt die Christusszenen in gemalten Loggien. Hinter jeweils drei Arkaden sind gotische gewölbte Räume zu erkennen, die sowohl eine Rahmung für Innenraumbilder als auch für Darstellungen von Geschehnissen in freier Landschaft bilden. In den Statuen der Feiertagsseite ist das Stilempfinden des ›Weichen Stils‹, einer Phase der Gotik um 1400, zu erkennen. Südlich schließt sich an die Kirche der dreiflügelige Kreuzgang an, der mit Formbacksteinen eingewölbt wurde.

Vom Alten Zeughof aus, auf den der Chor der Brüdernkirche mündet, ist die evangelisch-reformierte *Bartholomäuskirche* zugänglich. Sie ist eine einschiffige kleine Saalkirche, deren Außenmauerwerk noch aus dem 12. Jh. datiert. Der Eingang in der Ostwand gehört dem 14., die Kreuzigungsgruppe darüber dem 15. Jh. an. Die Aufstockung des Mauerwerks erfolgte ebenfalls schon im 14. Jh. Eine barocke Erneuerung und Ausstattung fiel den Zerstörungen des Zweiten Weltkrieges zum Opfer.

In wenigen Schritten gelangt man etwas weiter westlich zur *Petrikirche*, der dritten Pfarrkirche der Altstadt, in moderner Umgebung an der Grenze zur Neustadt gelegen. An Stelle des kriegszerstörten Stadtquartiers wurde hier 1957 durch die Städtische Bauverwaltung (Bearbeitung Dr.-Ing. Otto Michehl) eine Ringstraße gebaut, die breite Schneisen schuf und die Kirchen stärker freistellte. Die Neubauten erinnern ein wenig an die des Berliner Hansaviertels (1957), sie sind jedoch wie die meisten der jüngsten Bauten architektonisch vergleichsweise wenig ausgestaltet. Der Gründungsbau der Petrikirche (Ende 12. Jh.) wurde nach einem Brand 1256 durch einen Neubau ersetzt, bei dem der Westturm erhalten blieb (1256/70). Das Hallenlanghaus entstand ab dem Ende des 13. Jhs., die Wölbung im 14. Jh. und das Westjoch der Seitenschiffe Ende des 14. Jhs. Die Kirche mitsamt ihrer Giebelgliederung ist schlichter als die übrigen Pfarrkirchen. Der für Braunschweig ungewöhnliche Einturm mutet wie die Reduzierung eines Westriegels auf einen quadratischen Grundriß an. Der Bautyp gleicht den kleinstädtischen Pfarrkirchen in der Umgebung Braunschweigs und weist darauf hin, daß es sich hier um eine untergeordnete Kirche handelt. Das Taufbecken entstand unmittelbar nach der Reformation 1530, ist in betont geometrischer Kelchform gehalten und nur mit vier kleinen (vorreformatorischen) Reliefs geschmückt. Die Glasfenster wurden 1954 (Chorschluß) bzw. 1962 (Chor) von Claus Wallner, Hamburg, geschaffen. Das Ostfenster zeigt den thronenden Christus, das Lamm Gottes und die Madonna; die Chorfenster beschreiben Ausschnitte des Lebens von Petrus und Paulus.

Von der Petrikirche aus sieht man die *Neustädter Pfarrkirche St. Andreas*. Schon von weitem fallen ihre ungleichen Türme auf, die sich mit den Achteckaufbauten über einem polygonalen Zwischengeschoß und einem kräftigen Westriegel erheben. Der Bezug zur Katharinenkirche (im Weichbild Hagen) und zur Martinikirche (Altstadt) verdeutlicht, daß sich der Stadtteil auf diese Weise gegenüber den größeren zu behaupten versuchte. 1544 hatte

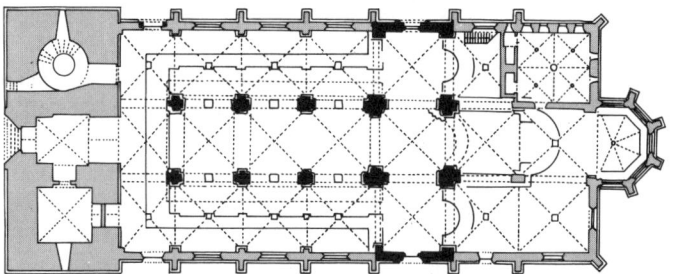

Braunschweig, Grundriß der Pfarrkirche St. Andreas, Ursprungsbau und heutiger Zustand

der südliche Turm mit seiner Helmspitze eine Höhe von 122 m erreicht. Auf diesen setzte Herzog Heinrich von Braunschweig bei einer Belagerung 1550 eine (erfolglose) Schießprämie aus, doch sehr bald stürzte der Helm von selbst ein. 1740 wurde der Turm schließlich durch die barocke Haube abgeschlossen. Insgesamt gehört der Westbau von St. Andreas bereits zur dritten Bauphase (zweite Hälfte des 13. Jhs.; obere Teile zweite Hälfte des 14. und des frühen 16. Jhs.). Gleichzeitig mit seiner Errichtung wurde das ältere basilikale Langhaus zur Hallenkirche umgebaut. Die Basilika (zweites Viertel des 13. Jhs.) war vierjochig und mit Querhaus, Chor und drei Apsiden versehen. Grabungen ergaben, daß sie ursprünglich wohl nur aus einem Schiff mit Chor und Apsis bestanden hat. Mittelschiff und Querschiff sind mit den Hauptpfeilern und Gewölben in der hochgotischen Halle erhalten geblieben. Der Hallenumbau ist an St. Martini orientiert, die Schiffe erhielten auch hier gleiche Breiten sowie Kreuzrippengewölbe. Am Außenbau weist jedes Joch einen Blendmaßwerkgiebel bzw. plastische Bildwerke auf, die u. a. mit den Jahreszahlen 1405 und 1419 versehen sind. Die Sakristei im Norden wurde 1377 angesetzt und 1397 vergrößert; die Fünfachtel-Apsis fügte man im 15. Jh. als Quaderbau an. Die spätromanischen Pfeiler sind einfacher als bei den übrigen Braunschweiger Kirchen, denn sie haben – bis auf die Chorpfeiler – keine Kantensäulchen. Der Hallenumbau hatte den zweigeschossigen Aufbau der seitlichen Pfeilerfronten zur Folge. Während im Innern der romanische Bau nur noch an den Grundstrukturen zu erkennen ist, sind außen die Querhausfronten mit den romanischen Portalen erhalten geblieben. Die Ausstattung der Kirche wurde 1944 bis auf geringe Reste zerstört. Der im Osten benachbarte, kleine quadratische Backsteinbau mit zwei Treppengiebeln ist die 1422 vollendete ›Liberei‹, eine von Pfarrer Johann von Embern errichtete öffentliche Bibliothek. Sie wurde nach einem Streit zwischen Stadt und Geistlichkeit um kirchenunabhängige städtische Schulen zum Zeichen der Sühne errichtet.

Das *Neustadtrathaus* ist, obgleich im Zweiten Weltkrieg stark beschädigt, der zweite erhaltene Rathausbau in Braunschweig. Politische Bedeutung hatte das Rathaus ab 1386, als hier der Gemeinsame Rat der Stadt tagte. Von 1671 bis 1830 war es das einzige Rathaus der Stadt. Die mittelalterliche Substanz, teils noch dem späten 13. Jh., sonst dem späten 14. und 15. Jh. angehörend, blieb beim Umbau 1773–86 (E. W. Horn, Vorplanungen G. Chr. Sturm und Chr. W. Fleischer) im Innern teilweise erhalten. Das Motiv der drei Laubenarkaden, das eine Beziehung zum Altstadtrathaus herstellte, wurde beim barocken Umbau aufgegriffen, jedoch stark vereinfacht.

St. Katharinen (Abb. 16) ist die Pfarrkirche des Hagen. Mit dem Bau der heutigen Kirche wurde in den ersten Jahren des 13. Jhs. begonnen. Nach vorläufigem Abschluß dieses spätromanischen Baus gegen 1230/40 – nur der Westbau entstand im Laufe des weiteren 13. Jhs. – setzte im letzten Viertel des 13. Jh. der Ausbau zur Hallenkirche ein. Mehrere Altarweihen während des 14. Jhs. belegen, daß die Baumaßnahmen – vielleicht abhängig von der Spendenfreudigkeit der Kirchenbesucher – häufig unterbrochen wurden. Der Westbau, nur im unteren Geschoß romanisch, ist bis auf Portal und Rundfenster aus geschlossenem Mauerwerk aufgemauert. Das Geschoß mit abgeschrägten Ecken, das zu den achteckigen Türmen überleitet und sehr zierlich gegliedert ist, entstand ab etwa 1240/50 in Abhängigkeit vom Halberstädter Dom. Der ebenfalls noch im 13. Jh. begonnene Bau weiterer Turmgeschosse wurde nicht zu Ende geführt. Den Mittelgiebel errichtete man in Anlehnung an Maßwerkformen des Mindener Doms (gegen 1300), 1370 folgten die beiden obersten Geschosse des Südturms und 1379 der Helm, während der Nordturm erst 1511 erbaut wurde. Wie bei der Kirche St. Martini verfügt der Westbau nun auch hier über ein Portal; um sein mit eingestellten Säulen vierfach abgetrepptes Gewände ist das Sockelprofil herumgeführt. Dies entspricht einer Bautradition, die ursprünglich aus Hirsau stammt, im 12. Jh. aber auch allgemein in Niederdeutschland verbreitet war (z. B. in Königslutter). Das Tympanon ist mit flächigem Blattwerk dekoriert. Dem Westbau fehlt die Empore, so daß der (heute nicht mehr benutzte) Vorraum besonders hoch gebaut und durch ein Rundfenster betont wurde. Vom Sockelprofil reichen Lisenen bis zu einem Rundbogenfries. Das Rundfenster ist siebenfach mit Rundstäben abgetreppt, also auffallend reich profiliert.

Der spätromanische Bau war eine dreischiffige Pfeilerbasilika mit Querhaus, Chor und drei Apsiden. Das vierjochige gewölbte Langhaus hatte ursprünglich das gebundene System. Die Hauptpfeiler im Mittelschiff und das Querhaus sind noch erhalten. Der Ausbau zur Hallenkirche führte zur Verbreiterung der Seitenschiffe bis zur Flucht des Querhauses hin. Außen läßt sich diese Baumaßnahme nur noch an dem älteren Mauerwerk ablesen. Alle Joche erhielten überdies maßwerkverzierte Giebel (erste Hälfte des 15. Jhs.), die zur optischen Vereinheitlichung beitrugen. An der Südseite sind die unterschiedlichen Bauphasen ablesbar. Das fünfte Joch, von Westen gesehen, ist das romanische Querhausjoch, bei dem

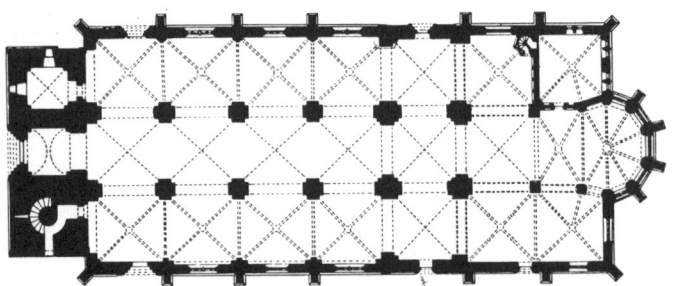

Braunschweig, Grundriß der Pfarrkirche St. Katharinen

sich die romanische Eckgliederung und das vorspringende Obergeschoß abzeichnen, das durch gotische Querhausfenster überschnitten ist. Die restlichen vier Langhausjoche mit fleischigem rundstabgerahmten Maßwerk gehören dem 14. Jh. an. Die beiden östlichen Chornebenjoche (aus Quadern) weisen kantigeres Maßwerk, z. T. mit Figurennischen, auf. Die Bruchsteingiebel über den Langhausjochen sind mit einfachem Blendmaßwerk versehen, während die Giebel des Querhauses und der Chornebenjoche (etwa Mitte des 15. Jhs.) aus Quadern bestehen und eine reichere Gestaltung aufweisen. Über dem östlichen Joch ist im Giebeldreieck eine Marienkrönung dargestellt. Die Gliederung der Nordseite entspricht prinzipiell der der Südseite. Im Querhaus erkennt man hier sogar den Ansatz der beiden rundbogigen romanischen Obergadenfenster. Bemerkenswert ist die gotische Chorlösung. An Stelle der romanischen Apsis wurde ein halbes Chorjoch mit Siebenzehntel-Schluß (Hochaltarweihe 1321, vielleicht nur auf das Halbjoch vor der Apsis zu beziehen) angefügt. Der Ausbau der Chornebenräume (zweite Hälfte des 14. Jhs.) ließ die westlichen zwei Zehntel des Chorschlusses im Innern verschwinden. Die Nebenräume nehmen mit ihren Rippen Bezug auf das vorhandene Mauerwerk, in dem die romanische Basilika erkennbar geblieben ist; die Pfeiler wurden durch qualitätvolle Vorlagen mit guten Blattwerkkapitellen für das gotische Gewölbe verändert. Die Rundstabkanten der romanischen Zwischenpfeiler verwendete man im oberen Teil der gotischen Pfeiler wieder. Das Innere birgt von der älteren Ausstattung eine Reihe namhafter Epitaphien des 16. und 17. Jhs. Besonders eindrucksvoll ist die Darstellung des Ehepaars v. d. Schulenberg, die nach 1620 entstand. Die Arbeit Jürgen Röttgers enthält Alabasterplastiken von Lulef Bartels (Magdeburg). Das Hauptbild, Anbetung des Kindes durch die Hirten, folgt einem Bild Bartholomäus Sprangers in Naumburg (Wenzelskirche), durch einen Stich des Jahres 1606 vermittelt.

Das Quartier um die Magnikirche hat noch einige Straßenzüge mit älteren Fachwerkbauten, darunter die *Langedammstraße* mit vier Häusern des 15., 17. und frühen 19. Jhs. Vor allem aber der *Magnikirchhof* selbst ist mehr oder weniger geschlossen erhalten, und die ältesten Häuser haben noch Treppenfriese an den Schwellen. Auffällig ist das zweigeschossige *Haus Nr. 4* mit einer über die Schwellen gezogenen Majuskelinschrift.

Geht man um die *Magnikirche* herum, fallen die kriegsbedingten Zerstörungen und Ersatzbaumaßnahmen sofort ins Auge: Das gesamte Langhaus wurde an der Nordseite mit modernen Fensterbahnen versehen, nur der Bruchsteinsockel blieb erhalten. Am Westbau erkennt man noch die Giebellinie des früheren Langhauses. Auf der gegenüberliegenden Seite wurden dagegen alle in Ansätzen noch erkennbaren Öffnungen vermauert, und so schuf man eine geschlossene Bruchsteinwand. Den Wiederaufbau 1956–64 plante Heinrich Otto Vogel (Trier). Die Magnikirche wurde 1031 als Eigenkirche eines Ministerialen gegründet und diente später als Pfarrkirche des ältesten Braunschweiger Stadtteils, des Weichbildes Altewiek. An einem kaum gegliederten rechteckigen Westbau mit Ansätzen zweier Achteckürme, im dritten Viertel des 13. Jhs. entstanden (Einzelformen setzen Bauteile der Klosterkirche Riddagshausen voraus), schließt sich der dreischiffige, siebenjochige Längsbau an; das Mittelschiff ist mit einer Fünfachtel-Apsis geschlossen. Das Innere hat heute einen offenen Dachstuhl, der allerdings noch die frühere Dreischiffigkeit andeutet. Die Langhaus-

BRAUNSCHWEIG

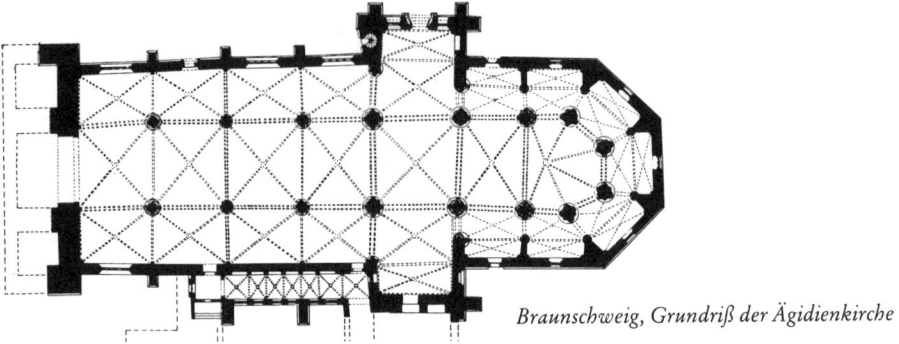

Braunschweig, Grundriß der Ägidienkirche

pfeiler der Südseite sind erhalten. Sie zeigen Kantensäulchen an allen vier Flanken. Zwischen dem fünften und sechsten Joch ist im Seitenschiff heute der architektonische Aufbau des ehemaligen Hochaltars (1734 von den Bildhauern Jenner und Vetten) als Portal aufgestellt. Zur Nachkriegsausstattung gehören die von H.-G. von Stockhausen entworfenen Glasfenster und die außen an der Chorwand zum Langhaus angebrachte Statue des blasenden ›Rufers‹, ein Werk von Bodo Kampmann. An der Georg-Eckert-Straße liegt das *Herzog-Anton-Ulrich-Museum*. Den dreigeschossigen Neurenaissancebau mit zwei seitlichen Eingangsrisaliten baute man 1883–87 nach Plänen von Oskar Sommer aus Frankfurt. Das Museum enthält Sammlungen zu Graphik und Malerei des 15. bis 19. Jhs., u. a. die berühmte Salzdahlumer Sammlung des Herzogs Anton Ulrich. Die mittelalterliche Abteilung ist in der Burg Dankwarderode untergebracht. – Stadtauswärts, Richtung Riddagshausen, führt die Straße am Museum vorbei. Das in der Achse des Steinwegs gelegene *Staatstheater* wurde 1859–61 nach Plänen von C. Wolf und Ahlburg errichtet.

Die *Ägidienkirche* liegt im Süden der Braunschweiger Innenstadt, am Rande der Altewiek. Das Benediktinerkloster wurde 1115 von Markgräfin Gertrud, der Schwiegermutter des späteren Kaisers Lothar III., gegründet. Die partiell ergrabene Kirche aus der Zeit der Klostergründung folgte dem Schema der Klosterkirche Bursfelde. Geweiht wurde sie der Gottesmutter und, vermutlich von Anfang an, St. Ägidius. 1278 ist das Bauwerk bei einem Großbrand des Weichbilds Altewiek zerstört worden. Unmittelbar darauf begann der Neuaufbau des Klosters, ab 1282 der der Kirche. Bis etwa 1300 waren Chor und Querhaus vollendet sowie die ersten sich anschließenden Langhausjoche im Hallenquerschnitt im Bau. Die beiden westlichen Joche entstanden erst während des 15. Jhs., ein Pfeiler ist mit 1437 bezeichnet. Der unvollendete Turm wurde 1817 abgebrochen, seit 1811 befand sich in der Kirche ein Kohlen- und Torflager. Als Fassade der Kirche muß die Nordseite gelten, die durch den Querhausgiebel und vier Blendmaßwerkgiebel am Langhaus betont wird; der westliche Langhausgiebel weist eine Aufzugsluke und einen Kranbalken auf. Die unterschiedlichen Fenstermaßwerke verdeutlichen, daß der erste Bauabschnitt vor etwa 1320/30 (östliche Joche) und der zweite im zweiten Viertel des 15. Jhs. (westliche Joche) gelegen hat.

Durch das Westportal, zu dessen Seiten man die Ansätze des geplanten Westbaus erkennt, betritt man eine lichte dreischiffige, vierjochige Hallenkirche, deren schlanke Pfeiler kräftige Hauptdienste und schlanke Diagonaldienste für die Kreuzrippen zeigen. Dieses Gliederungssystem macht aus dem Langhaus keinen richtungslosen Bauteil, sondern gibt ihm durch die klare Trennung zwischen den Schiffen und die schmal gebauten Seitenschiffen eine deutliche Ausrichtung auf den Ostteil. Die Seitenschiffe entsprechen in ihrer Ausrichtung dem Chorumgang im östlich sich anschließenden basilikalen Umgangschor und den dort angesetzten acht schmalen Kapellen. Diese Choranlage könnte auf die Bedeutung der Kirche als Wallfahrtsstätte zurückgehen, die das Umschreiten des Heiligtums erforderlich macht. Das Pfeilersystem des Langhauses setzt sich an den Vierungspfeilern des Querhauses und an den niedrigen Chorpfeilern fort. Kräftige Bündelpfeiler tragen im Chor die Obergadenwände und bilden spitzbogige Arkaden von unterschiedlicher Breite. Über den Arkaden gibt es im hohen Chormittelschiff eine Triforienzone, wobei deren Öffnungen mit den Obergadenfenstern in gemeinsamen Nischen sitzen. Dieses Detail stellt neben anderen eine Beziehung zum Kölner Dom her. Im Chorgrundriß lassen sich Ähnlichkeiten mit der Zisterzienserkirche in Breuil-Benoit (1190–1224) erkennen. Die Gurt- und Scheidbögen des Langhauses differieren nach ihrer Funktion: Die einfachen Scheidbögen sind polygonal. Der Gurtbogen zwischen dem zweiten und dritten Joch wurde mit Birnstab und Kehlen profiliert, die Gurtbögen zwischen dem ersten und zweiten sowie dritten und vierten Joch bestehen dagegen nur aus einer dünnen Leiste, die der Stärke der Rippen fast enspricht. Die niedrigen voluminösen Chorpfeiler tragen einen bemerkenswerten Kapitellschmuck mit Blattwerk, Tier- und Fabelwesen. Den Steinmetzen waren zeitgenössische Kirchen wie Magdeburg und Halberstadt bekannt. Ein einheitliches Bildprogramm ergab sich jedoch nicht. – Die vorübergehend aufgestellten gotischen Schnitzaltäre befinden sich wieder im Herzog-Anton-Ulrich-Museum. Das Parlatorium innerhalb der Klausur im Ostflügel ist ein romanischer Raum, dessen vier Stützen Säulenschäfte und Kapitele in der Nachfolge der ehemaligen Klosterkirche Königslutters enthalten (zweiten Hälfte des 12. Jhs.). Der sich anschließende Flügel und der 1902 hierherversetzte Chor der Paulinerkirche wurden historistisch ausgestattet und dienen als Museum. Der Klosterflügel erhielt 1902 einen offenen hölzernen Dachstuhl. Der Kirchenraum ist dreijochig und hat einen Fünfachtel-Schluß, der heute nach Westen weist. Die Paulinerkirche war bis 1343 für den Deutschen Orden errichtet worden.

Südlich der Ägidienkirche befindet sich der *Lessingplatz* mit dem *Lessingdenkmal*, das den Dichter auf einem hohen Sockel, an eine abgebrochene Säule gelehnt, in zeitgenössischer Tracht zeigt. – Für diesen Denkmaltyp ist das 1853 von Ernst Rietschel in Bronze gegossene Werk ein frühes Beispiel. Am südlichen (größeren) Teil des Lessingplatzes, im *Haus Salve Hospes*, hat der Braunschweigische Kunstverein sein Domizil. Es handelt sich hierbei um eine dreiflügelige klassizistische Anlage mit einem Ehrenhof. Die beiden Nebengebäude sind eingeschossig und haben je vier stark gebauchte Säulen mit dorischen Kapitellen, die fünf Arkaden stützen (Abb. 21). Der Hauptbau ist über einem hohen Sockelgeschoß zweigeschossig, wobei das Hocherdgeschoß besonders hervorgehoben ist. Ein breiter Mittelrisalit verfügt über ein durch zwei eingestellte ionische Säulen hervorgehobenes Portal. Über dem Gesimsband mit der Aufschrift ›Salve Hospes‹ befindet sich ein halbrundes Oberlichtfenster. Das Gesims unter dem Dreiecksgiebel zeigt ägyptisierende Formen mit Palmettendekor. Es handelt sich um einen Musterbau für die Architektur des beginnenden 19. Jhs. unter Einfluß der damaligen ›Revolutionsarchitektur‹ mit betont geometrischen Grundformen und der ägyptischen Kunst. Der Zaun zur Straße besteht aus einzelnen Pfeilern mit Vasen und hat geschmiedete Eisengitter. Das nahe gelegene *Haus Augusttorwall 5* ist ein neugotisches, um 1850/60 in Anlehnung an den englischen Tudorstil entstandenes Haus mit kleinem Türmchen.

An der Wolfenbütteler Straße kommt man aus Richtung Innenstadt zunächst an der *ehemaligen Reichsakademie für Jugendführung* vorbei, einem Monumentalbau des Dritten Reiches, in dem sich jetzt die Müllerschule befindet. Das nach einem Wettbewerb 1936–40 errichtete Gebäude weist einen für die NS-Architektur typischen Mittelbau auf, eine ›Ehrenhalle‹ mit Kolonnade und besitzt zwei dreigeschossige Seitenbauten. Für die Pläne zeichnete der neoklassizistische Architekt E. zu Putlitz verantwortlich, der sich selbst jedoch als unpolitischer ›Künstler‹ verstand und wohl als Beispiel für die Einvernahme der konservativen Architektur der zwanziger Jahre durch den Nationalsozialismus angesehen werden kann. Beim Wettbewerb für den Genfer Völkerbundpalast (1930) hatte sich zu Putlitz gegen bedeutende Architekten wie Le Corbusier durchsetzen können.

Das *Schloß Richmond* (Abb. 20) liegt an der Wolfenbütteler Straße, unmittelbar am Ortsausgang, kurz vor der Autobahnauffahrt Richtung Salzgitter. Direkt an der Straße stehen neben der Schloßzufahrt zwei niedrige Fachwerknebenhäuser, durch Dreiecksgiebel, Türen und Fenster als spätbarocke Bauten zu erkennen und mit einheitlichem Anstrich des (freiliegenden) Fachwerks versehen. – Vor der erquicklichen Besichtigung des Schlosses hat man jedoch die Mühsal der Parkplatzsuche zu überstehen. Der offizielle Parkplatz befindet sich an der stadteinwärts führenden Fahrspur, auf die man nur gelangt, wenn man zunächst einen halben Kilometer stadtauswärts fährt, in die Ausfahrt Melverode abbiegt (nicht zu verwechseln mit den zwei Autobahnauffahrten) und anschließend auf der gegenüberliegenden Straßenseite wieder stadteinwärts bis auf Höhe des Schlosses zurückfährt. Dort befindet sich rechts der kleine Parkplatz.

Das Schloß fällt durch seine ungewöhnliche Form auf, da es nicht mit einer Breitseite, sondern wie ein Gartenpavillon mit einer gerundeten Kante zur Straße weist. Das gesamte Gebäude wird durch eine ionische Pilasterordnung eingefaßt. Der Grundriß basiert auf dem Karo mit gerundeten Ecken. Die vordere Spitze nimmt die Eingangshalle in ganzer Gebäudehöhe ein. Ihr folgt die ovale zentrale Halle, die noch über die Dachtraufe hinausgeführt ist und an der sich zum Garten hin die runde Gartenhalle anschließt. Die seitlichen Bereiche, die diese Raumlängsachse im Grundriß zum Karo werden lassen, sind zweigeschossig aufgeteilt und enthalten Wohnräume sowie schmale Treppen. Die zentralen Innenräume sind pilastergegliedert. Der Mittelraum hat rundbogige Nischen und darüber aufgemalte Tondi mit einem Herakleszyklus, der schon klassizistisch gestaltet ist. Friese und Zwischenräume sind mit Ornamentmalereien im pompeianischen Stil versehen. 1977–81 wurde die farbige

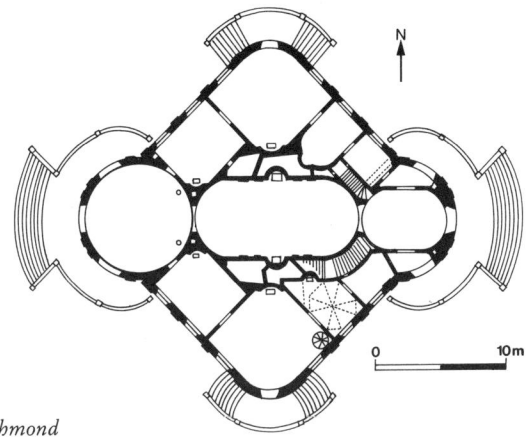

Braunschweig, Grundriß des Schlosses Richmond

Fassung des späten 18. Jhs. wiederhergestellt. Der Entwurf für das Schloß stammt von Karl Christoph Wilhelm Fleischer (1769), errichtet wurde es für Herzogin Auguste Friederike Luise, Prinzessin von Wales. Das Parktor entwarf G. W. von Gebhardi. Die Fachwerkbauten stammen von Chr. G. Langwagen, der nachträglich auch die bekrönende Kuppellaterne auf das Schloß selbst setzte.

Die *Nikolauskirche* in **Melverode** ist eine kurze dreischiffige Halle, über deren westlichem Joch sich ein schmaler, die ganze Breite einnehmender Riegel erhebt. Dieser hat lediglich oben zu den Seiten gekuppelte Schallarkaden und verfügt sonst über keine größeren Öffnungen. Das Portal, das in diesem Turmbereich mit eingestellten Säulchen und schlichten romanischen Kapitellen der Zeit um 1200 versehen ist, befindet sich an der Südseite. Kunsthistorische Bedeutung hat der Bau wegen der frühen Hallenform, obgleich es sich in manchem mehr um eine oberirdische Krypta ohne Aufbau als um einen Vorläufer einer Hallenkirche handelt. Pfeiler mit Kantensäulchen tragen Quertonnengewölbe mit Stichkappen. Im Osten schließen ein Hauptchor mit Apsis und zwei flach aus der Mauer vortretende Nebenapsiden die Kirche ab. Im Chorbereich wurden 1902–04 Wandmalereien durch A. Quensen freigelegt und z. T. auf Leinwandkopien ergänzt, neu ist die Darstellung des himmlischen Jerusalems im Chorgewölbe.

Zu der in Resten erhaltenen Umwallung der Innenstadt Braunschweigs gehören auch die klassizistischen *Torhäuser* am Steintor, am Fallersleber Tor und am Wendentor, die zwischen 1803 und 1825 nach Plänen von Peter Josef Krahe errichtet wurden. Vollständig ist vor allem noch der gewundene Verlauf des Stadtgrabens (Umflutgraben) erhalten.

Einige Großbauten mußten schon im 19. Jh. aus Platzgründen jenseits des Grabens angesiedelt werden. Dazu gehört die *Technische Universität* an der Pockelstraße, deren Hauptgebäude bis 1877 nach Plänen von Konstantin Uhde errichtet wurde. Beim Wiederaufbau nach dem Krieg fügte man einen 17geschossigen Hochbau mit gleichförmiger Fensteranord-

BRAUNSCHWEIG

nung hinzu (Architekt Dieter Oesterlen, Hannover). Ein moderner Neubau der Technischen Universität ist das *Haus der Elektrotechnik,* ein 15geschossiger Hochbau mit äußeren Stützen und daran aufgehängter Konstruktion. Die ehemalige *Pädagogische Hochschule* sowie das *Naturhistorische Museum* am Rebenring (Bundesstraße 1) befinden sich in einem hohen, spätexpressionistischen Backsteinbau, der 1937 vollendet wurde. Eine bedeutende Siedlung der 20er Jahre ist das von Architekturprofessor Flesche geplante *Siegfriedviertel* (Siegfriedstraße, 1921 begonnen, letzter Bauabschnitt 1935–41 abgeschlossen). Einen städtebaulichen Vorentwurf hatte der Berliner Architekt Theodor Goeke schon 1917 erstellt. Ab 1919 plante man die Siedlung in der letztendlich auch verwirklichten Hufeisenform.

1145 gründeten Mönche des Klosters Amelungsborn das **Kloster Riddagshausen** unter dem Namen Marienzelle. Der welfische Ministeriale Ludolf von Wenden hatte dieser Gegend zunächst ein Gut gestiftet, das von Heinrich dem Löwen erweitert wurde und von Papst Eugen III. die Bestätigung zur Umwandlung in ein Kloster erhielt. Entsprechend den Ordensregeln zogen die Zisterzienser immer in unwirtliche Gegenden, die es zu kultivieren galt. Riddagshausen war zunächst ein sumpfiges Gelände, in dem viele Teiche angelegt werden mußten, um andere Bereiche trockenzulegen und das Land urbar machen zu können. In der Blütezeit des Klosters entstand das heutige Kirchengebäude. Wahrscheinlich wurde 1216 mit dem Bau begonnen. Bis kurz vor der Jahrhundertmitte hatte man Chor, Querhaus und östliches Langhausjoch sowie den unteren Teil der Westfassade errichtet. Das Langhaus wurde nach einem Planwechsel ausgebaut. Einer weiteren kurzen Unterbrechung folgten die oberen Teile der Westfront und die Einwölbung des Mittelschiffs. In einer Chronik des 17. Jhs. wird für die Schlußweihe das Jahr 1275 überliefert. – 1568 hielt die Reformation im Kloster Einzug, ein kleiner, nunmehr lutherischer Konvent bestand jedoch weiter.

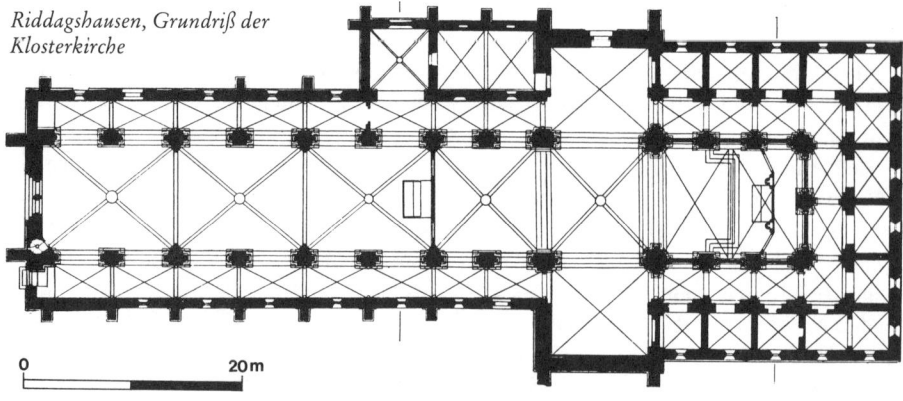

Riddagshausen, Grundriß der Klosterkirche

Der Besucher betritt das Kloster durch einen im Kern dem 12. Jh. angehörenden dreiflügeligen Torbau mit drei Arkaden (an der rechten Seite vermauert), einer Fußgängerpforte und einem Fahrtor. Der linke Flügel enthält die zweijochige frühgotische Frauenkapelle. – Das rundbogige Tor hat an der Außenseite einen Fachwerkvorbau erhalten. Die Klosterkirche besteht aus Bruchsteinmauerwerk, in das die Fenster nur mit einfachen Schrägen eingeschnitten sind. Die im Obergaden paarweise zusammengerückten Fenster verweisen schon am Außenbau auf die Gewölbe. Zur Gliederung dienen lediglich profilierte Gesimse. Im ursprünglichen Zustand hatte die Kirche ein überaus schlichtes Aussehen, auch wenn ihr Mauerwerk verputzt war. Dies gilt im Grunde genommen auch für den Chor, der lediglich durch die Dreifachstaffelung aus den Kapellen, dem Umgang in Fortführung der Seitenschiffe und dem hohen Chor aus dem Rahmen fällt. Die konsequent rechteckige Anlage des Chores findet bei Kirchenbauten im weiteren Umkreis keine Parallele. An der Südseite lassen sich noch die Auflager der Kreuzganggewölbe an den Konsolen erkennen. Hier führt ein vierpaßgerahmtes Portal mit zwei blattwerkverzierten Kämpfern in das Südseitenschiff hinein (Mönchsportal). Die Strebepfeiler entstanden nach Abbruch des Kreuzganges.

Die ehemals angeschlossenen Klausurgebäude fehlen heute völlig, südlich der Kirche ist lediglich ein dreigeschossiges Massivgebäude mit einem aufwendigen Barockportal erhalten. Im Grundriß nimmt der Ostbau den größten Raum ein. Mit der Anlage von zwölf Chorkapellen in insgesamt vierzehn Jochen folgte man den Klöstern Citeaux (zweiter Zustand) und Ebrach (Franken).

Der hohe Chor ist durch einige Unregelmäßigkeiten gekennzeichnet, die man bisher nur bedingt erklären konnte. Im Erdgeschoß verfügt er über drei Arkaden, die eine Jocheinteilung nicht zulassen. Über der mittleren Arkade setzt im Obergaden ein Dienst an, über dem sich der Gurtbogen befindet, der den Chorbereich in zwei Joche aufteilt, ohne daß es einen klaren Bezug zu den Arkaden gibt. Weil die beiden Chorjoche kürzer als die Langhausjoche sind, hat man hier die Schildbögen auf kurze Säulchen gestellt, während sie im Langhaus bis auf die Fensternsohlbank des Obergadens herabreichen. Die enge Pfeilerstellung im Chor und die niedrigen schweren Arkaden zwischen kräftigen Mauerstücken, die sich zu dem äußeren rechteckigen Kapellenkranz um den Chor öffnen, nehmen diesem Umgang alles Lichte und Weite, und lassen ihn fast wie eine Gangkrypta erscheinen, die nur einige Durchblicke zum Hochaltar gewährt. Die einzelnen Kapellen dienen heute als Grablege, ursprünglich waren es Altarkapellen, worauf die Piszinen in den Kapellenwänden verweisen.

Das vierjochige Langhaus hat die Form einer Basilika bewahrt. Gegenüber dem aus der Romanik gewohnten ›gebundenen System‹ mit quadratischen Grundeinheiten handelt es sich hier jedoch um zwei sehr schmale, durch kräftige Pfeiler mit drei Dienstvorlagen an jedem zweiten Pfeiler gegliederte Seitenschiffe. Die Vorlagen entstanden erst nachträglich bei der Einwölbung des Langhauses. Die unterschiedlichen Jochlängen deuten auf einen Planwechsel hin. Möglicherweise waren zunächst neun gleich breite Arkaden vorgesehen, auf die man dann zugunsten der vier Doppeljoche verzichtete; das Ostjoch stand zu diesem Zeitpunkt bereits. Eigentümlich muten die Konsolen an, durch die die Dienste in den

Seitenschiffen abgekragt sind. Dort ist jedes Halbjoch mit einem rechteckigen Gurt versehen, der über einem Dreivierteldienst aufsetzt und der trompetenförmig in der Wand verschwindet.

Die Einzelformen der Kirche verweisen durchweg schon in die beginnende Gotik. Wenn auch der Grundtyp sowie der geschlossene Obergaden mit paarweise zusammengezogenen Fenstern noch romanisch sind, gibt es schon spitzbogige Arkaden, Gurt- und Schildbögen und im Langhaus bereits Rippen gegenüber den rechteckigen Gurtbögen und gemalten Rippen im Chor sowie Knospenkapitelle im Bereich der Vierung und reiche gotische Blattkapitelle im Langhaus. Gerade an den Einzelformen ist der Baufortschritt von Ost nach West gut ablesbar. Die Farbgebung betont die architektonischen Teile noch. Pfeiler und Vorlagen sind grau und mit weißen Fugen quadriert; die Wandflächen sind weiß gestrichen. Alle Architekturteile, Kämpfer und Gurtbögen sind farblich abgesetzt und die einfachen Kelchkapitelle mit aufgemaltem Blattwerk verziert worden. Dies dürfte der Praxis im hohen und späten Mittelalter durchaus entsprechen. Man hat zu dieser Zeit große Räume immer wieder, teilweise allein mit Hilfe von Farbe, plastisch gestaltet und gegliedert. Die Ausstattung der Kirche ist neuzeitlich. Im letzten Langhausjoch trennt ein Lettner von etwa 1660 den Mönchs- vom Laienbereich ab. Er ist in Formen der späten Renaissance aus Holz geschnitzt und mit reichen dekorativen Ziergittern versehen. Zwei Rundbogenportale werden von Säulen mit Kompositkapitellen und Architraven eingefaßt.

Die Kanzel von 1622 ist ein Werk des Osteroder Bildschnitzers Zacharias König. Sie ruht auf dem Haupt des gehörnten Moses, der die aufgeschlagenen Gesetzestafeln hält. Ein aus Holz geschnitztes Kissen über dem Haupt erleichtert ihm das Tragen der Last. Die Reliefs an den Brüstungen von Aufgang und Kanzelkorb zeigen Gottvater über der erschaffenen Welt, den Sündenfall (mit der später eingeritzten Jahreszahl 1684; die Figur der Eva fehlt heute), die Verkündigung, die Anbetung des Kindes, den zwölfjährigen Jesus im Tempel, Kreuzigung, Kreuzabnahme und Auferstehung. Das Ornamentwerk folgt dem im 17. Jh. geläufigen Ohrmuschelstil, für den auch die Masken an den Figurenpostamenten kennzeichnend sind. Bei den Statuen zwischen den Kanzelreliefs handelt es sich um Evangelisten und Propheten.

Vor der Ostwand steht der Hochaltar von 1735, ebenfalls ein holzgeschnitztes Werk, mit dem Abendmahl als Hauptbild, darüber der Kreuzigung Christi, gefolgt von der Auferstehung und der Himmelfahrt als Bekrönung. Auch die Orgel ist, was den Prospekt angeht, noch ein Werk des späten 17. Jhs. Sie wurde jedoch mehrfach renoviert, so daß kaum mehr als die Malereien und einige Architekturteile von dem alten Werk erhalten blieben. Im Westjoch befindet sich die Taufe mit runder, steinerner Taufschale auf sechseckigem Fuß. Sie stammt aus dem Jahr 1562 und ist nach zahlreichen Plünderungen das älteste Ausstattungsstück der Kirche. Das hölzerne durchbrochene Gitter und der Deckel gehören wiederum in das späte 17. Jh. Der Taufdeckel zeigt eine zweifache Säulenarchitektur: Diese Tempelchen dienen als Baldachine für die Darstellung der Taufe Christi im unteren und Gottvaters im oberen Geschoß, die von einer Anzahl Kirchenlehrer- und Engelsfiguren umgeben sind.

Rund um den Elm und Helmstedt

Am Rande des Elm-Waldes liegt **Königslutter,** das sich schon vor dem 14. Jh. zu einem kleinen Städtchen entwickelte, da es günstig an der wichtigen Handelsstraße von Braunschweig nach Magdeburg lag. Ein Bauwerk von überregionaler Bedeutung ist die *ehemalige Benediktinerabteikirche St. Peter und Paul* (Umschlagvorderseite, Abb. 25).
Im Jahre 1135 wandelte Kaiser Lothar III. von Süpplingenburg (Supplinburg) das bereits seit dem 11. Jh. bestehende Augustinerinnenstift in ein Benediktinerkloster um. Im selben Jahr wurde mit dem Umbau des bestehenden Kirchengebäudes begonnen, das zur Grablege des Kaisers werden sollte. Wenn auch Bauverlauf und Vollendung der Kirche – gebaut wurde sicher noch das gesamte dritte Jahrhundertviertel – nicht exakt dokumentiert sind, handelt es sich in Königslutter doch um eine der ganz wenigen romanischen Kirchen Südniedersachsens, deren Baubeginn sich exakt, und zwar auf das Jahr 1135, festlegen läßt. Das Benediktinerkloster bestand über die Reformation 1542 hinaus als Stift; 1861–65 wurde in diesen Räumen ein Landeskrankenhaus eingerichtet, das mit seinen historistischen, der Klosterarchitektur geschickt untergeordneten Krankenhausbauten erhalten ist.
Die *ehemalige Klosterkirche St. Peter und Paul* ist eine kreuzförmige Pfeilerbasilika, deren gestaffelte Choranlage fünf Apsiden aufweist. Die Nordseite wird mit aufwendigen Portalen am Nordseitenschiff sowie am Querhaus optisch hervorgehoben. Die Sockelprofile reichen um die Portale herum, ein von Hirsau ausgehendes, weitverbreitetes Motiv. Das Querhausportal ist dreifach abgestuft und hat Gewände mit je drei zu beiden Seiten eingestellten Säulen. Fallrohre der Dachrinnen beeinträchtigen empfindlich das Äußere, das durch graue, an den Obergadenwänden etwas gröber behauene Quader ins Auge fällt. Am Querhaus sind die Ecken durch Lisenen hervorgehoben. Das Obergeschoß springt etwas zurück. Zusätzlich leiten dort Halbsäulchen sowie ein abgestufter Rundbogenfries zur vertieften Wandfläche über. Die Seitenchöre haben ebenfalls Lisenenrahmung, diese sind jedoch unter den Fenstern abgetreppt und verjüngen sich zu dünnen Mauervorlagen. Unmittelbar daneben befinden sich in den Winkeln Dreiviertelsäulchen, die die Nebenapsiden begrenzen. An der Hauptapsis ist der berühmte *Jagdfries* zu sehen (Abb. 24), der wohl als die Errettung des Guten zu interpretieren ist, das vom Bösen gehetzt wird. In den einzelnen Rundbögen erkennt man Hase und Eber reißende Hunde, einen springenden Hirsch und einen Jäger mit erlegtem Hasen. Die Szene im Chorscheitel – Hasen, die einen Jäger fesseln – zeigt den Sieg des Guten über das Böse, eine in Deutschland vor allem in späterer Zeit geläufige Darstellungsweise. An der Nordseite sind spiegelverkehrt die Anfangsbuchstaben einer Baumei-

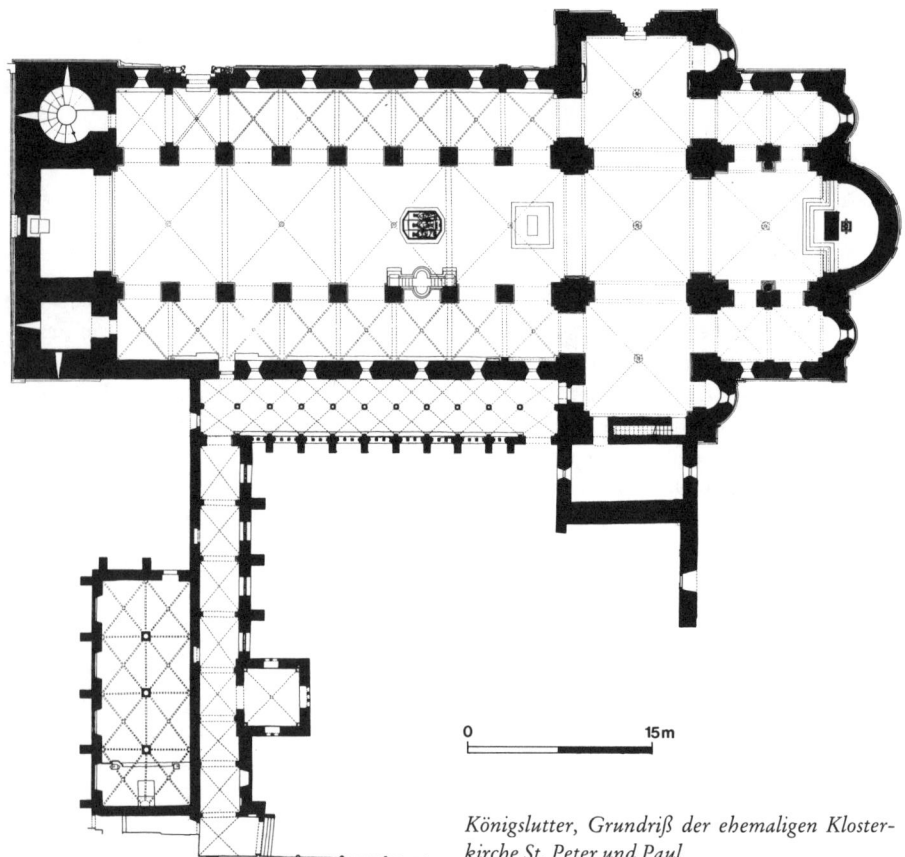

Königslutter, Grundriß der ehemaligen Klosterkirche St. Peter und Paul

sterinschrift zu sehen. Ob sie aus Ironie des Künstlers oder auf Geheiß des Bauherrn nicht vollendet wurde, bleibt der Spekulation überlassen. Der Fries ist das Werk eines italienischen Werkmeisters, den man als Nikolaus, Schüler des Sieneser Meisters Wiligelmus, identifiziert zu haben glaubt. Der Westbau erhielt erst im mittleren Drittel des 15. Jhs. seine achteckigen Helme, die den unvollendeten romanischen Riegel abschließen.

Man betritt die Kirche durch das *Löwenportal* an der Nordseite (Abb. 23). Der aus dem Dreipaß entwickelte Bogen wird von zwei Säulen unter den Knickpunkten gestützt, die auf dem Rücken (erneuerter) Löwenfiguren ruhen. Das Portal ist älter als das einrahmende Mauerwerk und dürfte bereits in der ersten Bauphase vorgefertigt worden sein, um es später einsetzen zu können. So aufwendig dieser Eingang von außen ist, so bescheiden nimmt er sich heute im Innern aus: Das Eingangsjoch (von Westen gesehen das zweite im Seitenschiff) wird lediglich durch Pfeilervorlagen (östlich) bzw. Dreiviertelsäulen (westlich) betont. Die

Dreiviertelsäule ist mit einem Adlerkapitell versehen. Der Westbau öffnet sich zur Kirche in zwei Arkaden, von denen die des Erdgeschosses ebenfalls abgekragte Wandvorlagen hat, die den Vierungspfeilern ähneln, obgleich sie schmaler und niedriger als diese sind; die Arkade des Obergeschosses (Empore) ist kleiner. Im heutigen Zustand ist die Kirche eine Pfeilerbasilika mit Kreuzgratgewölben, die jeweils zwei Arkaden überspannen und oberhalb der Arkaden über einem Gurtgesims (Konsölchenfries) ansetzen. Die Pfeilerarkaden haben abwechselnd mit einfachem oder doppeltem Wulst profilierte Kämpfer. Im Mittelschiff schneidet das Gewölbe die Fenster leicht an und erweist sich dadurch als nachträglicher Einbau. Die Seitenschiffe haben Kreuzrippengewölbe mit Schlußsteinen.

Das Langhaus der Kirche war zunächst flach gedeckt. Erst nach einem Einsturz 1690 wurde das von den barocken Konsolsteinen ausgehende Gewölbe eingezogen. Der Baumeister, Joh. Fr. Wendt (1695), nennt sich auf dem Schlußstein des westlichen Joches. Der Mauerversprung der Mittelschiffwand an der Westseite der Vierungspfeiler weist ebenso wie die als Wölbungsvorlagen in den östlichen Seitenschiffteilen dienenden Säulchen auf eine Planänderung hin. Die opulent gewölbten und mit hervorragenden bauplastischen Details ausgeführten östlichen Teile stehen dem ursprünglich flachgedeckten, jedoch gewölbt geplanten Langhaus gegenüber, dessen drei westliche Joche zudem erst in einer zweiten Bauphase entstanden. Bei der flachen Decke scheint es sich um Einsparungsmaßnahmen nach dem Tode Lothars von Süpplingenburg 1137 und dem damit verbundenen Dynastenwechsel gehandelt zu haben. Die Vierung ist allseits durch Wandvorlagen ausgeschieden, die von Viertelsäulen begleitet werden und deren breite pfeilerartige Flächen etwa auf Höhe der Arkadenkämpfer abgekragt sind. Das Gewölbesystem verweist in den Querhausarmen durch das von vier Ecksäulen getragene Kreuzgratgewölbe im übrigen auf den kurz zuvor neu eingewölbten Speyrer Dom. Der Ostbau besteht aus dem Querhaus, dem Vorchor und den zweijochigen Seitenchören sowie insgesamt fünf gestaffelten Apsiden. Die Seitenchöre öffnen sich in einer Zweibogenstellung zum Hauptchor, die zwei Bögen werden durch einen kräftigen Pfeiler mit schlanker Halbsäule zu den Seitenchören und einer vorgestellten Arkade mit Vollsäule zum Hauptchor hin geteilt. Die Pfeiler haben hier ebenso wie die Vierungspfeiler und die Wandpfeiler am Eingang der Nebenchöre bzw. am Ausgang der Seitenschiffe stark profilierte Basen, während die übrigen Wandpfeiler bzw. Säulen in den Ecken der Nebenchöre keine entsprechenden Basen besitzen. In dieser Region kannte man zu jener Zeit fast ausnahmslos flachgedeckte Kirchen. Deshalb wird man die Einwölbung des östlichen, im Volksmund auch Kaiserdom genannten Gebäudeteils als machtbetonte Antwort Kaiser Lothars auf den Dom zu Speyer sehen können, der von den vor ihm herrschenden Saliern errichtet und umgebaut worden war. Dies wird unterstrichen durch die Aufgabe der Kirche als kaiserliche Grablege. Silvester 1137 wurde Lothar III. östlich des geplanten Kreuzaltars in einem provisorisch überdachten Grab beigesetzt. Hier etwa endet auch der erste Abschnitt des Kirchenbaus. In den vier folgenden Jahren wurden noch Heinrich der Stolze († 1113), Schwiegersohn Lothars und Vater Heinrichs des Löwen, sowie Kaiserin Richenza († 1141) beigesetzt. Im 13. Jh. entstand eine gemeinsame Grabtumba, deren wiederaufgefundene Reste eine Kaiserfigur erkennen lassen. Das heutige Grabdenkmal, 1708 in Marmor gemeißelt, stammt vom Bildhauer Michael Helwig und zeigt Lothar III. in der Mitte sowie zu seinen Seiten Richenza und Heinrich den Stolzen.

Der Eindruck, den die Kirche heute bietet, wird insbesondere im Ostbau durch die aufwendige Bemalung der Jahrhundertwende bestimmt. Sie weist ornamentale Wandvorlagen, Gesimse, Friese und einzelne Figuren auf, wie z. B. am Eingang in das Querhaus Johannes d. T., Moses sowie an den Querhauswänden musizierende Engel. Die beiden Pfeiler am Eingang in den Chor zeigen Kaiser Lothar und Kaiserin Richenza, an den Chorwänden finden sich Allegorien der Tugenden. Das Gewölbe ist mit Heiligen in Nischen innerhalb einer mosaikähnlich gemalten Kuppel und die Apsiskalotte mit dem thronenden Christus und Evangelistensymbolen ausgemalt. Die Farbgebung des Langhauses ist gegenüber der des Ostteils sehr zurückhaltend, denn die Grundflächen sind hier weiß gehalten. An den Wänden befinden sich nördlich Allegorien der Tageszeiten zwischen Drachen, Löwen und Fabelwesen, südlich Allegorien der vier Elemente. An den Pfeilern sind vereinzelt Reste gotischer Malereien oder deren unausgeführte Vorstudien erhalten.

Im Süden der Kirche schließt sich der in Resten erhaltene *Kreuzgang* an. Sein Nordflügel (Abb. 22) ist zweischiffig und hat eine eingestellte Säulenreihe, die mit bedeutenden, u. a. gedrehten, gezackten, laubwerkähnlichen, Ornamenten versehen ist und deren Kapitelle (Abb. 26) und Kämpfer sehr unterschiedlich sind. Die Basen sind zumeist rund, in einem Fall achteckig, und haben Ecksporen. Die Wandvorlagen an der Außenwand des Kreuzgangs (Innenseite), die Kapitelle sowie die dort eingestellten Arkaden sind weitgehend erneuert, nur einzelne Säulenteile und Kapitelle sind noch ursprünglich. Die bauplastischen Formen des Kreuzgangs wie schon die östlichen Teile der Kirche verweisen nach Norditalien. Kaiser Lothar III. hatte italienische Steinmetzen – die führenden ihrer Zeit – zum Bau der Kirche herangezogen und damit der Bauplastik nördlich der Alpen wesentliche Impulse gegeben. Die Steinmetzarbeiten im Kreuzgang haben sie, soweit nicht selbst geschaffen, doch wesentlich beeinflußt. Der westliche Flügel des Kreuzgangs ist einschiffig. Er wurde offenbar im 15. Jh. renoviert und erhielt dabei Kielbogenfenster. Der Flügel dient seither zur Aufnahme von Grabplatten, die früher am Boden lagen. In der Mitte befindet sich das im 13. Jh. erneuerte Brunnenhaus. Vom südlichen Flügel ist nur noch die Rückwand mit Konsolen erhalten. Das ehemalige Refektorium im Westflügel dient heute dem Krankenhaus als Kapelle.

Von der Stiftskirche führt der Weg durch einige von Fachwerkhäusern gesäumte Straßen hinab in das Ortszentrum. Die evangelische *Pfarrkirche St. Sebastian und Fabian* wird vom Marktplatz durch eine Baugruppe abgetrennt, zu der auch das barocke, mit Mansarddach versehene *Rathaus* gehört, dessen Fachwerkgeschoß über einem massiven Erdgeschoß errichtet ist. Die Kirche besteht aus einem einfachen abgestuften Westturm des 12. Jhs. mit gekuppelten Klangarkaden. Das zweijochige Langhaus aus der Mitte des 13. Jhs. ist durch nachträgliche Erweiterung im 14. Jh. zur dreischiffigen Halle ausgebaut worden. Der zweijochige, gerade geschlossene Chor hat gotische Formen, ist jedoch barockgotisch (17. Jh.).

In der Straße am Gänsemarkt stehen einige Häuser des 17. Jhs. Noch dem frühen 16. Jh. gehört das *Haus Marktstr. 21* an, ein Dielenhaus mit Speicherstock und ehemals aufgeblattetem Brustriegel im Giebel sowie nachträglicher Zierziegelausmauerung. Den bemerkenswertesten *Fachwerkbau* in Königslutter findet man am Markt 14. Das dreigeschossige Traufenhaus wurde 1674 mit einem seitlichen Dielentor und einem breiten Erker erbaut, den man schon nach wenigen Jahren durch Säulen mit ionischen Kapitellen abfing.

Die heutige evangelische *Kirche* in **Süpplingenburg** ist aufgrund einer Schenkung König Lothars, der als Kaiser kurze Zeit später den Bau der Königslutterer Kirche begann, um 1130 errichtet worden. Der Name Süpplingenburg erinnert daran, daß sich die Kirche am ehemaligen Stammsitz der Familie Lothars befindet, den dieser später in ein Kanonikerstift umwandelte. Derartige Stiftungen sind auch von anderen Herrschern bekannt. 1150 übergab Heinrich der Löwe, der Enkel Lothars III., das Stift dem Templerorden, der dort die älteste Komturei im Norden Deutschlands einrichtete. Nach Auflösung dieses Ordens 1312 übernahmen die Johanniter die Besitzungen; seit 1820 wird der Hof als Domäne genutzt. Von der früheren Anlage blieb nur die Kirche vom Abbruch verschont.

Heute betritt der Besucher einen umbauten Wirtschaftshof, dessen Gebäude teilweise den Verlauf des (zugeschütteten) Wassergrabens markieren. Der ursprüngliche Zugang erfolgte von Nordwesten. Die ehemalige Klosterkirche ist kreuzförmig und hat einen gerade geschlossenen Chor mit Krypta (Abb. 29). Die Querhäuser sind mit Nebenapsiden versehen und zeigen an den Außenwänden Ansätze von Halbsäulenvorlagen. Das Mitte des 13. Jhs. um anderthalb Meter aufgestockte basilikale Langhaus läßt durch die paarweise Anordnung der Fenster im Obergaden die innere Wölbung erkennen. Auffällig sind außen an den Ostteilen der Kirche, dem flach geschlossenen Chor und den Nebenapsiden, die unzähligen Ausbesserungen des Mauerwerkes. Bei späteren Renovierungen wurden Gliederungselemente des Erstbaues wiederverwendet. Aus dem 12. Jh. tritt jedoch eindeutig zunächst nur das Querhaus mit den Apsiden in Erscheinung, während das Chorquadrat an seiner Ostwand deutlich verändert ist. Zwischen Chor und Apsiden befinden sich Treppenabgänge zur

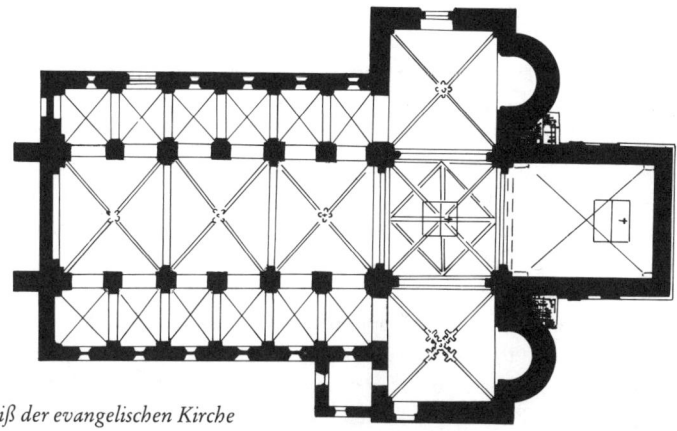

Süpplingenburg, Grundriß der evangelischen Kirche

früheren Hallenkrypta. Die auffallende Schlichtheit des südlichen Seitenschiffs deutet darauf hin, daß sich hier früher der Kreuzgang anschloß. Das nördliche Seitenschiff, das in seinem heutigen Bestand völlig den Restaurierungen des späten 19. Jhs. entstammt, zeigt hingegen reiche Verzierungen. Das Seitenschiff ist eine exakte Wiederherstellung des alten Wandaufbaues einschließlich des bei Umbauphasen verwendeten neueren Materials. Auf dieser Seite der Kirche befinden sich die Zugänge, deren reichere Gestaltung den öffentlichen repräsentativen Charakter unterstreichen sollte. Der heutige Westabschluß besteht aus einer geschlossenen Wand. Im Erdgeschoß trifft man auf eine große vermauerte Arkade und erkennt an der rechten Dachschräge des Giebels die Jahreszahl 1501. Das Westportal des Nordseitenschiffs ist datiert 1463. Grabungen haben einen Westbau mit zwei quadratischen Türmen zu seiten eines Eingangsraumes nachgewiesen, der vom Langhaus durch ein Zwischenjoch abgesetzt war.

Die kreuzförmige Pfeilerbasilika besteht aus einem dreijochigen Langhaus, an das sich das Querhaus mit runden Nebenapsiden anschließt. Dessen heutiges Aussehen wird geprägt von Wandvorlagen aus Halbsäulen, Gurt- und Scheidbögen sowie kräftigen, wulstigen Rippen, die einen farblichen Kontrast zur weiß gestrichenen Wandfläche und den mit Quaderbemalung versehenen Pfeilern bilden. Wirken die Säulenvorlagen im Langhaus zunächst wie nachträgliche Zutaten, so zeigt sich bei den Seitenschiffen, daß die Einteilung in drei Joche durch die Pfeiler vorgegeben ist: Dort haben die Gurtbögen an diesen Hauptpfeilern Rechteckvorlagen, während sie an den Zwischenpfeilern auf abgekragten Konsolen ruhen. Die Profilierung der Basen und der Kämpferzone besteht aus Wulst und Kehle. Die wulstigen Rippen enden in Schlußsteinen, von denen man den mittleren als ›hängend‹ bezeichnen kann. Das Westjoch hat einen ringförmigen, das östliche Langhausjoch einen aus Kreuz und Quadrat zusammengesetzten Schlußstein. Sind diese Formen schon ungewöhnlich, so ist der Innenraum des Querhauses noch aufwendiger gestaltet: In der Vierung reichen außer den Haupttrippen noch andere vom Schlußsteinring zu den Arkadenspitzen sowie Querrippen von Arkade zu Arkade. Im Südquerhaus sind die Rippen durch Querstücke gekreuzt, so daß vier ›Bischofskreuze‹ entstehen, die einen mittleren hängenden Schlußstein umfassen. Nicht minder verspielt sind auch die beiden Wandnischen an der Ostwand des Chores, von der die größere eine weitere Nische mit einer Halbkuppel in der Art einer Muschelrosette enthält. Wäre der Begriff der Protorenaissance nicht für Entwicklungen in der romanischen Baukunst Südfrankreichs belegt, hier ließe er sich anwenden.

Zur jüngeren Ausstattung der Kirche zählt im Chor das Epitaph des Christoffel von Bridaw zu Suppelnborg († 1577). Es zeigt den Verstorbenen vor einem kleinen Kruzifix kniend, zu seiten seines stark verkleinerten Pferdes. Die ihn rahmende perspektivische Arkade ist mit Blattwerk flach ornamentiert. In das westliche Joch des Langhauses ist mit spitzbogigen Arkaden eine Empore eingebaut, die jedoch erst Ende des 19. Jhs. entstand und an romanischen Nonnenkrypten orientiert ist. Durch die Mauerzungen zwischen Haupt- und Nebenapsiden führen rundbogige Zugänge in die ehemalige Hallenkrypta unter dem Hauptchor. Sie ist heute nur noch als U-förmiger Gang mit Wandvorlagen aus der Entstehungszeit des Bauwerks erhalten. Der die Krypta zum rechtwinkligen Gang verengende

Mauerblock enthielt (bis zu einer Ausgrabung) nur Bauschutt. Erhalten blieben an jeder Seitenwand vier Halbsäulen mit Doppel-Würfelkapitellen.

Bekannter als die Stadt **Helmstedt** selbst ist heute bei vielen der Grenzübergang Helmstedt-Marienborn. Die monströsen Grenzanlagen mögen ungeachtet der politischen Überzeugung gemischte Gefühle wachrufen, wenn man auf der Fahrt von oder nach Berlin bzw. der DDR den ersten oder letzten Autobahnparkplatz auf bundesdeutscher Seite ansteuert. In Richtung Berlin bietet der Rastplatz einen Überblick über die Stadt Helmstedt, die gleichsam zu seinen Füßen liegt.

Die Benediktinerabtei (Essen-)Werden gründete vermutlich um 800 eine Missionszelle, aus der im frühen 9. Jh. ein eigenes Kloster erwuchs. Bis zur Auflösung 1803 blieb es in Personalunion durch einen gemeinsamen Abt mit Werden verbunden. Dieses der heiligen Felicitas und später dem heiligen Liudger, Abt von Werden und erster Bischof von Münster, geweihte Kloster ist der Ausgangspunkt der Stadtentwicklung Helmstedts. Ein 952 urkundlich erwähntes Dorf wird im Straßenzug Edelhöfe (eigentlich ›upn olhöven‹) vor dem Kloster vermutet, eine erste kaufmännische Siedlung bei der Kirche St. Stephani, südwestlich des Klosters (Beguinenstraße). Die Topographie dieser östlichen Stadtzone ist noch immer teilweise ungeklärt; die stark gekurvten Straßen sprechen für voneinander unabhängige Stadtteile. Beide Bereiche mag man im 12. Jh. unter dem Einfluß Heinrichs des Löwen

Historische Ansicht von Helmstedt

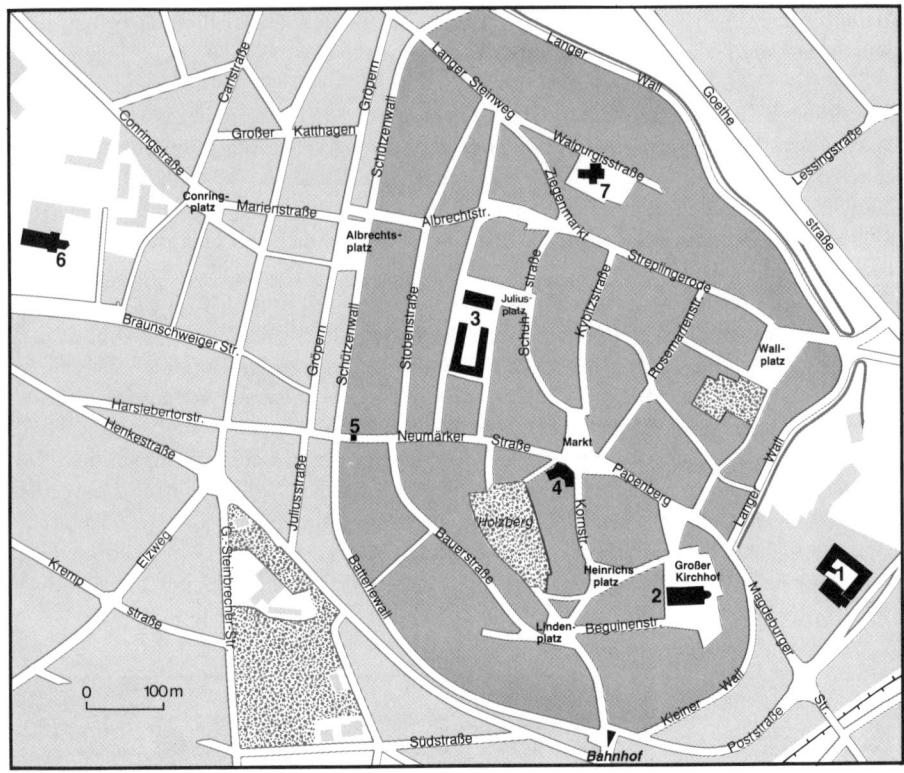

Helmstedt 1 Ludgerikloster 2 Stephanikirche 3 Juleum 4 Rathaus 5 Hausmannsturm
6 Augustinerchorfrauenstift St. Marienberg 7 Walpurgiskirche

erweitert und zu einer Stadt mit Marktplatz vergrößert haben. Dabei wurde das unregelmäßige Straßensystem beibehalten. Ein Kriegszug im Jahre 1199 zerstörte die Stadt in einem bisher unvollständig geklärten Umfang und könnte Anlaß zur regelmäßigen Erweiterung im Westen gewesen sein: Dieses Straßenquartier zwischen Neumärker Straße im Süden und Langem Steinweg im Norden hat als einziger Teil der Stadt den für das 12. und frühe 13. Jh. typischen Parallelstraßengrundriß. Eigentümer der städtischen Grundstücke war bis in das 13. Jh. hinein der Abt des Klosters, dessen Rechte nur teilweise auf den Rat bzw. auf die Herzöge übergingen. Diese wurden 1490 mit der Stadt belehnt und waren nunmehr die alleinigen Herren.

Zwischen 1527 und 1568 währten die teilweise machtpolitisch begründeten Streitigkeiten um die Einführung des evangelischen Glaubens. Die Stadt schloß 1527 das Augustinereremitenkloster am Markt und 1542 das Nonnenkloster St. Marienberg. Zwischen den protestantischen ›ausländischen‹ Fürsten des Schmalkaldischen Bundes, denen man der neuen Glaubensrichtung wegen freundlich gesinnt war, und dem katholischen Herzog, den man politisch unterstützte, saß die Stadt sozusagen zwischen allen Stühlen. Dies änderte sich erst bei Regierungsantritt des Herzogs Julius im Jahr 1568, der den protestantischen Glauben förderte. 1574 gründete er in Helmstedt die welfische Landesuniversität ›Academia Julia‹, die 1810 zugunsten der Universität Göttingen durch napoleonisches Dekret aufgehoben wurde. Für mehr als zwei Jahrhunderte hatte die Universität die wirtschaftliche und kulturelle Entwicklung der Stadt bestimmt.

Am südöstlichen Altstadtrand liegt (nördlich der Magdeburger Straße) vor der Stadtmauer das historisch bedeutsame *Ludgerikloster* mitsamt seinen Klausur- und Wirtschaftsgebäuden. Der bis in das 19. Jh. zusammenhängende Klosterbezirk wird heute durch die Eisenbahnlinie und eine Straße zerschnitten. Ausgrabungen in jüngster Zeit belegen nach K.-B. Kruse, daß das Gelände des späteren Klosters während der Kaiserzeit, also dem frühen ersten Jt. bis in das hohe Mittelalter mehr oder weniger kontinuierlich besiedelt worden war. Die Klausurgebäude selbst wurden im Laufe des 18. Jhs. neu aufgeführt. Die vielbeachtete *Doppelkapelle St. Peter und St. Johannes* (Abb. 28) innerhalb der Klausur hatte bereits auf anderem Grundriß einen Vorgängerbau der Zeit um 1000. Der östliche Teil der heutigen Kapelle ist im 11. Jh. an den Kreuzgang angefügt worden; sein Äußeres ist im Obergeschoß durch eingetiefte Blendarkaden gekennzeichnet. Das westliche Joch wurde vermutlich 1199 nach einem Brand erneuert. Im Ostteil befinden sich in Nischen eingelassene Fenster; die Pilastergliederung ist vor allem in der Oberkirche mit romanischen Kapitellen versehen. Wie die Portalinschrift besagt, wurde die Kapelle 1666 renoviert. Die Stuckdekoration der Oberkapelle ist 1710 entstanden; eines der Bilder stellt die Doppelkapelle selbst dar und erklärt (zu Unrecht) den heiligen Liudger zum Erbauer dieses Bauwerks. Dies ist wohl als der Versuch zu verstehen, sich durch Alter und Kontinuität zu legitimieren und hervorzuheben.

Die *Ludgerikirche* selbst wurde im 11. Jh. als kreuzförmige Basilika mit Stützenwechsel errichtet. Nach zahlreichen Umbauten und Beschädigungen ist dieser Bau nur noch rudimentär erhalten (Abb. 28). Querhaus, Seitenschiffe und Westabschluß wurden 1890 bzw. 1898–1900 teilweise unter Rückgriff auf vorhandenes Mauerwerk (oder zumindest Baumaterial) erneuert. Der gesamte heutige Kirchenbau steht nur noch auf den Ostteilen des Ursprungsbaus. Der spätgotische Ostabschluß mit Maßwerkfenstern war nach einer Zerstörung erst 1553 erneuert worden. Besondere Bedeutung hat die Felicitas-Krypta. Sie ist eine vierjochige dreischiffige Hallenkrypta, die als einziger Bauteil vollständig dem 11. Jh. angehört. Zusammenhänge mit der Werdener Außenkrypta machen eine Datierung auf das dritte Viertel dieses Jhs. wahrscheinlich. Trotz ihrer ebenerdigen Anlage war sie als Unterkirche (Krypta) konzipiert. Das mittlere quadratische Pfeilerpaar ist diagonal gestellt; vor und hinter diesem befindet sich je ein Säulenpaar. Die Säulen sind mit Zungenblattkapitellen und einem Würfelkapitell versehen. In der Krypta werden größere Teile eines romanischen Gipsestriches aufbewahrt. Die in den ehemaligen Fußboden eingeritzten Ganzfiguren stellen eine Besonderheit in der romanischen Baukunst dar.

Helmstedt, Längsschnitt der Doppelkapelle Petrus und Johannes

Der Gründungsbau der *Stephanikirche* am Großen Kirchhof, nur wenig südwestlich des Ludgeriklosters gelegen, entstammt dem zweiten Viertel des 12. Jhs. Der heutige Bau entstand jedoch ab dem späten 13. Jh., der hochmittelalterlich wirkende geschlossene Westbau sogar erst ab 1439. Er verdeckt das verhältnismäßig schmale fünfjochige und dreischiffige Hallenlanghaus. Kreuzförmige Pfeiler mit Kantensäulchen unter Braunschweiger Einfluß – Vorbild dürfte die Magnikirche gewesen sein – tragen breite Scheidbögen und Kreuzrippengewölbe; abgekragte Konsolen unterstützen die Gurtbögen. Der breite Westbau reicht kaum über den Kirchenbau hinaus; zur Errichtung abschließender Turmhelme ist es nie gekommen.

Die vorreformatorische Ausstattung umfaßt u. a. eine steinerne Stephanusfigur der Romanik (innen beim Nordportal), eine Madonna auf der Mondsichel, ein spätgotisches Schnitzwerk am südlichen Choreckpfeiler und den um 1500 geschaffenen Kruzifix an der Nordseite des Chores. An der Sakristeitür befindet sich der romanische Bronzetürgriff in Gestalt eines Löwenkopfes. Von großer Bedeutung ist die Ausstattung aus nachreformatorischer Zeit: Der Hochaltar im Knorpelstil ist 1644 datiert. Die Bildtafeln, Kopien nach niederländischen Bildern des 16. Jhs., die zu jener Zeit durch Stiche Verbreitung fanden, stellen das Abendmahl, die Anbetung des Kindes als Hauptbild, Christus im Garten Gethsemane und als plastische Altarbekrönung die Kreuzigung Christi dar. Der architektonische Aufbau des Altars folgt dem geläufigen Schema des 17. Jhs. Die künstlerisch bedeutendere Renaissancekanzel, deren Korb von Moses getragen wird, wurde nach 1596 wohl von dem Bildhauer Georg Steyger geschaffen. Die Brüstungen am Kanzelkorb zeigen in flachem perspektivischem Relief Johannes den Täufer, auf Christus weisend, ferner die Anbetung des Kindes durch die Hirten, die Verkündigung an Zacharias und die Heilige Dreieinigkeit.

An der Kanzeltreppe erkennt man den armen Lazarus, das kanaanäische Weib, den barmherzigen Samariter und die Opferung Isaaks. Das Taufbecken aus dem Jahre 1590 wurde von Mante Pelcking aus Hildesheim gegossen und 1772 sowie im 19. Jh. renoviert. Seiner Familie sind zahlreiche weitere Taufbecken zuzuschreiben, z. B. das in der Kreuzkirche in Hildesheim. Das runde Becken auf kurzem säulenartigem Fuß ist mit kleinen Reliefs versehen, die die Taufe Christi, Christi Himmelfahrt, das Pfingstwunder, Paulus vor Ananias, Paulus mit dem Kerkermeister und eine Kindertaufe in einer dem 16. Jh. angenäherten Tracht darstellen. Der Deckel des Beckens zeigt die Sintflut, den Durchzug durch das Rote Meer, das vom Tempel ausgehende Wasser (Hesekiel 47), Christus und Nikodemus sowie zwei Taufdarstellungen aus der Apostelgeschichte.

Die umfassende Renovierung in den Jahren 1903–09 hinterließ die aufwendige historistische Chorverglasung, die ornamentale Architekturausmalung, die teils wohl auf mittelalterliche Befunde zurückgeht, und einen Teil der hölzernen Ausstattung mit geschnitzten Emporen und Kirchengestühl. Eine zweigeschossige Westempore trägt die Orgel und ist an der Brüstung mit umfangreichen Malereien versehen, datiert 1706, während das Beschlagwerk um 1600 entstand. Der Orgelprospekt wird auf die Jahre um 1584 datiert; ein höherer Mittelturm und zwei Seitentürme bilden einen flachen Prospekt, der von Dreiecksgiebeln bekrönt wird. Das Rückpositiv wurde in der ersten Hälfte des 17. Jhs. hinzugefügt. 1908 fand man im Archiv der Kantorei Noten von Michael Praetorius und Heinrich Schütz (jetzt in Wolfenbüttel), die zu den bedeutendsten Komponisten am Übergang von der Renaissance- zur Barockmusik gehören. Die Stephanikirche verfügt über einen größeren Bestand an Epitaphien, u. a. für Joachim Mynsinger, 1582, Sigmund Julius Mynsinger, 1596, Prof. D. Tilemann Heshus, 1589, und Prof. Georg Calixt († 1656, Epitaph um 1700).

Südlich der Kirche steht das *Beguinenhaus* von 1896–97, bei dessen Neubau Ornamenttafeln des Renaissancebaus von 1580 wiederverwendet wurden. Daneben befindet sich die ehemalige, 1681 bezogene *Stadtschule*, die zunächst als Armenhaus von St. Stephani erbaut worden war. Westlich mündet die Beguinenstraße in den Lindenplatz. Dieser geht in den Holzberg über, der relativ zur Stadtfläche einer der größten Altstadtplätze in Niederdeutschland sein dürfte. Eine plausible Erklärung für seine Ausdehnung gibt es bislang nicht. Durch einen Häuserblock abgetrennt liegt nördlich der Marktplatz. Verglichen mit diesem Platzquartier im Südosten der Altstadt ist der westliche Teil mit dem Neumark(t) und der erwähnenswerten Universität wesentlich dichter bebaut.

1575 wurde das Privileg für die *Julius-Universität* verliehen, die aus einem 1570 in Gandersheim gegründeten Pädagogium hervorgegangen ist. Ihre bekannteste Persönlichkeit ist der italienische Philosoph Giordano Bruno (1548–1600), der hier mehrere Jahre wirkte, jedoch keine Professur innehatte. In Rom fiel er nach siebenjähriger Gefangenschaft der Inquisition zum Opfer. Als Professoren arbeiteten in Helmstedt u. a. der Philosoph Johannes Caselius, der Theologe Georg Calixt, der Mediziner und Philosoph Hermann Conring und der Theologe Lorenz von Mosheim. Die Universität fand auf dem Gelände des *Marientaler Klosterhofes* Platz. Gebäudeteile dieses Klosterhofes bestehen noch in den Längsflügeln entlang der Bötticher- und der Collegienstraße und sind in dem Renaissancebau

(1575–76) enthalten. Das Fachwerkgeschoß mit profilierter Schwelle und aufgeblatteten Riegeln gehört dem 16. Jh. an, wurde aber im späten 18. Jh. stark vereinfacht. Beide Längsflügel haben polygonale Treppentürme. Das Wappen des Löwenportals im Westflügel wird von zwei wilden Männern gehalten. Für den plastischen Schmuck dieses Flügels ist der Bildhauer Adam Liquier verantwortlich. Der Hauptbau der Universität ist das *Juleum*, der nördlich den Hof abschließende Renaissancebau (Farbabb. 14). Er wurde nach Plänen von Paul Francke 1592–97 als Hörsaalgebäude errichtet. Das Bauwerk hat zum Hof hin zwei Zwerchgiebel und einen überhöhten mittleren Treppenturm. Das Erdgeschoß mit maßwerkartigen Fenstern in gotisierendem Rahmen enthält den größten Hörsaal, das sogenannte Auditorium Maximum, einen zweischiffigen Saal, mit einer flachen Balkendecke auf gemauerten Pfeilern und Arkaden. Das Hauptportal (Abb. 27) liegt östlich des Treppenturms und ist durch die Ädikula mit ionischen und darüber korinthischen Säulchen gerahmt. Zwischen bzw. hinter den Säulchen liegen Muschelnischen. Die Einzelformen des Portals sind manieristisch, und es dominiert Beschlagwerk. Den bauplastischen Schmuck schuf Jakob Meyerheine, der vermutlich auch in Wolfenbüttel gearbeitet hat. In dem hier untergebrachten Heimatmuseum wird ein ikonographisch seltener Kruzifix aufbewahrt, der Christus mit überkreuzten Armen zeigt und gegen 1350 entstanden ist.

Das *Rathaus* am Marktplatz ist ein überaus ansehnlicher Massivbau von 1904–06 nach Plänen von Stadtbaumeister Schellenberg. Seine Schaufront ist aus Quadern gemauert und wird von zwei polygonalen Eckerkern eingefaßt. Der Mittelgiebel hat seitliche Voluten und Fächerrosetten, die Fenster und Türen sind in spätgotischer Weise maßwerkgerahmt. Den Giebel bekrönt ein mittleres Türmchen. Als Vorbild für dieses Rathaus spielten norddeutsche Bauten eine erstaunlich geringe Rolle. Vielmehr hat man sich an der um 1900 sehr beliebten Nürnberger Architektur orientiert.

Wie in Niederdeutschland häufiger zu beobachten ist, bestand die bürgerliche Architektur des 13. bis 15. Jhs. vielfach aus Stein. Reste solcher *Steinhäuser* haben sich in den Häusern am *Holzmarkt 13*, in der *Kybitzstraße 24* und am *Ziegenmarkt 3* erhalten, von denen das letztgenannte mit den frühgotischen Fensterarkaden vermutlich das älteste Haus in Helmstedt ist. Erst mit dem späten Mittelalter setzte der für Helmstedt charakteristische Fachwerkbau ein. Die Gebäude, wie beispielsweise *Holzberg 18*, sind Traufenbauten, die bis auf das 16. Jh. zurückgehen und teilweise sogar noch mittelalterlich wirkende Baudetails aufweisen. Ursprünglich handelte es sich um sogenannte Rauchhäuser, deren Küchen im Erdgeschoß keinen Rauchabzug, allenfalls einen in das Dach hineinreichenden Schornstein hatten. Die größeren Häuser besaßen Dielen, die jedoch nicht immer als Hauswirtschaftsraum (Küche), sondern oft nur der Erschließung des Hauses dienten. Kleinere Häuser kamen schon im 17. und 18. Jh. mit einem schmalen Flur aus, an dessen Längsseite sich Küche und Stube befanden.

Spätmittelalterlich sind die *Häuser Collegienstraße 4* (›Treppenfries‹ an der Schwelle), *Schuhstraße 5* (1514), *Neumärker Str. 10* (1530) und *Langer Steinweg 7*. Der Renaissance gehören die *Häuser Papenberg 2* (1568, Brüstungstafeln mit Darstellung der ›Sieben Freien Künste‹) und *5* an, ferner *Collegienstraße 7* (um 1580 mit Fächerrosetten), *Kybitzstr. 23* und

Heinrichsplatz 11 (1580, der westliche Teil um 1600). Um 1600 entstand auch das *Haus Heinrichsplatz 4*, dessen Speicherstock durch ein Kielbogenportal von außen zu beladen war. Das *Professorenhaus Papenberg 21* sowie die *Nebenhäuser zur Stobenstr. 18* am Langen Steinweg wurden 1605 bzw. 1617 errichtet. Beispiele für das späte 17. und das 18. Jh. sind die *Häuser Kornstraße 15* und *Neumärker Str. 29* (1691, mit einer griechischen Inschrift am Portalsturz) und *Papenberg 14*, ein sehr flaches Fachwerkhaus mit barockem Zwerchgiebel, das in seiner Art barocken Putzbauten entspricht. Daneben sind aus dem späten 16. bis 18. Jh. auch einige Steinbauten erhalten, die teilweise von Professoren bewohnt wurden. Als Beispiel seien die *Häuser Kornstraße 13, Kybitzstraße 13* und *Ziegenmarkt 7* erwähnt.

Die *Walpurgiskirche* hinter dem Ziegenmarkt enthält neben der Kanzel des späten 17. Jhs. drei bedeutende Altäre. Zwei Nebenaltäre sind spätgotisch (Anfang 15. Jh. der Verkündigungsaltar, Anfang 16. Jh. der Altar mit der Madonna und den Patronen der Schustergilde, St. Crispin und St. Crispinian), der Hochaltar entstand 1679. Von der mittelalterlichen Stadtbefestigung ist außer Mauerteilen der *Hausmannsturm* im Westen der Neumärker Straße stehengeblieben. Erhaltene Tortürme gibt es in Norddeutschland sonst besonders selten.

Das *Augustinerchorfrauenstift Marienberg* liegt am Braunschweiger Tor im Westen vor den Toren der Altstadt. Nach 1174 gründete Abt Wolfram von Werden und Helmstedt, der Stadtherr und Abt des Ludgeriklosters, das Augustinerchorfrauenstift Marienberg, das von Steterburg aus besetzt wurde. Es wird vermutet, daß die Stiftsgründung aus Opposition zu Heinrich dem Löwen erfolgte, mit dessen Hauptgegner, dem Pfalzgrafen zu Sommerschenburg, sich die Abtei verbündet hatte. Das Gebiet zwischen Stift und Stadt stand unter

Augustiner-Chorfrauenstift Marienberg, Längsschnitt der Kirche

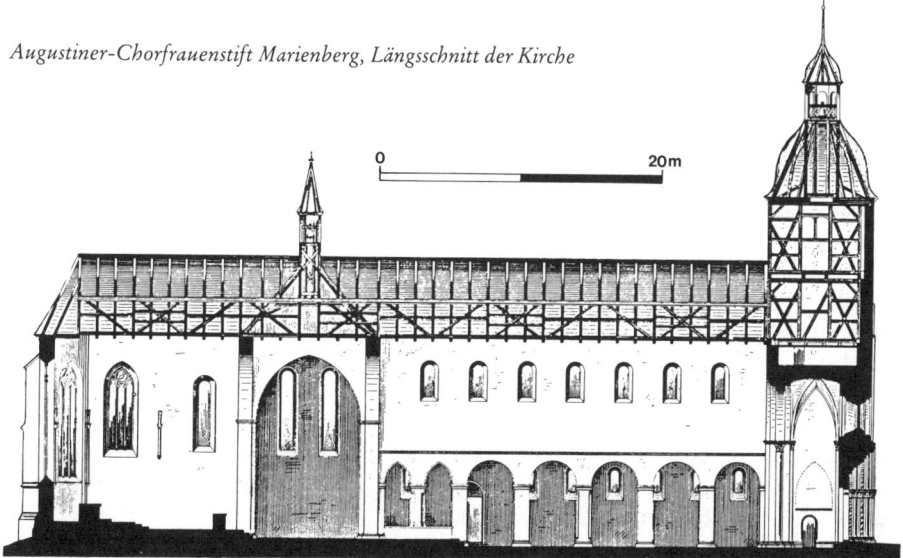

Einfluß der Braunschweiger Herzöge, die hier im 13. Jh. die Siedlung Neumark(t) anlegten. Seit der Reformation (1569) ist Marienberg ein evangelisches Damenstift. Mit dem Kirchenbau wurde unmittelbar nach der Stiftsgründung begonnen. Die Ostteile waren so schnell fertiggestellt, daß der 1183 verstorbene Abt hier bereits beigesetzt werden konnte. Die Hauptweihe ist jedoch erst für das Jahr 1256 überliefert, obwohl der Kirchenbau zu diesem Zeitpunkt angeblich noch nicht vollendet war. Die kreuzförmige Basilika sollte einen Westriegel mit zwei Turmhelmen erhalten, die jedoch nicht fertiggestellt wurden. Das flachgedeckte Langhaus umfaßt sieben Arkaden, deren beide östliche kürzer als die übrigen sind; sie haben zu dem durch einen Lettner abgeschlossenen inneren Chorbereich gehört und ruhen auf einem achteckigen Pfeilerpaar. Das Querhaus schließt in zwei Nebenapsiden sowie dem Hauptchor ab, der Ende des 15. Jhs. einen polygonalen Chorschluß erhielt. Die bei diesem Umbau geplante Einwölbung wurde nicht mehr verwirklicht, gewölbt ist lediglich der Unterbau des Turmjoches. Die Turmkapellen sind mit figürlichen Wandmalereien aus dem Marienleben, Bildern des späten 13. Jhs., ausgestattet. Zur spätgotischen Ausstattung gehören ein Schnitzaltar mit der Madonna und Heiligenstatuen zu ihrer Seite sowie das Sakramentshaus, 1494 datiert. Die 1983 eingerichtete Schatzkammer des Klosters enthält eine bemerkenswerte Sammlung mittelalterlicher liturgischer Gewänder, sogenannte Paramente, die bis auf das 13. Jh. zurückgehen. Im 19. Jh. wurde eine Paramentenwerkstatt eingerichtet, die seit 1863 Antependien genannte Altarbehänge herstellt. Die Konventsgebäude nördlich der Kirche sind nach Abbrüchen und Neubauten im 19. Jh. nur noch fragmentarisch erhalten, allein der Westflügel des Kreuzganges geht noch auf die Zeit um 1200 zurück. Das frühere *Pförtnerhaus*, Klosterstraße 12, ein mit Kniestock versehenes Fachwerkgebäude, wurde 1902 unter Verwendung einer Fachwerkschwelle von 1498 erbaut.

Im Jahre 1138 gründete man das **Zisterzienserkloster Mariental** weit vor der Stadt Helmstedt in einem Tal des Lappwaldes (Abb. 30). Stifter war der Pfalzgraf von Sommerschenburg. Für das Jahr 1146 kann bereits eine Weihe nachgewiesen werden, bei der der östliche Teil des Kirchengebäudes vollendet gewesen sein muß. An der Kirche wird bei einer insgesamt klaren und straffen Gliederung die zisterziensische Kargheit deutlich. Außen ist lediglich das Untergeschoß der Westseite durch Lisenen und Rundbögen gegliedert, im übrigen beherrscht die reine Mauerfläche (ursprünglich sicher geschlämmt) die Gesamterscheinung. Der basilikale Querschnitt zeichnet sich an der Westfassade ab, die möglicherweise mit einer Vorhalle hatte versehen werden sollen. Allein der Ostbau zeigt stärkere Veränderungsspuren, insbesondere wurde im Chor ein hohes spitzbogiges Fenster eingebrochen. Zudem gab es Nebenchöre am Querhaus, die später durch einen quadratischen vierjochigen Anbau im Norden und einen Chor mit Apsis im Süden ersetzt bzw. ergänzt wurden. Die Fundamente dieser inzwischen wieder verschwundenen Bauteile wurden neben dem heutigen Rechteckchor ausgegraben. Die Obergadenfenster in Hauptchor und Querhaus sind rundbogig. Das Mauerwerk, in dem sie sitzen, springt gegenüber dem unteren Wandbereich geringfügig zurück. Man hat es hier mit einer dreischiffigen, kreuzförmigen Basilika zu tun, deren acht Langhausarkaden auf einfachen quadratischen Pfeilern ruhen. Einziger Schmuck sind die

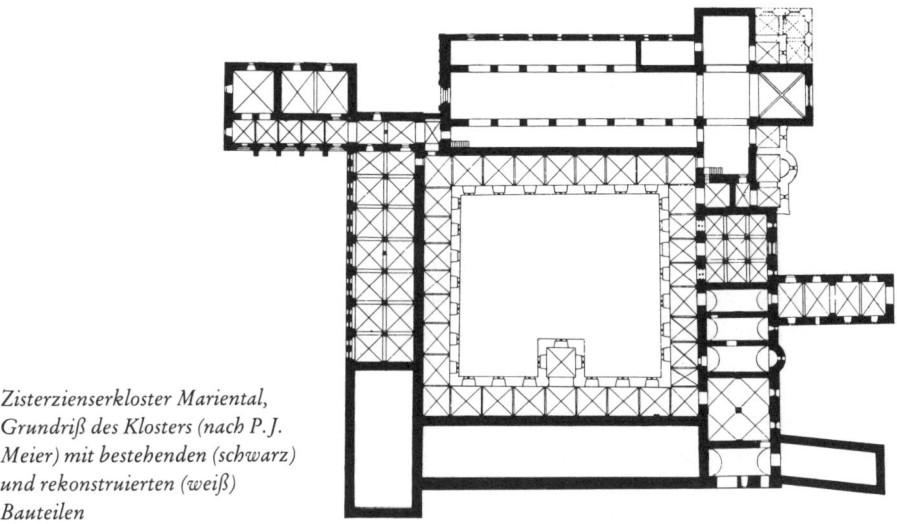

Zisterzienserkloster Mariental, Grundriß des Klosters (nach P.J. Meier) mit bestehenden (schwarz) und rekonstruierten (weiß) Bauteilen

unterschiedlich stark profilierten Basen und Kämpfer. Lang- und Querhaus sind flach gedeckt, nur der Chor hat ein, Ende des 12. Jhs. umgebautes Kreuzgewölbe mit breiten Bandrippen.

Von den Klausurgebäuden stehen noch alle vier Flügel, die Arkaden des Kreuzgangs wurden allerdings 1835 abgebrochen. Südlich am Querhaus ist der Kapitelsaalbau angefügt. Im Innern hat er neun Kreuzgewölbe über vier Säulen mit Würfelkapitellen, nach außen weist ein Kreuzstockfenster. Von den drei sich anschließenden schmalen tonnengewölbten Räumen war der südliche früher die Abtkapelle. Die vierjochige nach Osten angefügte von Bartenslebensche Kapelle gehört dagegen erst in das 13. Jh. Sie hat im Obergeschoß schmale spitzbogige sowie rechteckige Fensteröffnungen. Sie ist aus Bruchsteinen errichtet, während der Kapitelsaalbau aus Bruchquadern besteht. Der Westflügel der Klausur aus dem zweiten Viertel des 13. Jhs. enthält das zweischiffige, siebenjochige Laienrefektorium. Die Stützen tragen blattwerkverzierte Kapitelle. Auch der westlich der Kirche vorgelagerte Bau ist mittelalterlich.

Die Straße zwischen Helmstedt und Schöningen (B 244) führt bei Büddenstedt bzw. Esbeck an den tiefen Tagebauterrassen des *Braunkohlereviers zwischen Elm und Lappwald* vorbei, das sich hier beidseits der Grenze erstreckt. Der trapezförmige Marktplatz des 748 erstmals erwähnten Ortes **Schöningen,** der wegen seiner Lage an der Verbindungsstraße zwischen der Pfalz Werla (nahe Goslar) und Magdeburg auch häufiger von deutschen Kaisern und Königen besucht worden ist, wird im Osten durch das ehemalige Rathaus von der evangelischen *Kirche St. Vincenz* abgeschirmt. Sie ist eine spätgotische Hallenkirche aus den Jahren 1429 bis 1460, deren Westturm von einem Bau des 13. Jhs. übernommen wurde. Nach

RUND UM DEN ELM UND HELMSTEDT

Beschädigungen, besonders bei einem Stadtbrand 1644, wurde die Kirche wiederhergestellt und mit einer neuen Ausstattung versehen. Bei den Erneuerungen war Herzogin Anna Sophia von Braunschweig, die hier ihren Witwensitz hatte, treibende Kraft. Zur neuen Ausstattung gehören Altar (1647), Kanzel (1652), Taufstein, Orgel und Emporen (1658), mit Malereien von Joachim Siegfried und Brand Oelmann versehen.

Das *ehemalige Rathaus* ist ein dreigeschossiger Putzbau mit einem flachen Dreiecksgiebel. Daneben steht das *Anna-Sophianeum*, das 1593 zunächst als Bürgerhaus mit aufwendigem Renaissanceportal und Utlucht errichtet und 1639 auf Geheiß der Herzogin Anna Sophia erworben und zur Lateinschule umgewandelt wurde. Damals entstand die Ohrmuschelkartusche über dem Portal. Sie enthält das Wappen der Herzogin und ist durch eine kleine Fides-Statue bekrönt. Hangaufwärts weitet sich der Platz zum Burgplatz. Den Platz schließt ein barocker Verwaltungsbau (*Amtsgericht*, 1767) mit dreigeschossigem Mittelrisalit ab. Die *Burg* selbst ist ein Baukomplex aus vier unregelmäßig um einen Hof gruppierten Flügeln. Der Hauptbau dürfte dabei der Südflügel gewesen sein, der sich zweigeschossig über einem hohen Sockel erhebt und durch ein Renaissanceportal mit frühbarockem Knorpelaufsatz zugänglich war. Im Mauerwerk hat sich allerdings noch ältere Substanz erhalten. Nord- und Westflügel gehören der Zeit um 1600 an. Ihre einfachen Bauformen kennzeichnen sie als untergeordnete Flügel. Der Ostflügel enthält auf der Außenseite noch zwei im Grundriß quadratische spätmittelalterliche Flankentürme; im übrigen wurde er erst 1910 als historistisches Wohnhaus mit Renaissanceelementen aufgeführt.

Zur ehemaligen Augustinerchorherrenkirche, der jetzigen evangelischen *Pfarrkirche St. Lorenz* gelangt man weiter aufwärts über die Westendorfstr., in der noch einige Fachwerk-

Schöningen, Längsschnitt der Pfarrkirche St. Lorenz

häuser des 16. bis 18. Jhs. stehen, darunter das sehr breite klassizistische *Haus Nr. 11–15* mit flachem Fachwerkgiebel. Die *ehemalige Augustinerkirche* liegt oberhalb der Altstadt in der Klosterfreiheit. Seit 983 war hier ein Kanonissenstift angesiedelt, das sich zuvor in Calbe an der Milde befunden hatte, wegen des Slawenaufstandes 983 aber nach Westen zurückverlegt werden mußte. 1120 gründete der Halberstädter Bischof Reinhard das Augustinerchorherrenstift, das wirtschaftlich vor allem durch eine zugehörige Saline florierte. Schon der Blick auf die Ostseite des kreuzförmigen Baus macht Beziehungen zur ehemaligen Klosterkirche in Königslutter deutlich, obwohl es sich hier in Schöningen um eine Kirche mit zwei Chorflankentürmen handelt und die Gesamterscheinung der Ostseite eher einer Doppelturmfassade gleicht. Die Ostapsis jedoch verweist mit der Profilierung der Lisenen, die unter den Fenstern in einen Rundbogenfries übergehen und zwischen den Fenstern nur noch dünne Halbsäulchen belassen, auf Königslutter. Das Querhaus hat ein rundbogiges Portal und eingestellte Säulchen, von einer tief profilierten Rahmung eingefaßt. Dieser Kirchenteil wurde nach 1120 begonnen, um 1160/80 jedoch verändert. Das einschiffige Langhaus ist bis 1492 gotisch erneuert oder überhaupt erst hinzugefügt worden.

Das *Schloß* in **Sambleben** (östlich Schöppenstedts) ist ein zweigeschossiger, vierflügeliger, im Hof mit rundbogigen Arkaden versehener Barockbau, der 1701 von Baumeister Hermann Korb errichtet wurde.

Der Kirchturm der evangelischen Kirche *St. Stephan* in **Schöppenstedt** ist für die Landschaft ebenso beherrschend wie der Kirchturm der *Marienkirche*, die im östlichen Vorort **Küblingen** steht und nach 1291 wegen eines Marienbildes zum Wallfahrtsort wurde. Die Marienkirche entstand im ersten Viertel des 14. Jhs., ihre Ausstattung zumeist im 18. Jh. Der mächtige Westturm der Stephanskirche in Schöppenstedt wurde im 12. Jh. aus Kalkstein-Quadermauerwerk erbaut. Das Langhaus entstammt den Jahren zwischen 1730 und 1740; 1967 wurde der ursprüngliche Kanzelaltar entfernt. Die Fachwerkhäuser des Städtchens, das einst wegen der schiffbaren Altenau und der sich kreuzenden Fernverkehrsstraßen eine gewisse Bedeutung besaß und bis auf das achte Jh. zurückgeht, gehören zumeist dem 18. und 19. Jh. an. Unmittelbar neben St. Stephan steht das *Haus An der Kirche 5* von 1612, mit einem massiven seitlichen Teil, der um 1600 entstand.

Eine Besichtigung von **Lucklum** (Erkerode, Kreis Wolfenbüttel) mag die Rundfahrt um den Elm abschließen. Es war zunächst das Domizil eines Halberstädter Archidiakonats, bevor 1275 der Deutsche Orden den Sitz der sogenannten Ballei, des Verwaltungsbezirks Sachsen, hierher verlegte, nachdem er in den Jahren zuvor Besitztümer um Lucklum erworben hatte. Die *Dorfkirche* wurde in eine Ordenskirche umgewandelt und ein Klausurgebäude angefügt, das einen rechteckigen Innenhof einschloß. Der Saalkirche ist ein Westriegel vorgelagert, der an der Nordseite mit Lisenen gegliedert ist. Das Langhaus mit einem dem Westbau entsprechenden Sockelprofil besitzt im Erdgeschoß spätbarocke Rundfenster und im Obergeschoß romanische Fensteröffnungen. Der Saal wird durch eine flache Holzdecke mit einzelnen Feldern zwischen Unterzügen und Querbalken abgedeckt und hat an der Nord- und Westseite eine Empore mit bemalten Brüstungstafeln. Die Empore ruht auf marmorierend bemalten Säulen. Im Erdgeschoß gibt es ebenfalls noch ein festes Gestühl mit geschlossenen Vordertafeln und Bemalungen.

Die gesamte Ausmalung stellt mit 153 ›emblematischen‹ Darstellungen eine große Besonderheit dar. Selbst an der Kanzel wurde auf die sonst gewohnten Darstellungen von Christus und den Evangelisten verzichtet. Die Emblematik kam im frühen 16. Jh. auf und verbreitete sich überwiegend in katholischen Ländern. Man produzierte zahlreiche Bücher, die teilweise direkt als Vorlagen dienten. Ein Emblem setzt sich aus drei Teilen zusammen, dem eigentlichen Bild, einem Motto und einer erklärenden Unterschrift. Die Vorlagen der emblematischen Ausmalung in Lucklum wurden vor allem den Büchern des Benediktinermönchs Picinelli (Mailand 1653, Amsterdam 1705), des Joh. Arndt (Celle), J. Camerarius (Nürnberg 1590–1604), Typotius (dt. Ausgabe in Wolfenbüttel gedruckt) und des Rollenhagen (Arnheim 1611) entnommen. Für fast alle literarischen Quellen wurde nachgewiesen, daß sie sich seinerzeit im Besitz der Wolfenbütteler bzw. Salzdahlumer Bibliothek befanden. – Charakteristisch ist die Verwendung einzelner Gegenstände als Bildmotiv. Die Unterschriften sind jedoch nicht so ausführlich, daß sie bereits das Bild erläutern, so daß es zum Verständnis der Interpretation (des Predigers) bedurfte.

Der östlich an die Kirche angefügte Bauteil zeigt verputztes Fachwerk, vermutlich noch aus dem 16. Jh., das im 18. Jh. zusammen mit der Kirche erneuert wurde. Die Kernanlage des Deutschordenshofes ist noch als geschlossene rechtwinklige Vierflügelanlage erhalten. Der Süd- und der Ostflügel sind zweigeschossig, während der Westflügel als Torflügel und der Ostflügel als Durchgangsbau zu den Wirtschaftsbauten dreigeschossig errichtet wurden.

Der Name **Wolfenbüttel** erscheint erstmals 1118. An der Stelle einer Burg, die von einem lokalen Adelsgeschlecht gegründet worden war, errichteten Welfen 1283 eine Residenz, nachdem die Welfenherzöge 1255 Wolfenbüttel hatten erobern können. Die Burg ist heute nur noch in der Anlage des Schlosses überliefert. Als Residenz einer welfischen Linie gewann Wolfenbüttel ab 1432 an Bedeutung, die vor allem aber in der zweiten Hälfte des 16. Jhs. noch zunahm. Herzog Julius, der nach vorausgegangenen Auseinandersetzungen mit hessischen Besatzungstruppen während des Schmalkaldischen Krieges 1553 den protestantischen Glauben in Wolfenbüttel einführte, baute Schloß, Festung und die Stadt selbst aus. Sein Nachfolger Heinrich Julius setzte ab 1589 die Bautätigkeit wesentlich fort. Für 200 Jahre wurde Wolfenbüttel Mittelpunkt des politischen und kulturellen Lebens im südlichen Niedersachsen. In diese Zeit fällt auch die Gründung der Herzog-August-Bibliothek (August d. J. regierte 1635–66). Erst 1753/54 wurde die Residenz nach Braunschweig (zurück-) verlegt.

Unmittelbar östlich des Schlosses bestand ursprünglich eine kleine dörfliche Besiedlung *(Dammsiedlung)*. Sie bildete den Ausgangspunkt der städtischen Entwicklung. Östlich des Dammes ließ Herzog Heinrich d. J. (1514–68) eine Neustadt, die sogenannte *Heinrichstadt*, mit der zentralen Marienkirche (später Hauptkirche Beatae Mariae Virginis) nach einem regelmäßigen Renaissanceschema anlegen. Um 1570 erhielt diese Siedlung Stadtrechte. Das östliche Haupttor, das Kaisertor des niederländischen Architekten Hans Vredeman de

Vries, wurde in das spätere Bauwerk der Trinitatiskirche integriert. Ab Mitte des 17. Jhs. entstand die westliche Stadterweiterung mit der Johannispfarrkirche. 100 Jahre später, nachdem Wolfenbüttel nicht mehr Sitz der Residenz war und der Ort zur Kleinstadt abzusinken begann, schlossen sich die Stadtteile zu einer einzigen Stadt zusammen.

Um den *Schloßplatz* sind die wichtigsten Profangebäude gruppiert, im Norden das Zeughaus und das Lessinghaus, dahinter die Herzog-August-Bibliothek, im Südosten das Schloß selbst (Farbabb. 11). Im heutigen *Schloß* stecken mittelalterliche Gebäudeteile, die beim ersten durchgreifenden Umbau in der zweiten Hälfte des 16. Jhs. bewahrt blieben und noch an die vorausgegangene Burg des 12. Jhs. erinnern. Zu jener Zeit waren die Schäden des Schmalkaldischen Krieges zu beheben. Die Baumaßnahmen setzten sich in einzelnen Schritten bis in das frühe 17. Jh. fort. Das Ergebnis war keineswegs ein großartiges Renaissancepalais, wohl aber ein für die Epoche der Renaissance sehr typisches Schloß, bei dem die mittelalterlichen Flügel dem zeitgemäßen Stilgeschmack angepaßt wurden. Ein Stich von M. Merian (1654) vermittelt einen Eindruck, wie das Schloß mit der sehr repräsentativen Schloßkapelle (nicht erhalten) und dem Hausmannsturm vor der Ostfassade ausgesehen hat, bevor der Turm von jüngeren Teilen des Ostflügels ummantelt wurde. Gegen Ende des Dreißigjährigen Krieges erhielt der Schloßhof eine neue Fassade mit Rundbogenarkaden in zwei Geschossen. 1690–97 wurden die Arkaden im ersten Obergeschoß geschlossen und ein zweites Obergeschoß wurde aufgesetzt. Um 1714–16 entstanden auch die Ummantelungen, die das Schloß des 16. Jhs. allmählich barock ›verpackten‹. Baumeister war H. Korb. Die Vorbauten wie auch die Hoffassaden konstruierte man aus Fachwerk, das lediglich dünn

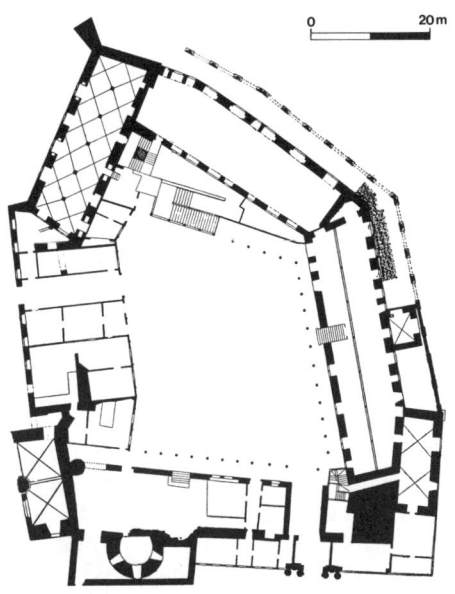

Wolfenbüttel, Grundriß des Schlosses (Erdgeschoß)

überschlämmt wurde und dadurch im äußeren Gesamteindruck massiv erscheint. Die Umbauten nutzte man ferner dazu, Flure, Gänge sowie ein geräumiges zweiläufiges Treppenhaus einzubauen – alles Elemente, die der mittelalterlichen Burg fremd waren. Die Gesamtanlage ist um einen viereckigen, schiefwinkligen Hof angeordnet. Die Außenseiten sind polygonal. Das barocke Portal befindet sich im nördlichen Teil des stadtseitigen Ostflügels. Dieser Bauteil hat für sich genommen eine symmetrische Gliederung. Hinter der Fassade steht u. a. auch der Hausmannsturm, der seine heutige Gestalt 1614 wohl durch P. Francke erhielt, jedoch einen Vorgänger gehabt haben dürfte. In den Räumen des gewinkelten Nordflügels ist ein Museum eingerichtet worden. Mobiliar, Gobelins, Gemälde, Stukkaturen, Öfen und Plastiken vermitteln den Eindruck einer vergleichsweise typischen feudalen Barockausstattung. Denkmalpflegerisch interessant, wenn auch nicht unumstritten, ist der Venussaal, dessen bemalte Barockdecke 1972 aus dem abgebrochenen Gutshaus Groß-Schwülper hierher übertragen wurde.

Das 1613–19 wohl von Paul Francke erbaute *Zeughaus* (Abb. 32) ist ein langgestreckter zweigeschossiger Bau, dessen drei breiten Zwerchhäuser durchbrochene Voluten haben. Das Hauptportal mit rustizierenden Quadern weist manieristische Züge auf, wie sie sich deutlich in der Kirche Beatae Mariae Virginis) wiederfinden lassen. Das Zeughaus beherbergt heute Teile der Herzog-August-Bibliothek. Das benachbarte *Fachwerkhaus* wurde 1659–62 als Lagerhaus errichtet. – Das *Lessinghaus* (Abb. 33), eine kleine, um 1735 erbaute Dreiflügelanlage nahe dem Schloß, bewohnte G. E. Lessing von 1777 bis 1781. Diesem Umstand verdankt das dünn verputzte Fachwerkhaus seinen Namen und seine heutige Nutzung als Literaturmuseum. Lessing war seit 1770 Direktor der Bibliothek. Das hinter dem Lessinghaus gelegene *Hauptgebäude der Herzog-August-Bibliothek* entstand 1882–86. Die herzoglichen Kreisbaumeister C. Müller und G. Bohnsack lieferten die Pläne. Der Vorgängerbau war 1706–10 von Baumeister Hermann Korb errichtet worden. Es handelte sich um einen überkuppelten, querovalen Zentralraum. Dieser überaus bedeutende Bibliotheksbau wurde 1887 abgebrochen. Die *Häuser Schloßplatz 15–19* bilden eine frühe Baugruppe des ursprünglich kleinräumigen Schloßplatzes. Die *Häuser 15* und *16* gehören im Kern dem 16. Jh. an, das Baugefüge des *Hauses Nr. 16* ist jedoch im Grunde spätmittelalterlich.

Als westliche Vorstadt wurde unter Herzog August ab 1652 die aus einer breiten Hauptstraße (Dr.-Heinrich-Jasper-Straße) und zwei Parallelstraßen bestehende *Auguststadt* angelegt. 1661–64 entstand die *Pfarrkirche St. Johannis* als ›dreischiffiger‹ Fachwerkbau. Das Mittelschiff ist durch eine stuckierte Holztonne überwölbt, die von zweigeschossigen Stützen getragen wird. Diese teilen die mit Emporen versehenen Seitenschiffe ab. Der mit Stukkaturen verzierte Chor (Christus, Johannes d. T.) ist 1684 datiert. Die Ausstattung stellte Herzog August aus seinem Besitz zur Verfügung. Der Altar wurde 1590 von Hans Vredeman de Vries entworfen, das Altarbild schuf um 1610 wohl Christoph Gertner. Der Kanzel aus dem Jahr 1595 dient die Darstellung des gehörnten Moses als Fuß. Das sechseckige Taufbecken mit vier gemalten Evangelisten am Fuß, stammt von 1598, der Orgelprospekt wird auf 1593 datiert. Zu den älteren Bauten der Augustvorstadt gehört auch das

31 WOLFENBÜTTEL Hauptkirche Beatae Mariae Virginis
◁ 30 MARIENTHAL bei Helmstedt Nordseite der Klosterkirche

32 WOLFENBÜTTEL Zeughaus

33 WOLFENBÜTTEL Lessinghaus

34 HORNBURG Straßenbild ▷

36 HILDESHEIM Bernwards-Türen im Dom

37 HILDESHEIM St. Michael, westl. Querhaus, Chorschranke von Norden, Detail: St. Benedikt

38 HILDESHEIM St. Michael, westl. Querhaus, Chorschranke von Norden, Detail: St. Johannes u. St. Bernward

35 HILDESHEIM St. Michael, Querhaus-Arkaden

39 GOSLAR Grauhof, Klosterkirche

40 GOSLAR Steinwerk in der Schreiberstraße

41 HILDESHEIM Rathaus und Marktbrunnen

42　GOSLAR　Apsis der Neuwerkkirche

44 GOSLAR-RIECHENBERG   Krypta der ehemaligen Klosterkirche
43 GOSLAR   Domvorhalle
45 HAHNENKLEE   Stabkirche

46 Windhausen am Harz Fachwerkkirche
48 Clausthal (Clausthal-Zellerfeld) Pfarrkirche Zum Heiligen Geist
47 Clausthal (Clausthal-Zellerfeld) Pfarrkirche Zum Heiligen Geist

49 ST. ANDREASBERG   Grube Samson, Tonnenförderung und Einstieg im Gaipel
50 ST. ANDREASBERG   Grube Samson, ›Fahrkunst‹ (in 180 m Tiefe)
51 ST. ANDREASBERG   Grube Samson, Kehrrad

52 CLAUSTHAL (Clausthal-Zellerfeld) Oberbergamt

53 WALKENRIED Kreuzgang des ehemaligen Zisterzienserklosters ▷

Waisenhaus, Dr.-Heinrich-Jasper-Str. 22, 1698–1704 von Baumeister Hermann Korb errichtet. Das Nachbarhaus ist ein Fachwerkbau aus der Gründungsphase der Vorstadt. Östlich des Schlosses befindet sich die *Heinrichstadt*. Der historisch wichtigste Stadtteil Wolfenbüttels wurde weitgehend auf rechtwinkligem Plan angelegt. In diesem Viertel ist die frühneuzeitliche Fachwerkstadt noch vergleichsweise gut erhalten und mit ihren Häusern ein lohnendes Ziel für kleine Spaziergänge. Ein erheblicher Teil der Häuser zeigt Gestaltungen der Spätrenaissance und des Frühbarocks, die in Fachwerkformen übersetzt sind; gelegentlich konnten alte Farbfassungen freigelegt werden. Das winkelförmig angelegte *Fachwerk-Rathaus* war ursprünglich ein 1599 errichtetes Wohnhaus, das 1602 als Rathaus umgenutzt und 1609 um den Südflügel mit dem Waaghaus erweitert wurde.

Im Zentrum der Heinrichstadt steht die evangelische *Hauptkirche Beatae Mariae Virginis* (Marienkirche) (Abb. 31), die zu den bedeutendsten Leistungen der späten Renaissance in Niedersachsen zählt. Die Pläne des von einem Gremium geleiteten Baus schuf Paul Francke. Als Bauherr der Kirche traten die Gemeinde und der Herzog selbst auf. In der äußeren Form knüpft die Kirche an die Tradition gotischer Stadtkirchen an, von denen namentlich diejenigen Braunschweigs als Vorbild dienten. Im Gegensatz zu diesen verfügt die Beatae-Mariae-Virginis-Kirche nur über einen Westturm. Die Seitenschiffe des fünfjochigen Langhauses sind übergiebelt, das von Nebenräumen begleitete Chorjoch schließt polygonal. Die Gewölbe werden außen durch gliedernde Strebepfeiler abgestützt. An der Stelle einer mehrfach erweiterten Marienkapelle wurde 1608 der Bau der Pfarrkirche begonnen. 1613 waren die Ostteile mit der herzoglichen Grablege, 1615 weitgehend das Langhaus und 1616 die unteren Teile der Westfassade vollendet. 1621 hatte man den inneren Westbau fertiggestellt und errichtete 1625 ein Notdach auf dem Turm, so daß 1626 dieser frühe große protestantische Pfarrkirchenbau weitestgehend vollendet war, als Wolfenbüttel in das Kampfgeschehen des Dreißigjährigen Krieges einbezogen wurde. – Nach 1643 schloß man die Arbeiten am Westportal ab und führte 1750 den Aufbau des Turmhelmes als Ersatz für den von Francke geplanten, aber nicht mehr gebauten achteckigen Turmaufsatz mit Helm aus.

Reich und höchst bedeutend ist die Bauplastik. 800 plastische Quader mit Reliefs von Fabelwesen, Tieren, christlichen und christlich-mythologischen Gestalten sowie Ornamenten verzieren den Bau. Mehr als 250 Engelsköpfe, Masken, Bildnisse und Ornamentsteine dekorieren die Maßwerkfenster und das Innere. Zusätzlich befinden sich u. a. 36 Großplastiken an den elf alten Giebeln. Auf den Strebepfeilern stehen die Statuen der zwölf Apostel, im Westen Petrus und Paulus, am Chor die vier Evangelisten. An den Giebeln der Nordseite sind u. a. die personifizierten Tugenden dargestellt. Die Südseite zeigt Heiligenstatuen auf ihren Giebeln (Katharina, Dorothea, Margarethe, Christina), eine für protestantische Kirchen recht ungewöhnliche Darstellungsgruppe. Die Turmkanten und Maßwerkfenster enthalten bossierte Steine mit stilistisch sehr eigentümlichen Knorpelstilreliefs. Bezüge zur niederländischen Kunst, die für die Giebel glaubhaft gemacht werden konnten und durch die Anwesenheit Hans Vredeman de Vries während der Bauarbeiten naheliegen, sind auch für diese Werke anzunehmen. Die Westseite des Westturms ist mit jeweils 70 Reliefsteinen versehen. Hier finden sich nach W. Kelsch Fabelwesen, emblematische Tier-

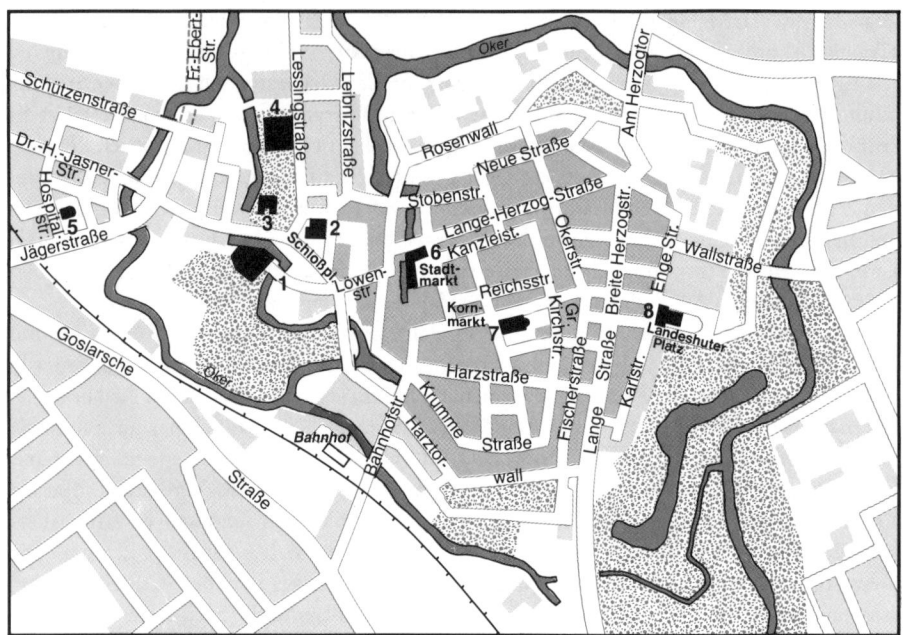

Wolfenbüttel 1 Schloß 2 Zeughaus und Proviantboden 3 Lessinghaus 4 Herzog-August-Bibliothek 5 Johanniskirche 6 Rathaus 7 Hauptkirche Beatae Mariae Virginis 8 Trinitatiskirche

darstellungen sowie christliche und biblische Abbildungen wie die des Kranichs oder des Hasen (Sinnbilder der christlichen Seele in verschiedenen Bedeutungszusammenhängen). Ferner sind Drachen, menschliche Masken und Tierbilder zu betrachten. Die Auferstehung Christi symbolisieren der Walfisch mit Jonas und der Phönix in den Flammen, der auch sonst bei protestantischen Kirchen ein beliebtes Motiv ist. Dies gilt ebenso für den Pelikan, der mit eigenem Blut seine Jungen am Leben erhält. An anderer Stelle sind zumeist Putten dargestellt, u. a. mit Totenschädel sowie mit umgestürzter Fackel. Diese Bildwerke weisen auf die Funktion der Kirche hin: Wie schon der Vorgängerbau war sie herzogliche Grablege. Stilistische Vorlagen und deren Wirkungen sind noch nicht bis in alle Einzelheiten erforscht. Mehr zufällig mag die stilistische Nähe der Bildwerke zu einer 1631 in Marburg in einer Professorenvilla (Mainzer Gasse) entstandenen Stuckdecke sein, die ähnliche Motive und verwandte (jedoch stark vereinfachte) Gestaltungsmerkmale aufweist. Das Innere der dreischiffigen Hallenkirche weicht nur in den Proportionen und den Einzelformen von denen der Gotik ab und macht damit die zeitliche Verwandtschaft zur Stadtkirche in Bückeburg deutlich, an der man sich beim Bau orientiert hatte (s. S. 324). Achteckige Pfeiler mit hohen Sockeln, Schaftringen und ornamentalen quadratischen Kapitellen tragen breite Scheidbögen sowie schlanke Gurtbögen und Rippen. Im ersten Entwurf hatte Francke allerdings schlankere konische Pfeiler mit quadratischem Querschnitt sowie Gurtrippen vorgesehen.

Der Hochaltar des Freiberger Bildhauers Bernhard Ditterich war 1618 für eine evangelische Kirche in Prag geplant. Der Beginn des Dreißigjährigen Krieges verhinderte die Aufstellung. Dadurch wurde 1632 der Erwerb des Hochaltars möglich, an dem Ditterich noch einige Veränderungen vornahm. Der Aufbau unterscheidet sich nicht grundsätzlich von denen großer protestantischer Altäre der Nachbarorte, er ist aber architektonisch großzügiger angelegt. Das zentrale Bild zeigt den Gekreuzigten zwischen Maria und Johannes, darunter sind das Abendmahl, seitlich Christus am Ölberg und der Schmerzensmann, oben die Kreuzabnahme und im Gesprenge die Grablege Christi dargestellt. Die Statue des Auferstandenen bekrönt den Altar. Eine Verbindungslinie zwischen Wolfenbüttel und Prag läßt sich über den sächsischen Hofarchitekten J. M. Nosseni ziehen, der 1585–94 in Freiberg, der Heimatstadt Ditterichs, eine Grablege für die protestantischen Fürsten an die Kirche angebaut hatte und 1612 auf Bitten von Herzog Heinrich Julius in Prag weilte, um ein Gutachten für den Altar in der Wolfenbütteler Kirche zu erstellen. Nosseni begegnen wir – direkter und deutlicher – als Planer des Stadthagener Mausoleums wieder (s. S. 315). Die Figuren lassen Beziehungen zu Hans von Achen und Adriaen de Vries erkennen, letzterer wurde ebenfalls in Stadthagen beschäftigt.

Unter dem Chor befinden sich die Gruft und die Grablege der Herzöge. 29 Särge mit den sterblichen Überresten der Herzöge Heinrich Julius, August, Friedrich Ulrich, Anton Ulrich und August Wilhelm sowie ihrer Angehörigen wurden hier aufgestellt. Die auf der Figur des Moses ruhende Kanzel wurde 1619–23 von Georg Steyger (Quedlinburg) hergestellt. An Korb und Aufgang stehen Apostelstatuen; die Reliefs zeigen die Verkündigung, Anbetung des Kindes, Kreuzigung, Kreuzabnahme, Grablegung, Höllenfahrt Christi, Predigt Johannes des Täufers, Taufe Christi, Vision des Hesekiel, das Jüngste Gericht und den Seher Johannes' vor dem himmlischen Jerusalem. Die Orgel mit dem Prospekt von Georg Huebsch und Friedrich Greiß schuf 1619–23 der Orgelbauer Gottfried Fritzsche aus Dres-

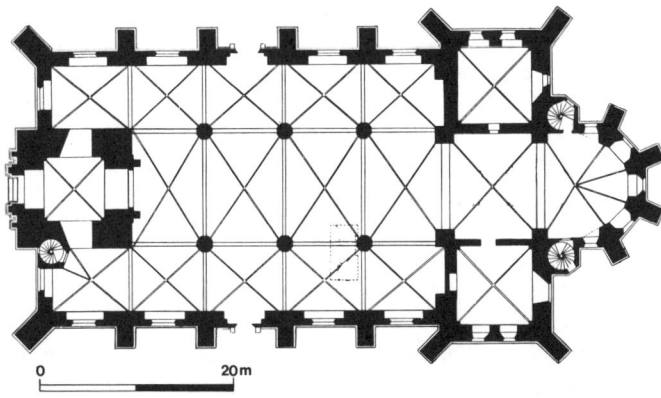

Wolfenbüttel, Grundriß der Hauptkirche Beatae Mariae Virginis

Wolfenbüttel, Pfeilerkapitell in der Hauptkirche Beatae Mariae Virginis

den. Der auf einen Mittelgiebel hin konzipierte Prospekt mit Ohren und Schnitzwerk im Knorpelstil steht noch unter dem Eindruck der Renaissance. Das Taufbecken aus Messing wurde 1571 von Cort Mente (er schuf auch eine der Glocken) gegossen; dargestellt sind u. a. die Taufe Christi sowie die Geschichte des Saulus. – Ein Tafelbild des Gekreuzigten malte 1590 Hans Vredeman de Vries.

Die *Trinitatiskirche* (Farbabb. 12) am östlichen Altstadt- (bzw. Festungs-)Rand Wolfenbüttels gehörte in ihrem ursprünglichen Zustand zu den wichtigsten Barockkirchen des südlichen Niederdeutschland. 1589 wurde an dieser Stelle nach Plänen des Vredeman de Vries ein Festungstor erbaut, in dem man 1655 eine Kapelle einfügte, als das Tor nach dem Ende des Dreißigjährigen Krieges bedeutungslos geworden war. 1693 brach man das Tor bis auf das untere Gewölbe ab und errichtete an seiner Stelle eine neue Kirche, die im Jahre 1700 geweiht werden konnte. Diese durch Medaillen bildlich überlieferte Kirche brannte aber bereits 1705 ab und wurde 1716 bis 1722 verändert wiederaufgebaut (Weihe schon 1719). Die Türme erneuerte man bis 1755, dennoch enthalten gerade sie (bis zur Dachtraufe) Teile der ursprünglichen Kirche, von der weiterhin die Grundmauern der Nord-, Ost- und Südseite übriggeblieben sind. Reste des Stadttores aus dem 16. Jh. sind noch mit dem Bogen aus Bossenquadern zwischen Kirche und Sakristei erhalten. – Die Schaufassade wurde außen am stärksten verändert.

Die heutige Fassade hat einen fünfachsigen übergiebelten Mittelteil, der zweigeschossig ist und von Kolossalpilastern gegliedert wird. Die Portalachse in der Mitte wird leicht betont. Hinter dem Portal führen zwei Treppen in das obere Geschoß (ursprünglich das hochliegende Hauptgeschoß). Hinter dieser Treppenanlage befand sich die Kirchenfassade des

17. Jhs. Die seitlichen Türme waren zunächst also stärker als selbständige Bauteile in Erscheinung getreten, erst der Umbau ließ die ursprüngliche Baukonzeption verflachen. Dies gilt nicht nur für die Tiefenwirkung der Fassade, sondern auch für die Dachzone, deren Hauptkuppel und Turmhelme nach dem Brand nicht wiederaufgebaut wurden.

Der Denkmalpfleger Urs Boeck stellt die Kirchenplanung in eine entwicklungsgeschichtliche Reihe, die bei der römischen Kirche S. Agnese in Agone in Rom ansetzt und über Mansarts Pariser Paulinerkloster bis zur Dreifaltigkeitskirche Fischer von Erlachs in Salzburg reicht. Bei so prominenten Vorläuferbauten ist aber zu berücksichtigen, daß der Baumeister in Wolfenbüttel diese Kirchen nicht alle persönlich kennen mußte, wie es im Mittelalter nötig gewesen wäre, sondern ihm Stiche und Architekturbücher zu Hilfe kamen. Der Architekt in Wolfenbüttel war bis 1694 Johann Balthasar Lauterbach, anschließend (auch beim Wiederaufbau) Hermann Korb, der zudem die Immanuelskirche in Hehlen entwarf (s. S. 356). Das Innere der Kirche ist ein von zehn Holzsäulen mit korinthischen Kapitellen umgebener länglicher Zentralraum. Der ursprüngliche Kirchenraum hatte erst oberhalb der heutigen Rechteckfenster des Erdgeschosses angesetzt, dafür aber bis in die Kuppel hinaufgereicht. Zwischen den Säulen sind zwei umlaufende Emporen gespannt. Die Ostseite nimmt der Kanzelaltar ein (Farbabb. 13), der nicht ein Gemälde, sondern das gesprochene ›Wort Gottes‹ in den Mittelpunkt stellt. Er entstand 1754–55 unter Verwendung von Teilen aus dem Jahre 1719. Die Orgel kam 1722 in die Kirche, sie befand sich vorher in Schöningen. Derartige auf die Predigt ausgerichtete protestantische Säle sind zwar letztendlich nur selten verwirklicht worden, nehmen in der Idee der protestantischen Kirche jedoch eine besonders wichtige Stellung ein.

Salzdahlum ist berühmt wegen eines *Schlosses*, das 1688–97 für Herzog Anton Ulrich durch Hermann Korb errichtet, doch schon 1813 wieder abgebrochen wurde, um die Unterhalts-

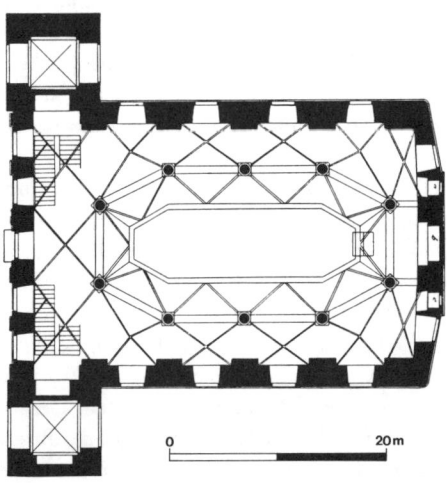

Wolfenbüttel, Grundriß der Trinitatiskirche

kosten für das ungenutzte Schloß einzusparen. Die ausgedehnte hochbarocke Baugruppe umfaßte allein zehn Vor- und Innenhöfe und – je nach Zählung – etwa 20 Gebäudeflügel. Der Anlage diente der französische Schloßbau des frühen 17. Jhs. als Vorbild. Architektonische Bedeutung hatte vor allem das Treppenhaus, das als repräsentativer zentraler Raum neuartig gewesen ist. Die berühmte Bildersammlung des Herzogs war in Salzdahlum in einer Galerie untergebracht, die als erstes baulich selbständiges Museumsgebäude in Deutschland gilt. Ein Teil der Bestände ist heute im Herzog-Anton-Ulrich-Museum in Braunschweig zu sehen. Seitlich des Schlosses befand sich um 1700 ein Wirtschaftshof, der in den Gebäuden des heutigen Gutshofes am Heinebeeksweg Ecke Braunschweiger Straße fortlebt. Das Haupthaus ist zweigeschossig, es hat ein hohes Untergeschoß, ein niedriges Obergeschoß und ein flaches Mezzanin. Die *Kirche* aus einem kreuzförmigen Langhaus und einem quadratischen beherrschenden Westturm mit gekuppelten Schallarkaden datiert vom zweiten Viertel des 13. Jhs. Der Altar, um 1700, zeigt barockes Schnitzwerk.

Die *Kirche* in **Kissenbrück** ist ein kreuzförmiger protestantischer Zentralraum mit zwei Emporen, 1662–64 von Baumeister Anton Reinhard errichtet und nach Beschädigungen 1944 vereinfacht wieder aufgebaut. Bauherr war Erbprinz Rudolf August, der seinen Sitz in dem um 1770 durchgreifend erneuerten Schloß Hedwigsburg hatte.

Um die Jahrtausendwende gründeten zwei Edelfrauen das **Kanonissenstift Heiningen**, das unter Propst Gerhard von Riechenberg 1126 in ein Augustinerchorfrauenstift umgewandelt wurde. Die Klosterkirche besteht seit der Aufhebung des Stifts 1810 als katholische Pfarrkirche weiter. Sie ist eine dreischiffige Basilika des 12. Jhs. mit Stützenwechsel. Die Langhausarkaden ruhen auf kreuzförmigen Pfeilern bzw. Säulen mit Würfelkapitellen, die Doppelarkaden werden von Blendbögen eingefaßt. Querhaus und Chor waren ursprünglich mit drei Apsiden versehen. Die ausgeschiedene Vierung ruht auf Gurtbögen über abgekragten Konsolen. Der Knick zwischen Ostteilen und Langhaus ergibt sich vermutlich aus dem Aufbau des Langhauses auf den Fundamenten des Vorgängerbaus, allerdings sind solche Achsabweichungen selbst bei einheitlicher Errichtung ein häufiger zu beobachtendes Phänomen. Wandmalereien im südlichen Nebenchor gehören dem 13. Jh. an. Während hier nur die Heiligenscheine in Stuck gehalten sind, wurden am südwestlichen Vierungspfeiler die beiden Stifterinnen als Ganzfiguren in Stuck verewigt (Bildwerke des späten 13. Jhs.).

Die Stadt **Hornburg** verdankt ihre Lage unmittelbar westlich der Grenze zur DDR einer Gebietsreform der Kriegsjahre, durch die sie von Brandenburg-Preußen an den Kreis Wolfenbüttel übergegangen war. Die abgeschiedene Lage Hornburgs hat den Ort weitgehend vor der Zerstörung des historischen Stadtbildes durch Neubauten bewahrt und zum Erhalt der gepflasterten Straßen und gepflegten Fachwerkhäuser beigetragen (Abb. 34). Im 15. Jh. wurde das frühere Dorf als Flecken bezeichnet und Ende desselben Jahrhunderts als Stadt anerkannt, ohne daß sich eine Stadtrechtsverleihung an Hornburg nachweisen läßt. In Resten ist eine Stadtmauer erhalten. Dem Fürstbistum Halberstadt diente Hornburg als Stützpunkt zur Verteidigung gegen das Bistum Hildesheim und die welfischen Herzöge. Zu letzteren bestanden aber spätestens im 16. Jh. enge Beziehungen. Der Name der evangelischen *Pfarrkirche*, Beatae Mariae Virginis, ist vertraut: Den gleichen Namen trägt auch die Hauptkirche in Wolfenbüttel. 1614–16, nur wenige Jahre nach Baubeginn in Wolfenbüttel, wurde hier in recht kurzer Zeit die Kirche auf älteren Fundamenten errichtet. Ein Entwurf Paul Franckes wurde nicht verwirklicht; welchen Anteil der Maurermeister Martin Eilenburg auch an der Planung des von ihm geleiteten Kirchenbaus hatte, ist unbekannt. Neben einer gotischen Grundstruktur wird das Erscheinungsbild der dreischiffigen Hallenkirche mit Langhauspfeilern, in Detailformen und Proportionen von der Renaissance bestimmt. Profilierte Gurtbögen trennen die Joche, die auf Konsolen sitzen; anstelle von Scheidbögen wurden die Pfeilerkanten ohne Unterbrechung zu Bögen geformt. Dazwischen sitzen Kreuzgratgewölbe, eine Anordnung, die im Mittelalter gänzlich unbekannt war. Das trifft ebenso auf die runde Form der Bögen wie die Profilierung der Rippen des Chorschlusses zu, der dem Gewölbe nach ein Fünfachtel-Schluß, entsprechend der Wandbildung aber ein Langjoch mit Dreiachtel-Schluß ist. Das Maßwerk weist wiederum runde Bögen auf. Der Turm ist gegenüber dem hohen und breiten Kirchendach gedrungen und überragt es nur mit seiner geschweiften Haube. Altar, Kanzel, Epitaphien und Taufstein sind Ausstattungsstücke der Renaissance. Unmittelbar zum Kirchenneubau gehört der 1617 gestiftete Altar. Der klassizistische szenische Aufbau mit Abendmahl in der Predella, Kreuzigung und Auferstehung ist in einem von Säulen und Pilastern gegliederten Altaraufbau untergebracht. Ornamentales und figürliches Schnitzwerk stehen am Beginn des Knorpelstils, dessen frühe Beispiele schon vor dem Dreißigjährigen Krieg aufkamen, jedoch erst wesentlich später weite Verbreitung fanden. Der Altar wurde 1660 bemalt. Das Schnitzwerk der stilistisch gleichartigen Kanzel von 1616 zeigt jene Mischung von Beschlagwerk und frühem Knorpelwerk, die für manieristische Gestaltungen charakteristisch ist. Säulen, die musizierende Engel tragen, und rundbogige Arkaden gliedern den Aufbau. Sie enthalten Reliefs mit der Opferung Isaaks, der Verkündigung, Christus im Garten Gethsemane und der ehernen Schlange. Der Taufstein auf quadratischem Fuß ist 1581 datiert. Den Orgelprospekt schuf 1715 Jürgen Froböse. Der breitgelagerte Prospekt mit reichen Ornamentgehängen und bekrönenden Engeln zwischen Blumenvasen paßt sich geschickt dem Gewölbebogen an. Das *Alte Rathaus* am Kirchplatz (1744) enthält noch die Gewölbe der ehemaligen Stadtkasse und des Gefängnisses. Eine bis 1113 vorhandene Burg wurde mehrfach zerstört, zuletzt – und besonders nachhaltig – 1645. Ihre Reste rekonstruierte der bekannte Burgenforscher Bodo Ebhardt 1921 zu einem Wohnbau.

Ein Rundgang über Vorwerk, Marktstraße, Pfarrhofstraße, Wasserstraße, Unterpfarrwinkel und Damm führt zu bedeutenden *Fachwerkbauten* namentlich des 16. Jhs. Der allmähliche Übergang des spätmittelalterlichen Gefüges zum neuzeitlichen Bauwesen läßt sich hier ebenso ablesen wie – an einigen jüngst restaurierten Beispielen – die außerordentliche Farbigkeit des alten Fachwerks (*Damm 7*, Speicherbau von 1620 mit rotem Anstrich). Halberstädter, aber auch Braunschweiger Fachwerkbauten waren Vorbilder oder zeigen zumindest eine ähnliche Entwicklung. Einige Häuser aus der ersten Hälfte des 16. Jhs. haben im Obergeschoß hohe Ständer, durch die die Balken des Dachwerks gesteckt und mit einem Zapfen gesichert sind (*Damm 14*, 1548) oder sie verfügen über aufgeblattete, für das späte Mittelalter typische Brustriegel (*Wasserstr. 7*, 1508, und *18/20, Marktstraße 18*, drittes Viertel des 16. Jhs.). Aus dem frühen 16. Jh. stammt das *Haus Markt 2*. Zahlreiche Häuser sind mit Fächerrosetten, dem auffälligsten Ornament des südniederdeutschen Renaissancefachwerks, geschmückt: *Vorwerk, Altes Zeughaus*, 1565; *Vorwerk 4, 8, 14/16, 18* (1566), *21; Marktstraße 8* und *16, Wasserstr. 3/4* (1540), *9/11, 10* (1575), *14* (1560), *22, 25* (1560), *27* (1585), *29* (1571), *33, 37, 45, 48, 60; Unterpfarrwinkel 1, 5; Damm 7, 8/10, 20* (1569), *26* (1567); *Knick 7/9; Schloßbergstr. 34*.

Die Stadt **Salzgitter** ist noch kein halbes Jahrhundert alt. 1942 wurden 28 Gemeinden zur Stadt Watenstedt-Salzgitter zusammengeschlossen, nicht zuletzt, um der kriegswichtigen Schwerindustrie eine optimale Entwicklungsgrundlage zu geben. 1937 war ein erster Hochofen zur Verhüttung des Brauneisensteins angeblasen worden. Seit 1951 trägt die Stadt nur noch den Namen Salzgitter und ist inzwischen auf mehr als 110 000 Einwohner angewachsen. Der Name Salzgitter(-Bad) stammt von einem Dorf, das dem südlichen Teil der heutigen Gesamtgemeinde angehört und 1436 erstmals erwähnt wurde. Er erinnert an eine Solequelle nahe dem Dörfchen Gitter, das – unmittelbar südlich gelegen – bereits 1108 erwähnt wurde. Das Zentrum Salzgitters bildet die frühere, von Plätzen eingerahmte Saline, in deren Nachbarschaft einige Fachwerkbauten stehen, darunter der Ratskeller.

Salzgitter-Steterburg war um 930 als Festung gegen die Ungarneinfälle gegründet worden. Etwa im Jahr 1000 wurde sie Standort eines *Kanonissenstiftes*, das im 12. Jh. Augustinerchorfrauen übernahmen, die unter starkem Einfluß der Bischöfe von Hildesheim und später der Welfen standen. Der Schmalkaldische und der Dreißigjährige Krieg führten zur Zerstörung des Ortes, an dem seit 1691 ein evangelisches Damenstift bestand, das 1938 nach Goslar verlegt wurde. Die Stiftskirche, im 12. Jh. durch einen Neubau ersetzt, wurde nach dem Dreißigjährigen Krieg nochmals erneuert und zuletzt um das Jahr 1748 für den heutigen Bau abgebrochen. Das barocke Gebäude von den Architekten G. Chr. Sturm und M. Peltier wurde 1753 vollendet. Es handelt sich um einen längsrechteckigen Bau mit Eingangsrisaliten an den Langseiten. Die Holzstützen mit kräftigen Kapitellen und Gebälkstücken sind in eine ovale umlaufende Empore eingebunden und tragen eine flache Spiegeldecke. Kanzelaltar und Orgelprospekt gehören der Kirche seit deren Entstehung an. Die später errichteten barocken bzw. barock erneuerten Konventsgebäude sind erhalten geblieben.

Das *Schloß* der von den Welfen abhängigen Herren von Bortfeld in **Salzgitter-Gebhardshagen** (Salzgitter AG) geht noch auf das Mittelalter zurück. Im Mauerwerk des Nordflügels steckt vermutlich der Saalbau der alten Burg. Das Fachwerkgeschoß dieses, mit einer Durchfahrt versehenen Flügels wurde 1692 aufgesetzt.

Die evangelische *Kirche* in **Salzgitter-Salder** gehört zur Gruppe der kreuzförmigen protestantischen Kirchen, die um 1700 im Wolfenbütteler Raum errichtet wurden. 1695 war das Dorf Salder an den Herzog übergegangen. Die Pläne zu diesem 1713 vollendeten Bau stammen wahrscheinlich von Hermann Korb. Der Kanzelaltar ist hier mit der Orgel verbunden. Über der Vierung öffnet sich der zentrale Turm. Innen bildet an dessen Fuß die umlaufende Balustrade einen achteckigen Gang. Die Kreuzarme enthalten Emporen, im Süden die Fürstenloge. Als Vorbild ist die Kirche in Kissenbrück anzusehen. Das einflügelige *Schloß* (Museum) von 1609 ist ein zweigeschossiger Bau mit schmalen seitlichen Risaliten, die in Renaissancegiebelchen der späten Renaissance abschließen. Es wird durch einen mittleren Treppenturm mit geradläufiger Treppe (frühes Beispiel) an der Rückseite erschlossen. Der Grundriß mit zentraler Diele (Saal) und seitlichen Gemächern entspricht nordhessischen Herrenhäusern dieser Zeit. Die barocke Erneuerung als herzogliche Sommerresidenz ab 1695 wird Hermann Korb zugeschrieben, die Stukkaturen schuf Giacomo Perinetti.

Der sogenannte *Alte Gasthof* an der Durchgangsstraße in **Salzgitter-Lobmachtersen** ist ein zweigeschossiger Fachwerkbau, der wohl noch dem Spätmittelalter angehört.

Die evangelische *Pfarrkirche* in **Salzgitter-Ringelheim** hat wie viele andere Bauten einen quergelagerten Turm des 13. Jhs., während das Langhaus im späten 18. Jh. weitgehend neu entstand. Die historische Holzdecke ist bemalt, man erkennt Apostel, über dem Chorraum die Taube des Heiligen Geistes, im Langhaus ornamentale Felder mit dem Agnus Dei sowie vier Evangelisten. Hochaltar, Kanzel und Emporen bilden das gewohnte Ausstattungsensemble einer – hier jedoch bis 1803 katholischen – Kirche aus nachreformatorischer Zeit. Bemerkenswert ist der Dreinagelkruzifix des 13. Jhs., mit noch sehr strengem Faltenwurf. Der gotische Chorstuhl der Zeit um 1500 zeigt Schnitzwerk, das an den Lehnen mit Laubwerk und an den Seitenteilen mit Blendmaßwerk versehen ist. Die historische Verglasung (ornamentale Teppichmuster) wurde 1902 in der Quedlinburger Werkstatt Ferdinand Müllers gefertigt.

Schon um die Jahrtausendwende bestand in Salzgitter-Ringelheim ein von Hildesheim abhängiges Nonnenkloster, das Mitte des 12. Jhs. mit Benediktinern aus St. Michael neu besetzt wurde. Spät, im Jahre 1501, schloß man sich der Bursfelder Kongregation an. Nach einem Intermezzo als evangelische Pfarrkirche unter braunschweigischer Herrschaft wurde das rekatholisierte Benediktinerkloster 1803 endgültig aufgehoben.

Die *Klosterkirche* (katholische *Pfarrkirche*) *St. Abdon und Sennen* ist eine querhauslose Pfeilerbasilika. Das insgesamt barockisierte Mittelschiff wird durch Pilaster gegliedert. 1694–95 hatte man einen durchgreifenden Umbau vorgenommen, der den romanischen Bau völlig überformte und im Langhausbereich in großen Teilen vielleicht sogar ersetzte. Das Mittelschiff erhielt eine auszeichnende Westfassade mit barockem Portal und Volutengiebel. Der lange Chor ist bei einer Vergrößerung bis 1504 entstanden und wurde 1794–96 erneut umgebaut. Altar, Kanzel und Orgel entstammen dem Barock. Eines der zwei Altarblätter mit der Darstellung der Geburt Christi sowie die vier Nebenaltäre wurden beim klassizistischen Umbau von J. A. Pöttinger geschaffen.

Große kunsthistorische Bedeutung hat der ottonische Kruzifix. Ein Reliquienzettel, den man im Kopf der Figur fand, belegt die Entstehung unter Bischof Bernward von Hildesheim um das Jahr 1000 und läßt einen Zusammenhang mit Judith, der im selben Jahr verstorbenen Schwester Bernwards, vermuten, die Äbtissin in Ringelheim war. An der technischen Ausführung mag interessant sein, daß dem Korpus die Arme nicht beidseitig eingesetzt wurden, sondern aus einem Stück Holz geschnitzt und mit dem Korpus verblattet worden sind. Es handelt sich wie etwa auch der Gerokruzifix im Kölner Dom um ein besonders frühes großes Kreuz, und die Figur ist – verglichen mit denjenigen der späteren romanischen Kunst – noch nicht so streng aufgefaßt. Die Beine stehen leicht geknickt auf einem Sockel, der Faltenwurf des um die Hüften geschlungenen Lendentuches ist unsymmetrisch. Der seitwärts gewandte, mit dünnen Bartritzungen gestaltete Kopf blickt aus halb geöffneten Augen auf den Betrachter.

Die *Schloßgebäude* neben der Klosterkirche sind barock. Die Portale datieren von 1710 und 1714 (Chronostichon); dem Hauptportal ist eine aufwendige, dem ionischen Seitenportal eine einfache Freitreppe vorgelegt. Der Längsflügel des Klostergebäudes reicht weit über die Kirche hinaus und bildet zum Garten an der Südseite einen Risalit mit Portal und opulenter Freitreppe des 19. Jhs. An der südöstlichen Ecke fließt die Mittelste durch den Keller des Gebäudes und treibt das Rad der *Mühle* aus dem Jahre 1699 an. Sie ist ein zweigeschossiger Fachwerkbau mit Doppelportal im Erdgeschoß und Backsteinzierausmauerung im Obergeschoß. Seitlich im Gutshof steht ein Taubenturm mit angeschlossenem Werkstattbau. Die Klosterpforte (1899) mit Fachwerkgalerie und Fächerrosetten gehört zu den historistischen Baumaßnahmen.

Hildesheim

Das historische Stadtbild Hildesheims ist nach den erheblichen Kriegszerstörungen fast nur noch im dichtbebauten Innenstadtbereich wahrnehmbar. Ältere, mit Fachwerkhäusern bebaute ganze Straßenzeilen sind außerdem nahe St. Godehard im Süden und Südosten der Innenstadt erhalten geblieben. Der beim Wiederaufbau in den Grundzügen gewahrt gebliebene Stadtplan zeigt mehrere voneinander unabhängige Stadtteile mit unterschiedlicher Gründungsgeschichte. Vermutlich im Jahr 815 wurde das Bistum gegründet, ein befestigter Bischofssitz mit einem Dom errichtet und ein Wirtschaftshof, die einen km vom Dom entfernt im Bereich des heutigen Hauptbahnhofes gelegene sogenannte Villa Hildesheim gebaut. Als Kern der Stadt Hildesheim ist die spätestens um 900 angelegte Marktsiedlung im Bereich zwischen St. Michael und dem Dom anzusehen. Hier bildet der Straßenzug ›Alter Markt‹ wahrscheinlich einen Teil des ehemals vom Rheinland nach Magdeburg führenden Hellwegs.

Die weitere Entwicklung Hildesheims läßt sich anhand der datierten Kirchenbauten rekonstruieren. Zunächst entstand nördlich des Alten Marktes um die Jahrtausendwende der Klosterbezirk St. Michael, kurz danach wurde das Mauritiusstift westlich Hildesheims gegründet, und Mitte des 11. Jhs. erbaute man die Kreuzkirche östlich des Doms. Der Marktbezirk wurde wohl im frühen 11. Jh. durch Bischof Godehard nach Osten ausgedehnt, wo um 1140 die Pfarrkirche St. Andreas und nördlich davon ein neuer Marktplatz mit dem Rathaus entstanden. Hier bildete sich mit einer größeren, nach Nordosten orientierten Siedlung die eigentliche städtische Anlage heraus. 1167 faßte man den Bereich zwischen dieser Stadt, dem Dom und St. Michael zusammen und umgab ihn mit einer gemeinsamen Ummauerung. Die Anlage des Straßenquartiers Brühl, im Süden der Innenstadt, dürfte spätestens zur Zeit der Gründung St. Godehards nach 1130 erfolgt sein; der Brühl blieb zunächst aus der Ummauerung ausgespart. Die östlich gelegene Neustadt wurde um 1220 vom Dompropst als planmäßige Anlage mit annähernd rechtwinkligem Straßensystem erbaut. Sie hat damit den auffälligsten Grundriß unter den Hildesheimer Stadtteilen. Zwischen St. Mauritius und der Altstadt gründete das Moritzstift 1196 eine Tuchweberansiedlung, die 1232 erweitert wurde. Der Versuch des Bischofs, zwischen der Altstadt und dieser Tuchwebersiedlung eine weitere Neustadt anlegen zu lassen – es handelte sich nur um einen schmalen Streifen –, wurde von den Bürgern 1332 mit der blutigen Zerstörung dieses kleinen Quartiers beantwortet, um sich die Konkurrenz vom Leibe zu halten.

Die Gründung des Bistums Hildesheim (Sachsenbistum) ursprünglich beim Ort Elze an der Leine vorgesehen, war bereits von Karl dem Großen vorbereitet worden und wurde von

HILDESHEIM

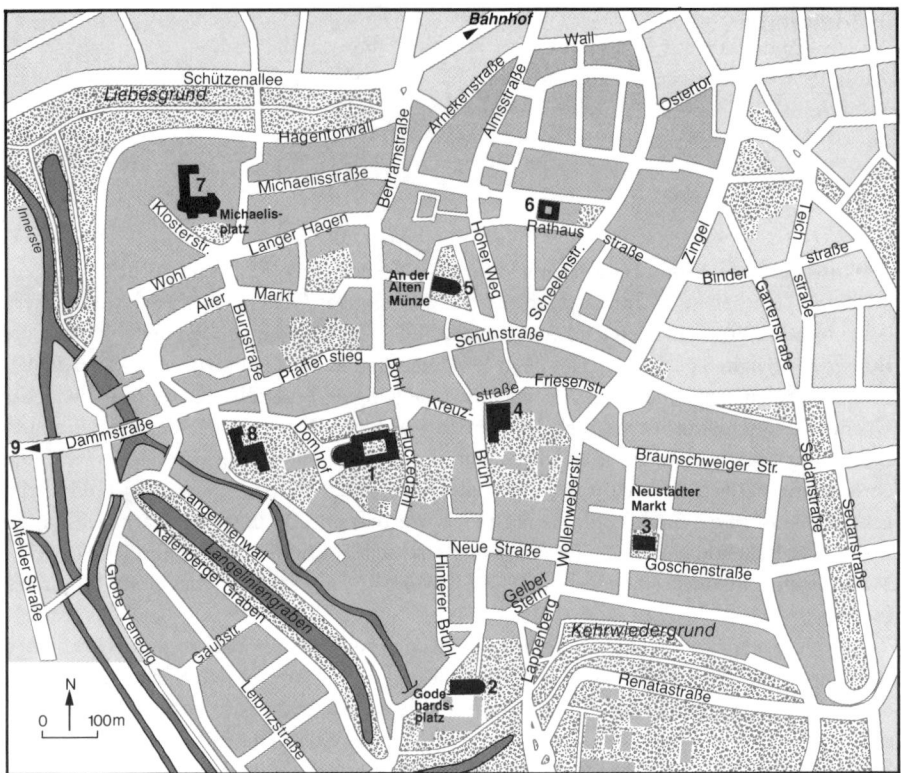

Hildesheim 1 Dom 2 St. Godehard 3 Lambertikirche 4 Kreuzkirche 5 St. Andreas 6 Rathaus und Marktplatz 7 St. Michael 8 Roemer-Palizaeus-Museum 9 St. Mauritius

Ludwig dem Frommen um 815 vollzogen. Berühmtheit erlangten die Bischöfe des frühen 11. Jhs., Bernward (993–1022) und Godehard (1022–1038), die beide später heiliggesprochen wurden. Die Namen ihrer Nachfolger Azelin (1044–54), Hezilo (1054–79) und Bernhard (1130–53) sind mit bedeutenden Kirchenbauten verbunden.

Die Ächtung Herzog Heinrichs des Löwen durch Kaiser Friedrich I. (Barbarossa) 1180 und die anschließende Auflösung seines Herzogtums sicherten auch dem Bistum Hildesheim seinen territorialen Bestand: Der mächtigste Gegner, Heinrich der Löwe, hatte seine beherrschende Stellung verloren. Der Kanzler Barbarossas, Reinald von Dassel, war in Hildesheim 1149–59 Dompropst, bevor er als Erzbischof in Köln wirkte. Während des späten Mittelalters konnten sich auch die Hildesheimer Bürger militärisch gegen ihre Landesherren, die Bischöfe, behaupten, wie dies etwa auch für Hannover oder Braunschweig gilt. Zahlreiche Fehden nagten jedoch an der Kraft der Stadt. Die Auseinandersetzungen zwischen der Stadt, dem bischöflichen Stift und dem welfischen Herzogtum, die mit wechselnden Bündnissen ausgetragen worden waren, gipfelten in die ›Hildesheimer Stiftsfehde‹ von 1519–1523. Die Einführung der Reformation 1542 führte zu weiteren Kämpfen. Mit dem Dreißigjährigen Krieg erlosch die bürgerliche Macht, erdrückt durch das militärische Übergewicht der durch die Landesherren finanzierten Truppen. 1650 stellte man sich unter den Schutz der Welfen. Das Fürstbistum wurde 1803 aufgehoben und 1815 schließlich Hannover eingegliedert. Bis 1978 war die Stadt Sitz eines Regierungsbezirkes.

Der *Hildesheimer Dom* (Farbabb. 16) fiel am 22. 3. 1945 zusammen mit großen Teilen der Stadt den Bomben zum Opfer. Erhalten blieben die südliche Mittelschiffwand, das südliche Seitenschiff, die Turmfront und Teile der Grundmauern, vor allem die der Ostteile. – Im Jahre 815 war ein um 780 geschaffener Missionsbezirk zum Bistum erhoben worden. Damals entstand eine Marienkapelle als Zentralbau, die unter Bischof Altfrid mit einem Domneubau (bis 872) verbunden wurde. Mittelschiff und Querhaus decken sich etwa mit dem heutigen Bau, in Querhaus und Chorquadrat sind sogar noch Mauerwerksreste erhalten. Nach einem ersten Dombrand 1013 und Erneuerungsarbeiten unter Bischof Godehard (Westwerk) brannte der Dom am 23. 3. 1046 aus. Bischof Azelin begann zunächst den Ausbau des Doms von der alten Turmfront aus nach Westen, sein Nachfolger Hezilo ließ jedoch auf den bestehenden Grundmauern die kreuzförmige flachgedeckte Basilika rekonstruieren, die in der räumlichen Erscheinung auch heute wieder vor uns steht. Bei späteren Veränderungen wurden die Laurentiuskapelle am Südquerhaus angebaut (vermutlich um 1110, 1440 erweitert), die Apsis erneuert (um 1120), die Seitenkapellen am Langhaus aufgeführt (1317–33), die Antoniuskapelle hinter der Laurentiuskapelle errichtet (1440) und schließlich der Dom barockisiert (ab 1718, die Barockisierung heute nicht wiederhergestellt). 1840–49 brach man den Westriegel ab und baute ihn in veränderter Form wieder auf; die Rekonstruktion nach 1945 orientierte sich an älteren Ansichten sowie am Mindener Dom, dessen Westbau als Nachfolger des Hildesheimer Doms gilt.

Der Besucher betritt das Gebäude durch ein Seitenportal im Norden oder Süden, etwa durch das ›Neue Paradies‹ am Nordquerhaus, einen zweigeschossigen Bau. Im Untergeschoß befindet sich eine niedrige dreischiffige Halle, deren Gewölberippen aus runden Pfeilern erwachsen; die schmaleren Seitenschiffe sind gratgewölbt. Auf der Bekrönung des mittleren Portals steht eine spätgotische Madonna, von dem hohen sechsbahnigen Fenster umgeben, in dessen Spitze in flachem Relief die Kreuztragung Christi dargestellt ist. Vor den seitlichen Fenstern sind die Statuen der heiligen Bischöfe Bernward und Meinwerk aufgestellt. Die angrenzende Nordseitenschiffwand wird durch die gotisch erweiterten Seitenschiffe bestimmt. In jedem Joch gibt es vier- bis fünfbahnige Fenster mit unterschiedlichen Maßwerken des 14. Jhs. Die in frühromanischen Formen wiederhergestellte Obergadenwand des Mittelschiffs ist durch die Seitenschiffdächer weitgehend verdeckt. Das westliche Seitenschiffjoch ist etwas reicher ausgestaltet, da hier ein zweites Portal in die Kirche führt. Die beiden Strebepfeiler weisen an dieser Stelle Baldachinvorlagen mit einer Verkündigungsgruppe auf, links steht die Maria, rechts der Engel. In den Nischen unmittelbar neben dem Portal sind die Bischofsstatuen der Heiligen Bernward und Godehard aufgestellt. Es handelt sich um spätgotische Werke des ausgehenden 15. Jhs. Der erste Eindruck des Kircheninneren ist der einer ›reinen‹ Architektur; nach mittelalterlichem Verständnis müßte man fast sagen: der eines Rohbaus. Die Architekturformen sind – durch den weitgehenden Neubau nach 1945 bedingt – schlicht, und der glatte Putz des ungegliederten Obergadens entspricht nicht mittelalterlicher, sondern heutiger Architekturvorstellung. Das dreischiffige flachgedeckte Langhaus zeigt den ›sächsischen Stützenwechsel‹ aus abwechselnd einem Pfeiler und zwei Säulen; eine, die Stützen umgreifende Gesimsgliederung hat man in der Barockzeit abgeschlagen. Damals wurden auch die vorstehenden Zacken der Hezilo-Kapitelle entfernt, um diese zu barockisieren. Nach Beseitigung des barocken Stucks um 1957 blieben nur bruchstückhafte Kapitellkerne übrig, die als Vorbild für Neugestaltungen dienten; die Kämpfer und Basen der Säulen fehlen. Der westliche Langhausabschluß verfügt über Säulen mit korinthisierenden Glattblattkapitellen, die in Nischen gestellt sind und sich daher mit dem Westbau der Stiftskirche in Bad Gandersheim vergleichen lassen (s. S. 259). Die bis hierher reichende Ostkrypta unterteilt das Querhaus optisch. Die Vierung ist durch hohe Arkaden ausgeschieden. Nach Osten öffnet sich das Querhaus in zwei Nebenapsiden sowie die an ein Vorchorjoch anschließende Hauptapsis. Nach Norden ist das Obergeschoß der Paradiesvorhalle (Godehard-Chor) in das Querhaus einbezogen. Scheidbögen und flache Decken bewirken, daß sich dieser spätgotische Raum der romanischen Architektur (heute) gut anpaßt. Ursprünglich muß jedoch eine Wölbung vorgesehen gewesen sein. Die Seitenschiffe haben Kapellenanbauten erhalten, die keine Bezüge zur romanischen Architektur aufweisen und aus je einer Eingangshalle, vier Kapellen und einem schmalen Zwischenbau vor dem Querhaus bestehen.

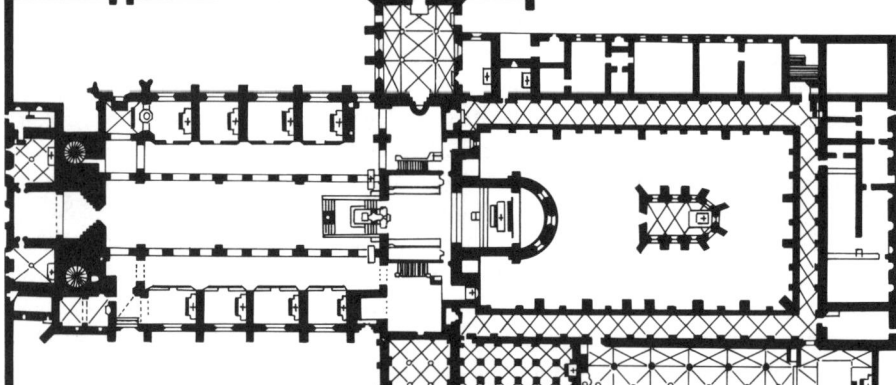

Hildesheim, Grundriß des Domes

Die Ausstattung des Doms ist von großer Bedeutung. Der Rundgang sollte im Nordquerhaus beginnen, wo die 1981 wiederaufgefundenen Reliquien von St. Ansgar ausgestellt wurden (seit 1598 in Hildesheim), und gegen den Uhrzeigersinn durch die Kirche führen. Die Kapelle der 10000 Märtyrer enthält eine Sandsteinmadonna aus der zweiten Hälfte des 13. Jhs. Die Madonna mit gegürtetem Mantel hält das vollbekleidete Christuskind. In der westlich an der Nordseite gelegenen Georgskapelle steht ein um 1225 gegossenes Taufbekken, das als führendes Gußwerk der späten Romanik angesehen werden kann. Es ruht auf vollplastischen Personifizierungen der Paradiesströme. In den Reliefs am Beckenrand sind die Taufe Christi, der Durchzug der Juden durch das Rote Meer und den Jordan sowie die Madonna dargestellt, zu ihren Füßen der kniende Stifter Wilbernus. Die Säulen, die am Becken die Dreißpaßarkaden tragen, ruhen auf vier weiblichen Halbfiguren. Diese verkörpern ›Fortitudo‹ (die Tapferkeit), ›Temperantia‹ (die Mäßigung), ›Prudentia‹ (die Klugheit) und ›Justitia‹ (die Gerechtigkeit) und sind mit entsprechender Bekleidung und Attributen wie Waage, Schwert usw. ausgestattet. Über den Kapitellen sind in Medaillons die Brustbilder der Propheten Daniel, Jeremias, Jesaias und Hezekiel dargestellt, darüber die Symbole der vier Evangelisten. Am Deckel erkennt man die Fußwaschung Christi, den Kindermord zu Bethlehem, Moses und Aaron mit dem blühenden Stab, Misericordia mit sechs Werken der Barmherzigkeit: Kleidung stiften, Durstige tränken, Kranke pflegen, Gefangene trösten, Hungrige speisen, Almosen geben (der Almosenempfangende trägt einen Pilgerhut). Auch hier werden Dreißpaßbögen von Säulen gerahmt. Oberhalb der Bögen sind David, Hieronymus, Salomon und Jesaias zu erkennen. – Das Wandelkreuz ist eine kleine niedersächsische Arbeit der Zeit um 1130. Der Viernagelkruzifix zeigt Christus mehr als Triumphator denn als Sterbenden.

Das berühmteste Kunstwerk im Dom sind die *Flügel* der *Bronzetür* Bischof Bernwards (Abb. 36). Die Türinschrift zum Gedenken an den 1022 verstorbenen Bischof nennt 1015 als Entstehungsjahr. Da sich der Bischof kaum zu Lebzeiten auf dieser Tür würdigen ließ, ist die Inschrift wahrscheinlich nachträglich angebracht worden. Die Forschung zweifelt St. Michael als ersten Aufstellungsort an und vermutet, daß die Türen von vornherein, spätestens aber seit 1035, in der Westvorhalle des Doms eingefügt waren. Das Bronzegußverfahren wurde in Hildesheim erst seit dem Beginn des 11. Jhs. angewendet und folgt einer Anleitung Vitruvs, die in einer Handschrift in St. Michael vorlag. Das in Wachs modellierte Bildwerk wurde auf einen aus Ton konstruierten Kern aufgezogen und mit Sand abgedeckt. Die erhitzte Bronze, deren Bestandteile im Bergbau am Rammelsberg bei Goslar gewonnen wurden, brachte das Wachs zum Schmelzen und füllte die so entstandenen Hohlräume nahtlos aus. Das Bildwerk zeigt die Erschaffung Adams, die erste Begegnung zwischen Adam und Eva, den Sündenfall, das Strafgericht Gottes über Adam und Eva, die Vertreibung aus dem Paradies, das Erdenleben Adams und Evas, das Opfer Kains und Abels und den Brudermord; rechter Hand finden sich von unten nach oben: die Verkündigung, die Geburt Christi, die Anbetung der Könige, die Darstellung Jesu im Tempel, Christus vor Pilatus und Herodes, die Kreuzigung Christi, die drei Frauen am Grab und die Begegnung mit Maria Magdalena (›Noli me tangere‹). Dabei werden nicht nur Altes und Neues Testament einander gegenübergestellt und Aussagen der Bibel in ihrer chronologischen Reihenfolge aufgeführt, sondern beispielsweise auch göttliches auf der einen und weltliches Gericht auf der anderen Seite gezeigt und die Fehlerhaftigkeit menschlichen Handelns dargestellt. Auffällig ist die flache Modellierung des Bildgrundes, aus der die Figuren sozusagen schräg herauswachsen, so daß zumindest die Köpfe vollplastische Formen annehmen. Als Vorbild dienten Türen wie die von Santa Sabina in Rom (um 400).

Aus dem Bereich der gotischen Plastik sei hier noch auf das Vesperbild des ›weichen Stils‹ hingewiesen, ein süddeutsches Werk Anfang 15. Jh. Die Kapellen der Südseite sind unterschiedlich ausgestattet und (von West nach Ost) den Heiligen Barbara (Altar um 1700), Vinzentius und Anastasius, Elisabeth (drei überlebensgroße Figuren: Maria, ihre Eltern Anna und Joachim, gute Barockarbeiten von Paul Egell, 1729–31, von einem zerstörten Maria-Immaculata-Altar stammend) und der Unbefleckten Empfängnis geweiht (silberne flächige Treibarbeiten der Madonna, Karls des Großen und Bischof Bernwards, 1666–67, A. Sühring). – Am Vierungspfeiler befindet sich die ›Madonna mit dem Tintenfaß‹. Sie gehört wie das Vesperbild im Nordquerhaus noch dem ›weichen Stil‹ an. Künstlerisch hochwertiger ausgeführt als das Vesperbild, verkörpert die Madonnenstatue das Stilideal dieser Zeit: eine jugendliche, gekrönte Frau, die mit reichem Faltenwurf der Gewandung als eine Figur zur Verehrung und Verherrlichung dargestellt ist, die kaum mehr an die biblische Geschichte um Christi Geburt erinnert. In der Vierung hängt der Radleuchter Bischof Hezilos (um 1060) als Versinnbildlichung des himmlischen Jerusalems. Der Leuchter mit einem Durchmesser von rund sechs Metern zeigt in getriebenem und durchbrochenem Kupferblech eine mit 72 Zinnen bewehrte Mauer, die 24 abwechselnd große und kleine Tortürme trägt, auf denen Namenszüge von Aposteln, Propheten und Tugenden zu lesen sind. Neben diesem großen Leuchter gibt es noch einen kleineren aus der Zeit des Bischofs Azelin, der jedoch 1945 stark beschädigt wurde. Nach seiner Restaurierung soll er in der Antoniuskapelle (s. u.) aufgehängt werden. Nur wenige Großleuchter dieser Art sind in Deutschland erhalten, die einzigen romanischen Vergleichsbeispiele hängen im Aachener Münster und in der Klosterkirche von Großcomburg.

Der moderne Hochaltar nimmt den um 1140 entstandenen Epiphaniusschrein auf. Die Gebeine des gleichnamigen Bischofs von Pavia († 496) wurden durch Bischof Othwin von Hildesheim in Pavia durch einen ›frommen Diebstahl‹ für Hildesheim beschafft. Der Schrein hat die Form eines länglichen, querschifflosen Bauwerks mit Darstellung der klugen und törichten Jungfrauen an der einen und dem Gleichnis der Talente an der anderen Traufseite. Die Hauptfiguren, die Heiligen Epiphanius, Cosmas und Damian, befinden sich wie üblich an den Giebelseiten. Künstlerisch wird der Schrein der Nachfolge des Roger von Helmarshausen zugerechnet. Die moderne Ausstattung schuf 1960 Ludwig Baur (Telgte i. W.).

Als zweites bedeutendes bronzegegossenes Werk ist die Bernwardssäule im südlichen Querhaus zu nennen. Auch sie ist an einem römischen Vorbild, nämlich der Trajanssäule, orientiert. Ihre Aufstellung inmitten St. Michaels ist belegt, 1022 wurde sie geweiht und vermutlich unmittelbar vorher gegossen. Dargestellt sind Szenen aus dem Leben Christi, jedoch ohne Geburt und Passion, die an den beiden Türflügeln gezeigt werden: Taufe,

Die St. Annakapelle und der Hildesheimer Dom. Historische Ansicht

Versuchung Christi, Berufung der ersten Jünger, Hochzeit zu Kana, Heilung des Aussätzigen, Aussendung der Apostel, Christus und die Samariterin am Brunnen Jakobs; Johannes vor Herodes und Herodias, Gefangennahme und Enthauptung des Johannes, Tanz der Salome; Heilung der blutflüssigen Frau durch Christus, Heilung des Blindgeborenen, Christus und die Ehebrecherin, Auferweckung des Jünglings von Nain, Verklärung Christi, Heilung eines besessenen Knaben, Gleichnis vom reichen Prasser und dem armen Lazarus, Christus und Zachäus, Verfluchung des unfruchtbaren Feigenbaumes, Heilung von zwei Blinden, Rettung des Petrus aus dem Meere, Speisung der fünftausend, Auferweckung des Lazarus und Christus tröstet die Schwestern, Gastmahl in Betanien, Einzug in Jerusalem. Bis zur Reformation trug die Säule einen hohen Kruzifix, der ebenso wie das Kapitell zerstört und erst 1871 neu geschaffen wurde. Der Sockel zeigt die Personifikationen der vier Paradiesströme.

Die Krypta aus vier Jochen und Apsis unter dem Chor wird von Säulen mit Würfelkapitellen gestützt, ihr unter der Vierung liegender westlicher dreijochiger Teil von Pfeilern. Hinter einem modernen Gitter bewahrt man den Godehardsschrein auf, der nach der Heiligsprechung Godehards 1131 ebenfalls in Form eines länglichen Gebäudes geschaffen worden war. Die beiden Hauptseiten des Schreins nehmen Christus bzw. der heilige Bischof Godehard ein.

An die Sakristei, die Verlängerung des südlichen Querhauses, schließt sich ein Trakt mit dem Diözesan-Museum an (Rittersaal, Schatzkammer, Kapitelsaal und Bartholomäuskapelle). Ein Durchgang führt vom Südquerhaus des Doms in den Kreuzgang, der in seiner heutigen Form weitgehend aus der zweiten Hälfte des 12. Jhs. stammt. Der Kreuzgang ist zweigeschossig. Im Erdgeschoß sind nur noch die Rundbogenarkaden vorhanden, während die dort eingestellten Säulchen bis auf die Wandvorlagen fehlen. Im Obergeschoß ist der Kreuzgang jedoch noch vollständig erhalten und hat an Nord- und Südseite zwischen den Pfeilern jeweils zwei Säulchen, was dem niedersächsischen Stützenwechsel entspricht; die Ostseite verfügt über eine reine Pfeilerarkatur. Der Kreuzgang ist die Grablege des Domkapitels und bewahrt einige sehr bedeutende Grabsteine des hohen Mittelalters auf. Dazu gehört beispielsweise an der Nordseite das Grabdenkmal Bischof Adelogs, das den Bischof unter einer Dreipaßarkade zeigt. Das Grabmal des Presbyters Bruno an der südlichen Choraußenwand (1192) ist dreizonig aufgebaut. Über dem Bildnis des von Mönchen betrauerten und mit dem Totengewand versehenen Bruno befindet sich die Darstellung seiner himmelfahrenden Seele und darüber die des segnenden Christus in einer Weise, die der hohen Bedeutung des Gezeigten entspricht.

Im Kreuzgang ist der ›Tausendjährige Rosenstock‹ das Ziel vieler Besucher. Er rankt sich an der im 12. Jh. erneuerten Ostapsis des Doms empor. 1629 erstmals sicher belegt, dürfte er immerhin mehr als 500 Jahre alt sein, während das denkbare tausendjährige Alter nicht mehr nachweisbar ist, zumal im Zweiten Weltkrieg die oberirdischen Triebe des Rosenstocks verbrannten. Inmitten des Kreuzgangs steht die Annenkapelle, ein zweijochiger Bau mit Fünfachtel-Chorschluß, aus Quadern errichtet und mit kräftigen Strebepfeilern abgestützt. Am Außenbau umzieht ein Sockelgesims das Gebäude, nur um das Portal ist es herumgeführt, so daß dieses der Sockelzone zugeordnet bleibt. Die Stäbe des Portalgewändes verfügen weder über Basen noch über Kapitele. Die Fenstersohlbank zieht sich als Gesims einheitlich innen um den Kapellenraum. Die Dienste gehen ohne Kapitele in die birnstabprofilierten Rippen und Gurtbögen über. Diese Elemente stellen die 1321 begonnene Kapelle an den Anfang der Spätgotik.

An den Kreuzgang schließt die *Laurentiuskapelle* an. Die dreischiffige romanische ›Hallenkirche‹ muß jedoch, ähnlich einer Krypta, nicht als selbständige Hallenkirche, sondern als ein überbauter Kapellenraum angesehen werden. Die Kapitele mit ungewöhnlicher Dekoration sind trotz des überlieferten Entstehungszeitraums um 1110 nicht zweifelsfrei datierbar. Das vierte Schiff wurde angeblich 1440 angefügt, seine Gewölbe ruhen auf achtekkigen Stützen mit blattwerkverzierten Kämpfern. Die *Antoniuskapelle* enthält den ehemaligen Domlettner, der von dem Münsteraner Bildhauer Johann Brabender (genannt Beldensnyder) etwa 1536–46 in Baumberger Sandstein gehauen wurde. Ein kräftiges Gesims trennt den von Mittelfeld und zwei Türen durchbrochenen und von vier Pfeilern gegliederten Unterbau von der Bekrönung, die aus fünf gestaffelten durchbrochenen Halbkreisgiebeln besteht. Die kleinen Pfeiler dazwischen haben konische Säulenvorlagen mit Rosettenbekrönungen. Die seitlichen Felder des Unterbaus, das Gesims und die unteren Teile der Giebel sind für Reliefs genutzt, die – ebenso wie die gestäbten Gewände – noch die zeitliche Nähe der Gotik kennzeichnen. Die Reliefs bilden Abrahams Opferung, die Kreuztragung, die eherne Schlange als Symbol der Kreuzigung, die Grablegung Christi und den in das Meer geworfenen Jonas ab. Am linken Pfeiler sind das letzte Abendmahl und Melchisedek, Abraham bewirtend, am rechten Pfeiler Christus in der Vorhölle und David und Goliath abgebildet. Die Ornamentik mit Grotesken und Köpfen mit Blattwerk ist von Stichen des frühen 16. Jhs. abzuleiten. Das bekrönende Triumphkreuz gehört zu einem älteren Lettner.

Das große Gebäude nördlich des Doms wurde 1887 als *Erweiterungsbau des Regierungsgebäudes* geplant und bis 1891 z. T. unter Einbeziehung alter Kurienhäuser errichtet. Das Bauwerk zeigt Beschlagwerk und Formen der Neurenaissance, die an der Weserrenaissance orientiert sind.

Das *bischöfliche Schloß* westlich des Doms (Domburg) wurde ab 1728 unter Justus Wehmer in dem Bereich errichtet, wo zwischen 1044 und 1054 Teile des Azelinischen Doms entstanden, dessen Mauerwerk vermutlich für spätmittelalterliche Domburggebäude mitbenutzt wurde. Das Denkmal Bischof Bernwards von Ferdinand Hartzer wurde 1893 aufgestellt, der zugehörige neuromanische Sockel ist leider nicht mehr erhalten. Südlich an den Dom schließt sich das Gebäude des *ehemaligen Jesuitenkollegs (bischöfliches Gymnasium Marianum Josephineum)* an. Das nach Kriegszerstörung erneuerte Bauwerk geht in eine dreigeschossige, an eine Kirche erinnernde Fassade über, die von Kolossalpilastern eingerahmt und mit einem geschweiften Giebel bekrönt wird.

Vom Dom aus geht man nach Süden in Richtung St. Godehard, vorbei am *Torhaus* des *ehemaligen Karthäuserklosters* (Neue Str. 10), im Jahr 1660 mit Fachwerkgeschoß und Backsteinzierausmauerung erbaut. In der Nähe steht auch die *Klosterkirche St. Paul*, die als Profanbau heute nur noch in ihrem Außenmauerwerk erhalten ist. Es handelt sich um eine dreischiffige, fünfjochige Hallenkirche von beträchtlicher Höhe mit einem vierjochigen, polygonal geschlossenen Chor, der als einziger Bauteil noch kirchlich genutzt wird. Die Kirche ist turm- und giebellos. Der gotische Bau wurde vermutlich mit der Errichtung eines Dachreiters 1428–29 fertiggestellt. Im 19. Jh. profaniert, brannte das Innere des Bauwerks 1945 vollständig aus. Die Kirche wurde erst 1981 für ein Altenheim ausgebaut, die Maßwerkfenster sind daher unverglast und verdecken eine moderne, mehrgeschossige Architektur.

Gegenüber der Paulskirche liegt am Vorderen Brühl das *bischöfliche Priesterseminar*, 1732 errichtet und mit einer Seminarkirche versehen. Ihr Inneres wurde nach Kriegszerstörung vollständig modern ausgebaut, sie birgt jedoch eine schöne Madonna des frühen 15. Jhs., eine Statue mit weit ausladendem Hüftschwung und sehr naturnaher Darstellung des Christuskindes. Die Fassade der Kirche wird durch vier Pilaster gegliedert und von einem Giebel abgeschlossen; als Mittelstatue dient eine Maria Immaculata.

Die sich anschließenden Straßenzüge *Vorderer* und *Hinterer Brühl* gehören zu den wenigen unzerstörten Straßenzügen Hildesheims. Schon diese relativ bescheidenen Gassen machen die frühere bauliche Qualität des Hildesheimer Profanbaus deutlich. Man beachte etwa am *Haus Hinterer Brühl 19* den Erker vor dem obersten Geschoß (1616) mit wappenhaltenden Löwen und Balustersäulen, die in die Ständer geschnitzt wurden. Die Knaggen haben hier die Form von Volutenkonsolen. Das *Haus Nr. 15* ist mit Fußbändern, Fächerrosetten und Beschlagwerkplatten mit Wappen versehen. Als Sockel des Hauses dienen z. T. wiederverwendete Grabsteine. Besonders bedeutend ist das Eckhaus vor St. Godehard, das 1606 erbaute *Wernersche Haus*. Sowohl zum Giebel wie zur Traufe hin hat es hohe dreige-

HILDESHEIM

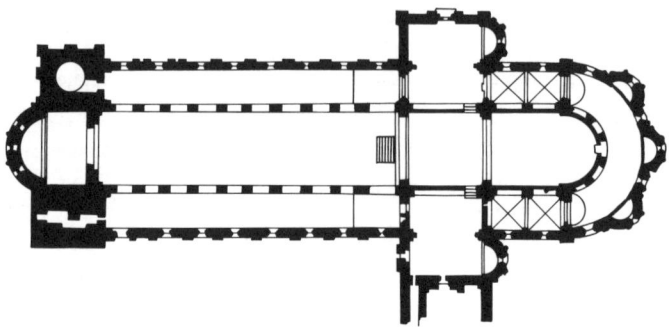

Hildesheim, Grundriß der Godehardkirche

schossige Luchten, an denen sich giebelseitig Brüstungsfelder mit den Darstellungen der Tugenden Hoffnung, Treue, Nächstenliebe und Geduld, ganz oben mit den Lastern Neid, Geiz, Unordnung und Unruhe sowie in der Mitte den Brustbildern von Heinrich dem Heiligen, Ludwig dem Frommen, Karl dem Großen und St. Godehard finden. An der Traufe sind im mittleren Geschoß St. Bernward und Maria sowie zwei Wappen dargestellt, im oberen Geschoß Saturn, Mars, Merkur und Sonne, dann Jupiter und Venus, an der rechten Lucht schließlich Judith und der Friede. Seitlich an der Lucht befindet sich noch die Darstellung eines Einhornes.

Das *Benediktinerkloster St. Godehard* (Farbabb. 15) ist eine Stiftung Bischof Bernhards im Jahre 1133, zwei Jahre nach der Heiligsprechung des früheren Hildesheimer Bischofs Godehard. 1136 wurde das Kloster mit Benediktinern aus Fulda besetzt, 1146 fand eine erste Kirchenweihe statt, der 1172 die Gesamtweihe folgte. Der statisch ungesicherte Baugrund im südwestlichen Teil der Kirche erforderte im 19. Jh. eine durchgreifende Restaurierung, vor allem für den erst nach 1172 – und wohl entgegen dem ersten Plan – errichteten Vierungsturm. Der Westbau wurde abgebrochen und mit den alten Steinen neu aufgemauert, die Vierung erhielt Vorlagen mit Kantensäulchen und Diensten (als hätte sie ein – nie geplantes – Gewölbe aufzunehmen). Dem Mittelschiff wurde ein neuer Dachstuhl aufgesetzt, der die auf unsicherem Untergrund gegründete südliche Mittelschiffwand mit der gut gegründeten Nordwand verband. Eine Luftmine zerstörte 1945 diesen Verbund, die Südwand rutschte weg und mußte schließlich 1961 abgetragen werden. Bei dem schweren Februarsturm 1962 stürzte auch die Nordwand ein; beide Wände wurden mit dem alten Material neu aufgeführt. Die *ehemalige Klosterkirche St. Godehard* ist eine flachgedeckte Basilika mit leicht ausladendem östlichen Querhaus, Westbau mit Apsis und zwei Turmhelmen sowie dreischiffigem Umgangschor mit drei kleinen Apsiden. Gebaut wurde von Ost nach West, im Langhaus entstanden zudem erst die südlichen und dann die nördlichen Wände. Unmittelbares Vorbild ist die Kirche St. Michael in Hildesheim, die gleichfalls einen Westchor und im Innern auch den sächsischen Stützenwechsel aufweist.

Der Außenbau aus Quadermauerwerk wird durch Lisenen und Rundbogenfriese gegliedert, die sich auch an der gleichzeitig errichteten Stiftskirche in Königslutter feststellen lassen. Dies gilt ebenso für die um die Portale herumgeführten Sockelprofile. Die Fenster sind auffällig groß. Ungewöhnlich wirkt die Ostpartie, weil die Choranlage mit dem in Deutschland ganz unüblichen Umgang des Seitenschiffes um die Mittelapsis versehen ist, wodurch der Ostteil wie ein halber Zentralbau erscheint. Französische Kirchen, wie z. B. Nevers (St. Etienne) oder Tours (St. Martin), weisen ebenfalls einen derartigen romanischen Umgangschor auf. Anregungen zu einer solchen Architekturform könnte Bischof Bernhard deshalb auf seiner Reise zur Teilnahme an der Reimser Synode 1131 erhalten haben, auf der auch die Heiligsprechung Godehards erfolgte. Die in der Frühgeschichte des Hildesheimer Doms faßbaren Rotunden waren im 12. Jh. nicht mehr vorhanden und werden daher keinen Einfluß auf das Baugeschehen gehabt haben.

Die hohen Arkaden der ausgeschiedenen Vierung gliedern das flachgedeckte Innere, das Querhaus ist durch Arkaden in der Flucht der Seitenschiffwände nochmals unterteilt. Der innere Teil der Querhausarme mündet in den Chorumgang. Im Langhaus wird der Blick, besonders nach dem Verlust der historischen Ausmalung 1961–62, auf die Schachbrettfriese der Arkadenrahmungen und auf die Arkaden selbst gelenkt. Sie ruhen auf vier Pfeilern und zwölf Säulen. Die Kapitelle dienten zugleich als Reliquiare. Die 1962 entdeckten Reliquiengefäße tragen das Siegel des Gründungsabtes Friedrich. Die beiden östlichen Kapitelle im Norden sind figürlich ausgestaltet (u. a. mit Christusszenen: Geburt, Heilige Familie, Gefangennahme Christi), die beiden westlichen im Süden zeigen Masken. Unter den übrigen ornamental geschmückten Kapitellen befinden sich ein Flechtbandkapitell, ein Doppelschild-Lilien-Kapitell und zwei ›Palmetten-Ringband-Kapitelle‹. Seit sie hier zum erstenmal verwendet und anschließend bei anderen Kirchenbauten beliebt wurden, gelten diese Kapitelle geradezu als Leitform der von St. Godehard ausgehenden Bautradition (drittes Kapitell im Norden, zweites Kapitell im Süden). Künstlerisches Vorbild für die sogenannten Godehardi-Kapitelle sind in erster Linie diejenigen der Stiftskirche in Quedlinburg (geweiht 1129). Der Ostbau besteht aus dem Chorjoch mit Pfeilern und Zwischensäulen, ein die Apsis umlaufender Chorumgang wird von vier Säulen abgeteilt. In der Ostpartie blieb die qualitätvolle historische Ausmalung von Michael Welter aus Köln (1861–63) erhalten. Auf Kapitelle und Bögen wurden in historischer Malweise sowohl ornamental als auch figürliche Szenen aufgetragen, wie z. B. in der Vierung Christus zwischen Engeln und Evangelisten, an der nördlichen Chorseite Christus am Kreuz, die Anbetung der Könige und die Verkündigung, in der Apsis Christus in der Mandorla mit den klugen und den törichten Jungfrauen und zwischen den Fenstern den vier Engeln, an der Südseite die Ausgießung des Heiligen Geistes, Auferstehung und der segnende Christus mit den schlafenden Wächtern. Schon der romanische Bau ist mit Sicherheit farbig gefaßt gewesen; Reste dieser Ausmalung wurden im 19. Jh. vor der Neuausmalung entdeckt. Zur historischen Ausstattung, die teilweise von Carl Dopmeyer (Hannover) geschaffen wurde, zählen neben dem bedeutenden Orgelprospekt (Entwurf C. W. Hase, 1860) noch der Hochaltar, der Chorfußboden und der spätklassizistische Altar mit gotischen Statuen in der Südapsis. Das Triumphkreuz mit Maria und Johannes an der Stirnwand des Südquerhauses entstand um 1470, die Assistenzfiguren sind etwa 40 Jahre älter. Der Chorumgang bewahrt noch umgearbeitete Teile eines gotischen Gestühls mit geschnitzten Reliefs und teilweise vollplastischen Schnitzfiguren. Die Chorschranken entstanden um 1700. Die heute als Taufkapelle genutzte Westapsis enthält ein Taufbecken aus Stein, das auf den vier Paradiesströmen ruht. Das den Raum abschließende Eisengitter entstand wiederum um 1700.

An das Südquerhaus stößt der östliche Klausurflügel an, der nach Abrissen in der ersten Hälfte des 19. Jhs. und 1969 (!) als einziger noch erhalten blieb. Er enthält zwei mit vier Mittelstützen versehene gewölbte Räume, die Sakristei und den Kapitelsaal des mittleren 12. Jhs. Die reiche Ornamentik der Kreuzgangfenster im Kapitelsaal steht gleichzeitig errichteten Bauten in Goslar nahe. – Die Neue Abtei von 1677, mit Knorpelwerk-Portal, dient heute als Katasteramt.

Östlich des Viertels um St. Godehard bilden die Wollenweber- und die Keßlerstraße sowie der Gelbe Stern ein weiteres Quartier, in dem sich ältere Bausubstanz – auch hier vornehmlich Fachwerkhäuser – erhalten hat. Hervorzuheben ist das *Waffenschmiedehaus Gelber Stern 21*, ein kleines, 1548 erbautes Traufenhaus mit Vorhangbogen, Fächerrosetten und zwei Königsbüsten. Der Straßenzug zwischen Gelber Stern und Wollenweberstraße wird von einem *historischen Baublock* aus einfach gegliederten Backsteinbauten eingenommen; mit schlichten, von Formsteinen gerahmten Segmentbogenfenstern und glasierten Klinkern an Gesimsen und Fensterbänken wirkt er wie ein großstädtischer, für eine Stadt wie Hildesheim recht bemerkenswerter Block von Vorarbeiterhäusern. Die Straße reicht hier bis an den Wall heran, der als Erneuerung der mittelalterlichen Befestigung – von ihr blieb noch ein Stadtturm erhalten – Teile der Altstadt umzieht. Von der Keßlerstraße führt eine schmale Gasse zum früheren Stadtturm, dem ›Kehrwieder‹, einem spätmittelalterlichen Torturm. Etwas weiter unterhalb durchsticht ein barocker Tunnel den jüngeren Wall.

Die nahe gelegene *Neustädter Lamberti-Pfarrkirche* steht hingegen wieder in völlig neuer Umgebung. An einen querrechteckigen geschlossenen Turm ist das lichte siebenjochige Hallenlanghaus angefügt, dessen Seitenschiffe gerade schließen, während eine Fünfachtel-Apsis das Mittelschiff begrenzt. Einfache Achteckpfeiler tragen die Kreuzrippengewölbe; die Konsolen der Gurtbögen, die unmittelbar unter den Kämpferplatten abgekragt sind, zeigen Masken, z. T. auch Wappen und in einem Fall zwei Schuhe, sicherlich ein Hinweis auf die Zünfte, von denen der Bau finanziert worden war. Die wesentlichen Ausstattungsstücke befinden sich in den Chorjochen. Das Hauptwerk in der Kirche ist die gemalte Altartafel mit einem Kreuzigungsbild und den Bildern der Gefangennahme Christi, der Kreuztragung sowie der Beweinung und Grablegung Christi. Eigentümlich ist, daß Mittelbild und Seitenbilder miteinander verschmelzen. Besonders deutlich wird dies bei der Kreuztragung (links unten), wo Christus schon auf dem Rande des Mittelbildes steht. Aber auch die Fortsetzung der Landschaftskonturen oder des Zaunes (rechts) macht diese Kompositionsweise deutlich. Das Altarbild wird durch einen Lübecker Schüler des westfälischen Meisters Konrad von Soest vermittelt. Der Altar, 1433 erstmals genannt, muß kurz zuvor entstanden sein. Die Seitenflügel sind verstreut und befinden sich teilweise in Privatbesitz. Der Taufstein ist ein Werk der Renaissance (Hans Meisner aus Braunschweig, für die Mitte des 16. Jhs. nachzuweisen). Es handelt sich um einen auf drei Löwen stehenden Bronzeguß mit wenigen Reliefs am Beckenrand. Am Becken selbst sind das Kreuz Christi sowie die Bischöfe Lambertus, Bernward und Godehard, und auf dem Deckel der Taufe die Evangelisten und Apostel dargestellt. Ein Kronleuchter ziert auch hier das Joch vor dem Chor. Er ist um 1700 entstanden und somit ebenso wie der Prospekt der sonst neuen Orgel ein barockes Werk (am Rückpositiv von 1765 datiert).

Die *Kreuzkirche* hat im Mittelschiff deutlich erkennbar den Rest des romanischen Baus bewahrt, als einziger in Hildesheim mit Emporen. Das verhältnismäßig kurze, vierjochige Langhaus verfügt über eine Emporenzone aus einer breiten und drei schmaleren Arkaden, die von kleineren und größeren rechteckigen Pfeilern getragen werden. Die ungewöhnliche Bauform erklärt sich aus einer ursprünglich ganz unkirchlichen Nutzung dieses Gebäudes: Das Langhaus ist der Überrest eines dreischiffigen ottonischen Torbaus (um 1000) einer bischöflichen Eigenbefestigung. Er wurde bis 1027 durch Errichtung einer Turmfassade in eine Kirche und zu Zeiten Bischof Hezilos (1054–79) schließlich in ein Kanonikerstift, d. h. aus einem ›domus belli‹ in ein ›domum pacis‹ umgewandelt. Bei dieser Erweiterung fügte man eine Choranlage an. Östlich schließt dieses Langhaus in einer Arkade ab, die auf Emporenhöhe eine Brücke zwischen den Seitenschiffen bildet, eine für die hiesige Architektur vollends ungewöhnliche Form. Auf Emporenhöhe sitzt überdies ein tief heruntergezogener Scheidbogen zur Vierung, die mit dem Querhaus nachträglich (im 11. Jh.) angebaut wurde.

Von den Seitenschiffen ist nur noch das romanische südliche erhalten. Es wird jedoch westwärts durch einen breiten Pfeiler mit einer zur Empore führenden Wendeltreppe versperrt. Sie markierte den Abschluß des ursprünglichen Langhauses, an das nach Westen um 1027 ein Turmbau angefügt wurde. Nach Süden hin ist das Seitenschiff durch Kapellen des 14. und 15. Jhs. erweitert. In letzterer stellte man vor einer gemalten Kruzifixdarstellung einen kleinen spätgotischen Altar mit fünf Heiligenstatuen (in der Mitte die Madonna) auf. Das Altargehäuse wurde im 19. Jh. erneuert. In der östlichen Seitenschiffkapelle befindet sich eine Statue des gegeißelten Christus.

Das Querhaus weist eine ausgeschiedene Vierung auf. An der Stelle des barocken Vierungsturms von 1787–90 stand ursprünglich ein Turm aus dem 12. Jh. Das Querhaus öffnet sich nach Osten in zwei Nebenapsiden sowie den Hauptchor mit erneuerter Hauptapsis. In der südlichen Nebenapsis wurde ein Taufkessel aufgestellt, der 1592 von Mante Pelckinck geschaffen wurde. Über dem Fuß mit Aposteln und Evangelisten befindet sich das Taufbekken (vgl. die Kirche in Hess. Oldendorf, S. 334, und St. Stephani in Helmstedt, S. 103) mit Darstellungen, die sich auf die Taufe und die Bedeutung des Taufaktes bzw. des Wassers allgemein beziehen. Das für den Humanismus typische Interesse an beziehungsreichen Bildprogrammen wird hier sehr deutlich. Man erkennt die Taufe Christi, ferner eine zeitgenössische Taufdarstellung, die Auferstehung, den ungläubigen Thomas, Paulus mit dem von ihm später getauften Kerkermeister (›Acto Apstolorum XVI‹, d. h. Apostelgeschichte) und den bekehrten Saulus, der von Ananias geheilt wird (›Acto IX‹). Am Deckel finden sich die Arche Noah und der Zug durch das Rote Meer, Philippus, der den Kämmerer aus dem Mohrenland tauft (›Acto VIII‹), der taufende Petrus (›Acto X‹; in zeitgenössischer Tracht des 16. Jhs.) und schließlich Darstellungen aus dem Johannesevangelium und dem Buch des Propheten Hesekiel. Der Taufdeckel wird von einem Gnadenstuhl getragen.

Das gesamte nördliche Seitenschiff sowie das nördliche Querhausjoch wurden barock erneuert. Das Seitenschiff verbreiterte man, und die Joche erhielten Wandvorlagen mit ionisierenden Volutenkapitellen sowie Gurtbögen. Eine Portalarchitektur führt in das Querhaus, in dessen Apsis sich ein barocker Altar mit gedrehten Säulen befindet, von einer weiteren Portalarchitektur im gleichen Stil gerahmt. Die Westfassade der Kreuzkirche ist barock, wobei die Rücksichtnahme auf die barocke Verbreiterung des linken Seitenschiffes und auf das rechts anschließende Kapitelhaus zu einer unsymmetrischen Gestaltung geführt hat. Die zum Mittelgiebel hin gestaffelte Fassade ist im Obergaden mit der Jahreszahl 1712 versehen. Das vor die Fassade gestellte Portal setzt sich aus Freisäulen, korinthischen Kapitellen und einem gesprengten Giebel zusammen. Baumeister ist Justus Wehmer, der bis weit nach Westfalen hinein mit wichtigen Bauaufgaben betreut wurde. Die Statuen am Treppenaufgang zum Kirchplatz stellen Petrus und Mauritius dar, sie entstanden 1727 unter Verwendung von zwei Sockeln aus dem Jahre 1603, die eigentlich für eine frühere Christus- und eine Mauritiusstatue geschaffen worden waren. Das Kapitelhaus wird auf das 12. Jh. datiert. Allerdings sind insbesondere die rundbogigen Fenster der zwei unteren Geschosse allesamt stark umgebaut worden und vermutlich Erneuerungen des 15. und 16. Jhs. zuzurechnen. Die beiden Portale sind gotisch.

Im Stadtzentrum steht die *Pfarrkirche St. Andreas*. Einer schon für das frühe 11. Jh. genannten Kapelle folgte um 1140 ein größerer basilikaler Neubau (1949 ergraben) mit Westriegel. Weitere Hinweise auf die Baugeschichte finden sich erst wieder für das Jahr 1297. Sie beziehen sich auf Altarstiftungen, die von H. J. Böker neuerdings mit den Chorkapellen in einen zeitlichen Zusammenhang gestellt wurden. Tatsächlich mag der neue Chor gegen 1300 gleichzeitig mit dem Bau der Chorkapellen begonnen worden sein. Die Errichtung des Chormittelschiffs dürfte man Mitte des 14. Jhs. fortgesetzt haben. Erst 1889 entstand die nordöstliche Eingangshalle. Während das nördliche Seitenschiff schon 1404 vollendet gewesen zu sein scheint, zog sich der Bau des Langhauses noch bis zum beginnenden 16. Jh. hin. 1503 war auch der Unterbau des neuen Westturms fertiggestellt. Den romanischen Westriegel hatte man zunächst beibehalten, um ihn erst bei Schließung des Langhauses abzubrechen. Doch dazu sollte es nicht mehr kommen: Abbildungen des 19. Jhs. zeigen den gotischen und den noch erhaltenen romanischen Westturm hintereinander, nur die Seitenschiffwände hatte man im Spätmittelalter durchgezogen. Erst der Historismus machte ab 1883 die Vollendung der Kirche möglich, allerdings unter Beibehaltung des romanischen Westbaus im Innern. – Beim Chorbau mag man sich typologisch am Kölner Dom orientiert haben, der ebenfalls einen Umgangschor mit Kapellenkranz aufweist. Ohnehin haben sich wesentlich mehr Kirchenbauten Westfalens und Niedersachsens nach seiner Architektur gerichtet als bisher häufig angenommen wurde. Einige Einzelformen der Andreaskirche lassen auch eine Beziehung zum Dom in Halberstadt erkennen.

Der Marktplatz in Hildesheim. Historische Ansicht ▷

HILDESHEIM

Stark gliedernd wirken am Außenbau die Schwibbögen zwischen den Seitenschiffstrebepfeilern und den Vorlagen des Mittelschiffs. Zu unterscheiden ist das gotische Mauerwerk von dem des historistischen Zwischenbaus nur bei genauem Hinsehen durch ein technisches Detail: Das mittelalterliche Mauerwerk hat in jedem Stein ein mittleres Loch für den Kran, das im neuzeitlichen Mauerwerk dank gewandelter Bautechnik fehlt. Obwohl die Kirche äußerlich sehr lang wirkt, ist das gotische Mittelschiff nur vier Joche lang. An das vierte Joch schließt das Chorrund mit seinem Fünfzehntel-Schluß an. Es handelt sich um einen basilikalen Umgangschor mit fünf Chorkapellen. Das Mittelschiff zeigt ein erst nach dem Krieg geschaffenes Sterngewölbe; Seitenschiffe und Chorumgang sind mit Kreuzrippengewölben überdeckt. Auch die Seitenschiffe der Halle haben flache, kapellenartige Nischen. Das Portal im romanischen Westbau führt in das heute überdachte Zwischenjoch vor dem gotischen Westturm. Ein Seitenraum ist hier als Taufkapelle genutzt, dort steht das 1547 von Hans Sievers aus Messing gegossene Taufbecken, dessen Grundplatte von den personifizierten Paradiesströmen getragen wird. Aus einem schlanken Säulenstück erwächst das Becken mit einer als Relief gestalteten Wandung; der Deckel ist mit Dreipässen versehen. In einigen Motiven mag man den Versuch erkennen, die Formen des romanischen Dom-Taufbeckens in den Stil der frühen Renaissance zu übersetzen. Das Glasfenster schuf Kurt Sohns (Hannover) 1966. Die übrige Ausstattung ist zumeist modern, nennenswert sind das Altarkreuz und vor allem die an den Radleuchter im Dom erinnernde ringförmige Abendmahlsgruppe, Bronzearbeiten von Ulrich Henn.

Südlich der Kirche steht die *Alte Münze*, ein mittelalterlicher Massivbau, dessen Rechteckfenster im Hauptgeschoß eine segmentbogige Blendmaßwerkrahmung haben.

Der *Marktplatz* Hildesheims wurde 1945 bis auf das Rathaus und das Templerhaus zerstört. Der Wiederaufbau der 50er Jahre orientierte sich, außer bei den Proportionen des *Wedekindhauses*, nicht an den zerstörten Häusern wie etwa dem berühmten *Knochenhaueramtshaus*. Der Marktplatz wurde nach heftigem Streit, in den sich neben bundesdeutschen Organen selbst die SED unter Walter Ulbricht einschaltete, nach einem Grundplan von Gerhard Graubner vergrößert. Daß Ulbricht sich für die Rekonstruktion des Knochenhaueramtshauses einsetzte und sich damit – wenn auch mit ganz anderen Argumenten – auf seiten der konservativen bundesdeutschen Streiter für diese Rekonstruktion befand, zeigt die weitreichende Beachtung der damaligen geplanten Baumaßnahmen. Ungeachtet der Proteste entstand ein Neubau, das siebengeschossige Hotel Rose. Seine Obergeschosse waren durch schlanke Betonpfeiler gegliedert und mit ornamentalen Brüstungsplatten versehen, die sich in Fensterbahnen auflösten. Tatsächlich paßte sich das Gebäude kaum dem Altstadtbild an. Doch verglichen mit häßlichen Kaufhaus- und Verwaltungsfassaden, die in anderen Städten an ähnlichen Stellen entstanden sind (in Hildesheim aber auch nicht fehlen), setzte dieses Haus zumindest einen städtebaulichen Akzent, der über Hildesheim hinaus – nicht nur wegen des Streits um seine Errichtung – schon früh Beachtung fand. Der von G. Graubner 1951 vorgesehene Bau entstand allerdings erst 1962–63 nach Plänen des Hannoveraner Architekten Dieter Oesterlen. 1987 wurde das Haus abgebrochen, um eine Kopie des vollkommen zerstörten Knochenhaueramtshauses entstehen zu lassen. Einer derzeit geführten Diskussion um Denkmalschutz für Bauten der 50er und 60er Jahre kam man auf diese Weise zuvor, was mancher begrüßen wird, andere aber bedauern.

Auch die Fassaden der drei Gebäude an der südlichen Platzfront, des *Wedekindhauses*, des schlichten *Barockbaus* des 18. Jhs. und des sich anschließenden *Massivbaus* des 15. Jhs., sind anhand älterer Fotografien rekonstruiert worden. Künstlerisch-handwerklich einwandfrei geschaffen, stoßen solche Kopien dennoch auch auf deutlichen Widerstand, da sie im Sinne der Denkmalpflege angesichts von zwei bis drei Millionen Denkmälern in der Bundesrepublik leicht zu Prestige- und Alibibauten werden. Sie mögen eher zur konsumträchtigen Innenstadtbebauung beitragen als zur Veränderung des Bewußtseins zu schonendem Umgang mit historischen Gebäuden. Das trifft auch für die Rekonstruktionen in Hildesheim, Hannover und (als Vorbild in Deutschland) Frankfurt zu, selbst wenn man der Bereitschaft grundsätzlich positiv gegenüberstehen sollte, für historische Gestaltungen ebenso erhebliche Investitionen zu leisten wie sonst nur für moderne Bauten.

Das rekonstruierte *Wedekindhaus* ist wieder mit den geschnitzten Brüstungsplatten unter allen Fenstern versehen worden, die einen guten Eindruck vom gestalterischen Reichtum eines Renaissancefachwerkhauses (1598) geben. Das *Knochenhaueramtshaus* zählte vor seiner Zerstörung zu den berühmtesten Fachwerkhäusern Deutschlands. Soweit es die Fassade betrifft, soll es deshalb beim Wiederaufbau dieselbe Form erhalten, wie sie seit 1529 bestanden hatte. Das dreigeschossige Gebäude beherrschte früher mit seinen fünf Vorkragungen und vor allem dem mächtigen Giebel den Marktplatz.

Fassadenausschnitt des Knochen-
haueramtshauses in Hildesheim.
Historische Tuschezeichnung

HILDESHEIM

Das *Templerhaus* ist ein Steinbau mit hohem sechsgeschossigem Blendgiebel, seitlichen Rundtürmchen und offenen Maßwerkbögen sowie einer zweigeschossigen Auslucht. Ursprünglich mögen die beiden unteren Geschosse als hohe Diele zusammengefaßt gewesen sein. Der Giebel war vermutlich nur durch die kleinen Spitzbogenfenster gegliedert, die im Obergeschoß dreifach, im unteren Giebelgeschoß zweifach und im oberen Giebelteil zweifach in schlichteren Formen gestaltet waren. Die Rundtürmchen wurden wohl um 1500, die Lucht schließlich 1591 hinzugefügt, spätestens nun mag man auch die Diele zweigeschossig unterteilt haben; die Rechteckfenster gehören erst dem 18. Jh. an.

So selten wie man heute in der Lage ist, historische Bauteile auf den ersten Blick von mittelalterlichen zu unterscheiden, wird es dem Betrachter dieser Häuser in einigen Jahrzehnten auffallen, daß er es hier vielfach mit völligen Neubauten zu tun hat. Diese Tatsache läßt sich auch an Teilen des *Rathauses* verdeutlichen. Die dem Markt zugewandte Fassade ist dreiteilig (Abb. 41), der mittlere Teil übergiebelt. Mittelalterlichen Ursprungs sind alle drei Teile, doch über eine Bausubstanz aus dieser Zeit verfügt in erster Linie nur der mittlere Bauteil. Er hat eine besonders hohe dreibogige, rippengewölbte Laube im Erdgeschoß. Darüber sitzen drei gestaffelte Fenster. Dieser bruchsteingemauerte Bereich ist mittelalterlich, der gequaderte Giebel darüber entstand im Historismus. Der sich anschließende linke Flügel wurde nach dem Krieg vereinfacht wiederaufgebaut, doch gerade die niedrigen Arkaden blieben erhalten und lassen in Detailformen wie im Vorhandensein eines Schlußsteins eine Entstehungszeit im frühen 14. Jh. erkennen. Der rechte Gebäudeteil schließlich wurde in seiner Substanz am stärksten erneuert. Hier gehört offenbar das meiste der Fassade dem Historismus an, wobei man das alte Quaderwerk rekonstruierte und teils ersetzte. An der Seitenfront ist das alte Mauerwerk erkennbar. Die gesamte Laubenzone wurde dem älteren Rathaus vorgebaut. Dieses ist nun allerdings ein vollständiger Wiederaufbau, nachdem bereits 1883–92 eine erste Renovierungs- und Erweiterungsphase stattgefunden hatte. Dem Mittelalter gehört noch der turmartige dreigeschossige Abschlußbau im Nordwesten an, der aus sorgfältig vermauerten Quadern besteht, vom historischen Mauerwerk wiederum durch die Verwendung gelochter Steine zu unterscheiden.

Der *Marktbrunnen* ist eine Nachschöpfung des 1540 nach Vorlagen von Georg Pencz entstandenen Brunnens, dessen Originalreliefs verwittert sind.

Der Marktplatz wird nördlich durch die *Altstädter Pfarrkirche St. Jakobi* begrenzt. Sie ist eine vierjochige und dreischiffige Hallenkirche, deren Mittelschiff in einer polygonalen Apsis endet. Der spätgotische Bau wird von einem fast manieristisch wirkenden Sohlbankgesims umzogen, das von den Fensterbänken zu den anschließenden Wandstücken neben den Strebepfeilern verspringt, und z. T. noch Relieffelder umzieht. Allerdings beschränkt sich die Strebepfeilergliederung auf die Traufenseiten des Langhauses, während in den Ecken, wo sie in statischer Hinsicht besonders wichtig wären, keine Pfeiler stehen. Die Westseite wird von einem viergeschossigen Turm eingenommen, an dem sich in vier flachen Nischen auf vorkragenden Konsolen und unter Wimpergen die gotische Statue des Jakobus und drei historische Statuen befinden. Auch hier verspringen die Gesimse um die Nischen.

Die *ehemalige Benediktiner-Klosterkirche St. Michael* im Nordwesten der Altstadt kann kunsthistorisch als der wichtigste Bau in Hildesheim gelten (Farbabb. 17). Das Kloster wurde durch Bischof Bernward wohl kurz nach der Jahrtausendwende gegründet, mit dem Bau der Kirche ist laut Grundsteindatierung um 1010 begonnen worden. Im Jahre 1033 wurde die Kirche geweiht. Nach einem Brand 1162 oder 1164 fanden Erneuerungsarbeiten statt (Weihe 1186), bei denen das südliche Seitenschiff gotisch verändert und mit größeren Maßwerkfenstern ausgestattet worden ist. Nach dem Dreißigjährigen Krieg brach man erhebliche Teile der Kirche – so den westlichen Vierungsturm mit dem Südflügel des Querhauses sowie den Ostchor – ab und baute den östlichen Vierungsturm barock aus. Bei der Wiederherstellung des Bauwerks durch Baurat C. W. Hase (1855–57) beließ man diese Teile weitgehend im vorgefundenen Zustand, erst 1907–10 wurde das westliche Querhaus wiederaufgebaut, und nach den Zerstörungen des Zweiten Weltkrieges stellte man auf maßgebliche Initiative des Landeskonservators Oskar Karpa die vollständige Rekonstruktion des ottonischen Zustandes wieder her. Man konnte sich dabei auf Zeichnungen stützen, die den Zustand des Bauwerks vor dessen Umbau nach dem Dreißigjährigen Krieg dokumentierten.

Der ottonische Bau ist eine Basilika mit westlichem und östlichem Querhaus, an dessen Stirnseiten vier Treppentürme, drei Ostapsiden und eine Westapsis mit Krypta anliegen. Letztere stammt weitgehend aus dem 12. Jh. Dem ottonischen Bauschema liegt das Quadrat als Raster zugrunde, das sowohl für die Konstruktion des Grundrisses als auch des Aufrisses genutzt wurde. Allerdings darf man sich hier keine so strenge und zentimetergenaue geometrische Grundform vorstellen, wie man sie etwa heute beim Frankfurter Architekturmuseum vorfindet. Das Quadrat war bei diesem Bau offenbar nicht nur Hilfsmittel zur Bauplanung, sondern auch optisches Gliederungsmoment, und gerade dieser Umstand hat St. Michael in der Kunstgeschichte sehr bekannt gemacht.

Das Langhaus folgt dem niedersächsischen Stützenwechsel, zwischen beiden Querhäusern stehen somit vier Zwischenpfeiler und zwölf Säulen – Zahlenverhältnisse, die sicherlich theologisch begründet sind (Evangelisten, Apostel). Der Stützenwechsel findet sich hier wohl zum erstenmal. Die Räume sind bis auf das im 12. Jh. gewölbte Querhaus

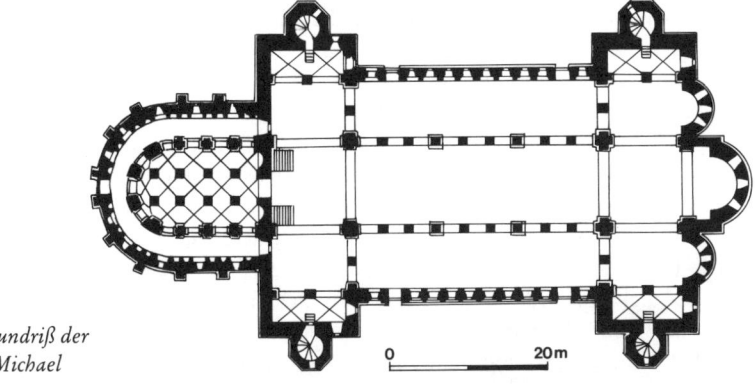

Hildesheim, Grundriß der Pfarrkirche St. Michael

flach gedeckt (die Gewölbevorlagen sind vereinzelt noch erhalten). Bemerkenswert ist die Querhausgliederung (Engelschöre), bei der über zwei Arkaden im Erdgeschoß vier Emporenarkaden und sechs Obergadenarkaden aufgebaut sind, die im Querhaus die äußeren gewölbten Seitenräume abtrennen (Abb. 35). Vorbild war möglicherweise die karolingische Ratgarbasilika in Fulda. Außer den weitgehend nur im Querhaus erhaltenen ottonischen Säulen und Kapitellen sind zwei weitere Kapitele auch im Mittelschiff zu finden. Sie tragen Heiligennamen und dien(t)en offenbar als Reliquiare wie später die Kapitelle von St. Godehard. Im Langhaus erneuerte man die übrigen Kapitelle nach 1162/64 (unter Einfluß von St. Godehard und der Stiftskirche in Königslutter), versah die Arkaden zum Südseitenschiff hin mit Stuck und brachte auf den Kämpferplatten Stuckreliefs weiblicher Heiliger an.

Der Westchor ist äußerlich ein Werk des späten 12. Jhs. und besteht aus einem pultdachgedeckten Umgang mit einem hohen westlichen Portal sowie rundstabgerahmten Obergadenfenstern, die durch einen Rundbogenfries abgeschlossen werden. Er enthält eine tonnengewölbte Umgangskrypta, deren Wand nach außen hin mit Fenster- und Mauernischen aufgelöst ist. Rundbogige Arkaden auf kräftigen kreuzförmigen Pfeilern trennen sie von der inneren Hallenkrypta, deren gratgewölbte Joche wiederum auf kräftigen Rundpfeilern ruhen. In dieser Hallenkrypta, die 1015 geweiht wurde, stehen der Sarkophag und die Grabplatte Bernwards († 1022).

Die figürlich bemalte *Holzdecke* bedarf besonderer Aufmerksamkeit (Farbabb. vordere Umschlaginnenklappe). Während des Zweiten Weltkrieges ausgebaut, ist sie trotz Übermalungen und Reparaturen (das östliche Deckenfeld wurde durch Einsturz und Abbruch des Vierungsturmes im 17. Jh. zerstört und im 19. Jh. erneuert) weitgehend in der romanischen Form erhalten geblieben. Obwohl die Holzdecke aus kunsthistorischer Sicht zumeist auf das frühe 13. Jh. datiert wird –, was Motive des spätromanischen ›Zackenstils‹ bei einigen Figuren unterstreichen würden – läßt sie sich historisch am ehesten den Umbauten des späteren 12. Jhs. zuordnen. Zwei Reihen kleiner Seitenfelder rahmen acht Mittelfelder, die oberhalb des Sündenfalls (im Westen) den Stammbaum Christi (Wurzel Jesse) vom ruhenden Jesse bis zum segnenden Christus darstellen. Evangelistensymbole bilden die Eckabschlüsse, die Evangelisten selbst befinden sich in den Ecken des inneren Ringes. Die Medaillons stellen im übrigen die Ahnen Christi dar, die rechteckigen Felder zeigen die Propheten. Die Darstellung des Sündenfalls wird von den vier Paradiesströmen gerahmt, die von Jünglingen aus Krügen ausgeschüttet werden. Dieses sehr bedeutende Beispiel romanischer Malerei besticht durch den klaren farblichen Kontrast zwischen den blau grundierten Feldern und den vornehmlich rot, aber auch gelb und grün ausgemalten Rahmungen und Gewändern. Neben den statuarisch dargestellten Propheten, die allesamt vor dem Rahmen stehen oder sitzen, ist die sich um die Medaillons rankende Ornamentik bemerkenswert. Sie hat in spätgotischen Ornamentstichen einen Nachfolger gefunden.

Die Chorschranken der westlichen Vierung sind in guter bildhauerischer Qualität mit flachen Stuckreliefs versehen. Sie zeigen in einzelnen überkuppelten Arkaden die Heiligen Benedikt (Abb. 37), Jakob, Petrus, die Madonna, Paulus, Johannes und Bernward (Abb. 38). Die Arkaden sind mit Faltkuppeln versehen, über Bündelsäulen findet man mehrgeschossige Zentralbauten dargestellt. Das Bild des Bernward ist vermutlich erst nach dessen Heiligsprechung im Jahr 1193 entstanden, wenngleich er auch schon vor 1193 verehrt wurde. Zur Vierung weisen kleine Reliefs: der Chor der Engel und ein Fries mit Fabelwesen (Vögel mit menschlichen Köpfen), als deren Gegenstücke diejenigen in Halberstadt und in der Neuwerkkirche in Goslar gelten (s. S. 176). Im angeschlossenen westlichen Nordquerhausarm hängt das große Epitaph der Familie v. Bothmer mit einer plastischen Darstellung der Familie vor dem Relief des Schmerzensmannes. Diese Aufteilung der Bildebenen macht deutlich, daß Bothmer nicht bildlich in die Zeit Christi versetzt werden sollte – auch dies kommt häufiger bei derartigen Werken vor –, sondern die Darstellung Christi als Bild im Bilde zu verstehen ist. In der Westapsis steht der geschnitzte Flügelaltar des frühen 16. Jhs. mit der Madonna und je drei Heiligen zu ihren beiden Seiten; die gemalten Außenseiten werden dem Northeimer Maler Hans Raphon zugeschrieben.

Im östlichen Nordquerhaus steht der Taufstein. Das Becken ist mit dem Satz »Diederich Mente goß mich in Hildesheim Anno 1618« bezeichnet. Die Grundplatte, mit den Evangelistensymbolen versehen, lehnt sich gegen die Rücken von vier Putten als Symbolen der Paradiesströme. An der Standsäule sind Apostelreliefs angebracht; am Becken findet man Darstellungen der Taufe Christi sowie Taufszenen der Apostelgeschichte (*ACTO*) und Auferstehung Christi (Matth. 3,28), in gleicher Anordnung und Reihenfolge wie am Taufbecken Mante Pelckings in der Kreuzkirche (s. S. 151). Der Kruzifix hinter dem Hochaltar entstand um 1500, die Assistenzfiguren aus der ersten Hälfte des 15. Jhs. (Maria und Johannes) gehörten ursprünglich zu einem vermutlich größeren Triumphkreuz. Im Norden ist der Kirche ein Kreuzgang angegliedert, von dem nur noch der Westflügel steht. Zwischen einzelnen Pfeilern, nachträglich durch Strebepfeiler verstärkt, finden sich Rundbogen- und Dreipaßarkaden auf zierlichen, Ende des 19. Jhs. zumeist erneuerten Säulchen. Die weitgehend kopierten Einzelformen weisen in die Zeit um 1230. Der gratgewölbte Kreuzgang wird durch kräftig profilierte Gurtbögen in acht Joche geschieden. Hier sind die Fragmente dreier 1945 zerstörter Kapitelle aufgestellt, im Langhaus durch Blockkapitelle ersetzt.

Das *Augustinerkloster* am Wohl dient der Caritas heute als Altenheim. Die Klostergebäude sind im 18. Jh. stark erneuert bzw. völlig neu gebaut worden und zeigen sich in durchweg einfacher Gestaltung. Die südlich den Komplex abschließende, heutige katholische *Pfarrkirche St. Magdalena* ist eine dreischiffige, dreijochige Hallenkirche mit einschiffigem gerade geschlossenem Chor. Auf der Südseite läßt sich im Mitteljoch noch das rundbogige Portal des ursprünglichen Eingangs sowie darüber das vermauerte Rundfenster erkennen. Die Fenster sind hier weit zur Seite gerückt (Gewände erneuert); im Ostjoch stehen die Fenster ähnlich weit auseinander, obwohl der Eingang, dessen barocke Umrahmung aus zwei ionischen Säulen und einem gesprengten Giebel besteht, an dieser Stelle erst 1791 entstanden zu sein scheint. Die Westseite mit einfachem Dreiecksgiebel wird von Strebepfeilern gegliedert und von zwei seitlichen polygonalen Treppentürmchen gerahmt, die erst im Obergeschoß über figurierten Konsolen ansetzen. Der Mitteleingang ist auch hier barockisiert, das Maßwerkfenster darüber spätgotisch wie die gesamte Westseite, die sich auch im Mauerwerk von der Südseite unterscheidet. Das von Säulen und Pfeilern unterteilte

HILDESHEIM / KLOSTER MARIENRODE

Langhaus wurde offenbar nicht vollendet, die geplante Lösung läßt sich aber wohl im Westjoch an den mit Rundvorlagen und Knospenkapitellen versehenen Rundstützen ablesen.

Den westlichen Abschluß der Altstadt an der Dammstraße bildet das *Haus der Landschaft*, 1715 durch Domherr Anton von Bocholtz als Privatpalais errichtet. Nach 1818 tagten hier die Landstände (Provinziallandschaft), für die das Haus 1894 stark erneuert wurde. Seit seinem Wiederaufbau 1975 sind hier das Stadtarchiv und die Bibliothek untergebracht.

Den benachbarten Komplex bildet das *ehemalige Franziskanerkloster*, das ab 1240 in der Nachfolge einer 1223 gegründeten Niederlassung entstanden war. Die heutige *Kirche* ist ein ehemals zweischiffiger Bau mit einschiffigem, vierjochigem und gerade geschlossenem Chor aus dem 15. Jh. Im 19. Jh. wurde die Baugruppe zu dem weithin berühmten *Roemer-Pelizaeus-Museum* umgebaut, dessen Ausstellungen zu Themen der außer- und mitteleuropäischen Kunst immer wieder große Anziehungspunkte in Hildesheim sind. Der Museumsbau nördlich der Kirche stammt von C. W. Hase, wurde jedoch nach Kriegszerstörungen stark erneuert. Das Museum setzt sich organisatorisch aus zwei Teilen zusammen, nämlich dem 1894 nach seinem Gründer benannte Roemer-Museum, das sich Erforschung und Präsentation der regionalen Kunst, Kultur und Landschaft zur Aufgabe gesetzt hat, und dem gleichfalls nach dem Stifter benannten, 1907 gegründeten Pelizaeus-Museum mit seiner Ägypten-Sammlung. Das gegenüberliegende *Fachwerkhaus* mit hohem Ständerwerk und Eselsrückenportal entstand um 1540/50.

Jenseits der Innerste befindet sich auf dem Moritzberg ein weiteres bedeutendes *Kloster*, dessen *Kirche St. Mauritius* noch romanisch ist. Ein Archidiakonatssitz aus der Zeit des Bischofs Godehard wurde vor 1058 zum Kloster erweitert, die Kirche selbst gehört dem dritten Viertel des 16. Jhs. an. Es handelt sich um eine kreuzförmige Säulenbasilika, neben jener von Neuenheerse (Ostwestfalen/Engern) eine der wenigen im sächsischen Bereich überhaupt. Das Querhaus schloß in zwei Nebenapsiden und dem Chorjoch mit Hauptapsis, die um 1400 durch einen rechteckigen gotischen Chorschluß ersetzt wurde. Unter dem

Ostansicht der Marienburg

Vorchor blieb die Vierstützen-Hallenkrypta aus der zweiten Hälfte des 11. Jhs. erhalten, deren monolithische Säulen Zungenblattkapitelle und kräftige blockhafte Kämpfer tragen. Die Vierung ist ausgeschieden. Im ursprünglichen Zustand muß man sich die Kirche flach gedeckt vorstellen, während heute der durch die Barockisierung entstandene Gesamteindruck eines flachen stukkierten Gewölbes vorherrscht. Diese Erneuerung, die den romanischen Bau geschickt in das barocke Konzept einbezog (z. B. die romanische Westempore), wurde 1745–47 ausgeführt. Der barocke Turm entstand 1765. Zum romanischen Baubestand gehört trotz der Zerstörungen in der Neuzeit (hier vor allem im Dreißigjährigen Krieg) noch der Kreuzgang, dessen rundbogige Arkaden bis auf fehlende Zwischensäulchen (zumeist eine oder zwei je Arkade) weitgehend erhalten sind. Kantensäulchen und Reste eingestellter Säulen mit Blattwerkkapitellen sprechen für eine Entstehung im letzten Drittel des 12. Jhs. Erneuerungen fanden im 13. Jh. (Südflügel), 14. Jh. (Ostflügel) und 16. Jh. statt.

Westlich der Stadt liegt die **Marienburg,** in deren Gebäude sich heute eine Brauerei befindet. Zur Kernburg von 1346 gehören der Bergfried sowie der steile Wohnbau unter einem Satteldach, in dessen viertem Geschoß (durch Zwillingsfenster und ein Gesims hervorgehoben) sich der Saal befindet. Der beide Bauten verbindende Flügel ist teils massiv (mittelalterlich), teils aus Fachwerk; der Längsflügel vor dem Bergfried ist ein zweigeschossiger, schlicht gestalteter Wirtschaftsbau im Fachwerkstil aus dem Jahr 1663 (Zimmerer Curt Meyer). Bischof Heinrich III. gründete die Burg zur Verteidigung gegen Hildesheim.

Im Nordwesten Hildesheims errichtete Bischof Heinrich II. zu Beginn des 14. Jhs. die **Burg Steuerwald,** deren turmartiger Wohnbau (Palas) ebenso erhalten blieb wie die 1507 errichtete Schloßkapelle.

Das **Kloster Marienrode** wurde 1125 als Augustinerniederlassung gegründet und ging 1259 an die Zisterzienser aus Isernhagen über. Erst 1806 wurde es aufgehoben; die Reformation hatte in Marienrode nicht Fuß fassen können, da sich das Kloster zuvor unter den Schutz der Calenberger Herzöge gestellt hatte. Die Klosterkirche ist ein überaus landschaftsprägendes Bauwerk, auch wenn der heutige Bau nicht mehr der ursprüngliche ist und somit nicht über die typischen hochmittelalterlichen Elemente einer Klosterkirche verfügt. Dennoch läßt der Grundriß vermuten, daß zumindest die Fundamente der Vorgängerkirche beim Neubau der Klosterkirche zwischen 1412 und 1462 berücksichtigt wurden. Das dreischiffige basilikale Langhaus erstreckt sich nur über eine Länge von drei Jochen, und die Seitenschiffe sind außerordentlich schmal. An das Querhaus schließt ein dreischiffiger Chor an, dessen Seitenchöre rechteckige Abschlüsse haben, während der Hauptchor mit einem polygonalen Abschluß versehen ist. Diese Anordnung findet man in ähnlicher Form bei Bauten des 12. Jhs., wie z. B. der Stiftskirche in Königslutter (s. S. 93). Das Äußere des einfachen Quaderbaus wird durch Strebepfeiler gegliedert, zwischen denen sich an der Westseite ein hoher Spitzbogen als Eingangshalle spannt. Die Fenstermaßwerke wurden Ende des 19. Jhs. erneuert und dabei verändert. Auch das Innere ist ausgesprochen schlicht. Die ursprünglichen Gewölbe sind mit Rippen versehen, einige wurden 1750 zu Gratgewölben umgebaut. Der Hochaltar aus dem Jahre 1802 ist das Werk des Salzdetfurther Tischler-

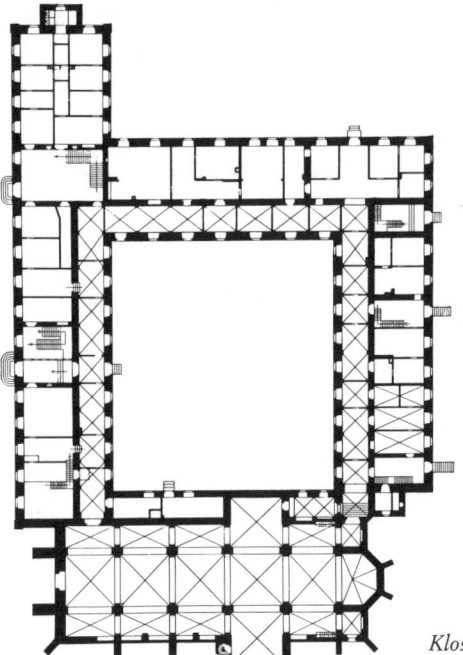

Kloster Marienrode, Grundriß der Kirche und der klösterlichen Konventsgebäude

meisters Schmidt. Die Seitenaltäre in Rokokoformen haben gemalte Bildtafeln mit einer Marienkrönung bzw. der Erscheinung Mariä vor dem heiligen Benedikt. Die nördlich an die Klosterkirche angeschlossenen Konventsgebäude sind barock erneuert, dürften sich jedoch auf dem alten Grundriß erheben. Drei Flügel umschließen einen Kreuzgang, der gleichfalls barocke Formen aufweist. In den westlichen Flügel, der als Prälatenwohnung diente, führt ein Barockportal mit Segmentgiebel, 1717 datiert. Der Wirtschaftshof des Klosters ist seit 1807 eine Domäne. Die Scheunen gehören zumeist noch der Klosterzeit an, sie entstanden in der Mitte des 18. Jhs. Dies gilt auch für den achteckigen Taubenturm – einst ein recht häufiges Bauwerk in einer Klosteranlage –, der Ende des 19. Jhs. mit einer aus Fachwerk konstruierten Wagenremise umbaut wurde. 1792 entstand die evangelische Kirche. Der schlichte spätbarocke Saalbau war ursprünglich eine den Heiligen Cosmas und Damian geweihte Wallfahrtskapelle.

Die *Pfarrkirche* in **Nettlingen** (Söhlde) ist ein einschiffiger Bau mit eingezogenem gotischen Chor und kräftigem Westturm. Das romanische Langhaus zeigt an seiner Südwand spätromanische Malereien, während die Chorgewölbe mit Bildnissen versehen sind, die der Entstehungszeit des Bauwerks entstammen. Zwei gemalte Glasfenster im Chorschluß – sie zeigen Anna selbdritt und einen Viola spielenden Engel – sind zwar nicht von überragender

Qualität, als erhaltene Beispiele für ländliche Glasfenster jedoch bemerkenswert. Der Hochaltar mit seitlichen Durchgängen und gedrehten Säulen ist ein Werk aus der Mitte des 17. Jhs. Das zweiflügelige *Schloß* der Jahre um 1570 ist mit seinem Treppenturm im Hofwinkel eine ganz typische, einfache Anlage der Renaissance.

Von derselben Familie, den Herren von Saldern, wurde auch das *Schloß* in **Hennekenrode** (Holle) erbaut, Inschriften nennen als Entstehungszeit die Jahre 1579 und 1580. Es ist ein einflügeliger Bau, dessen Front mit drei Zwerchgiebeln betont ist, deren mittlerer im 18. Jh. zum Risalit verändert wurde. Eine seitliche Auslucht steht unter dem Einfluß der Weserrenaissance. Das Innere ist stark umgebaut, die ursprüngliche Aufteilung derzeit nicht erkennbar. Der Gutshof liegt hufeisenförmig vor dem Schloß. Sein nördlicher Flügel wird von der Schloßkapelle eingenommen, die auch von der Gemeinde genutzt wird. Der einfache Bau stammt aus dem Jahr 1597, ist also einer der wenigen sakralen Renaissancebauten in dieser Gegend. Bedeutung hat namentlich der Altar, der um 1525 von einem Hildesheimer Bildhauer, dem sogenannten Urban-Meister, angefertigt wurde. Unter einem spätgotischen Rankenrahmen steht im Zentrum eine Madonnenstatue im Strahlenkranz, flankiert von den Heiligen Katharina, Anna, Georg, Pankratius, Maria Magdalena und Urban.

Von der einst aus Kern- und Vorburg bestehenden *Burganlage* in **Wohldenberg** (Holle-Sillium) sind nur zwei Flügel des Wohnbaus erhalten. Dazu gehören ein runder Eckturm und der quadratische Bergfried. Diese spätmittelalterlichen Teile wurden um 1731 durch Errichtung der Hubertuskapelle erweitert. Etwa gleichzeitig entstand eine Hubertuskapelle am Jägerhaus in Hainberg, eine in den Felsen gehauene Grotte. Jahreszahlen nennen die Jahre 1727 und 1733 als Entstehungszeit. Reliefs stellen die Hubertuslegende dar.

In **Söder** (Holle) steht ein bedeutendes *barockes Schloß*. 1742 wurde der gestaffelte breitgelagerte Baukörper vollendet und 1796 schmückend erneuert. Wirtschaftsbauten flankieren den teilweise von einem Wassergraben umgebenen Vorhof, der mit Torpfeilern und Pavillons eine repräsentative Zufahrt gewährt. Der Mittelbau mit steilem Dach und segmentbogig abschließendem Risalit wird von seitlichen Flügeln mit flachen Dächern gerahmt, denen außen Pavillonbauten mit Mansarddächern folgen. Die Staffelung der Flügel ist auf den Garten hin orientiert.

Um 1300 verliehen die Grafen von Wohldenberg dem Ort **Bockenem** Stadtrechte. Die dreischiffige, an einen älteren Turm angefügte *Hallenkirche* aus vier Jochen mit gleichbreitem, dreischiffigem gerade geschlossenem Chor wurde 1403 geweiht. Chor und Langhaus werden nur durch einen breiteren Gurtbogen geschieden. Das Bronzetaufbecken in der Tradition von Werken des 16. Jhs. goß 1703 Christoph Nitsche in Hildesheim. In die Reihe der bemerkenswerten technischen Denkmäler im südlichen Niedersachsen gehört die ehemalige Wilhelmshütte im Ortsteil Bornum mit dem 1783 errichteten und wohl nach 1803 erneuerten Hochofen.

Das *Schlößchen* in **Bodenburg** (Bad Salzdetfurth) war einst ein dreiflügeliger Renaissancebau mit einem Treppenturm im Hofwinkel. Während des 18. Jhs. wurde das Schloß stark vereinfacht. Die evangelische Johanneskirche, 1661–62 umgebaut, erhielt 1689–99 einen barocken Hochaltar, der ähnlich wie die Kanzel mit gedrehten Säulen versehen ist.

Goslar, das Goslarer Land und der Oberharz

Die Überlieferung (›Annalista Saxo‹) nennt für die Entstehung **Goslars** das Jahr 922. Tatsächlich erlebte der im 10. Jh. bestehende Kaufmannsort durch den Bergbau am Rammelsberg – dort wurde spätestens ab 968 Silber, danach auch Kupfer und Blei abgebaut – einen erheblichen Aufschwung. Es war wohl Kaiser Heinrich II., der daraufhin die Kaiserpfalz Anfang des 11. Jhs. als Ersatz für die Pfalz in Werla an der Oker hierher verlegte. In der Folgezeit sorgte Heinrich III. für einen umfangreichen Ausbau der Pfalz und gründete das Domstift; Heinrich IV. erblickte 1050 in Goslar das Licht der Welt. Die Stifte Georgenberg, Petersberg und Neuwerk waren kaiserliche Gründungen, die das Interesse des Kaisers an Goslar unterstreichen. Größere Selbständigkeit vom Kaiser erlangte die Stadt, die lange Streitobjekt zwischen der salischen und staufischen Kaisermacht einerseits und den sächsischen Herzögen andererseits gewesen war, erst im 13. und 14. Jh. Als Mitglied der Hanse erwirkte Goslar ›Reichsfreiheit‹, wodurch die Stadt nur noch dem Kaiser selbst unterstellt war. Im 16. Jh. verlor Goslar jedoch seine relative Unabhängigkeit wieder. 1527 begannen kriegerische Auseinandersetzungen zwischen der Stadt und Herzog Heinrich I. von Braunschweig, die zur Zerstörung des Bergdorfes und der Stifte auf dem Georgen- und dem Petersberg führten: im gleichen Jahr wurde die Reformation in Goslar eingeführt. Im ›Riechenberger Vertrag‹ mußte die Stadt 1552 das Bergrecht, das ihr die wirtschaftliche Nutzung des Bergbaus zusprach, an den Herzog abtreten. Der wirtschaftliche Abstieg äußerte sich zunächst in einer scheinbaren architektonischen Blütephase, in deren Verlauf zahlreiche Fachwerkbauten mit mehr oder weniger aufwendigen Renaissancefassaden entstanden. Dieser optische Reichtum war jedoch nur ein Signal des tatsächlichen Niedergangs, weil der schlichte, aber aufwendigere Steinbau nun zugunsten des billigeren Fachwerks zurückgedrängt wurde. So ist für die wirtschaftliche und politische Verschlechterung im 16. Jh. der Aufstieg des Fachwerkbaus kennzeichnend, der das vorläufige Ende der profanen Steinbautradition mit sich brachte.

Eine erste *Kaiserpfalz* des frühen 11. Jhs. wurde nach einem Brand von 1065 und einem Teileinsturz im Jahre 1132 erneuert. Die Kaiser weilten schon 1001 und 1017, dann regelmäßig während des 11. und 12. Jhs. in Goslar. Im 13. Jh. ließ das Interesse an Goslar jedoch stark nach, vermutlich weil sich die Staufer häufig in Süditalien aufhielten. 1289 brannte die Pfalz zum zweitenmal aus, ging anschließend in den Besitz der Stadt über und wurde während des späten Mittelalters mehrfach verändert. Ab 1868 plante man eine Rekonstruktion, die um 1873–79 endgültig durchgeführt wurde (Leitung: Landbauinspektor Schulze, Goslar, und Architekt Hennecke, Goslar). Der rekonstruierte Zustand (Farbabb. 19) läßt

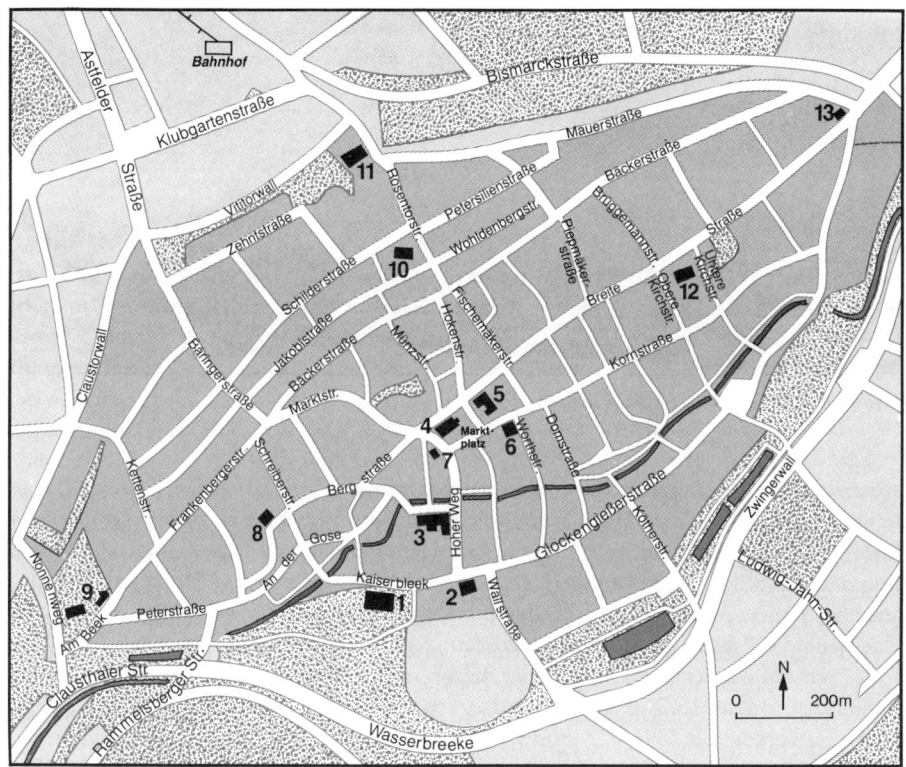

Goslar 1 Kaiserpfalz 2 Dom 3 Großes-Heiliges-Kreuz-Spital 4 Marktkirche St. Cosmas und Damian 5 Rathaus 6 Haus Kaiserworth 7 Haus Brusttuch 8 Siemenshaus 9 Frankenberger Kirche und Kleines-Heiliges-Kreuz-Haus 10 Jakobikirche 11 Neuwerkkirche 12 Stephanikirche 13 Breites Tor

sich durch eine 1875 publizierte Bauaufnahme von 1810 in den Grundzügen belegen, und die Rekonstruktion der Fassade kann im wesentlichen als gesichert gelten. Der zweigeschossige Bau, in dessen Obergeschoß sich sechs Arkaden befanden, sowie der linke quadergemauerte Treppenvorbau (um 1200) waren auf der Bauaufnahme erkennbar gewesen. Allerdings zeigten sich die Öffnungen im Erdgeschoß stark verändert, so daß das heutige Aussehen des Bauwerks hier nicht mehr unbedingt dem Zustand salischer Zeit entspricht. Auch die Fensterarkaden im Obergeschoß wurden wohl im 12. und nochmals im 13. Jh. verändert. Ursprünglich mag der Saalbau in jedem Geschoß einen großen, nicht unterteilten Saal enthalten haben. Der Thronsaal im Obergeschoß ist auf der Ostfassade außen durch einen bis in das Dach reichenden hohen Bogen hervorgehoben. Diese Querausrichtung ist auch

GOSLAR

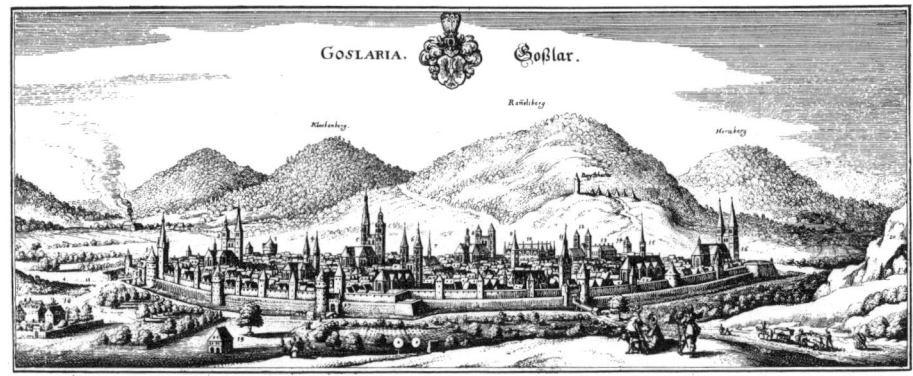

Goslar, Kupferstich von Matthäus Merian

später vielfach bei profanen Sälen übernommen worden. Der ursprünglich offene Bogen könnte nach neueren Vermutungen von einem Vorbau aus erschlossen worden sein; seit der historistischen Erneuerung ist er durch Arkaden unterteilt. Die bauliche Ausscheidung eines Quertraktes in der Gebäudemitte (im Obergeschoß heute durch eine Holztonne gekennzeichnet) datiert aus dem 12. Jh., die durch Holzstützen bewirkte Zweischiffigkeit ist Folge einer wohl 1477 durchgeführten Erneuerung.

1875 entstand unter dem Eindruck der Reichsgründung der Gedanke, den Saal mit Historienbildern auszumalen. Aus einem Wettbewerb 1877 ging Hermann Wislicenus (1825–99) als Sieger hervor; bis 1897 war er mit der Ausmalung beschäftigt. Das Mittelbild an der Längswand ist eine Allegorie der Wiederherstellung des Deutschen Reiches 1871. Die Hauptbilder stellen die Zerstörung der Irminsäule durch Karl den Großen (Südwand), die Kaiserkrönung Heinrichs II., die Rückkehr Heinrichs III. aus Italien, Heinrich IV. in Mainz, den Fußfall Barbarossas vor Heinrich dem Löwen (1176), Barbarossa in der Schlacht bei Ikonium, Friedrich II. in Palermo (alle Westwand), den Reichstag zu Worms (1521) und das Erwachen Barbarossas (Nordwand) dar. So wie diese letzte Szene bezieht sich auch der Dornröschenzyklus an der Fensterwand und der sich anschließenden Südwand auf das ›Schlafen‹ und ›Erwachen‹ des Deutschen Reiches.

Die Doppelkapelle St. Ulrich ist durch einen historistischen Arkadengang mit dem Saalbau verbunden. Das Untergeschoß ist zentralbauartig über einem griechischen Kreuz mit Hauptapsis und zwei Nebenapsiden errichtet und enthält in der Mitte das Hochgrab (Stiftergrab, um 1250) Kaiser Heinrichs III., das sich bis 1819 im Dom befand und 1884 hier aufgestellt wurde. Ein quadratischer Durchbruch führt zum achteckigen Obergeschoß, das mit einer Ostapsis versehen ist. Holzsäulen dienen zur Rahmung der quadratischen Öffnung, der innere und äußere Aufbau des Obergeschosses ist weitgehend historistisch gestaltet. Das Äußere wird durch Lisenen und Rundbogenfriese gegliedert. Die Art der Profilierungen und der Außengestaltung macht die Entstehung spätestens im zweiten Viertel des 12.

Jhs. wahrscheinlich. Das Vorhandensein zweier Pfalzkapellen (die zweite wurde später abgebrochen) läßt vermuten, daß die Doppelkapelle der Kaiserin, die zweite (ältere) Kapelle dem Kaiser zuzuordnen ist.

Der ›Dom‹ (Stiftskirche) stand unmittelbar vor der Kaiserpfalz. Er war in der Mitte des 11. Jhs. entstanden und später, wohl nach 1144, eingewölbt worden. Seit dem Abbruch 1819 ist er jedoch nur noch durch Bildquellen, Ausgrabungsbefunde und den verbliebenen Rest der Nordvorhalle überliefert (Abb. 43). Der Domgrundriß ist im Pflaster des Parkplatzes angegeben und hilft, die Vorhalle in das bauliche Konzept des Domes einzuordnen. Sie befand sich stadtseits im Norden des Doms, der ein dreischiffiges Langhaus mit Stützenwechsel und nach Osten eine Hauptapsis und zwei Nebenapsiden unmittelbar am Querschiff hatte. Im Spätmittelalter waren die Seitenschiffe und der Chorschluß gotisch verändert worden. Das eigentliche Domportal an der Rückwand der Nordvorhalle, ein Rundbogenportal mit eingestellten Säulchen sowie seitlich ansetzenden Viertelkreisbögen, folgt dem Portal der Königslutterer Stiftskirche. Auch die Vorhalle selbst mit ihrem von Doppelfenstern flankierten Portal, dessen Mittelsäule ein mit dem Namen ›HARTMANNVS‹ bezeichnetes Maskenkapitell trägt, läßt die Kenntnis Königslutters vermuten. Die Ornamentik ist jedoch für Goslar besonders typisch und hat weithin, u. a. nach Hildesheim, ausgestrahlt. So dürften auch die Kantensäulchen der Innenstützen bei den nachfolgenden Bauten in Goslar und außerhalb beispielgebend gewesen sein (um 1150). Acht flache Nischen über dem Eingang enthalten Stuckreliefs aus dem frühen 13. Jh. In der unteren Reihe flankieren zwei Kaiserstatuen die Bilder der drei Kirchenpatrone, darüber krönen zwei Engel die Jungfrau Maria. Die gußeiserne Inschrift zwischen Reliefs und Portal nennt als Jahr der Wiederherstellung 1824.

Die Vorhalle dient inzwischen als Lapidarium (Steinsammlung) für den Dombau und enthält u. a. ein achteckiges Kapitell aus dem 11. Jh. Besonders wichtig ist der sogenannte Kaiserstuhl, dessen in Bronze gegossene Lehnen mit durchbrochenem Rankenwerk aus dem späten 11. Jh. stammen, während der steinerne Sitz und die ihn umgebenden Schranken im späten 12. Jh. erneuert worden sind. Die Westseite des Doms war durch eine Vorhalle

Goslar, Längsschnitt der Kaiserpfalz (Teilansicht)

GOSLAR

(›Paradies‹) zwischen zwei flankierenden Rundtürmen bestimmt. Die Stelle des Hochaltares nimmt heute sinnfällig der Parkscheinautomat des Domparkplatzes ein. – Südlich war das Domstift mit dem Kreuzgang an den Dom angebaut.

Auf dem Weg in das Zentrum der Altstadt kommt man auf dem Hohen Weg am *Spital Großes Heiliges Kreuz* vorbei, das 1254 gestiftet und dabei auf bereits bebauter Stelle errichtet wurde: Die Kemenate einer Stiftskurie aus dem ersten Viertel des 13. Jhs. bildet einen Straßenflügel und gehört mit ihren gekuppelten Kleeblattarkaden zu den ältesten erhaltenen (profanen) Steinwerken Goslars. Der Längsbau entstand nach 1254. Er wird durch schlanke Lanzettfenster erhellt, eine nachträglich eingefügte Stützenreihe mit Längsunterzug trägt die Balkendecke. Eine Seite des Dielenraumes wird von 18 Kammern in zwei Geschossen eingenommen, von denen aus die acht Kammern des Obergeschosses über eine Galerie zugänglich sind. Das Fachwerk des späten 17. Jhs. trägt Zierinschriften und wurde auch von unberufener Hand mit Jahreszahlen und Inschriften versehen, deren älteste von 1740 stammt und wohl keine Bauinschrift ist. Die Portale und Fenster der übrigen Wände wurden durch Malerei betont, mehrere Farbfassungen des 16. und 17. Jhs. sind 1985 entdeckt worden. Zwischen den Fenstern befindet sich ein hoher Kruzifix (Kreuz datiert 1538), drei weitere Kruzifixe, deren ältester noch aus dem 13. Jh. stammt, hängen links über dem Kapelleneingang. In einer Nische an derselben Wand steht ein Schmerzensmann. In den Fenstern sieht man einige Ornamentscheiben mit Wappen, z.T. des 17. und 18. Jhs. Der rückwärtige Bauteil des Hospitals ist ein Fachwerkbau des späten 15. Jhs., dessen Innenraum im 18. Jh. umgebaut und neu aufgeteilt wurde. – Das Hospital diente bis vor wenigen Jahren als Altenheim und hatte daher eine ähnliche Aufgabe wie das bekannte Heiliggeisthospital in Lübeck; zukünftig wird nur noch das Hinterhaus vom Altenheim genutzt.

Unter den Kirchen Goslars, deren Türme das Stadtbild beherrschen und aus vielen Blickwinkeln über den Dächern in Erscheinung treten, ist die evangelische *Marktkirche St. Cosmas und Damian* die bedeutendste. Ihr Äußeres ist durch Lisenen und Rundbogenfriese gegliedert, die Fenster sitzen (soweit nicht nach der Einwölbung erneuert) in den Achsen der Wandjoche. Der hochaufragende Westbau, ein Westriegel mit zwei schlanken achteckigen Aufbauten, ein Zwischengeschoß leitet vom Rechteck in die Achtecke über, übertraf den des

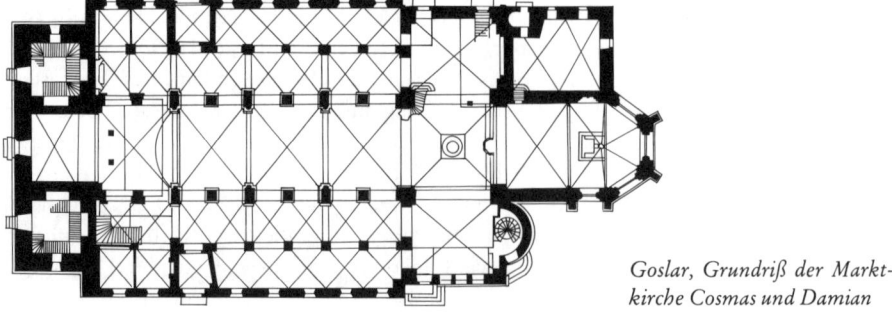

Goslar, Grundriß der Marktkirche Cosmas und Damian

Doms und dokumentiert einerseits die Ansprüche der Stadt gegenüber dem Kaiser, andererseits aber auch die Orientierung an dessen Bauten. Der Westbau der Marktkirche ist älter als die Westbauten der Braunschweiger Kirchen, hat aber mit seiner etwas weniger profilierten, jedoch von Rundbogenfriesen bestimmten Gestalt nur lokal Nachfolge gefunden. Westriegel und die Grundsubstanz des angeschlossenen Kirchenbaus datieren aus der zweiten Hälfte des 12. Jhs. Das Langhaus war zunächst flach gedeckt und geringfügig niedriger als heute. Die Fuge zwischen dem älteren Teil und der Aufstockung, ergab sich Mitte des 13. Jhs. im Zusammenhang mit der Einwölbung des Langhauses und ist außen zu erkennen. Der polygonale Chorschluß wurde Ende des 13. Jhs. an Querhaus und Vorchor – beide noch aus dem 12. Jh. – angefügt. Im 14. Jh. entstanden weitere Seitenschiffe, die noch vor die Fluchten des romanischen Querhauses treten. Die Kirche wurde nunmehr fünfschiffig.

Das Innere wirkt schlicht, durch das weitgehende Fehlen der Ausstattung sogar kahl. Das Langhaus im basilikalen Querschnitt hat Pfeiler mit Kantensäulchen und gestaffelten Dienstvorlagen im Wechsel; letztere unterstützen das Kreuzgratgewölbe. Ein Plan zum Umbau in eine Halle Ende des 15. Jhs. wurde nicht verwirklicht. Die Gewölbe schneiden die Fenster des Ursprungsbaus an, ein Hinweis auf die nachträglich erfolgte Einwölbung, bei der auch der Stützenwechsel im Langhaus angelegt wurde. Die Ausstattung besteht nur aus wenigen, jedoch teilweise sehr bedeutenden Einzelstücken. Spätestens der Mitte des 13. Jhs. gehören neun Glasscheiben eines Cosmas-und-Damian-Fensters an. Es sind Szenen aus dem Wirken und dem Martyrium der Heiligen in Algea (Kleinasien) etwa 300 n. Chr.: Cosmas und Damian heilen kranke Menschen und Tiere, haben sich dem Verhör durch den römischen Statthalter Elysias zu unterziehen, werden ins Meer und in den Feuerofen geworfen, gesteinigt, gekreuzigt und mit Bogen und Armbrust beschossen. Der Hochaltar – er bildet eine geschlossene Wand vor dem Chorschluß – wurde 1659 gestiftet und nach einem Brand 1844 durch den Bildhauer Sonnemann verändert. Die schlankere barocke Gesamterscheinung ging dabei zugunsten einer eher flächigen breiten Fassadenwirkung verloren: Der Altar erhielt einen Sockel und wurde seitlich um je ein Figurenfeld verbreitert, zur Ergänzung schuf Sonnemann die Figuren Petrus und Paulus. Der Bildhauer des barocken Altars, A. Gröber (identisch mit A. Duder, vgl. den Altar in der Pfarrkirche Clausthal, S. 219) hatte neben den Kruzifix die Statuen von Maria, Matthäus, Markus, Lukas und Johannes Evangelius gestellt. Magnus Carsten (Goslar) goß das Taufbecken 1573 in Messing. Das künstlerisch besonders wertvolle Werk wird von sechs spielenden Putten getragen, Heiligenfiguren bezeichnen den Standfuß, während Becken und Deckel mit figürlichen Szenen versehen sind. Am Becken finden sich Motive des Alten und des Neuen Testamentes. Dargestellt werden die Arche Noah, die Taufe Christi, der Zug durch das Rote Meer, die Geschichten der Bundeslade, des Naëman und des Hauptmanns in Syrien, Christus, der die Kinder zu sich kommen läßt, und Christus in Gethsemane. Weitere Motive sind das Abendmahl, der Kreuztod, die Grablegung, die Auferstehung und das Jüngste Gericht. Die Kanzel schuf 1581 Hans Seek. Ihr durch Halbsäulen und Beschlagwerk gegliederter Korb (mit Aufgang) zeigt auf acht Reliefs den Sündenfall sowie Bilder aus dem Neuen Testament. Die Orgel entstand in den Jahren 1847–50 und wurde von Joh. Andreas Engelhardt aus Herzberg im

GOSLAR

Harz geschaffen. Sie hat einen von mächtigen Rundtürmen gerahmten mehrteiligen Prospekt. Eines der Wandgrabmale wiederholt den Aufbau eines Altars, ist jedoch mit Putten anstelle der sonst üblichen Heiligenbildnisse sowie einer Portraitbüste als Mittelbild versehen. Sie zeigt den Arzt Andreas Fischbeck, der sich hier seiner hohen Selbsteinschätzung zufolge samt Frau und Sohn von F. Biggen in Marmor abbilden ließ. Fischbeck starb 1708.

Zwischen Kirche und Marktplatz liegt das *Rathaus* (Farbabb. 20), das in mehreren Bauabschnitten im Spätmittelalter entstand. Gegenwärtig stellt sich die Baugeschichte so dar, daß ein Bau des 15. Jhs. die Breitseite des Marktes abschloß und wahrscheinlich in Nachfolge eines hochmittelalterlichen Gebäudes entstanden ist. Nach Westen, zur Marktkirche hin, wurden diesem Flügel mehrere Bauteile des späteren 15. und 16. Jhs. angefügt, die keinen einheitlichen Grundriß erkennen lassen und in denen durchaus auch ältere Bauphasen enthalten sein können. Der Hauptflügel öffnet sich zum Marktplatz hin in sechs Arkaden, deren zweite von rechts wohl von Anfang an vermauert war; hier stand einst der Pranger. In den Achsen der Arkaden weist das Obergeschoß spitzbogige Fenster auf, und vor dem Dach sitzen kleine Dreiecksgiebel, deren Zwischenräume eine Maßwerkgalerie bilden. Hierbei dürfte es sich um eine – allerdings stark vereinfachende – Anlehnung an das Altstädter Rathaus in Braunschweig handeln (s. S. 74). Der westliche Flügel enthält im Obergeschoß den Huldigungssaal, die ehemalige Ratsherrenstube. Die Ausmalung dieses Raumes entstammt dem frühen 16. Jh. und wurde seither mehrfach restauriert. Die in Kleebogenfelder unterteilte Täfelung der Meister Hans Smet und Heinrich Marborg zeigt im Wechsel Sibyllen und Kaiser, allesamt in farbenprächtigen Gewändern. Die Kaiser stehen auf gemalten Fußbodenfliesen. An der in große Felder aufgeteilten Decke sieht man die Geburtsgeschichte Christi. Zwei Flügel der Wandvertäfelung öffnen sich in der Ostwand zu einem halbrunden Chörlein, das 1506 geweiht wurde.

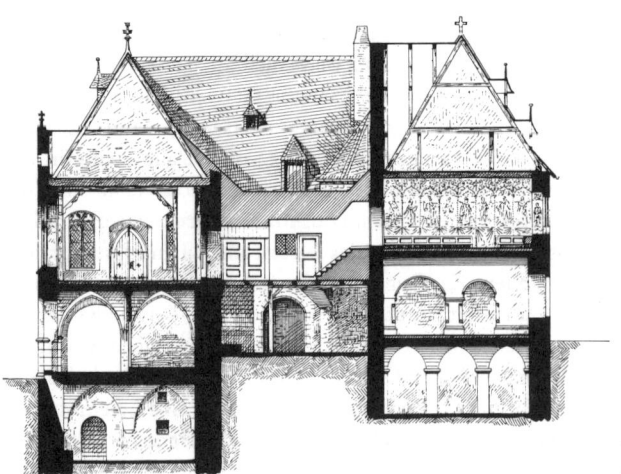

Goslar, Querschnitt des Rathauses

Goslar, historische Ansicht des Marktplatzes und des Rathauses

Die Mitte des Marktplatzes nimmt der zweischalige *Marktbrunnen* ein, der noch aus dem 13. Jh. stammt. Das von Drachen und Löwenköpfen eingefaßte Becken wird von einem Adler bekrönt, der zunächst ein kaiserliches Symbol war und seit dem frühen 14. Jh. auch im Goslarer Stadtwappen erscheint. Am Marktplatz steht das *Gildehaus der Gewandschneider*, ein weiteres bedeutsames Bauwerk mit sechs rundbogigen Arkaden (Farbabb. 20). Das lange Zeit als ›Wort‹ bekannte Haus, eine Umschreibung für ›bebautes Grundstück‹, wurde im 19. Jh. vom Volksmund werbewirksam in ›*Kaiserworth*‹ umbenannt. Das in den Ausmaßen bescheidene Gebäude konnte durch den spätgotischen Schmuck an der Fassade in seiner Wirkung das Rathaus noch übertrumpfen. Die Hausmitte wurde durch einen polygonalen Erker betont (sein oberes Geschoß ist jüngeren Datums) und Erker sowie Fensterachsen sind durch Nischen gerahmt, die heute barocke Kaiserstatuen aus Holz enthalten.

Die *Goslarer Altstadt* verfügt mit schätzungsweise anderthalbtausend Fachwerkbauten und Dutzenden mittelalterlichen Steinwerken über das geschlossenste Stadtbild einer niedersächsischen Stadt und übertrifft damit in ihrer Bedeutung nahezu alle Städte in der nördlichen Hälfte der Bundesrepublik. Das ist auch das Verdienst vieler Bürger Goslars, die ihre Häuser erhalten haben statt sie abreißen zu lassen. Die mühevolle Forschungstätigkeit bei der kunsthistorischen Erfassung des Hausbestandes in den letzten 30 Jahren ist vor allem mit dem Namen H.-G. Griep verbunden. Ein Rundgang durch Goslar kann hier nur auf wenige markante Häuser hinweisen. Er führt durch die Bau- und Kunstgeschichte des 13. bis 20. Jhs., wobei die Dekorationskunst der Spätgotik und der Renaissance besonders bemerkenswerte Spuren hinterlassen hat. (Die seit den 30er Jahren von unwissenschaftlicher Seite immer wieder aufgestellte Behauptung, diese Dekorationen seien eine Überlieferung germanischen Formengutes, sind absurd.) An der nördlich der Marktkirche vorbeiführenden Marktstraße fällt das *Haus Nr. 1* (Sitz des Verkehrsvereins) mit seinem polygonalen

Erker auf. Das figürliche Schnitzwerk des spitzbogigen, auf 1526 datierten Tors steht schon unter dem Einfluß der Renaissance. Die einfachen Schwellenprofile an dieser und an der linken, wenig älteren Gebäudehälfte stehen noch in der Tradition des späten Mittelalters.

Das berühmteste Goslarer Haus ist das ›*Brusttuch*‹, 1521 als Wohnhaus des Magisters Thiling (in einer griechischen Inschrift als Thälling genannt) begonnen und 1526 nach kurzer Unterbrechung vollendet. Das massive hohe Untergeschoß enthält im vorderen Bereich die Diele, dahinter eine zweigeschossige Aufteilung. Das Tor zur Diele ist mit der Jahreszahl 1521 versehen, wurde jedoch im 19. Jh., wohl unter Verwendung eines 1521 entstandenen Kamingewändes (die Profilierung entspricht den Fenstern), vermauert. Das Fachwerkgeschoß diente einst als Speicher. Das überreiche Schnitzwerk wird dem Bildhauer Simon Stappen zugeschrieben, der auch in Braunschweig, Celle und Osterwiek gearbeitet hat. Es folgt einer bemerkenswerten Verbindung aus gotisch aufgefaßten Figuren und frühem Renaissanceornament, das sich als solches in den Kandelabern und der Flächenaufteilung zeigt. An Knaggen, Ständern und Schwelle baut sich in drei Zonen ein Figuren- und Bildprogramm auf. Oben enthält es u. a. christliche Darstellungen (rechts die Anbetung der Heiligen Drei Könige, ferner neben der Inschrift von 1915 Phyllis auf Aristoteles reitend und die ›Butterhanne‹, die mit entblößtem Hinterteil den Teufel abwehrt). Die Ständer sind mit antiken Gottheiten versehen: Hier nutzte der Bildhauer zeitgenössische gedruckte Vorlagen. Die Nachahmung einer Ornamentreihe von Hans Burgkmair († 1531) ermöglicht, bis in die Hintergrundgestaltung hinein Zusammenhänge der niederdeutschen Frührenaissancekunst mit oberdeutschen Werken nachzuweisen. Dargestellt sind u. a. Sol (rechts), Venus, Diana, Merkur (sechster Ständer von rechts), Mars, Jupiter (unter der Inschrift von 1915), Saturn (neunter Ständer von rechts) und Juno. In der Brüstungszone kämpfen Kinder und Fabelwesen – teilweise handelt es sich um die den Göttern zugeordneten Sternbilder; links befindet sich das Ehewappen des Bauherrn. Die schmale Giebelseite wird durch einen Erker hervorgehoben. Die Ausmalung der heute als Gaststätte genutzten Diele besorgte Hermann Schaper (Hannover) um 1875.

Das *Bäckergildehaus* (Marktstr. 45) wurde 1501 errichtet und hat ein hohes unterkellertes Dielengeschoß aus Bruchstein. Den Fachwerkstock setzte man 1557 auf. Eine Gesamtrenovierung führte 1886 zu Veränderungen, die teilweise in jüngerer Zeit rückgängig gemacht wurden. Die *Häuser Bäckerstr.* 2 und 3 zeigen das Formenrepertoire der Renaissance. Speicherstockwerke und flache Erker sind mit Brüstungsbohlen versehen, die Fächerrosetten, Kreisornamente und Rundbogenarkaden zeigen. Die Fächerrosetten, vom Muschelornament der italienischen Renaissance abzuleiten, sind hier teilweise zum Rad und zum geometrischen Kreisornament verballhornt. In der Bergstraße, die zwischen ›Brusttuch‹ und Bäckergildehaus beginnt, stehen eine ganze Reihe herausragender *Bürgerhäuser*. Spätmittelalterliche Massivbauten sind *Bergstr.* 2 (Fachwerk 1555) und 6 (um 1500, Quaderputz 1877); dem Spätmittelalter und der Renaissance gehören die *Fachwerkbauten Bergstr.* 29, 31 (um 1500) und 53 (1573) an. In der Schreiberstraße stehen neben einigen Fachwerkbauten besonders alte mittelalterliche Steinwerke (Abb. 40) sogenannte *Saalbauten* (Nr. 1, 2 und 10). Das *Siemenshaus,* Schreiberstr. 12, kann werktags besichtigt werden und vermittelt

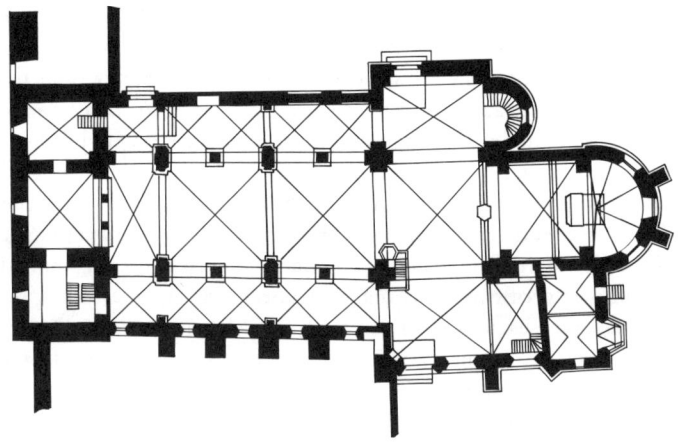

Goslar, Grundriß der Frankenberger Kirche

einen Eindruck vom Aussehen großer bürgerlicher Höfe. Das 1692–93 für Hans Siemens errichtete Gebäude ist durch die offene Diele zu betreten, die in das Wohnhaus und den geräumigen Hof führt. Der westliche Teil der Bergstraße führt zum *Klaustor*, neben dem die aus dem 12. Jh. stammende *Klauskapelle* steht. Sie wurde 1527 den Bergleuten als Kapelle zugewiesen. Das Langhaus hat eine spätgotische bemalte Bretterdecke, der Blockaltar ist noch romanisch.

Die westliche, hangaufwärts gelegene Spitze der Altstadt bildet das *Frankenberger Kloster* mit der Frankenberger Kirche. Vor den Toren des Klosters liegt am Frankenberger Plan das ›*Kleine Heilige Kreuz*‹, dessen Fachwerk über dem massiven Mauersockel 1686 erneuert wurde. Die *Frankenberger Kirche* entstand wohl um 1130/50 vermutlich als Pfarrkirche – ein Pfarrbezirk ist 1108 erstmals genannt worden. Im ersten Viertel des 13. Jhs. gründete hier der Braunschweigische Konvent der Betenden Schwestern der heiligen Maria Magdalena eine Niederlassung. Mit ihrem Westriegel ist die Kirche unmittelbar Teil der westlichen Stadtmauer. Im Innern enthält der Westriegel eine Empore, die sich durch eine Dreiarkadengruppe zum Langhaus öffnet. Die Arkaden aus dem späteren 12. Jh. folgen der Ornamentik der Königslutterer Stiftskirche sowie der Vorhalle des Doms von Goslar (s. o.) und verstellen eine ältere breite Öffnung. Das Langhaus aus der Mitte des 12. Jhs. war zunächst flachgedeckt und wurde Mitte des 13. Jhs. im gebundenen System eingewölbt. Die statischen Folgen dieser nachträglichen Baumaßnahmen sind an den verdrückten Mittelschiffwänden in geradezu lehrbuchhafter Weise abzulesen. Die Arkaden ruhen auf Pfeilern mit Kantensäulchen. Von den Kämpfern gehen rechtwinklige Rahmungen mit Schachbrettfriesen aus. Zur Einwölbung erhielt jeder zweite Pfeiler eine Vorlage aus drei Diensten für Gurt- und Schildbögen. Auch der halbkreisförmige Chorabschluß entstand erst Ende des 13. Jhs. Dabei verwendete man die Sockelsteine der romanischen Apsis wieder. Südquerhaus und Chorschluß wurden um 1500 nochmals erneuert. Der Westbau überragt das Mittelschiffdach nur wenig und ist über dem massiven Mauerblock lediglich mit einem hölzernen Helmabschluß bekrönt, der 1784–86 anstelle zweier quadratischer Westtürme geschaffen wurde. Sein Äußeres wird, soweit es noch der Bauperiode des 12. Jhs. angehört, durch einen Rundbogenfries abgeschlossen, dem einzelne Halbsäulenvorlagen unterstellt sind. Als Vorbild hierfür gilt die ehemalige kaiserliche Stiftskirche in Süpplingenburg (s. S. 97).

Der Hochaltar mit romanischer steinerner Mensa wird durch ein barockes Retabel (1675 von Heinrich Lessen dem Älteren) bekrönt, das über der Predella (Abendmahl) zwei Geschosse und eine weitere Bekrönung aufweist. Gedrehte Säulen und engelbesetzte Gesimse unterteilen die Felder mit Darstellungen der Kreuzigung, Kreuzabnahme, Auferstehung (in der Bekrönung) und einzelnen Heiligen.

Die 1698 erbaute Kanzel von Jobst Heinrich Lessen dem Jüngeren ist ebenfalls reich an gedrehten Säulchen und zweifach abgestuften Schalldeckeln. Der Figurenschmuck zeigt die Evangelisten, Johannes d. T., die Apostel und die christlichen Tugenden. Der Orgelprospekt im Nordquerhaus entstand einige Jahrzehnte später. Ein Tympanon der Zeit um 1220/30 wurde in einem gotischen Querhausportal zum zweitenmal verwendet. Es zeigt in Halbfiguren Christus zwischen Petrus und Paulus, in Zackenstilgewändern gekleidet. Die Wandmalerei hatte man bei ihrer Entdeckung 1877 durchgepaust und auf neuem Putz nachgemalt. Die ursprünglichen Malereien sind in der Zeit um 1230 entstanden. Die Bildnisse zwischen den Obergadenfenstern zeigen einen sehr expressiven Faltenwurf im Zackenstil, der den Übergang von der Romanik zur Gotik in der Malerei darstellt.

Beck- und Friesenstraße führen parallel zur Frankenberger Straße wieder nach Osten in das Stadtzentrum. Nochmals sei der Blick auf mittelalterliche Steinwerke und repräsentatives Fachwerk der *Häuser Frankenberger Str. 23* (frühgotisches Steinwerk) und *32* (klassizistisches Vorderhaus, mittelalterliches Hinterhaus) gelenkt. Erwähnenswert sind ferner das *Haus Friesenstr. 39* (Fachwerk mit Konsolen, die aus dem Ständer herausgearbeitet sind, Anfang 16. Jh.) und die sehr malerische *Kettenstraße*. Über deren östliche Fortsetzung, die Jacobistraße oder die Schilderstraße, gelangt man zur katholischen Pfarrkirche St. Jakobi. Das *Mönchehaus* (Mönchestraße 3) ist 1528 entstanden, also nur zwei Jahre jünger als das ›Brusttuch‹. Dennoch wirkt es stärker dem Mittelalter verhaftet. Die spärliche Dekoration beschränkt sich auf das Tor. Das Kandelaberschnitzwerk kündigt jedoch auch hier schon den Beginn der Renaissance an, während die Türöffnung mit ihrem Stabwerk noch der Spätgotik angehört. Oberhalb des Tores sind in die Ständer zwei wilde Männer geschnitzt, die man oft als Wappenhal-

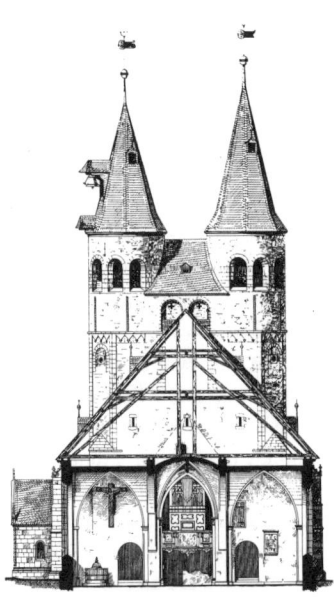

Goslar, Querschnitt der Jakobikirche

ter darstellte. Noch ganz mittelalterlich sind die vorgeblatteten Brustriegel in Ober- und Dachgeschoß. Grisaillemalereien im Innern stammen aus dem Jahr 1561 und folgen zeitgenössischen Ornamentstichen.

Zu den ältesten Bauteilen der erstmals 1073 urkundlich erwähnten Kirche *St. Jakobi*, zählen vermutlich die Pfeiler im Mittelschiff und die Grundsubstanz des Querschiffs. Der flachgedeckten kreuzförmigen Basilika wurde im 12. Jh. die westliche Turmfront vorgestellt, die über einem querriegelartigen Unterbau sowohl Turmgeschosse mit abgeschrägten Ecken als auch Rundtürme aufweist; letztere werden teilweise erst auf das späte 15. oder 16. Jh. datiert, während der Bauhistoriker L. Giese eine Entstehung in romanischer Zeit vertrat und nur den Zwischenbau für neuzeitlich hielt.

Mitte des 13. Jhs. wölbte man die Basilika ein und fügte einen neuen Chor an, dessen Mauerwerk um den (dann abgebrochenen) romanischen Chorschluß errichtet wurde, so daß die Vierung trapezförmig aufgeweitet werden mußte. Schließlich erfolgte um 1500 der Umbau zur Hallenkirche. Die Seitenschiffe ersetzte man durch breitere Neubauten, deren Wände noch vor das Querhaus gestellt wurden – von der Ostseite erkennt man die romanischen Eckquader des Querhauses. Die Langhauspfeiler erhielten zu den Seitenschiffen hin neue Vorlagen, die Zwischenpfeiler wurden entfernt. Zum Mittelschiff weisen sie Knospen- und Kelchblattkapitelle der Wölbungsphase auf, nur im westlichen Vierungsbogen ist noch der romanische Baubestand erhalten. Auch die Südvorhalle ist dem spätgotischen Umbau zuzuordnen, der vermutlich vor 1475 (Inschrift oder Inschriftrest in der Vierung) begonnen und 1512 mit dem nördlichen Seitenschiff abgeschlossen worden ist. 1516 erfolgte der Bau der Vorhalle. Im Chor befinden sich seitlich der Fenster fünf um 1270 gemalte Prophetenstatuen in Baldachinnischen. Weitere Überbleibsel der spätgotischen Ausmalung sind im Langhaus zu sehen. Der Hochaltar wirkt für die Kiche ein wenig zu groß. Er wurde 1727 wohl von Jobst H. Lessen für die Klosterkirche Riechenberg geschaffen und kam nach Aufhebung des Klosters 1803 hierher. Gedrehte Säulen mit gesprengten Giebeln rahmen das Mittelbild der Auferstehung Christi. Zur Ausstattung aus Riechenberg gehören außerdem die Seitenaltäre (Leiden Christi bzw. Heilige Familie). Älter als diese sind die Taufe (1592, bemaltes Kupfer), die Orgel (um 1650 mit älteren Teilen), das spätgotische Vesperbild des Bildhauers Hans Witten, das etwas ältere Triumphkreuz im Südseitenschiff und schließlich die Kanzel von 1620 mit Flachreliefs (u. a. Taufdarstellung) in qualitätvoll eingelegten Rahmen.

In nördlicher Richtung führt der Rundgang über die Rosentorstraße in wenigen Schritten zur evangelischen *Pfarrkirche Neuwerk*. Kurz vor dem Stadttor ist das *Haus Rosentorstr. 27* zu nennen, ein zweigeschossiger herrschaftlicher Verwaltungsbau, dessen Fachwerk mit überkreuzten Kopf- und Fußstreben konstruiert und mit einer Backsteinzierausmauerung versehen wurde; unter den Fenstern des Obergeschosses schmückte man das Brüstungsfachwerk mit Rauten. Das Haus mit Barockportal und ursprünglich sehr großen Fenstern wurde 1714 unter den Konsuln Volckmar und Petrus Siemens errichtet und dient heute als Bergamt. Hieran schließt das Rosentor an. Den Winkel zwischen Bergamt und Tor füllt ein Fachwerkbau des 17. Jhs. aus. Der große Hotelbau vor dem Rosentor enthält Mauerwerk der Stadtmauer und ein Fachwerkgeschoß mit Fächerrosetten von 1899.

Das *Benediktinerkloster Neuwerk* wurde 1180 gegründet. Bald darauf zog ein Nonnenkonvent aus Ichtershausen/Thüringen ein, der jedoch erst 1199 vom Papst bestätigt wurde. Einer ersten Bauphase der Kirche im späten 12. Jh. werden Querhaus und Chor zugeschrieben; 1186 konnte Bischof Adelog aus Hildesheim zwei Altäre weihen. Der zweiten Phase im ersten Drittel des 13. Jahrhunderts gehören die drei Apsiden sowie das Langhaus an. Zur dreischiffigen kreuzförmigen Gewölbebasilika gelangt man von Osten her, so daß zunächst der Blick auf die stark hervorgehobene Ostapsis fällt (Abb. 42). Sie ist zweigeschossig gegliedert, der untere Bereich ist mit Halbsäulen und einem Rundbogenfries versehen, den oberen unterteilte man durch kleine Säulen, die vor die Wand gestellt wurden. An den Seitenapsiden findet sich nur eine einfache Lisenen- und Gesimsgliederung, die auf die Stiftskirche von Königslutter verweist; dies gilt auch für die etwas ältere Gliederung am Querhaus und die jüngere an Langhaus und Westbau. Das rippengewölbte Langhaus weist einen Wechsel von Hauptpfeilern mit abgestuften Gewölbevorlagen und Zwischenpfeilern mit Kantensäulchen auf. Die Halbrundvorlagen der Hauptpfeiler ragen im oberen Bereich frei in den Raum hinein und tragen Ringe (die der spätmittelalterlichen Siegburger Keramik ähneln). Nur ansatzweise ist ein Kapitell vergleichbar mit dem der ehemaligen Klosterkirche St. Godehard in Hildesheim, das ähnliche (kleine) Ösen bildet. Gurtbögen und die etwas flacheren Rippen sind abgestuft und diagonal auf Kämpferplatten gestellt. Kantenstäbe, -säulchen und -wulste bestimmen den Außen- und Innenbau. Von der ursprünglichen Ausstattung wurde der Mittelteil des Lettners 1843 versetzt und innen vor die Westwand gestellt. Stuckreliefs zeigen Christus und Maria thronend (Marienkrönung) in der Mitte – dies verweist auf das Patrozinium als Marienkirche. Seitlich stehen Petrus und Paulus. Die Kanten der Lettnerkanzel werden von kleinen Säulen eingenommen; diejenigen zwischen dem Altartisch und der vorkragenden Kanzel sind eine moderne Zutat. Die Wandmalereien in der Apsiskalotte stellen die Madonna sitzend auf dem sechsstufigen salomonischen Thron dar, umrahmt von einer Mandorla. An ihrer Seite stehen Petrus und Paulus. Die Fensterzone enthält alttestamentarische Szenen. Als Entstehungszeitraum ist das Jahrzehnt um 1230/40 anzunehmen. Das Triumphkreuz in der Vierung entstand im zweiten Viertel des 16. Jhs.

Wer angesichts der Baudaten der *Stephanikirche* im Osten der Altstadt einen aus Kreisen und Ovalen bestimmten Kirchengrundriß erwartet, wie man ihn dank süddeutscher und italienischer Architekten zum Maßstab für barocke Baukunst schlechthin machen möchte, den wird dieser konventionell wirkende Bau vielleicht verwundern. Doch derartige Konzepte haben in Norddeutschland nur selten Aufnahme gefunden, und die mögliche Enttäuschung über Barockkirchen, die kaum als solche wirken, zeigt nur, daß man diese Bauten unter falschen Voraussetzungen betrachtet.

Warum aber baute man die 1728 abgebrannte mittelalterliche Stephanikirche – und dies ist nur ein Beispiel für viele andere – erneut als dreischiffige Hallenkirche mit Westturm und Strebepfeilergliederung auf? Einschließlich des Chors, der allerdings mit einer Dreisechstelapsis schließt, wirkt alles traditionell. Erklärungsmodelle und -ansätze hat die Kunstgeschichte inzwischen mehrere angeboten. Ein wesentlicher Grund dürfte wohl gewesen sein,

2 HANNOVER Welfen-Schloß und Sachsenroß
◁ 1 HANNOVER Altes Rathaus, Erweiterungsbau
3 HANNOVER Opernhaus

4 Hannover-Herrenhausen   Großer Garten

6   Pattensen-Schulenburg   Schloß Marienburg ▷
5   Pattensen-Schulenburg   Schloß Marienburg

7 BRAUNSCHWEIG Brüdernkirche mit Taufbecken und Lettner ▷

8 BRAUNSCHWEIG Burg Dankwarderode und Löwendenkmal

9 BRAUNSCHWEIG Altstadtrathaus

10 BRAUNSCHWEIG Stiftskirche St. Blasius, gotisches Seitenschiff mit Imervard-Kruzifix

11 WOLFENBÜTTEL Eingangsfassade des Schlosses

12 WOLFENBÜTTEL St. Trinitatis

14 HELMSTEDT Juleum
◁ 13 WOLFENBÜTTEL St. Trinitatis, Kanzelwand 15 HILDESHEIM St. Godehard, von Osten gesehen ▷

16 HILDESHEIM Südseite des Doms

18 HILDESHEIM St. Michael nach Osten ▷

17 HILDESHEIM St. Michael

19 GOSLAR   Kaiserpfalz
  21 WESERTAL   bei der Steinmühle, zwischen Polle und Bodenwerder ▷
20 GOSLAR   Haus Kaiserworth und Rathaus

22   BÜCKEBURG   Vorhof des Schlosses mit Renaissancebrunnen

23   HÄMELSCHENBURG   Schloßkapelle und Schloß

24 BEVERN Schloß

25 STADTHAGEN Schloß

26 EIMBECKHAUSEN St. Martin

27 HAMELN Kupferschmiedestraße 13

28 HAMELN Osterstraße

30 HERZBERG AM HARZ Schloßhof ▷
29 GANDERSHEIM Rathaus mit dem Turm der ehemaligen Mauritiuskirche

31 Typische Fachwerkbauten des 16. Jhs. (DUDERSTADT, Hinterstraße)

32 HAHNENKLEE   Stabkirche

33 Harz   Blick auf den Brocken

35   Lautenthal   Ortsansicht ▷

34   Harz   Dreibodetal

daß im Norden Deutschlands der Protestantismus weitaus besser Fuß fassen konnte als im Süden, sieht man dort vom Herzogtum Württemberg und einigen Reichsstädten ab. Damit ging von Anfang an der Versuch einer, sich durch die Übernahme traditioneller Bauformen zu legitimieren, d. h. zu beweisen, daß man sich kontinuierlich aus dem Verständnis früherer Epochen ableiten könne. Solche Kontinuität brauchten katholische Bauherren nicht zu dokumentieren. Dennoch folgten auch katholische Bauten in Norddeutschland dem spätmittelalterlichen Architekturschema.

Den Neubau der Stephanikirche führte der Hannoveraner Daniel Klöppel in den Jahren 1729–34 aus. Die Portale mit Segmentgiebeln, die rundbogigen Fenster mit Scheitelsteinen und die Eckpilaster am Westturm sind Hinweise auf die Entstehung im 18. Jh. Die barocke Ausstattung erfolgte während eines größeren Zeitraums. Die Brüstung der Orgelempore stammt aus der Klosterkirche Riechenberg und ist ein Werk von Jobst Heinrich Lessen d. J., zu Anfang des 18. Jhs. Die Kanzel wurde 1743 hergestellt, der Hochaltar 1767 von Johann Caspar Mohr. Er schließt in segmentbogiger Kurvung die Apsis ab. Das Abendmahlsbild in der Predella wird Christoph Gertner zugeschrieben (um 1610).

Die *Annenkapelle* an der Glockengießerstraße, nahe der südlichen Stadtmauer, ist ein kleines spätmittelalterliches Hospital. Die große Diele schließt mit einer polygonalen Ostapsis. Die Balkendecke wird von Holzstützen getragen, die auf zweitverwendeten romanischen Basen stehen. Den Altar schnitzte Jobst Heinrich Lessen d. J. Umbauten sind für die Jahre 1671 und 1716 überliefert. Die Herdanlage in der Küche mag noch aus dem 16. Jh. stammen.

Von der mächtigen Umwehrung Goslars blieb als eindrucksvoller Zeuge das *Breite Tor* an der östlichen Spitze der Stadt erhalten. Im unmittelbaren Verlauf der Stadtmauer steht der quadratische Torturm, dem nachträglich ein runder Flankenturm zur Seite gestellt wurde. Ein großer Vorhof diente als Zwinger und wurde durch zwei runde Zwingertürme gesichert. Die noch für Armbrust und Handfeuerwaffen geschaffene Anlage entstand in mehreren Etappen im 15. und frühen 16. Jh. (Torturm 1443, Zwinger um 1500), nur der Zwinger stellt dabei eine Erweiterung der älteren Verteidigungsanlage dar. Ein noch kräftigerer *Zwingerturm* steht an der Bergseite etwa 40 Meter vor der Stadtmauer. Mit einem Durchmesser von 24 Metern und vier Meter dickem Mauerwerk, das auch Kanonenbeschuß standhielt, half er, die gesamte Flanke zu sichern. Der 1517 entstandene Turm und die anderen im frühen 16. Jh. errichteten *Bollwerke (Rosentor 1501)* machen deutlich, daß man sich auf kriegerische Auseinandersetzungen einstellte.

Auf dem Georgenberg nördlich der Altstadt wurde um 1025 von Kaiser Konrad II. ein *Stift* gegründet, das vor 1128 an die Augustinerchorherren überging. 1527 zerstörten Gosla-

◁ 36 DUDERSTADT Rathaus

rer Bürger Stift und Kloster angesichts bevorstehender Auseinandersetzungen mit dem katholischen Herzog Heinrich d. J. von Braunschweig. Dabei ging es ihnen nicht nur um die Zerstörung einer möglichen militärischen Bastion, die das Kloster gegen die Stadt hätte darstellen können, sondern auch um die Vernichtung eines religiösen Bollwerks. Die ergrabenen Kirchenfundamente sind wieder sichtbar. Kunsthistorisch nimmt dieser Kirchenbau eine besondere Stellung ein. Das Oktogon, dessen Mittelbau von acht gewinkelten Pfeilern getragen wurde, wird allgemein noch in die Gründungszeit des Stiftes datiert, also die erste Hälfte des 11. Jhs. Die ursprüngliche Apsis im Osten ersetzte man durch einen dreischiffigen Ostbau und im frühen 12. Jh. erfolgte der Neubau des nördlichen Kreuzganges. Die Abhängigkeit des Zentralbaues von der Aachener Pfalzkapelle liegt nahe, zumal ein Kaiser, Konrad II., Stifter war und seine Nachfolger das Stift ebenso förderten.

Die Zerstörungswut der Goslarer Bürger traf 1527 auch das *Stift Petersberg*, das dort in der Mitte des 11. Jhs. unter Kaiser Heinrich III. gegründet worden war. Das Kloster hatte eine dreischiffige Säulenbasilika, eine im südlichen Niedersachsen und im benachbarten Westfalen überaus seltene Bauform (vgl. Neuenheerse bei Paderborn). Das ausladende westliche Querhaus mag auf den Fuldaer Dom sowie die Vatikankirche St. Peter in Rom selbst zurückzuführen sein, was bei der Übernahme des Peterspatroziniums für Goslar durchaus naheliegt. – Ein Sandsteinfelsen am Fuß des Petersberges enthielt einst wohl das Reklusorium eines Einsiedlers.

Nach 1527 siedelten die Augustinerchorherren vom Stift Georgenberg nach **Goslar-Grauhof** um, wo bis dahin nur ein Wirtschaftshof des Stiftes unterhalten worden war. 1643 wurde das *Stift* zunächst durch Chorherren der Windesheimer Kongregation, später mit Franziskanern besetzt. 1701 berief man Francesco Mitta aus Mailand, um Entwurf und Bauleitung für einen Klosterneubau zu übernehmen. Die *Stiftskirche* selbst entstand 1711–17. Nach Abbruch des Westflügels im Jahr 1815 erhielt das Kloster seine heutige Hufeisenform. Den Nordflügel der Stiftsgebäude nimmt die dreijochige Wandpfeilerkirche mit dem schmaleren Chor ein (Abb. 39). Den Wandpfeilern sind zum Langhaus hin flache Pilaster vorgelegt, die diese Mauerscheiben gliedern. Der einzelne ›Wandpfeiler‹ erscheint also aus eigentlichem Pfeiler zur Stütze der Mittelschiffgewölbe und einer Mauerzunge zusammengesetzt, auf der das Tonnengewölbe der abgeschiedenen Kapellenräume aufsitzt. Hauptchor und die sechs Seitenkapellen sind zur Aufnahme von Altären bestimmt. Am Triumphbogen halten Putten einen aus Stuck bestehenden Vorhang sowie Monogramme von Christus, Maria und Joseph. Der Hochaltar (1717) wird durch einen komplizierten Aufbau aus unter- und übergeordneten Säulenstellungen mit gesprengten Giebeln gebildet, die als Hauptbilder Christus am Kreuz und die Dreieinigkeit fassen. – Von den sechs Nebenaltären wurden die beiden mittleren 1670 für die Vorgängerkirche geschnitzt. Der linke Marienaltar wird Wilhelm Schorigus d. J. zugeschrieben, der rechte Passionsaltar H. Lessen d. Ä. Der Rahmen besteht aus kleinteilig geschnitzten Szenen von guter bildhauerischer Qualität. Die Altarbilder schuf A. Klemme erst 1869. Die vier Marmoraltäre von 1718 gelten als Werke von Franz Lor. Biggen, die unter Einflußnahme des Baumeisters F. Mitta entstanden. Weitere Bestandteile der geschlossenen Barockausstattung sind das Chorgestühl

(1717) mit Darstellungen aus dem Leben des heiligen Augustin bzw. der Ordensregeln sowie die Kanzel mit schwerem figurenbesetztem Schalldeckel (1721) und die Orgel (1737) von Chr. Trautmann aus Magdeburg.

Ein schmaler Feldweg zweigt von der Verbindungsstraße Goslar – Langelsheim zum Gutshof und der **früheren Abtei Riechenberg** ab. 1117 als Benediktinerkloster gegründet, ging es vor 1131 an die Augustiner über. 1803 wurde es aufgehoben und seit 1818 das Steinmaterial eines Teils der Kirche zum Neubau des Pächterhauses benutzt. An zwei Bruchsteinbauten des 18. und frühen 19. Jhs. vorbei gelangt man zur Kirchenruine, von der einzig die Krypta (Abb. 44) als vollständiger Bauteil neben Überresten des Chormauerwerks, des Nordquerhauses und des Westbaus erhalten blieb. Die *ehemalige Kirche* war eine unter Hirsauer Einfluß stehende kreuzförmige Basilika mit sächsischem Stützenwechsel, deren Grundriß durch Ausgrabungen und erhaltene Fundamente noch weitgehend erkennbar ist. Die Pfeiler hatten ähnlich wie die Kirchen in Goslar und die Stiftskirche in Braunschweig Kantensäulchen auf wulstigen Basen. An das Querhaus war durch Umbau vor 1173 jeweils eine Apsis angeschlossen worden, die im Norden noch erhalten ist. Zunächst hatten lediglich Nebenchöre im Hirsauer Schema bestanden, das sich mit der Hirsauer Reform des

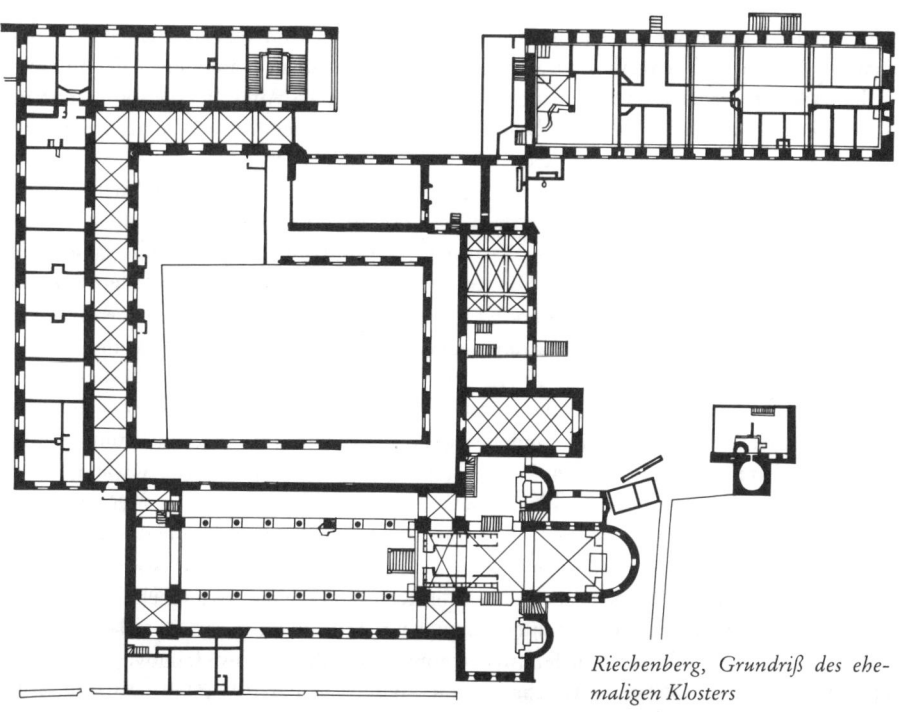

Riechenberg, Grundriß des ehemaligen Klosters

Benediktinerordens ausbreitete. Auch dort rahmen Kantensäulchen und ein Kämpfer mit Schachbrettkonsölchen das Apsisrund. Außen gliedern Sockelprofile, Lisenen und Rundbogenfriese das Querhaus. Durch zwei Portale neben den Querhausapsiden gelangt man über einige Stufen hinab in die Krypta, die vor 1150 gemeinsam mit einer neuen Apsis unter den Chor gesetzt wurde. Es handelt sich um einen kreuzgratgewölbten Hallenraum, der von sechs Freisäulen und zehn Säulenvorlagen an den Wänden gerahmt wird. Die Schäfte der Freisäulen und die Kapitelle aller 16 Stützen machen mit ihrem hervorragenden baukünstlerischen Schmuck die besondere Bedeutung der Riechenberger Kirche aus. Die Stützen sind mit Masken, Fabelwesen oder Adlern geschmückt und folgen teils königslutterischem Vorbild, teils haben sie Palmettenkapitelle wie St. Godehard in Hildesheim. Die Riechenberger Ornamentik stellt geradezu den Höhepunkt der künstlerischen Entwicklung Goslars im 12. Jh. dar. Der Westbau entspricht dem Typ des ungegliederten sächsischen Westriegels. Der Zugang erfolgte nicht von Westen, sondern vom Seitenschiff her, wie bei einem Kloster üblich. Nordwestlich der Kirche liegt das *Klostergut*. Das Gebäude ist auf der Außenseite mit einem Barockportal unter gesprengtem Giebel versehen, 1737. Das korbbogige Portal wird von Doppelpilastern mit toskanischen Kapitellen gerahmt. Die sich anschließenden Wirtschaftsbauten gehören dem 18. Jh. an, teils wurden sie im 19. Jh. erneuert.

Die evangelische *Pfarrkirche* von **Langelsheim** am Nordrand des Harzes, ein Bau von 1754–55, besitzt einen barocken Kanzelaltar, der 1755 aus zwei bedeutenden älteren Stükken, der Kanzel und dem Altar, zusammengesetzt wurde. Beide waren um 1675 von Heinrich Lessen d. Ä. gebaut worden, der einen sehr ähnlichen Altar für die Frankenberger Kirche in Goslar geschaffen hatte. Den Altar kennzeichnen ein reiches Figurenprogramm und Ornamentschnitzereien des Knorpelstils. Unter den Fachwerkbauten der Ortschaft sind das *ehemalige Amtshaus* (1552 über massivem Erdgeschoß erbaut, in Nachbarschaft eines dreigeschossigen Steinbaus) und der *Große Hof* von 1657 hervorzuheben.

Zwischen Salzgitter und Goslar liegt **Lutter am Barenberge**, das bereits um 1000 urkundlich erwähnt wurde, als Kaiser Otto III. dem späteren Paderborner Bischof Meinwerk zwei Höfe stiftete. 1152 ist erstmals eine Burg genannt, die 1259 durch den Bischof von Hildesheim erworben wurde und die sich unter dem Namen *Höhenburg* Anfang des 14. Jhs. vorübergehend im welfischem und ab 1523 endgültig in braunschweigischem Besitz befand. Zu ihr gehören der Bergfried und das herrschaftliche Wohnhaus, der sogenannte Palas, das um 1318 errichtete ›Moshaus‹. Es handelt sich um einen viergeschossigen, steil aufragenden Saalgeschoßbau mit (heute) kleinen Fensteröffnungen, ähnlich den Burgen Marienburg bei Hildesheim und Poppenburg bei Nordstemmen. Der Bergfried wurde um 1700 mit einem dreigeschossigen Gebäude eingekleidet. Mittelalterlichen Ursprungs ist auch das heute viergeschossige, einst mit gekuppelten Spitzbogenfenstern versehene ›Brauhaus‹. Im nahe gelegenen **Astfeld** steht das barocke *Herrenhaus* des Rittergutes, ein ursprünglich eingeschossiger, auf gestaffeltem Grundriß errichteter Bau, der mit einem Mansarddach gedeckt ist.

Die evangelische *Kirche* in **Liebenburg** gehört zu den Bauten des Hannoveraners C. W. Hase und entstand 1862–63. Als Schmuckstück des Ortes darf das *Bergschloß* gelten. Es handelt sich um die 1750–60 wohl von Jürgen Köppel errichtete ehemalige Sommerresidenz der Hildesheimer Bischöfe. Der breite Barockbau mit einem ovalen Saal in der Mittelachse enthält auf der einen Seite die Wohnräume und auf der anderen die Schloßkapelle. Der Kapellensaal mit umlaufenden Emporen wird von einer flachen Spiegeldecke geschlossen. Die hervorragenden Deckenmalereien schuf 1758 der Asamschüler Joseph Gregor Winck, ein auch in Hildesheim und Büren (Westfalen) tätiger Künstler. In perspektivischer Untersicht ist die Legende und vor einem gemalten barocken Altar die Apotheose des heiligen Clemens Romanus dargestellt. Auch der Hochaltar selbst ist von einer gemalten Scheinarchitektur Wincks umgeben. Die Orgel (1761) stammt von Orgelbaumeister Johann Conrad Müller.

Die romanische *Kirche* in **Ostharingen** (Liebenburg) erlebte in spätgotischer Zeit einen Umbau, bei dem eine bemerkenswerte spätgotische Altarwand mit zwei stabwerkgerahmten Portalen eingesetzt wurde. Die sehr frühe Anlage hat man wohl erst in jüngerer Zeit zum Kanzelaltar (Kanzel Ende 19. Jh.) umgestaltet.

Ein örtliches Grafengeschlecht gründete 1174 das **Benediktinerkloster Wöltingerode** (Vienenburg), das nach einigen Jahren in ein Zisterzienserinnenkloster umgewandelt wurde. Eine Zeitlang war es ein evangelisches Damenstift, bevor das rekatholisierte Kloster 1807 aufgehoben wurde. Die Klosterkirche, eine kreuzförmige Gewölbebasilika, umfaßt einen gerade geschlossenen Chor und einen zweigeschossigen Westbau mit angebautem Turm. Unter der Nonnenkirche befindet sich ein romanisches Untergeschoß, dessen Stützen von hohem künstlerischem Wert sind. Heute profaniert, dient es einer Kornbrennerei als Verkaufsraum. Die Oberkirche ist eine Aula, und nur das zweijochige Langhaus mit Querhaus und Chor wird noch als Kirche genutzt. Die vollständige, jedoch nach einem Brand barock erneuerte Klausur schließt sich südlich an die Kirche an. Nördlich im Gutshof steht das barocke Propsteigebäude (1688) sowie direkt neben dem barocken Klostertor (1728) ein sehr dekoratives Fachwerkhaus der Zeit um 1700 mit überkreuzten Streben. Als Baudenkmal von besonderer Bedeutung hat sich bei Untersuchungen (bis 1987) der *Bahnhof* von **Vienenburg**

Wöltingerode, Grundriß der ehemaligen Klosterkirche

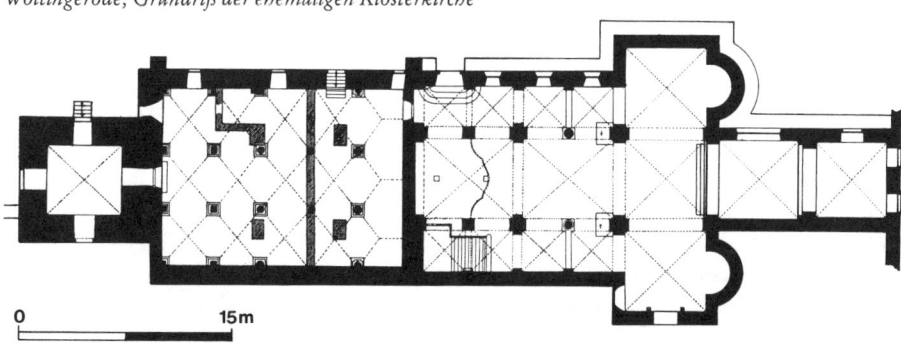

erwiesen. Das 1888 um einen Saalbau (›Kaisersaal‹) erweiterte Gebäude stellt im Kern einen holzquaderverkleideten klassizistischen Bau aus dem Jahr 1840 dar, der 1844 im Mittelteil aufgestockt wurde. Es ist das älteste erhaltene Bahnhofsgebäude in Deutschland, und liegt an der Strecke Braunschweig–Harzburg, auf der die erste Staatsbahn im damaligen Deutschen Bund verkehrte. Das Gebäude, dessen Inneres mit Eisensäulen ausgestattet ist, die im Harz gegossen wurden, dokumentiert eine der Pionierleistungen im Zusammenhang mit dem Eisenbahnbau des 19. Jhs.

Die *Harzburg*, namensgebend für **Bad Harzburg**, östlich von Goslar, besteht aus zwei Burgen auf dem Großen und dem Kleinen Burgberg. Sie wurde 1065–68 von Kaiser Heinrich IV. erbaut. In den folgenden Jahren stand sie im Mittelpunkt kriegerischer Auseinandersetzungen mit sächsischen Herrschern, die die kaiserliche Macht einzuschränken suchten. Gerade das hohe Mittelalter, das 11. und 12. Jh., ist eine entscheidende Phase dieser Machtkämpfe gewesen, in deren Folge zahlreiche Burgen und Städte gegründet wurden. 1074 zwang der sächsische Adel Heinrich IV., die Burg abzureißen. Im 12. und nochmals im 13. Jh. wurde sie teilweise wiederaufgebaut. Erst der Dreißigjährige Krieg führte zu einer völligen Zerstörung der inzwischen bedeutungslos gewordenen Burg. Heute gibt es nur noch Gräben und einige Mauerreste. 1569 entdeckte man unterhalb der Anlage eine Salzquelle. Der bald darauf errichteten Saline verdankte Bad Harzburg Mitte des 19. Jhs. den Ausbau zu einem Kurort. Die *Kirche* von 1901–03 ersetzte einen barock ausgestatteten Fachwerk-Vorgänger von 1654. Die Kanzel und der sehr bemerkenswerte plastische Hochaltar von 1709 wurden in der *Kirche in Schlewecke*, heute einem Ortsteil von Bad Harzburg, aufgestellt.

Geologie und Bergbau im Oberharz

Die erste urkundliche Erwähnung des *Bergbaus am* **Rammelsberg** vor den Toren der Stadt Goslar im Jahre 968, erinnert nicht nur an eine erstaunliche, mehr als tausend Jahre währende Bergbaugeschichte, sondern dokumentiert auch die überragende Bedeutung dieses wichtigsten niedersächsischen Bergwerks. Bis 1235 hatte es sich in kaiserlichem Besitz befunden und ging dann an die Herzöge von Braunschweig und Lüneburg über, die zunächst den Einfluß der Stadt eindämmten. Der um 1500 errichtete *Maltersmeisterturm* ist das letzte Bauwerk der mittelalterlichen Anlagen über Tage. Er diente der Überwachung des Bergwerks.

Die Erkundung der Geologie des Harzes steht in enger Beziehung zu den bergbaulichen Aktivitäten in diesem geschichtsträchtigen Raum. Schon Mitte des 16. Jhs. beschrieb Nicolaus Agricola die bergbaulichen und geologischen Gegebenheiten am Goslarer Rammelsberg (›De re metallica‹), die in den folgenden Jahrhunderten weiter erforscht wurden. Gab es zunächst noch phantasievolle Vorstellungen über die Geologie des Harzes, so finden sich mit Hausmann, Zimmermann und Römer – um nur einige der bekannteren Namen zu nennen – in der Mitte des 19. Jhs. die ersten fachlich versierten Geologen. Die Grundlagen der ›Stratigraphie‹, der Bestimmung der Altersfolge beim Schichtgestein, wurden für den Harz von Römer gelegt und haben bis heute nicht ihre Bedeutung verloren.

Von Norden aus gesehen, steigt das *paläozoische Mittelgebirge* steil aus dem norddeutschen Tiefland auf und dehnt sich von Osten nach Westen etwa 100 km sowie von Norden nach Süden etwa 35 km weit aus. Östlich der Linie Bad Sachsa, Braunlage, Bad Harzburg verläuft vor dem 1100 m hohen Brockenmassiv (Farbabb. 33) die Grenze zur DDR. Sie teilt den Harz in eine westliche und eine östliche Hälfte. Das nördliche Einfallstor zum Harz bildet die Stadt Goslar, innerhalb deren Mauern bereits das *Rumpfgebirge* steil anzusteigen beginnt. Der Nordrand des Westharzes wird durch die scharf eingeschnittenen Fluß- und Bachtäler (Innerste, Tölle, Grane, Gose, Oker, Radau) gegliedert. Eine Reihe von Stauseen (Innerste, Grane, Oker, Ecker) bändigt die nach ergiebigen Regenfällen ungestüme Kraft der Harzflüsse, von denen das *mesozoische Harzvorland* oft überflutet wurde.

Der Harz ist ein außerordentlich niederschlagsreiches Gebiet. Bei Regen spricht der Einheimische vom ›Oberharzer Einheitswetter‹. Die Niederschlagsmenge variiert mit wechselnder Gestalt und Höhe des Gebirges. Während in Ober- und Unterharz jährlich 1000–1300 mm Regen fallen, beträgt die Niederschlagsmenge in den Höhenlagen des Acker-Bruchberg- und des Brockenmassivs bis zu 1600 mm pro Jahr. Der Wasserreichtum in den

GEOLOGIE UND BERGBAU IM OBERHARZ

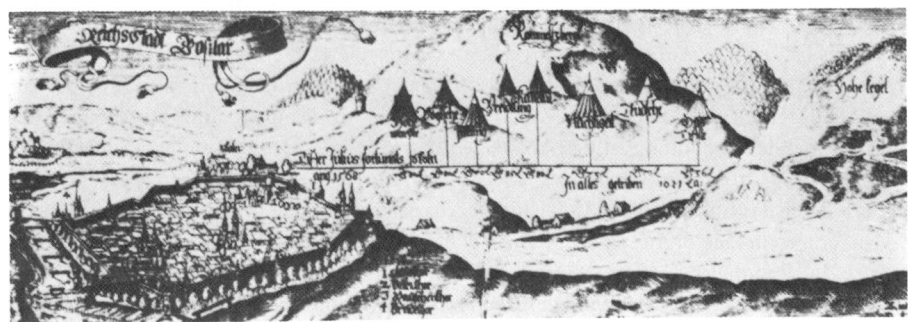

Der Bergbau am Rammelsberg, Kupferstich von 1606

Bergregionen des Harzes ist durch die Geschicklichkeit der Harzer Bergleute für den Betrieb der Erzgruben und die Erzaufbereitungen genutzt worden. Ein großzügig angelegtes *Teich-Graben-Stollensystem* aus 69 Teichen und einer Vielzahl von Auffang- und Sammelgräben von etwa 140 km Länge stellt ein herausragendes technisches Bergbaudenkmal dar, das in Europa und der Welt seinesgleichen sucht. So werden z. B. durch den etwa 30 km langen *Dammgraben* die Wassermassen vom *Brockenfeld* und aus den *Reservoiren* der Hochmoore am *Acker-Bruchberg* nach *Clausthal* herabgeleitet. Erste wasserwirtschaftliche Anlagen stammen noch aus dem 13. Jh. Die Mehrzahl der Teiche wurde jedoch nach der Zeit um 1525 errichtet, nachdem die Landesherren sogenannte Bergfreiheiten gewährt hatten, die den Bergleuten das Schürfrecht zugestanden. Die modernen *Großanlagen*, wie z. B. die der *Innerste, Grane, Oker, Söse* und *Oder*, entstanden im 20. Jh. Dienten die gesammelten Wasservorräte früher in erster Linie als Energiespender für den Erzbergbau, so steht mittlerweile die Trinkwasserversorgung der Siedlungen und Städte des Harzvorlandes im Vordergrund. Noch heute prägen die Wassersammel- und -leitungsanlagen entlang der Durchgangsstraßen und Wanderwege in Wald und Flur das Gesicht dieser Kulturlandschaft. Beim Durchstreifen der niedersächsischen Harzgebirge befindet man sich in Gebieten, die nach der geologischen Großeinteilung als Ober- und in Teilen als Mittelharz bezeichnet werden. Der größere Teil des Mittelharzes sowie der Unterharz liegen auf dem Boden der DDR.

Der Harz ist ein sichtbares Reststück des *Variskischen Gebirges*, das sich an der Wende von *Unter-* zum *Oberkarbon* bildete und quer durch das westliche Europa zog. Es faltete sich auf zwischen der *saxo-thüringischen Zone* mit ihrem kristallinen Sockel, der heute noch in einzelnen Kuppen (z. B. Odenwald, Erzgebirge, Eule) zum Vorschein kommt, und der *subvariskischen Vortiefe* im Norden. Der Tiefenlinie des weiträumigen variskischen Senkungsgebietes folgend, setzt sich der Harz südwestlich im Rheinischen Schiefergebirge fort und ist im Nordosten noch unter dem Deckgebirge des Flechtinger Höhenzuges nachweisbar. Die variskische Zone ist gekennzeichnet durch teils *silurische*, teils mächtige *devonische* und *kulmische Sedimente*. Die Schichten sind vielfach gegen ältere Massive im Nordwesten bzw. im Nordosten überkippt gefaltet.

Mit der Gebirgsbildung ging ein kräftiger Vulkanismus einher, der sich sowohl für die Zeit des *Obersilurs* (saure Tuffe im Herzberger Sattel) als auch des *unteren Devon* (Tuffe im Kahlebergsandstein) nachweisen läßt. Das *Mitteldevon* förderte *Diabase* zutage (Oberharzer Diabaszug; Acker-Bruchberg-Zug). Für die Struktur des Ober- und Mittelharzes von entscheidender Bedeutung ist das Aufsteigen des *Brockenplutons* (Mittelharz) im *Karbon*, der mit Teilplutonen im *Okergranit* und im *Harzburger Gabbro* auf den Oberharz übergreift. Auch das Entstehen von Erzen im Oberharz ist eng mit dem Vulkanismus verbunden. Man unterscheidet drei Zyklen. Während des ersten Zyklus bildete sich die Erzlagerstätte des Rammelsbergs in Goslar. Aus tiefen Klüften, die bis zum Magma in der Tiefe reichten, stiegen im Mitteldevon *hydrothermale Metallösungen* auf. Sie ergossen sich in das Meeresbecken der Vortiefe, wurden ausgefällt, d. h., die gelösten Stoffe gingen in unlösliche Verbindungen über, und mit *eingeschwemmten Sedimenten* aus dem Gebirge abgelagert. Bei der folgenden variskischen Faltung im Karbon wurde das Lager überfaltet und steilgestellt. Die Rammelsberger Erzlagerstätte besitzt mit etwa 30 % Metallgehalt eine selten gefundene Metallanreicherung; neben Zink, Blei und Eisen werden Kupfer, Mangan, Schwefel und Schwerspat gefunden sowie in Spuren auch Silber, Gold, Antimon, Wismut, Quecksilber und eine Reihe anderer Metalle. Seit mehr als tausend Jahren hat der Bergbau am Rammelsberg in Goslar den Bewohnern der Stadt als Erwerbsquelle gedient. In den nächsten Jahren wird sich diese Lagerstätte jedoch erschöpfen.

Erzlagerstätten im Oberharz

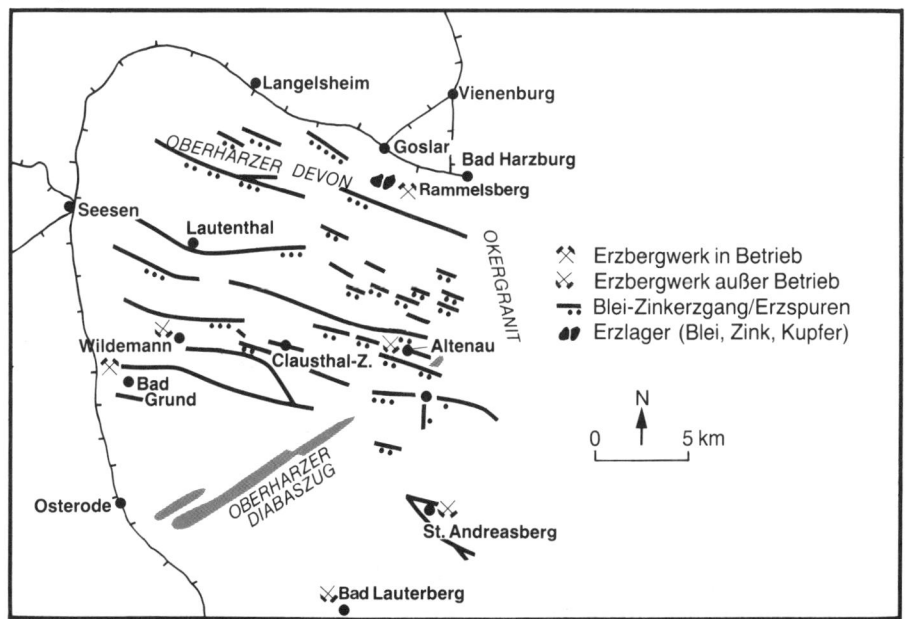

GEOLOGIE UND BERGBAU IM OBERHARZ

Der zweite Erzbildungszyklus ist gekennzeichnet durch den *Diabas-Vulkanismus*. Die Entstehungsweise der Roteisensteinlager des Oberharzer Diabaszuges ähnelt der des Erzlagers am Rammelsberg. Vom gleichen Magma stiegen aus der Tiefe des Diabas die eisen-, silizium- und chlorhaltigen sauren Lösungen und Dämpfe auf, erreichten den Meeresboden, wurden ausgefällt und sedimentierten. Die *kieselsauren Roteisenerze* besitzen einen Eisengehalt von etwa 30%. Die besonders begehrten mit Kalk vermengten *Blauen (Rot-)Eisensteine* wurden mehrere hundert Jahre lang abgebaut. Die Förderung des Roteisensteins, deren Hauptblütezeit in der Mitte des 19. Jhs. gelegen hatte, wurde um die Jahrhundertwende unrentabel und kam zum Erliegen.

Die wichtigsten Erzlagerstätten entstanden in einem dritten Zyklus. Sie befanden sich bei St. Andreasberg im Mittelharz und im Dreieck zwischen Lautenthal, Clausthal-Zellerfeld und Bad Grund. Die von Westnordwest nach Ostsüdost verlaufenden Erzgänge entstanden während des Brockenplutons, als sich Klüfte und Bergspalten bildeten, aus denen heiße Gase und wäßrige metallhaltige Thermen aufstiegen, die von granitischen Schmelzen erzeugt wurden. Beim Erkalten vermischten sich die Metallsalze mit der übrigen, Gangart genannten tauben Gesteinsmasse. Später kam es zu tektonischen Verformungen des Gebirges, wobei sich in den Erzgängen erneut Klüfte und Spalten bildeten, aus denen weitere Erzlösungen aufstiegen. Das dem Brockenpluton am nächsten gelegene St. Andreasberger Revier ist reich an Blei-, Silber- und Kupfererzen, während das weiter entfernt liegende Oberharzer Revier bevorzugt Blei-Zink-Erze mit einem Silbergehalt von etwa 130 g im Roherz enthält. Der auf das 12. Jh. zurückgehende Oberharzer Gangerzbergbau erlebte im 16. Jh. seine Blütezeit und war 1930 nahezu erschöpft. Heute werden Erze nur noch auf dem ›Silbernaaler Gangzug‹ des Oberharzes im Bergwerk Bad Grund abgebaut.

Geologische Harzrundfahrt

Die Fahrt durch den Oberharz nimmt ihren Anfang in **Goslar** und führt bis zum südlichen Harzrand. (Da sie mit kleineren Wanderungen kombiniert ist, empfiehlt sich die Anschaffung einer Wanderkarte im Maßstab 1:25000.) Man verläßt die Stadt in östlicher Richtung und erreicht bald zwischen dem Sudmer-Berg und dem Harzrand das **Osterfeld**, die ›klassische Quadratmeile der Geologie‹. Am Steinbruchaufschluß des *Sudmer-Berges*, im Gelände der *ehemaligen Ziegelei* auf dem Osterfeld und der *Ratssandgrube* sowie auf dem Wege zur *Ruine Petersberg* lassen sich die gebirgsbildenden und späteren Verformungsphasen des Harzes wie in einem aufgeschlagenen Bilderbuch der Geologie nachvollziehen. In der Ratssandgrube sind deutlich die nach Norden überkippten Schichten des Juras zu sehen. In der Ziegelei am Osterfeld befindet man sich im Bereich der großen Harzrandstörung, dem Gebiet, in dem die jüngeren Schichten der Trias, des Juras und der Kreide durch die Heraushebung des Harzes mit angeschleppt und steil aufgerichtet wurden. Nimmt man sich die Zeit zu einem Abstecher auf die *Ruine Petersberg*, so gewinnt man einen weiten Ausblick auf das

Darstellung eines Bergwerks im 16. Jh., nach einem historischen Holzschnitt

Harzvorland und das gesamte Osterfeld im Norden. Im Hintergrund erkennt man den Sudmer-Berg, dessen Schichtung der oberen Kreidezeit (Ober-Emscher) von der Harzhebung kaum mehr erfaßt worden ist und der deshalb flach nach Norden hin einfällt.

Für eine Harzdurchquerung sollte man den Weg durch das **Okertal** wählen. Kurz vor dem *Romkerhaller Wasserfall* erblickt man im Flußbett der Oker wirr übereinandergetürmte und vom Wasser abgeschliffene Blöcke des Okergranits. Am Wasserfall selbst führt ein Fußweg hoch auf die Felsen. Beim Aufstieg kann man die Faltungen der devonischen Gesteine sehen sowie die bituminösen Kulm-Alaunschiefer, schwarzgefärbte und schiefrige Ablagerungen, die schwefelsaure Doppelsalze enthalten. Auf der Plattform des Wasserfalls angekommen, überblickt man das eingeengte Okertal und die gegenüberliegenden Rabenklippen.

Von der *Staumauer der Okertalsperre* aus ist eine Wanderung zum *Eisensteinbergbau am Spitzenberg* zu empfehlen. Der Weg führt vorbei am *Diabassteinbruch Huneberg*, wo man Pyritkristalle sowie Magneteisenstein finden kann, der sich beim Kontakt mit dem Okergranit aus Roteisenstein gebildet hat. Zurückgekehrt zur Staumauer – man beachte die Kombination einer Bogen- mit einer Schwergewichtsmauer, die dadurch bedingt ist, daß die Mauer in verschiedene Gesteinsschichten mit unterschiedlicher Festigkeit hineingebaut ist –, kann der Fossilienfreund im Bereich des *unteren Parkplatzes* das Leitfossil des Kulms, die ›Posidonia becheri Bronn‹, eine Muschel mit konzentrisch auf der Schale angeordneten Ringen, finden.

Weiter geht die Fahrt talaufwärts in *Richtung Clausthal-Zellerfeld* vorbei an Gebirgsschichten aus der Erdperiode des Kulms, die stark gefältelte und geschieferte Gesteine zeigen. Hat man den Okerstausee verlassen, so überquert die Straße ein Bachbett und macht in Fahrtrichtung eine scharfe Rechts-Links-Biegung. Hinter der Linksbiegung liegen an der Bergseite hohe Halden der ehemaligen Erzgruben, die auf den in der Nähe liegenden Bockswieser-Festenburger- und Schulenberger-Gangzugen Abbau betrieben. Mit etwas Mühe kann man in den Haldentrümmern noch schöne Gesteinsbrocken mit Bleiglanz, Eisenspat, Zinkblende, Malachit und Pyrit finden. Gleiches gilt für die Halden, die in der Nähe des *Schalker Teiches* liegen. In den Aufschlüssen an den Wegen, Forststraßen und Steinbrüchen des ehemaligen ›unteren Schalker Teiches‹ und des Festenburger Forsthauses sind noch gut erhaltene Fossilien der Devonschichten wie die der Pantoffelkoralle ›Calceola sandalina‹, des Armfüßlers ›Spirifer paradoxus‹, des Trilobiten ›Phacops‹ mit den Facettenaugen und andere mehr zu entdecken. Fährt man die *Schulenberger Straße* weiter bergan, so erreicht man kurz vor **Zellerfeld** den Scheitelpunkt. Von hier aus bietet sich ein Ausblick auf die Bergstadt und den nördlichen Oberharz. Die im Blickfeld liegenden Geländeformen spiegeln die Geologie der Schichtung wider. Gegen Süden zeichnet sich am östlichen Blickfeldrand vor dem Acker-Bruchberg-Massiv der bewaldete Oberharzer Diabaszug ab, im Osten überragt vom Granitpluton des Brockens. Gegen Norden erhebt sich mit der Schalke und dem Bocksberg der Oberharzer Devonsattel.

Von Clausthal aus sollte man einen Abstecher zur *Iberger Tropfsteinhöhle* bei **Bad Grund** unternehmen. Sie verdankt ihre Entstehung jüngeren Auswaschungen durch unterirdisch verlaufende Wasser auf Spalten in den Iberger Massenkalken. Im nahe gelegenen *Steinbruch Winterberg*, der nur mit Erlaubnis betreten werden darf, ist ein Riff aus der Devonzeit freigelegt, in dem ›Korallen‹, ›Brachiopoden‹ und auch ›Goniatiten‹ zu sehen sind.

Zurück in **Clausthal**, fährt man vom *Oberbergamt* (Abb. 52) in Richtung Süden den Berg hinauf und durchquert die weiten, offenen Räume der Oberharzer Kulmfläche. Einige wenige km hinter der Abzweigung nach *Buntenbock* bildet die Straße eine Serpentine, von der aus man bei gutem Wetter einen wunderschönen Blick auf den Harzrand bei Osterode und die Schichtstufen des Harzvorlandes (Gips des Zechsteins, Buntsandstein) hat. Im Blickfeld erkennt man Richtung Süden deutlich den zum Harzrand abfallenden Diabaszug. Folgt man der alten Straße durch *Lerbach* nach *Osterode*, so trifft man an der Straßenböschung oberhalb des *Lerbacher Hüttenteiches* auf einen feingebänderten ›Jaspis‹ des Diabaszuges. Die Gesteine sind lebhaft grün und rot gefärbt. Der ausklingende Vulkanismus in der Periode des Unterkarbons spiegelt sich hier nochmals wider in violettrötlichen Tufflagen zwischen den Kulmkieselschiefern.

Bevor man den Harzrand erreicht, zweigt am oberen Rand der Ortslage *Freiheit* nach Südosten ein Fußweg den Berg hinauf ab. Nach wenigen Schritten erreicht man einen aufgelassenen *Steinbruch*, an dessen westlicher Wand in den Kulmkieselschiefern die für den Harz typische Schiefertektonik zu erkennen ist. Zickzackfalten mit gebogenen Achsenflächen sowie liegende Sättel und Mulden zeugen von Kräften und Beanspruchungen, die auf die devonisch-karbonischen Gesteine eingewirkt haben.

Rundfahrt zu Kunst, Kultur und Bergbau des Harzes

Auch für diese Fahrt empfiehlt sich **Goslar** als Ausgangspunkt. In einer weiten Kehre windet sich die Straße vom Harzrand bei Goslar mehr als 400 m hinauf zum Bocksberg, an dessen Hang der Kurort **Hahnenklee** liegt. Besonders der das flache Land gewöhnte Besucher aus Norddeutschland wird überrascht sein über den unvermittelt aufsteigenden waldigen Bergrücken. Die Erhebung des heute zu Goslar gehörenden Bergarbeiterdörfchens zum Kurort im Jahre 1882 führte dazu, daß der ursprüngliche Betsaal der *Kirche* zu klein wurde. 1907–08 erbaute man daher nach Plänen des Hannoverschen Baurats Prof. Karl Mohrmann (1857–1927) eine größere Kirche. Man wählte dazu den Typ der Stabkirche, also eines reinen Holzbaus, um sich in größtmöglichem Maß der Harzlandschaft anzupassen. Schon bald war die *Stabkirche* bekannter als der Kurort selbst (Farbabb. 32). Für die Konstruktion einer solchen Kirche gab es in Deutschland bis 1907 nur ein Beispiel: 1840 hatte der preußische König Friedrich Wilhelm IV. die Stabkirche von Vang (Norwegen) gekauft und kurz darauf in Drückenberg (Riesengebirge/Schlesien) wieder aufbauen lassen. Unter Mohrmann wurde im Gegensatz zu diesem Vorbild ein völliger Neubau erstellt, der Motive aus norwegischen Stabkirchen nachempfand. Eines der Vorbilder ist in abgewandelter Form die Kirche in Borgund. Außen unterscheidet sich der Mittelraum von den Abseiten, so daß der basilikale Querschnitt deutlich wird. Der Chor wird durch eine Rotunde betont, im Westen steht ein eigenständiges Glockenhaus (Glockenspiel 1975). Die runden Holzstützen des Innern gliedern die Wand und halten Emporen, die mit gedrehten Geländerstäben abgeschlossen sind. Decke und Wände sind holzverkleidet und geben dem Raum, der insgesamt 364 Plätze faßt, eine warme und fast intime Atmosphäre. Den Altar (Abb. 45) – wie auch die übrigen plastischen Bildwerke – schuf der Goslarer Bildhauer Seegebarth. Die an byzantinischer Kunst orientierte Malerei fertigte der Maler Böhlmann; über dem Altarkreuz erkennt man das Lamm Christi, gerahmt von den Symbolen der vier Evangelisten.

Bergab gelangt man nach Westen in das Tal der Innerste und hinab nach **Lautenthal** (Gem. Langelsheim). Gegen 1530 entdeckte man im Tal der Laute Silbererze, woraufhin vermutlich Herzog Heinrich d. J. von Braunschweig-Wolfenbüttel die Ortschaft Lautenthal 1560 gründen ließ und ihr die 1613 bestätigte Bergfreiheit verlieh. Im Tal der Innerste befand sich außerdem eine bedeutende Silberhütte, deren Abluft bei normalen Südwestwinden an Lautenthal vorbeigeblasen wurde. Der touristisch erschlossene *Tiefe Sachsenstollen* ermöglicht mit einer Bergwerks- und Hüttenschau Einblicke in den Harzbergbau. Auf dem Gelände befindet sich das 1887 datierte *Mundloch* des Tiefen Sachsenstollens, der unter Herzog Heinrich d. J. 1549 angesetzt und bis 1612 tausend Meter vorgetrieben wurde.

Lautenthal, Mundloch des ›Tiefen Sachsenstollens‹

Gelegentlich hat man ein solches Mundloch, also das Ende des Stollens, als Portal oder Tor gestaltet; hier blieb es recht schlicht. Noch vor 1880 mußte der Stollen die gesamte Entwässerung der östlich der Innerste gelegenen Lautenthaler Gruben bewältigen. (1880 wurde der 1851 in Gittelde begonnene Ernst-August-Stollen vollendet). Neben dem Mundloch befindet sich eine Wasserrutsche und ein ganz schlichtes zweites Mundloch (1857) einer 1740 eröffneten Grube sowie ein nachgebautes *Kehrrad*. Die Bergstadt Lautenthal (Farbabb. 35) entwickelte sich aus einem länglichen Straßenmarkt im Tal, der Hahnenkleer Straße. Hier stehen auch einige der älteren Häuser, darunter *Nr. 2* aus der Zeit um 1600, ein zweigeschossiges Fachwerkhaus mit Fächerrosetten in der Brüstung des Obergeschosses. Die Mehrzahl der Bauten ist mit Bohlen verkleidet, viele gehören dem späten 18. und 19. Jh. an, und vereinzelt haben sich ihre typischen Schiebefenster erhalten. Der seitlich dieser Straße gelegene *Marktplatz* wurde erst im Rahmen einer planmäßigen Ortserweiterung um 1560 angelegt. Die *Kirche* steht auf einem Bergsporn oberhalb des rechtwinkligen Marktplatzes und wurde unmittelbar nach dem Dreißigjährigen Krieg bis 1659 neu gebaut. Aus dem Schiff ragt ein quadratischer Turm mit barockem Helm heraus. Kanzelaltar und Orgelprospekt gehören einer Neuausstattung des Jahres 1719 an.

Am Ortseingang von **Wildemann** befindet sich der am Tor mit 1887 datierte *19-Lachter-Stollen*. Er ist für Besucher zugänglich und war bereits im 16. Jh. angelegt worden, um das Clausthaler und Zellerfelder Revier zu entwässern. Der Name gibt die Stollentiefe (1 Lachter = 1,92 m) an. Etwas weiter oberhalb verläuft ein 16-Lachter-Stollen, an dessen Ende der Ernst-August-Schacht beginnt, ausgestattet mit einem Kehrrad von neun Metern Durchmesser. Der Schacht führt auf den Ernst-August-Stollen hinab, dessen Mundloch sich in Gittelde befindet. Überhalb des Stollenmundes steht ein zweigeschossiges, bretterverkleidestes *Traufenhaus*, das mit dem Bergbau in Zusammenhang steht. Die eigentlichen Bergarbeiterhäuser befinden sich im Tal unterhalb des Stollens. Zur ›Wasserlösung‹ – also nicht zum Abbau von Erzen, sondern zur Entwässerung – waren lange Stollen nötig, die man fast waagerecht, nur mit schwachem Gefälle in den Berg hineintrieb. 1777 begann man den *Tiefen-Georg-Stollen* in Bad Grund zu bauen und bis 1799 in den Berg vorzutreiben. Der

10,5 km lange Stollen verläuft im Berg etwa unterhalb der Marktkirche von Clausthal und erreicht hier eine Tiefe von 290 m bis über Tage.

Das *Mundloch* in **Bad Grund**, an der Straße ›Abgunst‹ gelegen, hat rustizierendes Mauerwerk, einen spätbarocken Segmentbogengiebel sowie eine halbovale Öffnung als Wasserauslaß. Vom Knesebergschacht blieben noch die *Übertagebauten* weitgehend erhalten; der Schacht wurde ab 1855 abgeteuft. Die Hauptstraße des Ortes wird bis zur 1540 als Holzbau errichteten *Kirche St. Antonius* hinauf von verkleideten Fachwerkbauten des 17. bis späten 19. Jhs. gesäumt.

Talabwärts führt die Straße an den Rand des Harzes und nach **Windhausen** mit seiner einfachen *Fachwerk-Saalkirche* der Zeit um 1800 (Abb. 46). Im benachbarten **Gittelde** findet man das *Mundloch* eines weiteren der Wasserhaltung dienenden Stollens. Hier handelt es sich um den 1851 begonnenen *Ernst-August-Stollen*, dessen Mundloch 1864 in Form einer kleinen romanischen Burgfassade entstand. Die rundbogige Öffnung wird von zwei polygonalen Türmchen eingefaßt und von einem vorkragenden Rundbogenfries mit Zinnenabschluß bekrönt. Der Stollen wurde nötig, weil man mit dem Abbau immer tiefer unter Tage kam. Die älteren Stollen lagen höher im Berg und waren dadurch auch kürzer, so daß sie die Menge des Wassers nicht mehr fassen konnten. Der Ernst-August-Stollen entwässerte schließlich besonders tiefer liegende Wasserstrecken und verband fast alle wichtigen Schächte miteinander. Es wurde an zehn Stellen zugleich mit seinem Bau begonnen, und er erlangte eine Gesamtlänge von mehr als 22 km (11 819 Lachter zu 1,92 m), mit Nebenarmen sogar von 33 km.

Gittelde ist bereits 953 in Urkunden als Königshof genannt. Den Platz dieses Hofes nimmt heute die *Johanneskirche* ein, im Kern noch ein hochmittelalterlicher Bau, dessen Westturm 1660 einen achteckigen Fachwerkaufbau erhielt. Dieser diente als Vorbild für den Turm der zweiten Kirche in Gittelde, der neuromanischen *Mauritiuskirche*. Sie enthält einen spätgotischen Schnitzaltar mit der Madonna und drei Heiligen im Schrein sowie zwölf Heiligenstatuetten an den Flügeln und einer kleinen Kreuzigungsgruppe im Gesprenge.

Noch etwas weiter nördlich, vor den Hängen des Harzes, liegt **Seesen**. Mancher Tourist mag diesen Ort nur als Autobahnabfahrt zum Harz kennen. Doch der Ort hat fraglos mehr zu bieten. Die kreuzförmige, 1695–1702 als Schloßkirche erbaute *Andreaskirche*

Auf der Wasserstrecke, der sogenannten Wasserlösung zur Entwässerung der Stollen. Historischer Stich um 1860

verfügt über hohe segmentbogige Fenster mit an Maßwerk erinnernder Teilung. Der Entwurf stammt von Festungsbaudirektor Caspar Völker. Emporen, Kanzelaltar und Orgelprospekt sind barock. Das zweigeschossige *Fachwerkhaus* (›Schloß‹) mit seitlichen Risaliten und insgesamt drei flachen Dreiecksgiebeln wurde Anfang des 18. Jhs. errichetet. Von der *Burg* westlich der Kirche blieb ein umfangreicher Bauteil der Jahre um 1592 (viergeschossiger Kernbau mit Treppenturm) erhalten, der 1673 und 1870/85 erneuert bzw. erweitert wurde. Das *frühere Rathaus* nahe der Kirche hat man gleichfalls 1592 erbaut. Es diente zunächst als Brau- und Hochzeitshaus. Das 1670 mit einem Fachwerkgeschoß versehene Hintergebäude scheint damals über einem älteren Steinwerk errichtet worden zu sein. Einfache zweigeschossige Fachwerkhäuser aus dem 18. und 19. Jh. bestimmen das Ortsbild Seesens, das aus planmäßig, nach einem Stadtbrand im Jahre 1673 angelegten Straßen in Rasterform besteht.

Die Stadt **Clausthal-Zellerfeld** liegt oberhalb des Innerstetals auf einer breiten Hochebene, für deren Erscheinungsbild zahllose künstliche Stauteiche und -seen charakteristisch sind. Sie dienten als Wasserreservoir für den Bergbau und wurden seit dem 16. Jh. angelegt. Wasser mußte nicht nur aus den Bergwerken abgepumpt werden, es war auch wichtigste Antriebskraft für den Bergbau. Clausthal-Zellerfeld ist die wichtigste der Harzer Bergstädte und Sitz der bedeutenden Bergbau-Akademie. So vertraut der Doppelname Clausthal-Zellerfeld vielen Nichteinheimischen heute auch sein mag, die Stadt dieses Namens entstand erst 1924 aus der Zusammenlegung der Bergstädte Zellerfeld und Clausthal, die zunächst eine sehr unterschiedliche und voneinander unabhängige Entwicklung genommen hatten.

In **Zellerfeld** war bereits nach der Mitte des 12. Jhs. vom kaiserlichen Kollegiatstift in Goslar eine Benediktinerniederlassung unter der Bezeichnung ›Cella‹ gegründet worden. Einige Zeit später wurde von hier aus mit dem Bergbau begonnen. Kloster und Bergbau gab man jedoch nach der Pest um 1350 wieder auf. Als die Bedeutung des Bergbaus allgemein während des 15. und besonders des frühen 16. Jhs. wieder zugenommen und Kaiser Karl V. 1525 in einem Edikt festgesetzt hatte, daß die Einkünfte aus dem Bergbau den Landesherren zufließen sollten, setzte zu Anfang der zwanziger Jahre des 16. Jhs. der Bergbau auch im westlichen Harz wieder ein. Ausgehend von (Bad) Grund wurde er zunächst, gefördert durch Herzog Heinrich d. J. von Braunschweig-Wolfenbüttel, in Wildemann und Zellerfeld um 1525 betrieben. 1532 wurden Zellerfeld Bergfreiheit und Stadtrechte verliehen. Der Dreißigjährige Krieg unterbrach die Entwicklung beider Bergstädte, zumal Clausthal im Besitz der Herzöge von Braunschweig-Grubenhagen war, die auf kaiserlicher Seite standen, während Zellerfeld zur antikaiserlichen protestantischen Seite gehörte. Nach dem Dreißigjährigen Krieg stabilisierten sich die Verhältnisse im Bergbau nur langsam. Die Entwicklung der Ortschaft Zellerfeld selbst wurde 1672 durch einen verheerenden Stadtbrand unterbrochen, der jedoch letztlich für eine großzügige Neuplanung genutzt wurde. Damals entstand das *schachbrettartige Straßenmuster*, von dem noch das heutige Stadtbild bestimmt wird und das Zellerfeld über den niedersächsischen Bereich hinaus zu einer baugeschichtlich bedeutenden Stadtanlage des Barocks macht. Bemerkenswert ist neben der rechtwinkligen Anlage der Häuserblöcke und Plätze, die nur auf wenig ältere Bausubstanz Rücksicht zu nehmen hatte (der Bereich Im Loch, zwischen Treuerstraße und Bergstraße gelegen, war vom Brand

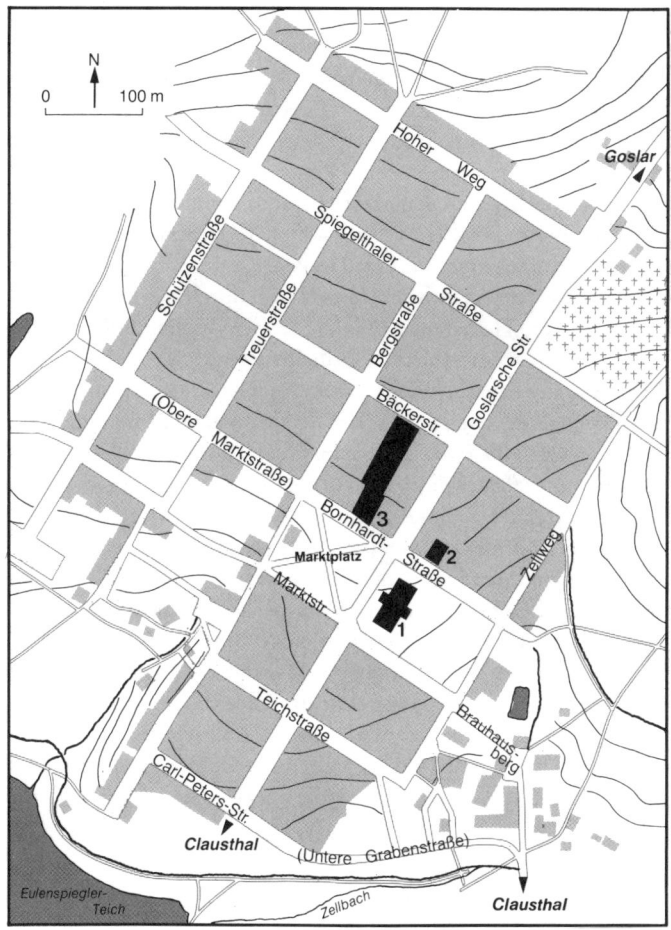

Zellerfeld
1 St. Salvator
2 Bergapotheke
3 Oberharzer Bergwerksmuseum

verschont geblieben), das Fehlen einer äußeren Stadtbegrenzung. Schon die Stadt vor 1672 hatte keine Stadtmauer gehabt – ebensowenig Clausthal –, was ihr im Dreißigjährigen Krieg zusätzlich geschadet hatte.

Die evangelische *Kirche St. Salvator* wurde nach dem Stadtbrand 1674–83 als einschiffiger Steinbau errichtet. 1863 baute man sie zu einer dreischiffigen Hallenkirche in gotischen Formen nach Plänen von Conrad Wilhelm Hase (Hannover) um. Dabei wurden Rundpfeiler mit vier Diensten und Kreuzrippengewölben eingebaut. Das Oberharzer Bergwerksmuseum (Bornhardtstr. 16) zeigt mit seinen Bergbauanlagen und einem Freigelände besonders instruktiv die Geschichte und Kultur des Harzbergbaus.

RUNDFAHRT ZU KUNST, KULTUR UND BERGBAU DES HARZES

Das bekannteste Haus ist die *Bergapotheke* neben der Kirche. 1674 wurde das zweigeschossige Fachwerkgebäude für Jakob Andreas Herstelle erbaut und acht Jahre später mit reichen Stuckdecken ausgestattet. Die Aufteilung des Hauses folgt dreizonigen Herrenhäusern mit einer schmalen zentralen Diele und seitlichen unterkellerten Wohnräumen, zu denen man über kleine Treppen gelangt. Ein Teil der wertvollen Stuckdecken befindet sich in den als Apotheke genutzten Räumen links der Diele, ein anderer in den Wohnräumen. Die Balkendecken sind in einzelne Felder aufgeteilt, die jeweils ein Stuckbild von erstaunlicher Relieftiefe enthalten. Vor flach modellierten Hintergründen treten Köpfe und Körper weit, teils vollplastisch, aus dem Deckengrund hervor. Die Decke im Apothekenraum zeigt die Verwandlung Aktäons in einen Hirsch durch Göttin Diana sowie Allegorien auf Frühling, Sommer, Herbst und Winter. In den Wohnräumen sind weitere Allegorien, eine allegorische Jagd, griechische Gottheiten, Tugenden und biblische Szenen (Verkündigung, Anbetung des Kindes, Flucht nach Ägypten, Darstellung Jesu im Tempel, Abendmahl, Gefangennahme, Kreuzigung, Grablegung und Auferstehung) dargestellt.

Die evangelische *Pfarrkirche zum Heiligen Geist* in **Clausthal** gilt als größter kirchlicher Holzbau in Deutschland (Abb. 48). Baubeginn war gegen 1637, nachdem der Vorgänger dem verheerenden Brand des Jahres 1634 zum Opfer gefallen war. Sockelsteine der Emporenstützen sind mit 1640 datiert, 1642 konnte die Weihe stattfinden. Das Äußere macht einen ungewohnten Eindruck, der vor allem durch die vollständige Verkleidung aus waagrecht genagelten Brettern entsteht. Rechtwinklige Sprossenfenster unterschiedlicher Größe sind in die einheitliche Wandfläche eingeschnitten. Neben dem oben ins Achteck übergehenden welschen Turmhelm des Westturmes und den geschwungenen Dächern der seitlichen Vorbauten beleben das architektonische Bild vor allem Turmhelm und Dachreiter, die beide kurz hintereinander gebaut, den Westabschluß der Kirche bilden. Auch das Innere dieses Holzbaus (Abb. 47) empfängt den Besucher mit einer für Kirchen dieser Größe seltenen Atmosphäre. Die Umsetzung kirchlicher Architekturformen des 17. Jhs. in das

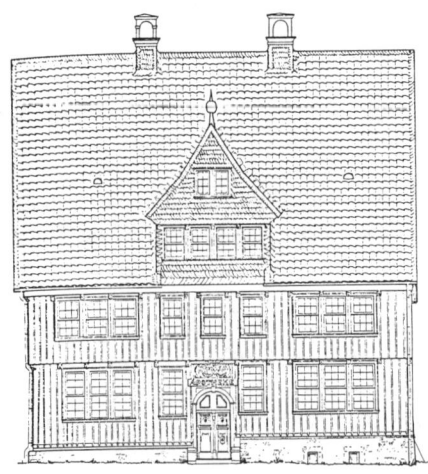

Zellerfeld, Vorderansicht der Bergapotheke

Prinzip eines Holzbaus steht für die Bemühungen, theologische und architektonische Grundsätze mit den Mitteln zu gestalten, die auf den Höhen des Harzes günstig zu beschaffen waren. Der 22 Meter breite Kirchensaal wird von einer dreiseitig umlaufenden Empore umgeben und im ›Mittelschiff‹ von einer korbbogigen Tonne überdeckt. Die Westseite hat eine zweigeschossige Empore, während die Ostseite der Kirche lediglich über eine Chorempore verfügt, auf der die Orgel steht und die mit dem Hochaltar verbunden ist. Ihn schuf 1641 Andreas Duder aufgrund einer Stiftung des Oberbergmeisters Georg Illing. Er ist mit den üblichen Bildwerken des Abendmahls, der Kreuzigung und der Auferstehung versehen; bis zur Errichtung der Barockorgel befand sich das Auferstehungsrelief oberhalb des heute abschließenden Gesimses. Der Altar hatte also zunächst eine ausgewogenere Proportion. Sein Schnitzwerk variiert Formen des Knorpelstils und wurde von Duder ausgeführt, der zweifellos zu den bedeutenden Bildschnitzern des frühen Barocks im südniederdeutschen Raum gehört. Zwischen den Emporen tragen Holzstützen unmittelbar das Holzgewölbe, zwei Atlanten stützen einen Orgelprospekt, den 1758 der Nordhausener Johann Albrecht Unger schnitzte und dabei einige Figuren des Orgelprospektes von Duder mitverwendete. Im Chorraum stehen außer dem Taufbecken auch Grabsteine und Eisengußplatten. Die aufwendig gestaffelte östliche Mittelschiffskrone ist 1660 datiert. Vor der Chorschranke ruht auf einer lebensgroßen Mosesstatue die Kanzel, 1642 von Andreas Duder geschnitzt. Den Schalldeckel umsäumen die Statuen der zwölf Apostel, am Kanzelkorb stehen die Evangelisten und Johannes der Täufer.

Das *Oberbergamt* (Abb. 52) am Hindenburgplatz westlich der Kirche ist ein barockes holzverkleidetes Gebäude mit 15 Fensterachsen und zwei Portalen, das 1726–30 unter Berghauptmann Heinrich Albert von dem Busche errichtet wurde. Die Frontseite ist seit 1838 mit geschnitzten, quaderförmigen Brettern verkleidet, die übrigen Fassaden sind mit Schiefer geplättet. Im Hof befindet sich ein Fachwerkgebäude des 18. Jhs. mit weit vorkragendem Obergeschoß. Das Gebäude der *Berg-Akademie* entstand 1907. Die Akademie war 1864 aus einer seit 1821 bestehenden Bergschule hervorgegangen.

Ein *historisches Wohnhaus* mit Backsteinerdgeschoß und Fachwerkobergeschoß befindet sich in der Osteroder Straße 4. Die Füllhölzer wurden mit Schiffskehlprofilen versehen, die Wände sind senkrecht verbrettert. *Ehemalige Bergarbeiterhäuser* stehen u.a. in der Zehntnerstraße. Es sind eingeschossige kleine Traufenhäuschen, die ebenfalls in der charakteristischen Weise holzverkleidet sind. Viele wirken durch ausgebaute Dachgeschosse heute zweigeschossig.

Westlich des Ortes befindet sich der *Otiliae-Schacht*, dessen eisernes Fördergerüst 1876 entstand. Unmittelbar neben dem Schacht wurde das abgebaute Erz in entsprechenden Gebäuden aufbereitet, die inzwischen abgebrochen sind. Der Schacht führte auf den Ernst-August-Stollen hinab, der als schiffbarer Zuliefererweg genutzt werden konnte. Das Fördergerüst ist das älteste noch erhaltene seiner Art in Deutschland. Die Schachthalle entstand bei einem Umbau 1905.

Im gesamten Harzbereich sind noch häufig *Zechenhäuser* erhalten, die durch typische Tannenbaumschilder gekennzeichnet sind. Sie waren kleinere Wohn- und Dienstgebäude der Gruben, Ort des Gebetes vor der Bergfahrt und Dienstsitz des Steigers. Die Bergleute konnten sich in den Häusern aufwärmen, die Kleidung trocknen und erhielten hier ihren Lohn. Dem Hausmeister war der Betrieb einer Gaststätte erlaubt. In und um Clausthal stehen noch zehn Zechenhäuser, darunter das Dorotheer Zechenhaus von 1713, weitere befinden sich u. a. in Wildemann und St. Andreasberg.

In östlicher Richtung fährt man von Clausthal-Zellerfeld nach **St. Andreasberg**. Dort liegt das bekannteste Bergwerk des Harzes, die *Grube Samson*. (Grube und angeschlossenes Museum können täglich außer sonntags besichtigt werden.) Bergbau ist im Raum um St. Andreasberg vermutlich schon im 13. Jh. in großem Umfang betrieben worden, obwohl er erst ab 1520 sicher zu verfolgen ist. In jenem Jahr wurden Erzfunde gemacht, die eine günstige Entwicklung versprachen und Anlaß für die Verkündung von ›Bergfreiheiten‹ waren. Ende des Jahrzehnts wurde der Bergort gegründet, den man einige Jahre später Stadt nannte. Zum geräumigen Stadtplatz des Ortes mit seiner überaus bemerkenswerten steilen Hanglage windet sich eine Straße in weiter Kurve empor. Die meisten *Fachwerkbauten* entstanden nach dem Stadtbrand 1796, nur wenige sind älter (z. B. *Mühlenstraße 9* aus dem 17. Jh.). Fast durchweg sind die traufenständigen Häuser mit waagerechten Bohlen verkleidet, einige Giebelseiten wurden mit Schieferplatten versehen; ursprünglich lag das Fachwerk jedoch frei.

Die *Kirche* am oberen Ortsende aus dem Jahr 1798 ist gleichfalls ein verkleideter Holzbau. Es handelt sich um eine Saalkirche mit umlaufender Empore auf toskanischen Säulen.

Die *Grube Samson* wurde 1521 angelegt. 1910 mußte der Bergbau eingestellt werden, weil sich die Ausbeute nicht mehr lohnte. Über Jahrhunderte waren die Bergleute gezwungen, auf Leitern in den 810 m tiefen Schacht und vor allem auch wieder aus ihm heraufzusteigen. Letzteres dürfte weit mehr als eine Stunde gedauert haben. Erst 1833 wurde in Clausthal ein Mechanismus, die sogenannte *Fahrkunst* (Abb. 50), erfunden, der diese Wege erleichterte: Zwei Drahtseilpaare, an denen man in Abständen von 3,2 m Trittbretter befestigt hatte, wurden gegeneinander versetzt im Schacht aufgehängt und durch ein Kunstrad fortwährend auf und ab gezogen, so daß sie sich ständig hin und her bewegten. Am oberen Ende waren beide Drahtseilpaare durch eine Pleuelstange verbunden, die dafür sorgte, daß in raschem Wechsel immer ein Seil abwärts und das andere aufwärts bewegt wurde. Der Bergmann stellte sich auf das erste Trittbrett, fuhr nach unten, bis ihm das Trittbrett des zweiten Seiles begegnete, um dann auf dieses umzusteigen und weiter abwärts auf das nächste Trittbrett des ersten Seiles zu treffen. Der Bergmann mußte mehr als 500mal die Trittbretter wechseln (alle 1,6 m), bis er an der Schachtsohle ankam. Gefahrlos war diese Form des Ab- und Aufstiegs jedoch keineswegs. Der Bergmann bewegte sich ungesichert in einem Schacht, der weitaus tiefer sein konnte als der Kölner Dom hoch ist, einzig durch ein Grubenlämpchen beleuchtet. »Straffe Nerven und ruhiges Blut sind zu der sonst nicht unbequemen Fahrt notwendig. Wenn da aber in der Schwebe Gedanken kommen von der Entfernung zwischen Himmel und Erde und dem Balkenwerk und dem eckigen Felsen ganz ganz unten in der Tiefe... Es liegt mehr als ein unaufgefundener Leichnam in den unbekannten Spalten nächtiger Erde«, schrieb Robert Geißler 1860 drastisch in der Illustrierten Zeitung.

Als zweite Besonderheit verfügte die Grube Samsom über ein *Kehrrad* (Abb. 51). Auch dieses hatte die Aufgabe, abwärts- wie aufwärtsführende Transporte zu bewerkstelligen. Dazu ist ein großes Wasserrad längs geteilt und auf beiden Seiten gegenläufig mit Schaufeln versehen worden. Je nachdem, ob man den Förderkorb (Abb. 49) herauf- oder hinunterbewegen wollte, füllte man Wasser in die einen oder in die anderen Schaufeln. Die mangelnde Haltbarkeit der bis 1834 verwendeten Hanfseile führte zur Verwendung von Eisenketten, die ihre Nutzung im Bergbau wohl dem Harz verdanken. Das Kehrrad wurde angetrieben durch Wasser, das über den Rehberger Graben aus dem einige km weiter nördlich gelegenen Oderteich hierhergeleitet wurde. Die technischen Vorrichtungen befinden sich unmittelbar über der Grube in dem hölzernen Gebäude, das an der Straßenseite der Grube Samson liegt. In den rückwärtigen eingeschossigen Bauten, die der Verwaltung als Büroräume dienten, ist das *Museum* untergebracht. Es informiert z. B. über die technischen Einrichtungen der Grube, über die seit der Aufgabe des Bergbaus verbreitete Erwerbsquelle

›*Fahrkunst*‹ *in der Grube Samson, Kupferstich von 1860*

der Kanarienzucht (der sogenannten Harzer Roller, die nicht mit dem berühmten Handkäse zu verwechseln sind) und die oberirdischen Grenzabsteckungen der Bergbaubereiche (Markscheidesteine, von denen im Gebiet der Stadt noch 25, zumeist des 18. Jhs., erhalten sind).

Sieber ist ein Straßendorf in enger Tallage mit zweigeschossigen, in der für den Harz typischen Weise verkleideten *Fachwerkhäusern*. Nur wenige zeigen freiliegendes Fachwerk, wie *Nr. 55–57*. Diese Bauten reichen noch in das 18. Jh. zurück und sind einfach konstruiert, allenfalls mit barock wirkenden Profilen an der Gebälkzone versehen. Die *Kirche* datiert laut der im Fenster über dem Nordportal angebrachten Jahreszahl von 1886–87 und ist ebenfalls ein verkleideter bzw. verschieferter Holzbau. Der Saal enthält ein Bild der Beweinung Christi, ein einfaches spätbarockes Gemälde der Zeit um 1800 von dem Maler F. P. Boeklin aus Osterode, gestiftet von J. E. Apel. Als Gegenbild dient die etwa gleichzeitig entstandene Kreuzigungsdarstellung selbst.

Im Ortsbild **Braunlages**, unmittelbar an der Grenze zur DDR, dominiert der Harztourismus. Der historische Ortskern, der einst über interessante Bausubstanz verfügte, verbirgt sich hinter neuen Geschäftsfassaden, die nicht immer zum geschmackvollsten der modernen kleinstädtischen Architektur gehören. Doch gerade im Zentrum des Ortes, am Heinrich-Jasper-Platz, ist gegenüber der evangelischen Trinitatiskirche ein *Fachwerkhaus* des frühen 17. Jhs. mit geschnitztem Gebälk und Füllhölzern erhalten geblieben, dessen Verkleidung aus senkrechten Brettern und Leisten besteht. Leider wird das Gebäude durch einen wenig schönen eingeschossigen Vorbau verdeckt, hinter dem noch ein zweigeschossiger *Schuppenbau* mit holzverschindelten Giebeldreiecken sowie altem Schiebefenster steht. An der Herzog-Wilhelm-Straße sind ebenfalls noch einzelne ältere *Fachwerkbauten* zu sehen. Das evangelisch-lutherische *Pfarramt Braunlage*, Pfarrstr. 1, ist ein spätbarocker Fachwerkbau mit Walmdach und teils waagerechter, teils senkrechter Verbretterung. Die zweiflügelige, klassizistische Haustür zeigt in ihrer Mitte eine Ovalrosette. Selbst die *Kirche* ist ein verbretterter Holzbau, dessen polygonaler Chor mit spitzbogigen Fenstern versehen ist. Einige der Fenster aus der Zeit um 1890 zeigen historistische Stilmerkmale und besitzen Holzmaßwerk. Die beiden Eingänge im Norden und Süden erwecken den Eindruck eines Querhauses. Ein schmalerer, etwa quadratischer Westturm enthält den Haupteingang, das Innere der Saalkirche verfügt über eine umlaufende Empore.

In der Verlängerung der Herzog-Wilhelm-Straße führt die Bahnhofstraße in Richtung Hohegeiß. Hier steht kurz vor dem Ortsausgang eine interessante *Tankstelle* der Zeit um 1960 mit stark vorkragendem Spannbetondach an der rechten Seite.

Die *Kirche* des sich im Tal ausdehnenden Ortes **Zorge** ist wie die Wohnhäuser ein Traufenbau, der sich von den Häusern nur durch den Dachreiter und die Größe unterscheidet. Oberhalb des Ortes steht der zur Kirche gehörende *Glockenturm*, ein pavillonähnlicher Bau aus dem Jahr 1828. Die Turmuhr der Harzer Werke ist seit 1894 in Betrieb. Die Kirche ist ein holzverkleideter Bau auf quadratischem Grundriß, deren Ecken mit Pilastern und toskanischen Kapitellen versehen und einem flachen Dreiecksgiebel verziert sind.

Die Ortschaft verfügt über Häuser mit vergleichsweise guter Bausubstanz. Sie sind an einer Straßenkette (*Hohegeißer Straße, Am Kurpark, Taubentalstraße, Walkenrieder Straße*) im engen Tal aufgereiht. Zwischen den noch zahlreichen freiliegenden Fachwerkbauten des 18. und frühen 19. Jhs. sowie der Zeit des Historismus steht an engster Stelle, etwa gegenüber dem Glockenturm im Talgrund, das 1681 erbaute *ehemalige Forsthaus*, dessen Erdgeschoß 1959 stark erneuert wurde. Das Fachwerk im Obergeschoß ist senkrecht verbrettert, Füllhölzer und Schwelle sind mit einer Art Schiffskehle versehen, die Balkenköpfe ruhen auf Volutenkonsolen. Aus Zorge stammt die 1843 bei den früheren herzoglich-braunschweigischen Hüttenwerken gebaute Dampflokomotive ›Kordo‹.

30 Jahre nach der 1098 erfolgten Gründung des französischen Klosters Citeaux entstand als Tochtergründung von Camp am Niederrhein das **Kloster Walkenried** vor den Toren des Harzes. Es ist das dritte, noch vor den gleichfalls von Camp ausgehenden Gründungen Amelungsborn (s. S. 360) und Loccum entstandene Zisterzienserkloster in Deutschland und wurde von einer Adligen namens Adelheit gestiftet. 1129 zogen die Zisterzienser in Walkenried ein, und schon 1132 war der Konvent so groß, daß Tochterklöster in Schmölln (später Pforte bei Naumburg) und Sittichenbach besetzt werden konnten. Das Armutsideal des

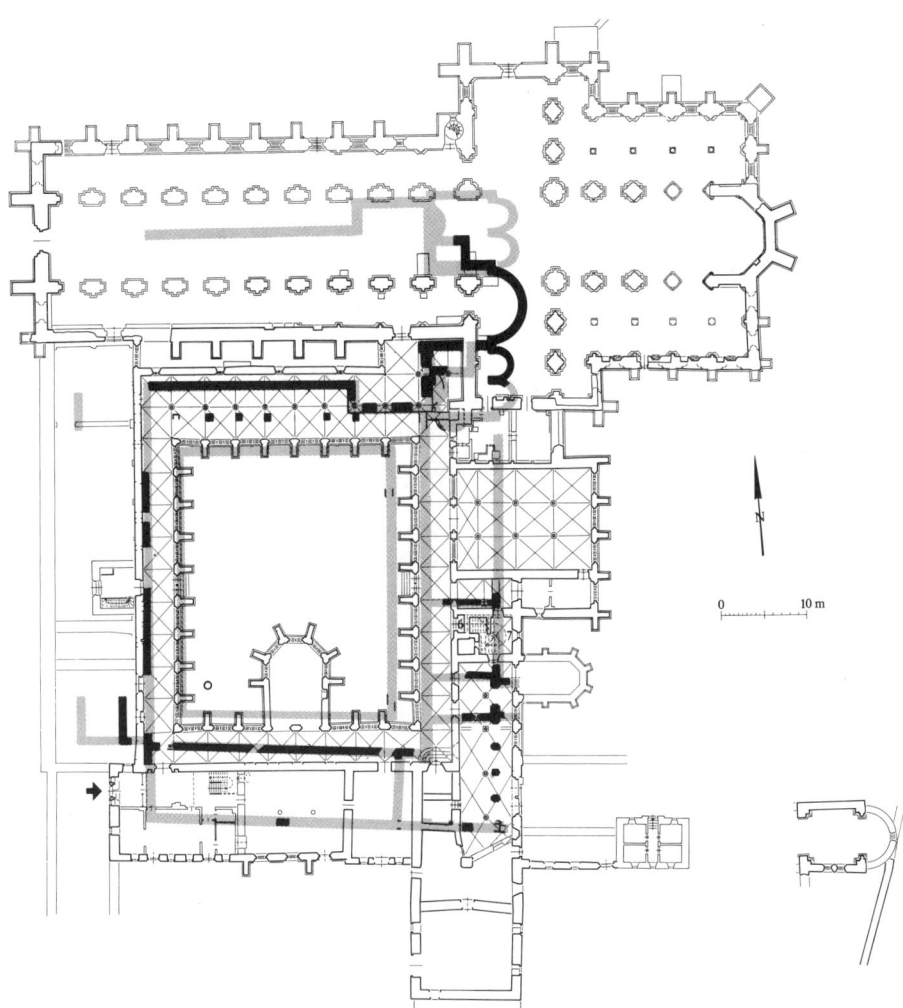

Walkenried, Grundriß des Klosters

☐   Gebäude der gotischen Klosteranlage und vorhandene Bauteile
■   Romanische Bauteile, durch Grabung nachgewiesen
▨   Ergänzung der romanischen Klosteranlage

Ordens, großzügige Stiftungen und die unermüdliche Arbeit machten den Orden, dem selbst Anteile am Harzbergbau gehörten, reich. Das erste Kloster dürfte im Jahre der päpstlichen Bestätigung, 1137, weitgehend vollendet gewesen sein. Der romanische Ursprungsbau ist nur noch in Fundamenten und Sockelmauern erhalten. Ein völliger Neubau wurde im frühen 13. Jh. begonnen. Die Ostteile der Klosterkirche, die 1290 geweiht wurde, dürften weitgehend im zweiten Viertel des 13. Jhs. entstanden sein. Der Bau des Kreuzgangs und der Klausur zog sich bis ins frühe 14. Jh. hin. Zu Beschädigungen der Kirche kam es im Bauernkrieg 1525. 1546 wurde das Kloster evangelisch, bestand jedoch bis 1648 weiter. Die Kirche verfiel aber zusehends, war 1570 außer Gebrauch und diente ab 1710 als Steinbruch. Für den Gottesdienst nutzte man nun den ehemaligen Kapitelsaal. Selbst nach Sicherungsmaßnahmen im 19. Jh. ging der Verfall bis in die Gegenwart weiter, seit 1975 ist kein Fensterbogen der Ostpartie mehr vollständig erhalten. Dennoch ist der Eindruck der Ruine ebenso malerisch wie großartig.

Der gotische *Kreuzgang* (Abb. 53) mit der Klausur nimmt etwa die Stelle des romanischen ein, wobei man allerdings teilweise bemüht war, neue Mauern neben den alten zu errichten, damit die älteren Teile während des Bauvorganges lange Zeit benutzbar blieben. Die romanische Kirche, im Norden unmittelbar an die Klausur angeschlossen, war eine dreischiffige Basilika mit Hauptchor sowie zwei Nebenapsiden am wenig ausladenden Querhaus und wurde wohl noch im 12. Jh. durch zusätzliche Nebenchöre (im Süden belegt) erweitert.

Die gotische *Kirche* vergrößerte man gegenüber der romanischen um mehr als das Doppelte. Zwischen ihr und der Klausur blieb ein schmaler Gang, den man als Platz für die Strebepfeiler des mächtigen Baus benötigte. Die rechte Seitenwand des Kirchenschiffs steht etwa im Verlauf der romanischen rechten Mittelschiffwand. Die gotische Vierung befindet sich im Bereich des romanischen Chorschlusses. Der gotische Chor wurde weit nach Osten hinausgeschoben, so daß man den gesamten Chorbereich errichten konnte, ohne die alte Kirche abbrechen zu müssen. Dieser Ostteil war mit einem Marienaltar seit 1253 in Benutzung. Die Choranlage ist insgesamt fünfschiffig. Das breite Mittelschiff endet in einem eingezogenen Fünfachtel-Chorschluß, der im 14. Jh. neu aufgemauert wurde, und den zweischiffigen Nebenchören mit geradem Schluß. Im Chorschluß irritiert ein Rundbogenfries, der jedoch zweitverwendet ist und zum romanischen Vorgänger gehört. Innen künden dünne Ritzungen wohl von früherer Ornamentik und Dekoration. Im rechten Seitenchor blieben in jedem der vier Joche eine kleeblattförmige Piscina mit zwei Becken sowie der einst abschließbare Wandschrank erhalten. Einzelformen sind hier von der Zisterzienserklosterkirche in Maulbronn abhängig. In frühen Knospenkapitellen, Diamantfriesen an Rippenansätzen und Kleeblattbögen zeigt sich der Übergang von der Romanik zur Gotik.

Die westliche Mittelschiffassade mit ihrem großen Fenster läßt die ehemalige Mächtigkeit des Bauwerks erahnen. Einzelformen wie Strebesystem und Wandaufbau machen es wahrscheinlich, daß man Kenntnis von der 1283 weitgehend vollendeten Marburger Elisabethkirche hatte. Den größten erhaltenen Mauerkomplex bilden die drei südlichen, an das Querhaus anschließenden Mittelschiffarkaden und ein Teil des Südquerhauses selbst, deren schlanke Dienste ein Kreuzrippengewölbe zu tragen hatten. Die Klausur ist zwar durch den

Abbruch des Westflügels 1739 beeinträchtigt worden, vollständig erhalten blieb jedoch der Kreuzgang, dessen nördlicher Flügel wie schon der romanische Vorgänger als zweischiffige Halle ausgebildet ist. Diese Parallele zum Kreuzgang in Königslutter (s. S. 96) ist nicht aus der Zisterzienserbaukunst abzuleiten. Die schlanken Rundpfeiler mit Blattwerkkapitellen tragen Gurtbögen und Rippen, die nicht unterschieden sind. Die übrigen Flügel des Kreuzgangs sind einschiffig. Der Kreuzgang ist hofseitig durch Strebepfeiler gegliedert. Im Obergeschoß des Nordflügels wurden romanische Öffnungen wiederverwendet, sonst finden sich gotische Profilierungen, Blattwerk an Kapitellen und prismenartige Säulenbasen. Am südlichen Flügel setzt die Brunnenkapelle an, deren Brunnenschale leider seit dem 18. Jh. fehlt. An den Ostflügel sind der dreischiffige, vierjochige Kapitelsaal und der längliche zweischiffige Brüdersaal angeschlossen. Der Kapitelsaal dient als evangelische Kirche. An seinen Freistützen setzen die Rippen ohne Kapitele an, eine auch für die Mitte des 14. Jhs. schon recht fortschrittliche Bauweise. Nur an den Außenwänden werden die Rippen von Konsolen abgefangen. Vielleicht ist dies ein Indiz für zwei getrennte Bauabschnitte. Der Brüdersaal wird heute als Lapidarium zur Ausstellung der bei den archäologischen Untersuchungen und Umbauten gefundenen Bauspolien genutzt. Von Bedeutung sind besonders die Überreste der romanischen Fußböden (Tonfliesen), die verschiedenartige Muster ergaben. Das Obergeschoß des Ostflügels enthielt den großen, Dormitorium genannten Schlafsaal.

Östlich der Klausur steht die kleine quadratische ›Abtskapelle‹, die einst mit einer Halbkreisapsis geschlossen war. Die im ersten Viertel des 13. Jhs. erbaute Kapelle gehörte vermutlich zum (zerstörten) Krankenhaustrakt. Der niedrige Bruchsteinbau zwischen Kapelle und Klausur entstand als Stall erst Mitte des 19. Jhs. in Formen des neuromanischen Rundbogenstils. Von den übrigen Gebäuden des ehemals umfangreichen Klosters steht noch das Torhaus im Norden der Gesamtanlage. Das frühere Jagdschloß im Süden wurde 1725–27 für Herzog August Wilhelm von Braunschweig-Wolfenbüttel unter Verwendung von Steinmaterial der Klosterkirche erbaut. 1593 war Walkenried an den Landesherrn, den Herzog von Braunschweig-Lüneburg, gefallen.

Die *Kirche* in **Tettenborn** (zwischen Barbis und Walkenried) ist ein gerade geschlossener Saalbau aus Bruchstein, mit einem Westriegel, der sich um zwei Geschosse über dem Kirchenschiff erhebt und gekuppelte Schallarkaden aufweist.

In **Bad Sachsa** besteht seit 1874 Kurbetrieb, was sich im Ortsbild u. a. in einigen Jugendstilfassaden und einem bemerkenswerten expressionistischen Kino an der Steinaer Straße äußert. Die *Kirche St. Nikolai* schließt hangaufwärts die breite Marktstraße ab. Ihr romanischer Westturm auf etwa quadratischem Grundriß belegt eine lange Ortsgeschichte. Tatsächlich wurde Sachsa sogar schon um 860 urkundlich erwähnt. Im obersten Geschoß verfügt der Turm über gekuppelte Klangarkaden mit Dreipaßbögen. Zusammen mit den Ostteilen dürfte er in der zweiten Hälfte des 12. Jhs. entstanden sein. Der schiefwinklige Kirchensaal ist etwas breiter als der Turm und wurde bis etwa 1300 errichtet. Ein eigenwilliger Fachwerkvorbau mit Portal an der Südseite vor dem Schiff, ist von 1691 datiert; sein

Giebel enthält Schnitzwerk im Ohrmuschelstil und Fachwerkgiebel mit Rautenraster. Im Innern enthält der Saal eine umlaufende doppelte Empore (1680) auf Holzstützen, die seitenschiffähnliche Räume abteilen und eine gewölbte Holztonne tragen. Ein Deckengemälde (1725) von Johann Georg Hoyer aus Nordhausen bildet den ›Himmel‹ über diesem mittleren Raumteil. Der Altar mit der Darstellung des Lebens Christi und den Beschlagwerktafeln, die die gemalten Altartafeln einfassen, wurde 1595 vom damaligen Bürgermeister Hansen Hartmann gestiftet. Mit dem Altar und der 1711 entstandenen Kanzel ergibt sich ein ansehnlicher barocker Predigtraum. Das Gestühl entstand 1711, das Taufbecken 1887.

An der Marktstraße standen ursprünglich durchweg zweigeschossige Fachwerk-Traufenbauten. *Marktstr. 14* ist ein Haus mit ›Leiterfachwerk‹ und profilierten Füllhölzern, die eine einheitliche profilierte Gebälkzone ergeben (um 1800). Das Leiterfachwerk aus kurzen, dicht gestellten Ständerchen in der Brüstungszone ist eigentlich für das thüringische Fachwerk charakteristisch. – Zunehmende Neubautätigkeit und Umbauten mit Kunststoffverkleidungen beeinträchtigen das alte Erscheinungsbild dieses Straßenmarktes, das sich nur noch in der Häuserzeile Nr. 40–46 erhalten hat.

Die in ihrer Geschlossenheit eindrucksvolle *Königshütte* in **Bad Lauterberg** wurde 1733–1737 auf dem Platz der Süßenhütte (Betriebszeit zweite Hälfte des 16. Jhs. bis um 1622) eingerichtet. Das kurhannoversche Eisenhüttenwerk hatte zeitweise 600 Beschäftigte. Den Neuaufbau um 1820/30 nahm Karl Heinrich Mummenthey vor. Das Betriebsgelände beherbergt heute eine Gießerei für Grau- und Kugelgraphitguß; es liegt im Süden des Ortes und ist über die Molkereistraße (ab Bahnschranke) zugänglich. An der Rückseite des zweigeschossigen mit Mittelrisalit und flachem Dreiecksgiebel versehen *Verwalterwohnhauses* aus Fachwerk befindet sich ein weitläufiger Hofplatz. Links am Eingang zum Hofplatz steht das *Formhaus*, ein Bruchsteinbau aus der Mitte des 19. Jhs., dessen Obergeschoß mit waagerechten Bohlen verkleidet sowie mit Rundbogenfenstern versehen ist. Ein Holzgesims mit Rundbogenfries in romanisierenden Formen schließt den Bau ab. Von der benachbarten, vor 1841 »in gotischem Stil neu errichteten *Hochofenhütte*«, wie es in einer Akte des 19. Jhs. heißt, sind nur noch geringe Bauteile stehengeblieben. Rechts des Platzes befindet sich die Wohnung des Kohlenvogtes, angeschlossen die ehemalige Hüttenschänke, ein eingeschossiger, holzverkleideter klassizistischer Fachwerkbau mit Mittelrisalit. Das gleichfalls klassizistische Nachbarhaus mit einem hohen Erd- und einem niedrigen Obergeschoß diente als Bohr- und Drehwerk sowie als Schlosserwerkstatt. Auch das *Eisenmagazin*, das die Reihe der Betriebsbauten auf der rechten Hofseite abschließt, ist ein Fachwerkbau mit waagerecht verbretterten Wänden. Es verfügt über eine Vorhalle mit dorischen Eisengußsäulen bzw. seitlichen antik gestalteten Pfeilern und ist mit der Beschriftung ›Eisenmagazin‹ versehen. Das Zentrum des Hofplatzes ziert ein polygonaler gußeiserner *Brunnen*, konstruiert aus einer Mittelsäule und zwei Becken, deren oberes von einem ionisierenden Kapitell gestützt wird. Der Brunnen war 1855 auf der Pariser Weltausstellung gezeigt worden. Hinter dem *Herrenhaus* schließen sich zwei klassizistische *Beamtenwohnhäuser* aus Fachwerk an, die um 1830 erbaut wurden. Sie sind durch ein waagerechtes

Gesims bzw. senkrechte Verbretterung und senkrechte Leisten gegliedert und mit einflügeligen Haustüren aus der Bauzeit der Häuser versehen. Vor den Häusern verläuft eine sehr sorgfältig gepflasterte Abzugsrinne. Hinter den Gebäuden steht ein eingeschossiger *Bruchsteinbau* mit rundbogigen Fenstern und Türen, der wohl mit dem 1841 urkundlich erwähnten ›Probierhaus‹ identisch ist.

Den Abschluß der Anlage bilden ein großer dreigeschossiger *Bruchsteinbau* und ein ebensogroßer *Fachwerkbau* (um 1860/70) mit bruchsteinimitierendem Putz. Beides sind Betriebsbauten der Hütte, sie enthielten Schmiedefeuer und dienten vermutlich auch als Rohstahlwerk und Sägemühle. Der Fachwerkbau hat sechs Fensterachsen und in der Mitte einen segmentbogigen Eingang. Der Bruchsteinbau weist neun Fensterachsen auf, in der zweiten Achse von rechts (und ehemals auch von links) waren Eingänge vorgesehen. An der Rückseite des größeren Gebäudes ist der Wasserantrieb zu erkennen. Bis dorthin führt ein Kanal, dessen Wasser hinter dem Gebäude hinabstürzt (ursprünglich wohl für ein oberschlächtiges Wasserrad) und in einen tiefer gelegenen Kanal mündet, der unter dem Fachwerkbau seitlich hindurchläuft.

Die Stadt **Herzberg**, von Schnellstraßen mit zahlreichen Ampeln durchschnitten, zeigt absolut kein geschlossenes Stadtbild; selbst angesichts der in Resten erhaltenen Stadtmauer ist der unbefangene Betrachter zunächst im Zweifel, ob er innerhalb oder außerhalb des Gemäuers steht. In einigen Bereichen erweckt die Stadt den Eindruck, als sei sie nach bedeutenden Zeiten verfallen und erst allmählich wieder aufgebaut worden. Tatsächlich brannte die 1337 erstmals als Ort erwähnte Stadt Herzberg 1647 weitgehend ab. Die Hauptstraße mit dem bedeutenden *Eckhaus* (Gasthof Deutscher Kaiser) wirkt wie ein einsames Überbleibsel inmitten moderner Bebauung, doch in einigem Abstand verläuft parallel dazu die Junkernstraße, die als eigentliches Zentrum des Ortes anzusehen ist und an der noch einige weitere ältere Fachwerkbauten stehen, u. a. ein Haus von 1594 mit Kielbogenportal. Im weiteren Verlauf dieser Straße trifft man auf die klassizistische evangelische *Kirche St. Nikolai* von 1840. Ihr kreuzförmiger hoher Saal, innen mit längsorientierter Emporenanlage in dorischer und ionischer Säulenordnung ausgestaltet, wurde an den mittelalterlichen Ostturm angelehnt.

1157 erwarb Heinrich der Löwe die bis dahin reichseigene Burg Herzberg im Tausch gegen Besitzungen in Schwaben von Kaiser Friedrich I. (Barbarossa). Sie blieb bis 1466 welfisch und wurde 1486 Familiensitz der Linie Braunschweig-Grubenhagen, die nach einem Brand im Jahr 1510 einen Neubau errichten ließ. Als die Braunschweig-Grubenhagener Linie ausgestorben war, ging der Besitz an die Linie Lüneburg über. Heute dient das Schloß als Wohnhaus und Amtsgericht. *Schloß Herzberg* (Farbabb. 30) ist eine vierflügelige Anlage und liegt auf einem Bergrücken oberhalb der Sieber. Durch das äußere zweigeschossige Tor (1735 datiert) und die seitliche Tordurchfahrt gelangt man in den oblongen Innenhof, in dem die dunkelblau gestrichenen Fachwerkgeschosse gegenüber dem massiven Unterbau stark dominieren. Den Hauptakzent im Hof bildet der auf quadratischem Grundriß errichtete Treppenturm mit drei Fachwerkgeschossen, Zwiebelhelm und Laterne. Die

Portale sind aus steinernen Gewänden erbaut, die – ebenso wie das Fachwerk des Turmes – mit Schnitzwerk im Knorpelstil (ähnlich den Vorlagen des ›Neuen Zierathenbuchs‹ von Friedrich Unteutsch, um 1650) dekoriert sind. Die beiden Hauptgeschosse des Treppenturmes dürften ursprünglich mit großen Fenstern versehen oder galerieartig offen gewesen sein; nur das Uhrengeschoß hatte immer eine geschlossene Fachwerkwand. Im ersten Obergeschoß setzte zum nordöstlichen Längsflügel hin eine Galerie an, deren Ausgang sich im Fachwerk noch rekonstruieren läßt. Die sich anschließenden Flügel besaßen seinerzeit vermutlich hölzerne Arkadenvorbauten. Turm und Längsflügel (Sieberflügel) entstanden unter Herzog Christian Ludwig zwischen 1648 und 1660. Der gegenüberliegende Flügel hat ein auf fünf schlanken Säulen vor den Massivbau vorgezogenes Fachwerkgeschoß. Der Massivbau gehört in die Mitte (oder erste Hälfte) des 16. Jhs. Er ist mit einem polygonalen Treppenturm versehen. Der Flügel an der Schmalseite wurde 1861 durchgreifend erneuert. Der Stammhausflügel genannte Torflügel wurde einer Wappentafel Herzog Johann Friedrichs zufolge zwischen 1665 und 1679 ausgebaut.

Die **Burg Scharzfels** zwischen Scharzfeld und Barbis gelegen und 972 erstmals urkundlich erwähnt, war Sitz eines kleinen, vom Kaiser belehnten Grafengeschlechtes. Von der Burg und Festung Scharzfels sowie Scharzfels-Frauenstein blieb nach Sprengung durch französische Truppen nur eine Ruine übrig, nachdem 1761 die Burg erstmals erobert worden war. Die *Steinkirche* ist eine der eindrucksvollen Höhlen bei **Scharzfeld**; sie war wohl schon in der Vorgeschichte besiedelt und wurde in der Neuzeit als Kapellenraum benutzt. Ferner ist die *Einhorn-Höhle* zu nennen (Führungen April bis Oktober). Auch sie scheint schon in vorgeschichtlicher Zeit als Siedlungsplatz oder zumindest als Unterschlupf gedient zu haben, wie archäologische Funde nahelegen.

Im südlichen Vorort Herzbergs, **Pöhlde,** befand sich eine wichtige Königspfalz des 10. Jhs. Pöhlde gehört zu den Königsgütern, die hier am Südrand des Harzes im 10. und 11. Jh. einen bedeutenden Stützpunkt des deutschen Königs und Kaisers darstellten und die im 11. Jh. unter salischer (also fränkischer) Kontrolle standen. Die Gemahlin Heinrichs I., Mathilde, gründete nach 939 ein *Benediktinerkloster,* das mit der Pfalz baulich in Verbindung stand. Die evangelische *Kirche* nimmt den Bereich des Mittelschiffs dieser Klosterkirche ein, deren Seitenschiffe archäologisch nachgewiesen sind. Ein Teil der aufgedeckten Grundmauern ist sichtbar belassen worden. Der aufrechtstehende Kirchenbau ist im Kern mittelalterlich, wurde jedoch in der Neuzeit stark verändert. Von der Ausstattung sind nur Reste erhalten (ein zweisitziger Chorstuhl, der Abguß eines Chorgestühlreliefs von 1284 und weitere Originale im Landesmuseum Hannover). Die Empore mit Bildern des 17. Jhs. trägt einen Orgelprospekt von 1826. In der Nähe des Dorfs liegt ein bronzezeitlicher *Burgwall,* der im 10. Jh. wohl im Zusammenhang mit dem Pfalzbau in eine sächsische Burganlage (›König Heinrichs Vogelherd‹) umgewandelt wurde.

Rhumspringe ist nach der *Quelle der Rhume* benannt, die ein beliebtes Ausflugsziel ist, zumal es sich um eine der ergiebigsten Quellen in Deutschland handelt. Wie in einigen anderen Dörfern der Umgebung von **Herzfeld** fallen auch hier mitteldeutsch geprägte zweistöckige *Bauernhäuser im Fachwerkstil* auf. Sie gehören meist dem 17., 18. oder 19. Jh. an und folgen in ihrer Gestaltung Hausformen in Nordhessen und Nordwestthüringen. Ein Beispiel ist das Haus Mühlenweg 6 in Barbis.

Osterode wurde zwar erst 1151 urkundlich erwähnt, mag jedoch schon ein oder zwei Jahrhunderte älter sein. Es ist denkbar, daß der Ort zu der Zeit gegründet wurde, als der Kaiser besonderes Interesse für diese Gegend zeigte. Zur Ortschaft gehörte auch die *Burg Osterode*, von der jenseits der Söse noch die Ruine erhalten geblieben ist. 1152 wurde Osterode, das über die Northeimer Grafen an Heinrich den Löwen gefallen war, bei einer Fehde zerstört. Die Stadt blieb jedoch welfisch. Ab 1286 residierte hier die Grubenhagener Linie bis zu ihrem Aussterben 1596. Einem Stadtbrand fielen 1545 erhebliche Teile Osterodes zum Opfer. Bereits 1293 hatte Osterode Goslarer Stadtrecht erhalten, was auf wirtschaftliche Zusammenhänge, und hier vor allem auf das Interesse an Bergbau und Hüttenbetrieb, schließen läßt. – Als bedeutendster Sohn der Stadt darf der Bildhauer Tilman Riemenschneider gelten, dessen Geburt man auf die Zeit zwischen 1455 und 1460 datiert. Der älteste Marktbereich hat vermutlich bei St. Jakobi, der Kloster- und späteren Schloßkirche, im Südosten Osterodes gelegen. Als Altstadt und damit als Kern der Stadtentwicklung hat man jedoch den nördlichen Teil Osterodes vom Kornmarkt bis zum Rollberg anzusehen. Diese Altstadt wurde 1238 um eine Neustadt erweitert, die eine Verbindung zwischen den älteren Siedlungen herstellte und einen planmäßigen Stadtgrundriß aufweist. (Auch die Altstadt ist sicher planmäßig angelegt worden, verfügt aber nicht über einen vergleichbar klaren Grundriß.) Die Gesamtstadt hat man mit einer aus großen Flußkieseln gemauerten Stadtmauer umgeben, die in erheblichen Teilen noch erhalten ist.

Die Altstadt Osterodes besitzt ein enges Straßennetz, durch das man mehr oder weniger unvermittelt auf den großen, trapezförmig zulaufenden Marktplatz gelangt. Hinter der breiteren Schmalseite des Marktes steht, durch einen Baublock vom Markt getrennt, die *Marktkirche St. Ägidien* mit breitem Westriegel. Ungegliedertes Mauerwerk macht dem Kunsthistoriker eine Datierung schwer, doch spricht das Fehlen von Architekturformen einerseits und das grobe Mauerwerk andererseits für eine Entstehung im 13. Jh. Westanlagen, wie sie an den Kirchen in Goslar und Braunschweig zu finden sind, dienten als Vorbild, wurden aber nicht im Detail, sondern nur in ihrer blockhaften Erscheinung wiederholt. Statt eines Helmes hat der Turm einen hölzernen Satteldachaufbau mit einem Dachreiter, der 1951 mit Kupferblech verkleidet wurde. Das Langhaus mit Mauerwerk des Spätmittelalters wurde 1545 stark beschädigt und anschließend mit einer Flachdecke wiederhergestellt. Einer Renovierung des späten 19. Jhs. gehören die Gußeisenmaßwerkfenster an. Die von Holzstütze und Unterzug getragene Flachdecke über dem Kirchensaal ist mit bemalten Tafeln versehen, die die Büsten von Aposteln und alttestamentarischen Propheten in Lorbeerkränzen und Ornamentrahmen zeigen. Das filigrane Altarretabel von 1660 wurde 1772 zum Kanzelaltar umgebaut. Anstelle des Altarbildes setzte man den 1659 von Andreas Duder geschaffenen Kanzelkorpus ein. Duder dürfte auch (samt seiner Werkstattangestellten) für den Altar selbst verantwortlich sein. Neben den Altären in Clausthal und in Katlenburg gehört dieser trotz des Umbaus zu den bemerkenswerten frühbarocken Schnitzwerken im

RUNDFAHRT ZU KUNST, KULTUR UND BERGBAU DES HARZES

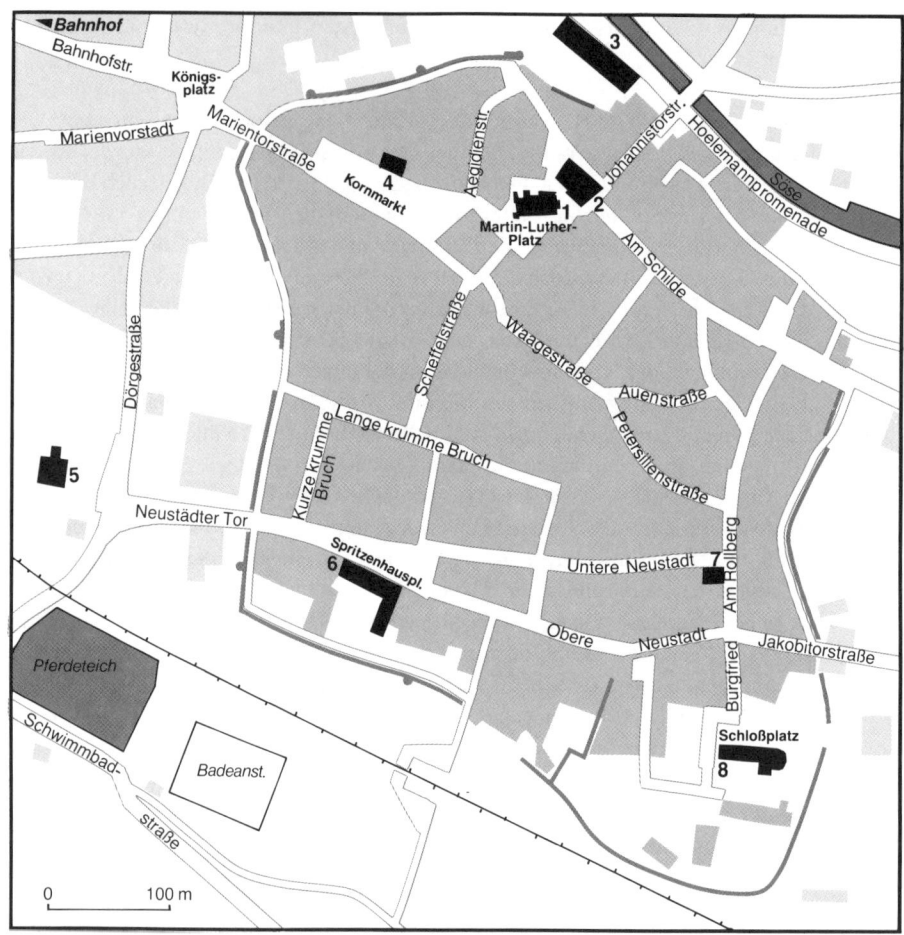

Osterode 1 St. Ägidien 2 Rathaus 3 Harzkornmagazin 4 Haus Kornmarkt 1 5 Schachtruppsche Villa 6 Schulgebäude Spritzenhausplatz 9 7 Heimatmuseum 8 St. Jakobi

Umkreis des Harzes. Auch das Taufbecken und sein kronenartiger Deckel sind beachtlich; sie entstanden 1589. Im 16. Jh. diente St. Ägidien als Grablege der Herzöge von Braunschweig-Grubenhagen. Die aus Schieferstein gemeißelten Platten mit lebensgroßen Darstellungen der Herzöge gelten als bedeutende Kunstwerke der Renaissance. Die Platte des 1585 verstorbenen Herzogs Wolfgang ist durch ein Monogramm bezeichnet und stammt von Ebert Wolff d. J. (Hildesheim). Das hölzerne Epitaph an der nördlichen Chorwand stiftete

Wolfgang für seine Eltern Philipp I. und Katharina, das Alabasterepitaph an der Ostseite der Südempore stellt den 1616 verstorbenen Jobst von Bovenden dar.

Gegenüber der Kirche steht das aus dem dritten Viertel des 16. Jhs. stammende, mit Fächerrosetten versehene *Fachwerkhaus Alter Schulhof 7*. Die nahe gelegene *Ratswaage* von 1550 mußte leider einem Neubau weichen, in den nur Teile der alten Fachwerkfassade wieder eingebaut wurden. – Trotz einiger baulicher Eingriffe ist das Stadtbild Osterodes noch vergleichsweise geschlossen und gut erhalten. Am Marktplatz stehen zwei erwähnenswerte Wohngebäude. Es sind die *Häuser Nr. 12*, ein viergeschossiger, Englischer Hof genannter Traufenbau (1600), in dem 1824 Heinrich Heine einkehrte, und *Nr. 20*, ein wohl ab 1545 (der Form nach könnte er noch älter sein) errichteter Fachwerk-Traufenbau.

Die *Marienkirche* in der westlichen außerhalb der Stadtmauer gelegenen Vorstadt ist seit 1258 als Pfarrkirche belegt. Mehrfach erneuert, geben ihr der schlanke achteckige Dachreiter und der 1659 entstandene Fachwerkaufbau auf dem Chor ein charakteristisches Aussehen. Die Kirche enthält einen spätgotischen Schnitzaltar. Das Werk Barthold Kastrops aus Göttingen (1513) enthält im Schrein die Madonna im Strahlenkranz, umgeben von der heiligen Margarethe, Magdalena, Katharina und einer Anna selbdritt, also Anna mit Maria und Christus. Die 1819 erbaute *Schachtruppsche Villa* steht gleichfalls westlich vor den Stadttoren und ist heute vom Kurpark umgeben. Die klassizistische Villa mit einem quadratischen, dreigeschossigen Mittelbau ist allseits zweigeschossig umbaut und mit Risaliten betont. Der Baumeister kannte sich offensichtlich in den Werken des italienischen Renaissancearchitekten Palladio aus.

Der Spritzenhausplatz liegt am südlichen Stadtrand und gehört bereits zur Neustadt. Hier reihen sich mit den Häusern *Nr. 9* und *11* sowie *17* und *19* gute klassizistische bzw. spätklassizistische *Fachwerkbauten* auf, die teilweise öffentlich genutzt werden. Die *Neustädter Schule* (Nr. 9) mit breitem, durch zwei Halbkreisfenster betonten Risalit weist nicht zufällig einige Ähnlichkeiten mit der nahe gelegenen Schachtruppschen Villa auf: Dieses Gebäude wurde 1835 von derselben Familie als Stadtsitz erbaut, um sich einen weiten Weg zwischen Stadtsitz und Landsitz zu ersparen. In östlicher Richtung mündet der Spritzenhausplatz in die untere Neustadt, in der noch mehrere Häuser aus dem 16. oder frühen 17. Jh. stammen *(Nr. 1, 7* und *15)*. Am *Rollberg* sind einige Bauten des 17. und frühen 18. Jhs. zu sehen, darunter *Nr. 22* (1640) mit einer geschnitzten Ritterfigur (Roland?) am Eckständer (Heimatmuseum). Bei diesem Bau handelt es sich um ein Giebelhaus, während sonst Traufenbauten spätestens seit dem 16. Jh. die Regel sind. Das *Haus Rollberg 26* zeigt eine für das 16. Jh. ungewöhnliche Dekoration am Speicherstock: Über Schiffskehlprofilen finden sich an der Schwelle verschlungene Kreisornamente und in der Brüstungszone darüber ein Bogenfries.

St. Jacobi, im Südostzipfel der ummauerten Stadt gelegen, war seit 1218 zunächst Stiftskirche eines Frauenstiftes. Das Kloster wurde später als Schloß der Herzöge von Braunschweig-Grubenhagen genutzt. An seiner Stelle befindet sich heute das Amtsgericht. St. Jacobi war im 16. Jh. Schloßkirche, wurde 1751–52 grundlegend umgebaut und mit Altar und Kanzel des 17. Jhs. versehen. Das Altarretabel birgt zwei Flügel eines im frühen 15. Jh. entstandenen gotischen Werkes.

Weitere Renaissancebauten säumen die zum Rathaus führende Straße Am Schilde. Auffällig ist das *Rathaus* (1552) selbst, da seinem breiten behäbigen Giebel ein schlanker Erker vorgeblendet wurde. Solche Erker erwartet man in der Renaissance gewöhnlich an Gebäudeecken und Traufenbauten, nicht aber am Giebel. An vielen Häusern der Altstadt fallen noch Haustüren des Spätbarocks, Klassizismus und des Historismus auf.

Das *Harzkornmagazin* beim ehemaligen Johannistor am Söseufer, ein dreistöckiger breiter Putzbau mit dreiachsigem Mittelrisalit, wurde als Kornspeicher zur Versorgung der Harzbevölkerung errichtet; das Bauwerk der Jahre 1719–22 ging auf den Berghauptmann Albert von dem Busche zurück. Der Speicher faßte mehr als 200 Tonnen Getreide. 1987 begann der Umbau zum Rathaus. Auf dem Gelände der Firma Jorns befindet sich ein seit dem 17. Jh. nachweisbarer *Kupferhammer*. Er ist Teil des 1868 erbauten und von der Söse über ein oberschlächtiges Wasserrad angetriebenen Hammerwerkes. Das benachbarte *Walzwerk* wurde 1859 angelegt. Die klassizistische *Fabrikantenvilla* ist ein Fachwerkhaus in der für den Harz typischen bretterverschalten Bauweise.

55 Brüggen Schloß
◁ 54 Alfeld Lateinschule
56 Lamspringe Ehemaliges Benediktinerinnenkloster, Kirche und Abtei

57 GANDERSHEIM Rathaus mit dem Turm der ehemaligen Mauritiuskirche
58 GANDERSHEIM Ehemalige Abtei
59 EIMEN Fachwerkkirche
60 EINBECK Stiftskirche St. Alexandri

61 Einbeck Rathaus

63 Northeim Ehemaliges Hospital St. Spiritus ▷

62 Einbeck Eickesches Haus (Detail), Marktstraße 13

65 FREDELSLOH Ehemalige Klosterkirche von Südwesten
64 NORTHEIM St. Sixti, Chor mit gotischem Altar
66, 67 NORTHEIM-WIEBRECHTSHAUSEN Ehemalige Klosterkirche, Ostseite und Kapitell am Westportal

68 USLAR Rathaus und Marktplatz

69 GÖTTINGEN Rathaus

70 GÖTTINGEN Evangelische Kirche St. Johannis

71 GÖTTINGEN Alte Aula der Universität am Wilhelmsplatz
72 GÖTTINGEN Rote Straße 25, Hofseite
73 GÖTTINGEN ›Auditorium Maximum‹ der Universität

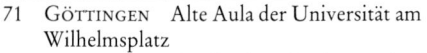

74 Reinhausen Ehemalige Klosterkirche

75 Duderstadt Westertor, Torturm ▷

76 DUDERSTADT Detail der Rathaustreppe

77 DUDERSTADT Marktstraße 20

78 DUDERSTADT Marktstraße 84

79 Hülsede   Westseite des Schlosses

80 Stadthagen   Steinhaus, Markt 4

82 STADTHAGEN St. Martin, Mausoleum des Fürsten Ernst

◁ 81 STADTHAGEN Schloßtor

Zwischen Harz und Solling

Das Gebiet zwischen Harz und Solling ist eine sanfte Mittelgebirgslandschaft, die im Westen in den bewaldeten Bergrücken von Hils und Solling übergeht und im Osten bis vor die steil aufragenden Hänge des Harzes reicht. Von Süden nach Norden fließt die Leine parallel zur Weser durch diese Landschaft und berührt die Städte Göttingen, Northeim, Alfeld, Gronau und Hannover.

Elze, am Nordrand des ehemaligen Kreises Alfeld gelegen, hatte sich im hohen Mittelalter verkehrsgünstig an einer damaligen vom Rheinland nach Magdeburg führenden Straße befunden. In karolingischer Zeit gründete man hier eine Missionskirche, die als Archidiakonatssitz überregionale Bedeutung erlangte. In der Folgezeit stand der Ort unter Hildesheimer Einfluß, bis er 1521 von den Herzögen von Calenberg erobert wurde. Seit 1579 nannte man den nicht ummauerten Ort eine Stadt. Die Häuser der alten Ortschaft waren ursprünglich an einer einzigen Straße aufgereiht. Ein kleines Erweiterungsgebiet nördlich der Kirche wurde nach einem Stadtbrand 1824 rechtwinklig wiederaufgebaut. Die evangelische *Kirche* mußte nach diesem Brand erneuert und vor allem mit einer neuen Ausstattung versehen werden; das Äußere gehört zu einer Bauphase der Jahre 1744–49. Es handelt sich um eine Saalkirche mit Westturm. Den Kirchplatz flankieren die *Schule* von 1827, heute als Rathaus genutzt, und die *Apotheke* (1825). Das Ortsbild ist auf die Neubebauung nach einem früheren Brand (1734) zurückzuführen. *Haus Escherde* in **Betheln** wurde im frühen 13. Jh. als Benediktinerkloster gegründet und hatte, von einer Unterbrechung durch die Reformation abgesehen, bis 1810 Bestand. Seither ist das Gut verpachtet und die Kirche profaniert. Sie wurde 1685–92 durch den Italiener Giuseppe Crotogino als einschiffiger pilastergegliederter Bau mit schlankem Westturm errichtet. – Neben der Kirche sind auch die Konvents- und Wirtschaftsgebäude in erheblichem Umfang erhalten; sie gehören weitgehend dem 17. und 18. Jh. an.

Gronau ist, wie auch Alfeld, eine Gründung der Bischöfe von Hildesheim. Die Stadt wurde als Ersatz der um 1279 zerstörten, südöstlich der Stadt gelegenen Burg Empne gegründet und 1300 ›oppidum‹ genannt. Die Gründungsstadt zeichnet sich durch eine planmäßige Anlage aus. Vier Parallelstraßen bilden ein Trapez und sind durch Querstraßen verbunden, der Block zwischen den beiden mittleren Straßen nimmt Kirche und Rathaus auf. Zum Leintor hin laufen die Straßen zusammen, während sie am östlichen Steintor in eine Querstraße münden. Die Trapezform und der in der Mitte für Kirche und Marktplatz reservierte Baublock unterscheiden die Stadtanlage etwas von denen der planmäßigen Städte in der weiteren Umgebung; vermutlich handelt es sich um eine jüngere Form des Stadtplans, ähnlich der Anlage der Neustadt von Warburg/Westfalen.

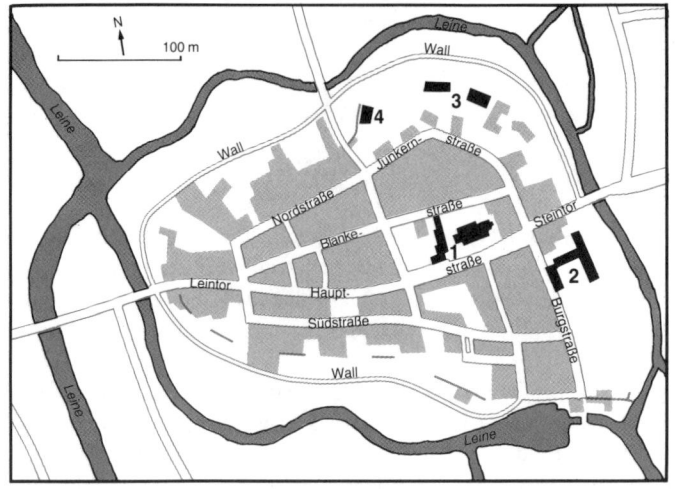

Gronau
1 St. Andreas
2 Dominikanerkloster
3 Ehem. Synagoge
4 Ehem. Engelbrechtenscher Hof (Heimatmuseum)

Die evangelische *Kirche St. Andreas* ist ein spätgotischer, 1457 begonnener Bau, dessen dreischiffiges Langhaus jedoch bei einer durchgreifenden Erneuerung nach Plänen des Baudirektors Laves 1856–59 seine heutige Form erhielt. Von hoher Bedeutung ist der um 1415 entstandene Flügelaltar (Schlüssel beim Küster, Kirchplatz 1). Unter bekrönenden Maßwerkbaldachinen thronen in der Mitte Maria und Christus (Marienkrönung), flankiert von sechzehn Apostel- und Heiligenstatuen. Die Marienkrönung selbst gehört zu den 1859 vorgenommenen Ergänzungen. Die Sockelzone besteht aus kleinen Maßwerkfeldern, zwischen denen Propheten in Kreis- und Vierpaßrahmen eingezwängt sind. An den Außenseiten der Flügel findet man Christus als Weltenrichter und die Kreuzigung dargestellt. Darüber hinaus ist von der spätgotischen Ausstattung eine Kreuzigungsgruppe erhalten geblieben. Die Orgel stammt von Ph. Furtwängler aus Elze (1859–60). Kanzel und Empore sind gute historische Arbeiten.

Das erst 1680 gegründete *Dominikanerkloster* erhielt Gebäude in Form einer dreiflügeligen Anlage. Die nach Norden ausgerichtete Kirche an der Burgstraße bildet den Westflügel des kleinen Klosterhofes. Sie wurde 1715 errichtet und ist ein einfacher Saalbau, bemerkenswert durch die einheitliche Ausstattung mit Kanzel, Orgel und Altären sowie die barocken Stukkaturen. Ein umlaufendes Gesims bildet eine optische Trennung von Wand und Spiegeldecke, unterbrochen durch Rundbogenfenster, die in das Gesims, sowie Stichkappen, die in die Decke einschneiden.

Wie auch in Rinteln und Hessisch Oldendorf fällt hier die hohe Zahl von *Adelssitzen* auf, die das Stadtzentrum umgeben. An Süd- und Junkernstraße befanden sich einschließlich der Burg fünf solcher Sitze. Während das vollständig neuerbaute *Krankenhaus* den Platz der ehemaligen Burg einnimmt (daneben noch ein Stadtturm des 14. Jhs.), blieben der *Paterhof*, Südstraße 34 und die beiden *Bockhöfe,* Junkernstraße 7 und 10, erhalten. Der *ehemalige Engelbrechtsche Hof* (Tempelhof, Junkernstr, 16), 1590 von der Familie Bock von Nordholz errichtet, wurde kürzlich beim Umbau zum Heimatmuseum stark erneuert und rekonstruiert. Der Hof hat den typischen dreizonigen Grundriß kleiner Adelssitze mit einer mittleren Halle und seitlichen Wohnräumen. Die Fassade des an die Stadtmauer ›gelehnten‹ Hofes wird durch zwei Risalite betont, das Fachwerkobergeschoß hat Brüstungsplatten mit Fächerrosetten (erneuert).

Die Stadt selbst ist in einem renovierungsbedürftigen Zustand. Die besonders repräsentative dreigeschossige *Apotheke* am Markt (jetzt Café), ein Fachwerkhaus des 18. Jhs., ist durch eine moderne Verkleidung bis zur Unkenntlichkeit verschandelt, so daß z. Z. nur die Rokokohaustür erwähnenswert ist. Der breitgelagerte *Hof Hauptstr. 15* wurde 1707 vom Amtsschreiber Paul Winckler unter Verwendung mittelalterlichen Mauerwerks erneuert, ansonsten weisen nur noch wenige Häuser Bauteile der Zeit vor dem Dreißigjährigen Krieg auf.

Die 1732–38 an einen romanischen Turm angefügte evangelische *Pfarrkirche* in **Eime** enthält einen spätgotischen Schnitzaltar, der im Mittelfeld Darstellung der sieben Schmerzen Mariens zum Inhalt hat. Die Kreuzigungstafel über der Madonna wurde beim Umbau zum Kanzelaltar ausgebaut und gesondert aufgehängt. Die Flügel sind mit Heiligenstatuen versehen, die Außenseiten bemalt.

Die *Kirche* in **Rheden** stammt fast vollständig aus der späten Romanik; ihr Turm dürfte geringfügig älter sein als das Langhaus. An seiner Westseite sind kleine Reliefs eingesetzt, die sich auf biblische Gestalten beziehen. Um 1610 entstand lediglich der dreiseitige Chorschluß neu. Die barocke Ausstattung der Kirche ist bemerkenswert, vor allem auch die Stuckverzierungen der Chordeckenbalken (1611). Oberhalb der Kirche liegt der *Gutshof der Herren von Rheden*. Zeitweilige Besitzteilung führte zum Bau eines zweiten Herrenhauses, östlich der Kirche, das im letzten Jahrzehnt des 19. Jhs. historistisch erneuert wurde. Kern der Gutsanlage dürfte jedoch der westliche, barocke Hof sein. Seine Hauptgebäude erhielten um 1740 ihre heutige Form: Dem Herrenhaus, das vielleicht schon aus der Zeit um 1680 stammt, wurden 1741 ein neues Portal und neue Fenster eingesetzt; Remise und Brauhaus rahmen den kurzen oberen Vorplatz geschickt ein (1739); die Freitreppe zum Wirtschaftshof (z. Z. abgebaut) stellt die optisch bedeutende Verbindung zum Ort her.

Das *Barockschloß* in **Brüggen** (Abb. 55) ist der Kopfbau eines Ende des 17. Jhs. angelegten Gutshofes (Betreten des Hofes gestattet) der Herren v. Steinberg, heute v. Cramm. Die Planung für das einflügelige, 1693 errichtete Schloß stammt vermutlich von J. B. Lauterbach, sicher beteiligt war Baumeister Hermann Korb. Die Mittelachse ist an Hof- und Gartenfront durch einen Risalit betont, während die Gartenseite von zwei seitlichen Risaliten aufgewertet wird. Selbst die Schmalseiten werden von schlanken Risaliten gegliedert, die jedoch als Abortbauten praktische Bedeutung hatten. Mächtige Schornsteine beherrschen den Dachumriß. Ein verhältnismäßig kleines Portal führt in das repräsentative Treppenhaus: Eine gewölbte Vorhalle öffnet sich zu zwei Treppenläufen und einem mittleren nischengerahmten Durchgang zum Erdgeschoß. Die Innenräume sind reich stukkiert, namentlich der in der Mitte im Obergeschoß liegende hohe Festsaal mit Pilastergliederung. Die Stuckdekken zeigen hochbarockes Blattwerk und stammen von Giacomo Perinetti. – Der gedrungene

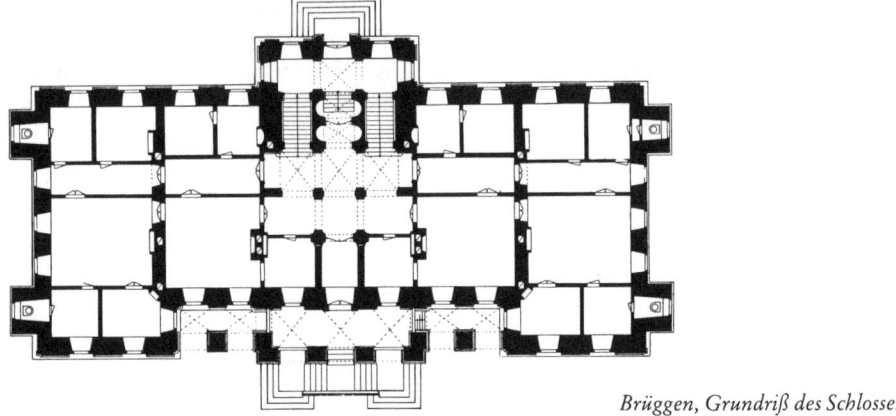

Brüggen, Grundriß des Schlosses

Torbau von 171(6) hat über der Durchfahrt einen achteckigen turmartigen Dachreiter mit einem lichteinlassenden Aufsatz, der sogenannten Laterne. In den Räumen seitlich der Durchfahrt befanden sich einst Gefängnis und Gericht. Dem Gutshof ging vermutlich ein schon Ende des 10. Jhs. genannter Königshof voraus. Die 1704–06 errichtete *Schloßkirche* neben dem Schloß ist wohl der Nachfolgebau der damaligen Hofkapelle. Der Rechtecksaal ist mit einer Kanzelaltarwand versehen, die ebenso wie die Orgel aus den Jahren 1827–31 stammt.

Der Ort **Alfeld** entstand an einem Leineübergang, nahe einer Siedlungsstätte aus sächsischer Zeit und wurde 1019/22 urkundlich erstmals als ›Alevellon‹ erwähnt. Für 1205 ist ein Archidiakonat überliefert. Zwischen 1231 und 1258 wurde Alfeld zur Stadt erhoben (nach anderer Auffassung ist die Stadt schon Ende des 12. Jhs. gegründet worden). Eine Burg des bischöflich-hildesheimischen Landesherrn zum Schutz der Leinefurt ist erst 1358 genannt. Durch die geographische Lage wurde Alfeld zu einer der wichtigsten Städte im Bistum. Unter den späteren Landesherren, den Herzögen von Braunschweig, führte man 1542 die Reformation ein. Im heutigen Stadtbild tritt neben der Kirche und dem Rathaus aus dem Mittelalter die Lateinschule als bedeutendstes Einzelbauwerk hervor. Das gesamte Stadtbild ist aufgrund eines Brandes im Jahre 1846 neuzeitlich geprägt. Der Bau der Eisenbahnlinie Kassel–Hannover (1852/54) förderte die Industrialisierung und schuf bedeutende Gewerbezweige. Die Schuhleistenfabrik Fagus ließ sich ein Industriegebäude bauen, das eines der architekturgeschichtlich wichtigsten Industriebauten des frühen 20. Jhs. werden sollte.

Die evangelische *Kirche St. Nicolai* enthält noch das Querhaus des romanischen Vorgängerbaus. Innerhalb der heute sechsjochigen, dreischiffigen gotischen Hallenkirche handelt es sich um das vierte Joch von Westen. Die Pfeiler haben hier Kantensäulchen, und den Gewölben fehlen die Rippen. Der Ausbau des gotischen Langhauses wurde mit den drei westlichen Jochen begonnen, auf die etwas später die beiden östlichen Joche mit dem rechteckigen Chorschluß und den beiden Chornebenkapellen folgten. Beide Bauteile gehören dem 15. Jh. an. 1409–23 entstand südlich vor dem romanischen Querhaus die Steinbergsche Kapelle (Grablege, zugleich Kircheneingang). Die Jahre 1486–88 werden als Bauperiode des mächtigen Westbaus vermutet. Seine Baugeschichte ist im einzelnen jedoch noch nicht geklärt. Er erinnert an die dem 13. Jh. angehörenden mächtigen Westbauten der Kirchen zwischen Braunschweig und Göttingen. Das bedeutendste Ausstattungsstück in St. Nicolai war bis 1889 der spätgotische Flügelaltar mit dem Madonnenbild in der Mitte. Zu jener Zeit wurde der Altar durch einen neuen ersetzt und der alte an die Kölner Minoritenkirche abgegeben. Auch ein zweiter gotischer Altar gelangte ins Museum, und so blieben von der mittelalterlichen Ausstattung nur noch das Triumphkreuz der zweiten Hälfte des 13. Jhs., das spätgotische Sakramentshäuschen und ein Taufstein des 14. Jhs. in der Kirche zurück. Die Steinbergsche Kapelle bewahrt den Renaissancegrabstein der Catharina von Steinberg (geb. von Hanstein, † 1568) und das Bild der vor dem Kruzifix Betenden auf; 1576 entstand die Grabplatte für Margarethe von Veltem.

Oberhalb der Kirche steht die 1610 von dem Hildesheimer Meister (Bildschnitzer?) Andreas Steiger errichtete *Lateinschule* (Abb. 54). Sie ist ein frei stehender zweistöckiger Fachwerkbau mit vorkragendem Oberstock. Die Brüstungsgefache aller Stockwerke sind mit reliefierten Bohlen geschlossen. Die Ausführung des Fachwerkbaus ist für sich genommen von durchaus guter Qualität, bedeutender ist jedoch das für Renaissance und Humanismus typische Bildprogramm. Die Qualität der Reliefs darf man dabei nicht an den Werken der ›hohen‹ (d. h. höfischen) Kunst messen. Dargestellt sind die Sieben Freien Künste Musik, Arithmetik, Geometrie und Trigonometrie (statt Astronomie), Rhetorik, Grammatik und Dialektik, die neun antiken Musen Calliope, Terpsichore, Erato, Polyhymnia, Euterpe, Thalia, Clio, Urania, Melpomene, ferner die Tugenden Spes (Hoffnung), Temperantia (Mäßigung), Fides (Glaube), Prudentia (Klugheit), Fortitudo (Tapferkeit), Charitas (Liebe), Iustitia (Gerechtigkeit) und Patientia (Geduld) sowie schließlich biblische Gestalten

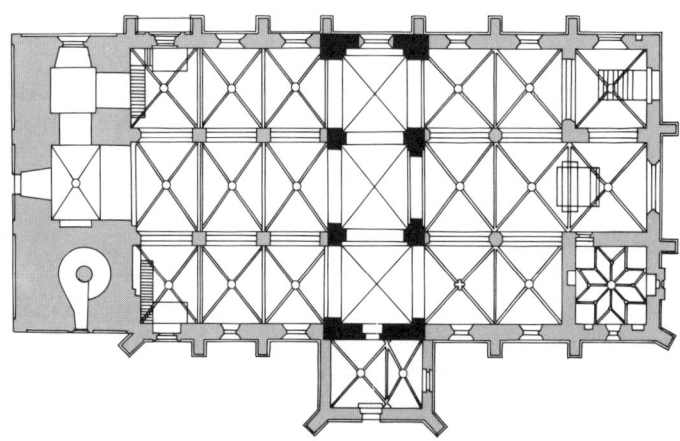

Alfeld, Grundriß der Nikolaikirche

Alfeld, Aufriß der Rathaus-Nordseite

wie die Propheten Jeremia, Moses, Jesaia und Judith, Jakob, Aaron, Joseph, Petrus und Paulus. Allen abgebildeten Figuren ist ein sie kennzeichnendes Attribut beigegeben. Für den Zweck, ein Schulgebäude zu verzieren, ist diese, zum großen Teil der Antike entlehnte Bildwelt um einige christliche Bildinhalte ergänzt, die ein bemerkenswertes humanistisches Bildungsprogramm aufweisen. Die Farbigkeit wurde 1982, wohl weitgehend nach Befund, aber die Feinheiten überdeckend, wiederhergestellt und die Ziegelausfachung dabei vollständig erneuert. Die kleine benachbarte Fachwerkkapelle entstand 1668 und gehört ebenso wie das zweigeschossige, 1810 errichtete Fachwerk-Stiftsgebäude zum *ehemaligen St.-Elisabeth-Hospital*. Um eine Gefährdung der Bauten durch ihre Lage an der verkehrsreichen Hannoverschen Straße zu verhindern, wurden sie 1982 auf die Ostseite von Nicolaikirche und Lateinschule versetzt.

Das *Rathaus* schirmt die evangelische Stadtkirche vom Marktplatz ab. Es wendet sich mit der Breitseite, der Traufe, dem Marktplatz zu und ist an dieser Seite durch einen polygonalen Treppenturm gegliedert. Auch wenn das Rathaus auf den ersten Blick wie ein dreigeschossiger Renaissancebau wirkt – der neben dem Treppenturm noch über einen schlanken Risalit und einen mit Kugeln besetzten Dreiecksgiebel verfügt –, handelt es sich doch im Kern um einen mittelalterlichen Bau. Dieser war ursprünglich ein Geschoß niedriger, hatte jedoch die gleiche Orientierung und war ehemals durch einen Treppengiebel abgeschlossen, dessen Stufen sich noch an der westlichen Schmalseite abzeichnen. Hier ist auch noch ein dreibahniges Maßwerkfenster vom Vorgängerbau zu sehen, der 1584–86 umgebaut wurde. Der erwähnenswerte traufenständige *Fachwerkbau* von 1490 in der Seminarstr. 3 hatte einen giebelständigen Vorgänger, von dem der massive Saalkeller im Hof erhalten blieb. Rosetten im Stil der Weserrenaissance zeigt das *Eckhaus Winde 17* (hinter der Kirche).

Der Ort Alfeld ist weniger für seine Altstadt und dessen Bauwerke als vielmehr durch die *Faguswerke Carl Benscheidt,* ein Beispiel moderner Architektur, berühmt geworden. Die an der Hannoverschen Straße gelegenen Betriebsgebäude waren 1911–18 nach industrietechnischer Grundplanung von Eduard Werner (Hannover 1910) und Gestaltungsplänen von Walter Gropius in Konkurrenz zum gegenüberliegenden Werk Carl Behrens errichtet worden und gelten als Beispiel moderner Architektur von internationalem Rang. Gropius hatte nach seinen Worten mit diesem Bauwerk den »eigenen Standpunkt innerhalb der Architektur« gefunden. Die Gebäude weisen »die charakteristischen Merkmale der funktionell betonten, modernen Bauweise« auf. Solche Merkmale sind z. B. die vollständige Durchfensterung der Außenflächen, der Verzicht auf Mauerpfeiler, Mauerstücke oder Stützen an den Gebäudeecken zugunsten einer Eckdurchfensterung, auf Dekor und auf geneigte Dächer. Die Fabrik, in der Schuhleisten hergestellt werden, ist in mehreren Phasen entstanden. Ältester Teil ist das längs der Eisenbahn liegende dreigeschossige Bürogebäude mit sich anschließendem Maschinen- und Lagerhaus (1911–13). Der Erweiterung von 1913/14 gehört der zumeist auf Fotos abgebildete vordere Teil des Bürohauses mit dem Eingangstrakt an, der als Fortsetzung des Bauteils von 1911 errichtet wurde. Dieses Bürohaus verfügt über den ersten ›curtain wall‹, eine Vorhangfassade vor inneren Stützen bzw. Decken. Der dreigeschossige Hauptbau umgibt die niedrige Fabrikationshalle. Die nordwestlichen Anbauten sind das Maschinenhaus, das Kesselhaus und das Trockenhaus. Abgesondert, etwas weiter nordwestlich, befinden sich die Sägerei, die Dämpferei und das Lagerhaus. Südöstlich des Hauptgebäudes steht als ebenfalls niedriger Bau die Stanzmesserabteilung. Zur Straße hin sind dem Komplex Lagerbauten sowie das 1925 in Anlehnung an Kunstformen von De Stijl errichtete Pförtnerhaus vorgelagert. (Ein 1987–88 verwirklichtes Sanierungskonzept mit deutlichen Änderungen von Details stieß jüngst auf heftige Kritik.)

Alfeld, Faguswerke nach Plänen von Walter Gropius

Die 1712 erbaute *Saalkirche* im Vorort **Limmer** zeichnet sich gegenüber anderen Dorfkirchen durch eine achteckige hölzerne Kuppel aus. Die *Kirche* in **Langenholzen** hat einen romanischen Chorturm und ein Langhaus des 13. Jhs. sowie einen barocken Altaraufbau. – Das *Herrenhaus* des **Gutes Wispenstein** war über einem Bruchsteingeschoß aus der Mitte des 15. Jhs. ursprünglich dreizonig unterteilt, ein Fachwerkobergeschoß gehört dem frühen 17. Jh. an.

Duingen, westlich von Alfeld gelegen, ist nicht durch herausragende Baudenkmäler bekannt. Es handelt sich vielmehr um einen wichtigen *Töpferort,* in dem seit dem späten Mittelalter Keramik produziert wurde. Für das 19. Jh. ist eine reiche Exporttätigkeit überliefert. Duinger Keramik wurde bis nach Skandinavien und Rußland exportiert. – Das Schiff der evangelischen *Kirche* von 1736 enthält einen Kanzelaltar aus der Bauzeit.

Die *Arbeitersiedlung* der *Glashütte* in **Grünenplan** gilt als älteste erhaltene Arbeitersiedlung Niedersachsens. Im Jahre 1750 wurde die Siedlung von dem Oberhofjägermeister Johann Georg von Langen im Auftrag des Herzogs Karl I. von Braunschweig gegründet. Am Hils, im Bereich um Grünenplan, hat man schon seit etwa 1200 Glas hergestellt. Karl I. hatte 1744 die ›Fürstliche Spiegelglashütte‹ gegründet; 1773 wurde sie an Anton Amelung verpachtet und 1871 in eine Aktiengesellschaft (›Deutsche Spezialglas AG‹) umgewandelt, die heute noch erfolgreich produziert. Bei Gründung der Werkssiedlung auf dem ›Grünen Plan‹ wurde über den Hügel ein rasterförmiges Straßensystem gelegt. Die Anlage ist überaus weiträumig mit breiten Freiflächen zwischen den einzelnen Häusergruppen, vor allem großen Gartenflächen hinter jedem Haus, gestaltet. Die Erstbebauung bestand aus 56 (von 64 geplanten) durchweg eingeschossigen Fachwerkbauten, die teilweise mit einem Zwerchgiebel überdeckt wurden. Nur die (südliche) Raabestraße hat in größerer Anzahl zweigeschossige Häuser. Vereinzelt läßt sich die alte Raumaufteilung noch erkennen. Über eine Treppe im breiten Mittelflur gelangt man zum Dachgeschoß. Der Flur weitet sich rückwärtig zum Küchenraum mit zwei getrennten Kochstellen aus. Im 18. Jh. wurde noch auf offenen Feuerstellen gekocht. Seitlich befinden sich jeweils zwei Räume, die zur Straße hin als Stube und zur Rückseite hin als Schlafkammer gedient haben müssen.

Die im Kern romanische *Dorfkirche* in **Grafelde** (Adenstedt), östlich von Alfeld, enthält einen spätgotischen Schnitzaltar mit der Madonna sowie den Heiligen Katharina und Elisabeth von Thüringen.

Den Ortsnamen des nahen **Irmenseul** (Harbarnsen) hat man immer wieder mit der sagenhaften Irminsäule, jenem von Karl dem Großen zerstörten sächsischen Kultdenkmal zu identifizieren versucht, doch wird der Ortsname erstmals 1298 als Ermensulle erwähnt. So war auch bei dieser sächsisch-germanischen Legende einmal mehr der Wunsch Vater des Gedankens.

Die *Kirche* in **Wrisbergholzen** wurde Anfang des 17. Jhs. an den Turm des frühen 13. Jhs. angefügt und gehört damit zu den relativ seltenen Kirchenbauten zwischen Reformationszeit und Dreißigjährigem Krieg. Es handelt sich um einen schlichten Saalbau mit Empore, Altar und Orgel. Das *Schloß*, ein barocker Dreiflügelbau der Grafen von Görtz, entstand 1740–45 nach Plänen der Brüder Bütemeister aus Moringen.

Hermann von Winzenburg (ein Reinhäuser Graf) erhielt die im 12. Jh. erstmals erwähnte **Winzenburg** vom Hildesheimer Bischof als Lehen. Die Burg besteht nur noch als Ruine, weil bei einer Belagerung 1522 der Pulverturm explodierte und die restlichen Gemäuer als Steinbruch dienten. Auf der Domäne Winzenburg steht ein zweigeschossiges, gegen 1769 errichtetes barockes Pächterwohnhaus mit Mansarddach.

Das **ehemalige Benediktinerinnenkloster Lamspringe** (Abb. 56) wurde angeblich 873 von Graf Ricdag gegründet. Die Kirche weihte man den Heiligen Adrian und Dionysius. 1138 wurde das Kloster unter päpstlichen Schutz gestellt, und in der Folgezeit gehörte es zu den am reichsten dotierten Klöstern in Niedersachsen. Dies änderte sich durch Fehden ab dem späten 14. Jh., von denen zuletzt die Hildesheimer Stiftsfehde (1519–23) zur völligen Verarmung des Klosters und Niederbrennung des Ortes führte. Nach Reformation, Gegenreformation und Dreißigjährigem Krieg übergab der Bischof von Hildesheim das Kloster den ›schwarzen Benediktinern‹, die aus England vertrieben worden waren und wegen ihrer schwarzen Kleidung so genannt wurden. Sie führten es nicht nur wieder zur wirtschaftlichen Blüte, sondern begannen auch einen neuen Kirchen- und Klosterbau, der 1803 der Säkularisation zum Opfer fiel. Die 1670–91 errichtete *Klosterkirche* ist ein dreischiffiger, vierjochiger Hallenbau im Stil der ›Barockgotik‹, mit kräftigen achteckigen Pfeilern als Unterbau eines unvollendeten Westturms. Schlanke Achteckpfeiler tragen die Kreuzgratgewölbe des Langhauses. Durch den Antwerpener Benediktiner-Laienbruder Hieronymus Sies erhielten die zwölf Gewölbe unterschiedliche dekorative Blumenbilder. Vor den Pfeilern und den Ostwänden stehen Barockaltäre mit gedrehten Säulen. An das Mittelschiff ist der Langchor mit Dreiachtel-Schluß angefügt. Er wird durch eine hölzerne Chorschranke abgeschlossen und enthält einen barocken Hochaltar, der ab 1695 von Johann Mauritz Gröninger (Münster i. W.) geschaffen wurde. Der Aufbau ist architektonisch gegliedert und wird von gedrehten Säulen und einem gesprengten Giebel bestimmt, der über auswechselbare Bilder verfügt.

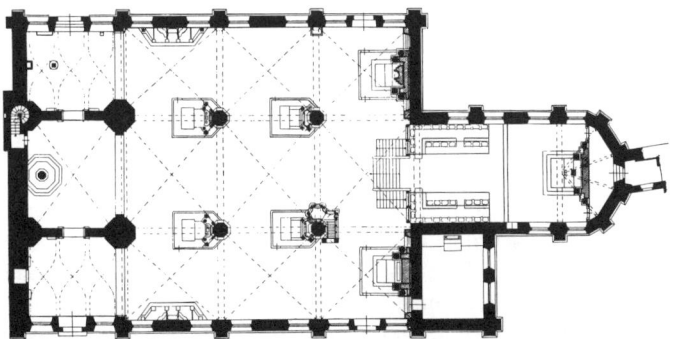

Lamspringe, Grundriß der Klosterkirche

Die Anbetung der Hirten, die seit Jahrzehnten ständig als Hochaltarbild dient, stammt ebenso von Hieronymus Sies wie vermutlich auch die Bilder Mariä Empfängnis und das Abendmahl (Auswechselbilder, die heute in der Kirche hängen). Das Gemälde Aller Heiligen scheint jedoch nicht von ihm geschaffen zu sein. Dem Künstler werden ferner das Weihwasserbecken mit einer perspektivischen Architekturdarstellung und ein Altaraufsatz in der Sakristei zugeschrieben. Beides sind Stuccolustroarbeiten. Der Altaraufsatz verblüfft durch ein Inschrifträtsel:

  O QUID TUA TE
  BE BIS BIA ABIT
  RA RA RA
  ES ET IN
  RAM RAM RAM
   II

Nicht anders als bei vergleichbaren heutigen Rätseln muß man die Stellung und Anzahl der Wörter lateinisch mitbenennen. In den ersten zwei Zeilen sind die Silben von oben nach unten zu lesen, wobei zwischen den Silben das lateinische ›super‹ für ›über‹ einzufügen ist. Die dreimalige Nennung der Silben ›Ra‹ und ›Ram‹ fordert dazu auf, der jeweils ersten Silbe dieser Zeilen das lateinische Wort ›ter‹ für ›dreimal‹ voranzustellen; das ›I‹ steht zweimal (lat. ›bis‹, also ›ibis‹). Der Spruch lautet also:
O superbe quid superbis tua superbia te superabit
terra es et in terram ibis. – Auf deutsch:
O du Stolzer, was brüstest du dich, dein Stolz wird dich überwinden
– Erde bist du und zu Erde wirst du werden.

 Weitere qualitätvolle Werke sind der Marienaltar vor dem Kopf des Nordseitenschiffs und der Benediktusaltar im Südseitenschiff, beide von Schranken des Bildhauers Heinrich Lessen d. Ä. eingefaßt. Die Kanzel mit gedrehten Säulen, Putten, musizierenden Engeln und Blumenvasen ist ein reiches plastisches Werk von Jobst Heinrich Lessen d. J. 1686 wurde die Orgel für das mittlere Turmjoch angekauft, sie dürfte aber einige Jahre älter sein. Chorschranke, Taufsteinschranke und Chorgestühlwangen von Jobst Heinrich Lessen sind ein Kompendium der barocken Ornamentik. Die *Klostergebäude* südlich der Kirche (1731) stehen auf einem T-förmigen, jedoch asymmetrischen Grundriß. Der Ostflügel beherbergt das Abteigebäude mit großem und kleinem Saal, der Südflügel das frühere Wohnhaus der Konventualen. Dem Mittelbau des Abteiflügels ist nach Osten ein Risalit mit Freitreppe vorgestellt. Beide Säle sind mit Kaminen versehen, der große ist zudem durch Stuckpilaster gegliedert. Doch im ganzen handelt es sich um eine einfache barocke Architektur, die nicht mit dem Reichtum des barocken Schnitzwerks in der Kirche konkurriert. Die Quelle des Lammebachs im Klostergarten wurde 1787 neu gefaßt.

 Der Ort **Lamspringe** erstreckt sich oberhalb des Klosters in einer Länge von zwei km. Diese Ortsanlage gehört damit zu jener Gruppe von kleinen Ansiedlungen (Flecken) und Dörfern, die aus einer einzigen oder bestenfalls einer beiderseits der Straße gelegenen Häuserzeile bestehen. Lediglich östlich des Klosters gibt es einen kleinen ›Flecken‹ im Sinne dieses Wortes. Dort stehen die einschiffige trapezförmige evangelische *Pfarrkirche* von 1692 sowie der *Ratskeller,* ein Fachwerkbau des späten 17. Jhs.

Stift und Stiftskirche in **Bad Gandersheim** beherrschen den jungen Kurort. Verglichen mit den großen Städten der Nachbarschaft ist die Stadt ganz dem Stift untergeordnet. 852 gründeten der spätere Sachsenherzog Liudolf und seine Gemahlin Oda das Kanonissenstift Gandersheim, nachdem sich die Liudolfinger bereits Ende des 8. Jhs. Karl dem Großen und damit dem Christentum angeschlossen hatten. Damals, um 780/785, wurde das Benediktinerkloster Brunshausen bei Gandersheim gegründet. Durch ein Privileg Ludwigs d. J. im Jahre 877 erlangte das Stift Reichsunmittelbarkeit, vier Jahre später wurde die erste Kirche geweiht. Das Stift blieb von Anfang an den Liudolfingern eng verbunden und bekam durch die Wahl des Stifterenkels Heinrich zum deutschen König im Jahre 919 große Bedeutung. Kurz danach erhielt die Kirche einen neuen Westbau; die Überlieferung spricht von der Weihe des Westturms als ›turris occidentalis‹ 924/926. Es ist wahrscheinlich, daß es sich hier um ein Westwerk – als Herrschaftsarchitektur – in Anlehnung an die Klosterkirche in Corvey handelt. Die Abtei wurde pfalzähnlich ausgebaut. Die Kaufmannssiedlung wird im Kern älter sein als das Stift; 877 erhielt sie Zollrechte und 990 Münzrecht und Marktprivileg.

Ein neues, 1007 geweihtes *Kirchengebäude* entstand nach einem Brand Ende des 10. Jhs. Mit dem Bau der erhaltenen Kirche begann man offenbar unter Äbtissin Adelheid II. (1063–94), einer Schwester Kaiser Heinrichs IV. Ein weiteres Jahrhundert später führte ein Brand zu Veränderungen, die so umfangreich waren, daß man um 1162/68 eine Neuweihe vornahm. Damals dürften die Gewölbe im Chor, Querhaus und in den Seitenschiffen entstanden sein. Im Stift lebte Mitte des 10. Jhs. die Dichterin Hrosvit (Hrotsvitha, Roswitha von Gandersheim). Um 935 als Tochter einer sächsischen Adelsfamilie geboren, schrieb sie vierzehn Dramen und Verslegenden sowie zwei geschichtliche Werke über die Taten Ottos I. und die Gründungsgeschichte Gandersheims. Die Legenden sind fast ausschließlich in Hexametern abgefaßt und behandeln biblische Stoffe. Schwerpunkt ist das Marienleben. Mehrere in Prosa verfaßte Dramen widmen sich der Jungfräulichkeit. Weitere Legenden behandeln Märtyrergeschichten, wie z. B. über den Prokonsul Gangolf, den Gelehrten Dionysius und den 925 umgebrachten Pelagius. Mit der Prosadichtung knüpfte Roswitha an den antiken römischen Dichter Terenz an. Das Stift blieb bis zum 12. Jh. dem Kaiserhaus eng verbunden; seit dem 13. Jh. gewannen die Welfen stärkeren Einfluß, die schließlich die Landeshoheit erlangten und 1589 die Reformation durchsetzten. 1810 wurde das Stift aufgehoben. Seit dem frühen 11. Jh. bemühte sich das Stift um Unabhängigkeit vom Hildesheimer Bischof, doch erst 1026 gelang es, sich direkt der päpstlichen Kurie zu unterstellen.

Die *Stiftskirche* ist eine Basilika mit Westriegel, westlichem Querarm, flachgedecktem Mittelschiff, sächsischem Stützenwechsel, gewölbtem Querhaus und Chor mit runder Apsis. Am heute steinsichtigen Außenbau aus grauem Kalkstein dominiert der geschlossene Westriegel. Nur die untere Zone mit dem Portal ist rechteckig; sie wird durch einen Rundbogenfries abgeschlossen, aus dem die Portalrahmung des 19. Jhs. in das nächste Geschoß aufsteigt. Über dem Fries sind die Kanten des Westriegels abgeschrägt und bereiten die

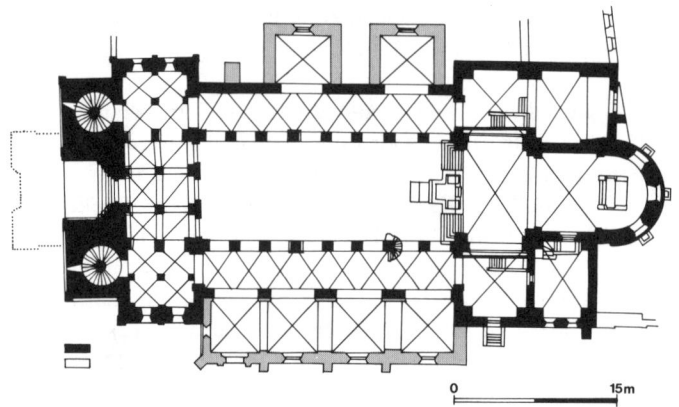

Gandersheim, Grundriß der Stiftskirche

kurzen Türme vor, deren Achteck jedoch erst über drei blockhaften Geschossen ansetzt. Im übrigen ist der Außenbau, soweit er noch der Romanik angehört, sehr schlicht. Die Seitenschiffe erhielten gotische Anbauten, die Hauptapsis wurde 1703 erneuert. Das Äußere verrät daher insgesamt nur wenig von der hohen kunstgeschichtlichen Bedeutung dieser Kirche des 11. Jhs.

Die Südfront des romanischen Baus wird durch drei gotische Kapellen mit insgesamt vier Giebeln verdeckt. Die Johannes d. T. und St. Bartholomäus geweihten östlichen Kapellen gehören der Mitte des 14. Jhs. an, die zweijochige Peter-und-Pauls-Kapelle mit Portal und wiederverwendetem romanischem Tympanon (Christus zwischen Petrus und Paulus) entstand 1439. Der Westriegel bildet nach Abbruch der zweigeschossigen Vorhalle (1838) einen tiefen Vorraum für das Westportal, durch das man unmittelbar in den westlichen Querarm gelangt. Dieser ist jedoch nicht als durchgehendes Querhaus ausgebildet, zumal er nicht die Höhe des Mittelschiffobergadens erreicht, da es sich um eine Säulenvorhalle mit seitlichen quadratischen Nebenräumen handelt. Im Obergeschoß öffnet sich eine dreibogige Empore zum Langhaus. Weil sie wohl den Nonnen als Empore diente, wird sie als ›Fräuleinchor‹ bezeichnet, scheint jedoch Kaiseremporen nachgebildet zu sein.

Das Langhaus zeigt den sächsischen Stützenwechsel aus Pfeilern und zwei Säulen, lediglich vor dem Lettner reicht der Platz für nur ein Säulenpaar. Die Suche nach einer Begründung hierfür ist nur eine der ungelösten Fragen der Baugeschichte. Beim Umbau des 12. Jhs. wurde das Mittelschiff auf Wölbung angelegt. Es erhielt zwischen Arkaden und Obergaden ein Gesims, das über Pfeilern und Säulen verkröpft ist, hier befanden sich Lisenen mit Stuckfiguren; rechteckige (nachträgliche) Pfeilervorlagen wurden 1848–50 wieder entfernt. Einige Stuckapostel sind heute an der Südseitenschiffwand untergebracht, weitere befinden sich im Museum. Die Kämpfer und Kapitelle zeigen stilisiertes Blattwerk und aus Graten gebildete Halbkreise (Würfelkapitell), letztere werden wohl der Mitte des 12. Jhs. angehören. Die Seitenschiffe zeigen einfache Kreuzgratgewölbe. Die das südliche Seitenschiff erweiternden Kapellenanbauten erscheinen als viertes Seitenschiff, da ihre Zwischenwände

1848 abgebrochen wurden. Vor dem Lettner, der in seiner heutigen Form erst 1912 entstand und das Querhaus vom Langhaus trennt, steht der Dreikönigsaltar des späten 15. Jhs. Er gehört zum Besitz der profanierten Mauritiuskirche (Rathaus). Das hölzerne Triumphkreuz mit zwei m hohem Korpus entstand um 1500. Der schlichtere Bartholomäusaltar besteht nur noch aus dem Schrein und zwei Flügeln, der Schrein enthält fünf plastische Bildwerke. Der dritte gotische Altar ist der Marienaltar in der Antoniuskapelle (die Kapelle wurde 1462 an das Nordseitenschiff angebaut wie 30 Jahre zuvor auch die Andreaskapelle). Er enthält als Mittelbild eine Madonna auf der Mondsichel im Strahlenkranz, umgeben von Medaillons mit Symbolen der Kreuzigung und Heiligenstatuen. An der Außenseite finden sich szenische Darstellungen der Gregorsmesse und der Heiligen Sippe sowie die Jahreszahl 1521. In der Antoniuskapelle ist auch die hölzerne Grabfigur des Stiftsgründers Liudolf aufgestellt. Wie häufiger in der mittelalterlichen Kunst zu beobachten, stammt die Stifterfigur keineswegs aus der Zeit kurz nach der Stiftung, also etwa dem 9. Jh., sondern wurde erst Jahrhunderte später, hier um 1270, geschaffen, um den Bezug zum Stiftsgründer erneut zu betonen.

Der Chor wird von zwei Nebenkapellen begleitet, die dem heiligen Stefan (im Süden) und der heiligen Maria (im Norden) geweiht sind. Die Stirnwände des Querhauses sowie die Außenwände der sich anschließenden Stefanskapelle gehören noch dem Bau des 10. Jhs. an. Die Krypta wurde hingegen erst nachträglich unter den dafür angehobenen Chor gebaut. Sie ist eine dreischiffige Hallenkrypta mit Palmetten- und Würfelkapitellen. Das Grabmal der mecklenburgischen Äbtissinnen Christine († 1683) und Maria Elisabeth († 1713) in der Marienkapelle enthält im Unterbau den Sarkophag. 1686 geschaffen, ist das Denkmal wie eine Theaterbühne gestaltet. Auf dem Unterbau befindet sich die Retabelwand mit den Bildnissen der Äbtissinnen. Ein großer, aus Holz geschnitzter Vorhang ist an den Seiten zurückgeschlagen, er wölbt sich wie ein Baldachin über dem Unterbau. – Kreuzgang und

Gandersheim, Schnitt durch den östlichen Gebäudeteil des Rathauses

Konventsgebäude wurden im 19. Jh. abgebrochen. Das stattliche erhaltene *Stiftsgebäude*, östlich der Stiftskirche, ist ein Bau der Weserrenaissance, 1599/1600 nach Brand der alten Abtei von Baumeister Heinrich Overkotte aus Lemgo errichtet (Abb. 58). Stiltypisch ist die Betonung der Unsymmetrie, zudem sind die Fächervoluten sehr auffällig. Der sich anschließende Fachwerkflügel enthält noch ältere Teile, und in seinem Erdgeschoß befindet sich der Rest einer romanischen Kapelle, die dem heiligen Michael geweiht war. Zwei Pfeilerpaare und zwei Säulen tragen das Kreuzgratgewölbe der kryptenartigen Unterkirche. Der Hauptflügel mit dem Kaisersaal und den Wohnräumen der Abtei wurde ab 1726 unter Mitwirkung von Alexander Rossini (Meiningen/Thür.) errichtet; die Malereien im Kaisersaal schufen 1736 u. a. Jordan Ernesti und Joh. P. Harburg.

Der *Ort Gandersheim* umgibt mit nur wenigen Straßenzügen das Stift und ist ihm gänzlich untergeordnet. Auch durch die Reformation hat sich hieran äußerlich nur wenig geändert. Allerdings wurde die *Marktkirche St. Mauritius* nach einem kleineren Stadtbrand 1580 profaniert und in den Bau eines *neuen Rathauses* integriert (Farbabb. 29, Abb. 57). Die Einbeziehung eines Kirchturms in ein Rathaus ist im 16. Jh. ein ungewöhnlicher Vorgang und mag dem Vorbild verschiedener Schloßbauten nachgebildet sein. Vielleicht äußert sich hierin auch eine Konkurrenzsituation zwischen der schon reformierten Stadt und dem noch katholischen Stift. Nach dem Stadtbrand 1580 wurden auch die *Häuser Markt 2* und *3* gebaut, beide inschriftlich datiert und mit Fächerrosetten geschmückt, ähnlich das *Haus Steinweg 5*. Älter ist dagegen das *Haus Markt 8*, schon 1472 entstanden, und *Markt 9* aus dem Jahr 1552, ferner das *Haus Steinweg 1/2* aus der ersten Hälfte des 16. Jhs. Die *Georgenkirche* gilt als erste Pfarrkirche der Stadt. Der Westturm gehört zum Bau des 12. Jhs., das Langhaus wurde 1428 neu aufgeführt. Ihre heutige Erscheinung verdankt die Kirche jedoch weitgehend dem 16. Jh. 1597 entstand der Ausbau mit Holzstützen und Balkendecken, bereichert um die Westempore. Die Ausmalung schuf Magnus Boischuh 1676, dabei versah er die Empore mit figürlichen Darstellungen des Alten und des Neuen Testament. Die Kanzel von 1623 wurde bei dieser Gelegenheit erneuert. Der Hochaltar des Jahres 1711 kam erst 1848 hierher, zuvor hatte er in der Stiftskirche gestanden. Die heute als Amtsgericht dienende *ehemalige Burg* bestand spätestens im 12. Jh. schon als Sitz der Braunschweiger Herzöge, gehört in ihrer heutigen schlichten Form jedoch erst dem 16. Jh. an.

Brunshausen ist noch rund 70 Jahre älter als Gandersheim. Erstmals wurde der Ort als eine Stiftung Herzog Liudolfs für die Reichsabtei Fulda erwähnt, die hier eine Missionsstation gründete. Daraus entwickelte sich das *Kloster Brunshausen*, dessen nunmehr *fünfte Klosterkirche* noch steht. Sie ist ein zweischiffig angelegter Bau des 14. (Chor) bzw. 15. Jhs. Zu einer geplanten Wölbung gehören innen die Pfeilervorlagen und außen die Strebepfeiler. Vom Vorgängerbau des mittleren 12. Jhs. blieb die Südapsis erhalten. Ein nördliches Seitenschiff mit gleicher Apsis wurde beim gotischen Bau nicht mehr berücksichtigt. Der Umbau verdeutlicht die gegenüber dem 12. Jh. abnehmende Bedeutung Brunshausens, als man sich architektonisch an Kirchen wie der Klosterkirche von Lippoldsberg orientierte. Drei einschiffige Vorgängerkirchen konnten durch Ausgrabungen nachgewiesen werden. Der mittelalterliche Westbau wurde 1876 verändert. Das nördlich angefügte Kloster war 1713–26 umgebaut worden. Dabei entstand der Westflügel, das sogenannte ›Fürstliche Haus‹. Mit seiner Pilastergliederung ließ er ursprünglich ein deutlich barockes Aussehen erkennen. Nach J. Zahlten verweisen nicht nur alte Beschreibungen darauf, daß der Westflügel als Schule dienen sollte, sondern auch die Fragmente von Wandmalereien, die ein barockes Bildungsprogramm illustrieren und, zeitgenössischer Graphik folgend, römische und ägyptische sowie biblische Monumente darstellen.

Die evangelische *Kirche* in **Clus** ist eine ehemalige Benediktinerklosterkirche. Sie wurde im frühen 12. Jh. als ein dem Gandersheimer Frauenstift zugehöriges Mönchskloster gegründet, das die Priester für das Damenstift stellte. Der Gründungskonvent kam aus dem zu dieser Zeit hirsauischen Kloster Corvey, wurde aber schon 1134 von einem Benediktinerkonvent abgelöst. Das Kloster bestand bis 1596. Für den Chor der Klosterkirche, der ehemals eine flache Decke und einen geraden Abschluß hatte, ist das Weihedatum 1124 überliefert. An der nördlichen Außenwand finden sich gliedernde Wandelemente und ein Rundbogenfries. Chor und Vierung sind später kreuzgratgewölbt worden. Um 1485 erfolgte der gotische Umbau, der zur Konstruktion eines Fünfachtel-Chorschlusses führte. Das flachgedeckte Langhaus ist durch Stützenwechsel gegliedert. Auf dem Gesims oberhalb der Arkaden standen, wie in der Gandersheimer Stiftskirche, Figuren. Zwei sind heute in der Gandersheimer Münstersammlung zu sehen. Überhaupt verweisen Profile an Basen und Kämpfern auf die Beziehung zum Stift. 1159 wurde die Michaelskapelle auf der Empore des Westbaus eingeweiht. Den Südturm der ehemaligen Doppelturmfassade brach man zu Beginn des 19. Jhs. ab. – Bei einer umfassenden Restaurierungsmaßnahme wurden 1848–52 u. a. die Querhausarme verkürzt und neu eingewölbt.

Wesentliches Stück der Innenausstattung ist der 1487 in Lübeck erworbene Schnitzaltar. Dort hatte sich zu jener Zeit ein Zentrum für die Herstellung von Schnitzaltären entwickelt. Die Grundstruktur ist all diesen Altären gemeinsam: Erzählende Szenen und Figuren, meist aus einer Holztafel geschnitzt, sind in maßwerkbekrönte Nischen gestellt. Ursprünglich war der Altar farbig gefaßt. Die Marienkrönung in der Mitte wird von den Büsten der zwölf Apostel umgeben. In den Nischen stehen oben die heiligen Papst Innozenz I. und

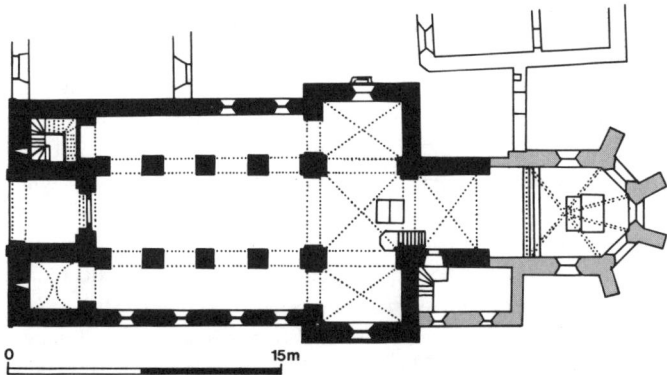

Clus, Grundriß der Klosterkirche

Benedikt von Nursia sowie Cosmas und Damian. Die Altarflügel beziehen sich auf das Marienleben. Aus dem späten 15. Jh. stammen Reste der Glasmalerei im Chor, die Maria, Bartholomäus, zwei heilige Äbtissinnen und Engel mit Spruchbändern darstellen.

Ein quadratischer Bergfried und die winklige Umfassungsmauer sowie Reste des Halsgrabens blieben in **Greene** (Kreiensen) von der *Höhenburg* erhalten, die aus beherrschender Lage einen guten Fernblick bietet. Das machten sich auch die Liudolfinger zunutze, die im 10. Jh. in Greene saßen, bis später Gandersheim Einfluß gewann. Bauherr der erstmals 1306 erwähnten Burg waren die Edelherren von Homburg, die sich vorübergehend eine eigene Herrschaft in den Gebieten zwischen denen der Welfen und denen des Bistums Hildesheim errichten konnten. – Die Eisenbahn mit Knotenpunkt in Kreiensen führt auf einem hohen *Viadukt* am Ort vorbei.

An der Dorfstraße von **Bartshausen** (Einbeck) befindet sich auf einer kleinen Erhebung eine romanische *Saalkirche*, errichtet auf rechtwinkligem Grundriß mit einfachen Rundbogenfenstern bzw. einem gekuppelten Fenster an der Ostseite und einem Drillingsfenster an der Südseite. Hier liegt auch der Eingang. Das Obergeschoß – nur mit kleinen Öffnungen versehen – ist ein selbständiges Speichergeschoß und durch eine Außentür an der Südseite zugänglich.

Graf Dietrich II. von Katlenburg gründete in **Einbeck** vor seinem frühen Tod 1085 ein Stift zu Ehren des heiligen Alexander, das von seiner Witwe gefördert wurde. Ihre Tochter aus zweiter Ehe, Richenza, heiratete Kaiser Lothar III. von Supplinburg. Sie vermittelte der Alexanderkirche eine Reliquie des Heiligen Blutes, die einen Pilgerstrom nach sich zog. 1297 richtete Herzog Heinrich von Grubenhagen hier ein Kollegiatstift ein, das 1545 reformiert und 1850 aufgehoben wurde. Wirtschaftlichen Ruhm erlangte die Stadt Einbeck durch das Bier, das bereits ab dem 14. Jh. als ›Ainpockisch‹ Bier (Starkbier, daher Bockbier) ein Exportschlager war. 1540 zerstörte ein Großbrand offenbar die gesamte Stadt bis auf die Kirchen, 1549 gefolgt von einem weiteren kleineren Brand. Der vollständige Wiederaufbau erklärt die Einheitlichkeit des Stadtbildes, wobei die hohe Qualität des Fachwerkbaus, vor allem seiner Fassadengestaltung, bemerkenswert ist. Es handelt sich um eine außerordentliche Bauleistung, die innerhalb weniger Jahre vollbracht wurde. Allen Häusern gleich ist die Traufenstellung. In der Regel haben die Bauten ein hohes Dielengeschoß, von dem (oft nachträglich) ein kleines Zwischengeschoß abgeteilt wurde, sowie ein zur Straße leicht vorkragenden Oberstock (›Speicherstock‹). Die Diele war zentraler Wohn- und Wirtschaftsraum, dem seitlich die offene Küche angeschlossen war und von dem man zur Straße hin in eine beheizbare Stube gelangte. Beim Schnitzwerk mischen sich Motive der Renaissance mit spätgotischen Elementen. Besonders in der Tiedexer Straße kann man den Formenwechsel gut beobachten. Schon 1541 kommt die Fächerrosette vor, die sich bis 1611 finden läßt. Daneben gibt es als spätgotische Motive maßwerkähnliche Friese (*Tiedexer Str. 20*, 1542, *Steinweg 11*, 1548) und vor allem stabwerkgerahmte Portale und Vorhangbogenfenster.

Das berühmteste Haus ist das *Eickesche Haus*, Marktstr. 13 (Abb. 62), um 1610 erbaut. An seinen Fassaden breitet sich ein Bildprogramm der Renaissance aus, das Ausdruck humanistischer Bildung par excellence ist. Eine Parallele hat es in der Alfelder Lateinschule,

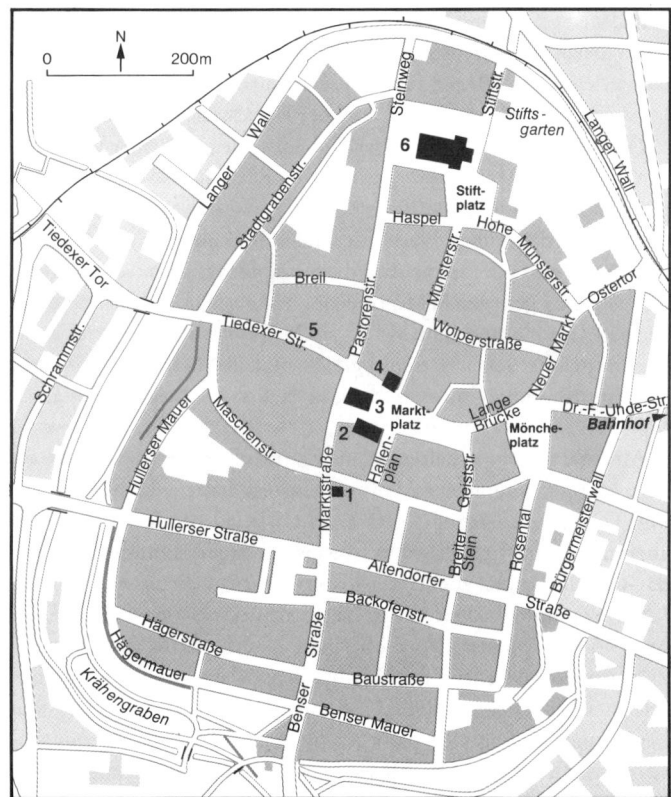

Einbeck
1 Eickesches Haus
2 Rathaus
3 St. Jakobi
4 Brodhaus
5 Haus Tiedexer
  Straße 20
6 St. Alexandri

die annähernd gleichzeitig entstand (s. S. 253). Hier jedoch handelte es sich um ein Privathaus, das somit nicht das Lehr- und Bildungsprogramm, sondern das Bildungsniveau des (wohlhabenden) Bauherrn erkennen lassen sollte. Zur Marktstraße hin ist es im Obergeschoß mit Darstellungen der fünf Sinne (Sehen, Hören, Fühlen, Riechen, Schmecken) sowie im Mittelgeschoß mit Christus und den vier Evangelisten versehen. Im Erdgeschoß hatte es ursprünglich wohl einen Torbogen und ebenfalls flachgeschnitzte Figuren gegeben. An der Giebelseite sieht man in vier Reihen von Brüstungstafeln Sonne und Mond, antike Gottheiten (Jupiter, Venus, Merkur, Saturn), die Tugenden und die Sieben Freien Künste. Die Bildaufteilung der einzelnen Reliefs mutet noch recht mittelalterlich an. Steile seitliche Hügel, kugelige Bäume und stark geraffte Stadtsilhouetten erinnern an spätgotische Altarschnitzkunst. Zwei gegenüberliegende Häuser tragen Reste von Fassadenmalereien des 17. Jhs. und geben gedrehte Säulen zu erkennen. – Erhebliche Fachwerkteile haben auch das Rathaus und die Ratswaage am Marktplatz. Das *Rathaus* ist zum Platz hin mit zwei Luchten und einem Treppenvorbau versehen (Abb. 61). Alle drei Bauteile sind mit hoch aufragenden spitzen Kegeldächern bedeckt. Die spätgotischen Steinfenster des Rathauses entsprechen den Vorhangbogenfenstern vieler Fachwerkhäuser. Während auch das Rathaus ein Wiederaufbau nach dem Brand von 1540 ist, wurde die *Ratswaage*, ein Fachwerkhaus, an dessen Fassade Motive der Spätgotik und der Renaissance zusammentreffen, 1565 neu erbaut.

Die geschlossene Stadtanlage Einbecks wird von einer weitgehend erhaltenen Ummauerung umgeben. Mehrere Stadttürme und Bastionen sowie große Partien der Mauer sind noch vollständig erhalten, vor allem bei der Stiftskirche und im Südwesten der Neustadt. Selbst dort, wo in der frühen Neuzeit schmale Wohnhäuser in einfachen Fachwerkformen an die Mauer gelehnt wurden, blieben die Stümpfe von Türmen erhalten. Ganz und gar uneinheitlich ist hingegen der Stadtgrundriß. Hier schält sich sehr deutlich ein Zentrum um die Tiedexer Straße und den Markt als Mittelachse sowie zwei parallele Straßen heraus, die hochmittelalterlicher Altstadtbereich sind. Im Norden wurde später das Alexanderstift in die Ummauerung eingeschlossen, im Süden eine regelmäßig angelegte Neustadt hinzugefügt.

Alt- und Neustadt hatten eigene Pfarrkirchen. *St. Marien*, die der Neustadt, stammte aus dem 15. Jh. (spätgotische Maßwerkfenster), hatte jedoch bei Bränden 1540 und 1826 Turm und Gewölbe eingebüßt. Das ansehnliche Gebäude wurde 1963 (!) wegen Baufälligkeit abgetragen, eine Entscheidung, die man verstehen könnte, wäre sie zu einer Zeit gefallen, als das Gemäuer noch nicht von historischem Interesse war. Die Altstädter Pfarrkirche *St. Jakobi* stammt aus dem 13. Jh. Die niedrigeren Seitenschiffe der Stufenhalle wurden im 14. bzw. 15. Jh. erneuert. Vom überhöhten Mittelschiff trennen sie spitzbogige Arkaden mit kräftigen Rundpfeilern und Halbsäulenvorlagen, die in der Obergadenzone von dünnen Diensten begleitet werden. Die Kapitelle und Kämpfer tragen Blattwerk. Eigentümlich ist der Grundriß, der einen platt geschlossenen Ostabschluß mit schlankem Maßwerkfenster aufweist. Gerade Ostabschlüsse kommen bei mehrschiffigen Pfarrkirchen nur selten vor. Der 65 m hohe Westturm ist das Wahrzeichen Einbecks, er wurde um 1500 vollendet und ist an den Göttinger Kirchtürmen orientiert. Schlecht fundamentiert, mußte er schon im 18. Jh. abgestützt werden, was wohl 1741 ein Hauptbeweggrund für die Errichtung der barocken Front war. Inzwischen steht der Turm 1,5 m aus dem Lot, aber die Berühmtheit von Pisa hat er deshalb noch nicht ganz erreicht. Der romanische Taufstein stammt aus der Kirche des jetzt eingemeindeten Dorfes Odagsen.

Der bedeutendste Bau in Einbeck ist die *Stiftskirche St. Alexandri* (Münsterkirche) im Norden der Altstadt (Abb. 60). Wenn ihr Turm auch durch die Barockisierung weniger auffällig wirkt, so ist sie doch ungleich bedeutender und größer als die Pfarrkirche. Die drei Westjoche des vierjochigen Langhauses sind durch ein breites, nach dem Stadtbrand von 1540 entstandenes Satteldach gedeckt, während das östliche Joch mit dem alten Querdach und einem Quergiebel versehen ist. Das Langhaus mündet östlich in einem breiten vortretenden Querhaus, an das sich der eingezogene Hauptchor mit Fünfzehntel-Schluß, Strebepfeilern und schmalen zweibahnigen Maßwerkfenstern anlehnt. Querhaus und östliches Langhausjoch sind durch die Giebel mit Blendmaßwerk betont, beide Joche enthalten Portale mit Stabwerkgewänden und – am Querhaus – manieristisch wirkenden abgesunkenen

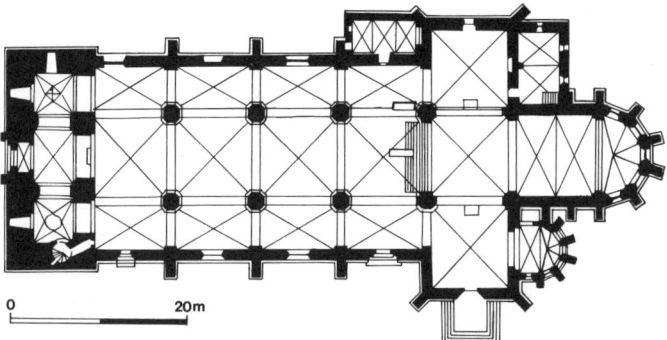

Einbeck, Grundriß der Stiftskirche St. Alexandri

Schlußsteinen. An das Südquerhaus ist die kleine Heilig-Blut-Kapelle (jetzt Taufkapelle) angefügt, mit einem dichten Kranz von Strebepfeilern zur Stütze eines Fünfzehntel-Gewölbes umgeben. Im Westen wird die Kirche durch einen breiten, ebenfalls dreischiffigen Westbau abgeschlossen, aus dem im Mitteljoch ein achteckiger Turmaufbau emporwächst, der 1735 unter Verwendung des ursprünglichen Mauerwerks erneuert und in seiner Höhe stark reduziert sowie durch einen Zwiebelhelm mit offener Laterne abgeschlossen wurde. Der spätmittelalterliche Teil der Westfassade zeigt verspringende Gesimse im Bereich der Fenster.

Die Nordseite der Kirche ist einfacher gestaltet, vor allem fehlt das Blendmaßwerk an den Giebeln. Nach wenigen Metern schließt sich dort bereits die Stadtmauer an, von der noch zwei Türme unterschiedlich vollständig erhalten sind. Der Chor gehört der Zeit um 1300 an, der nördliche Querhausarm entstand um 1320/30, der südliche um 1340/50. Die östlichen Langhausjoche wurden im ersten Drittel des 15. Jhs. angefügt, das westliche Joch und die Turmfront errichtete man um 1500. Dieser gotische Kirchenbau umschloß eine Vorgängerkirche der Zeit um 1100, die schrittweise für den Neubau abgebrochen worden ist. Das Innere der dreischiffigen Hallenkirche weist kreuzförmige Pfeiler mit Eckdiensten in der Art der romanischen Kantensäulchen sowie rechteckige Pfeilervorlagen auf. Wegen ihrer etwas unterschiedlichen Profilierungen bewirken die kräftigen Gurt- und Scheidbögen eine starke Betonung der einzelnen Joche, die zusammen mit den starken Pfeilern einer vereinheitlichenden Raumwirkung, wie man sie bei Hallenkirchen erwartet, entgegenwirken. Auch die bis in das Querhaus vorgeschobene Krypta, eine für die Gotik sehr ungewöhnliche Bauform, verstärkt diesen Eindruck. Der Grund für diese baulichen Besonderheiten könnte in der Funktion der Kirche als Wallfahrtskirche zu suchen sein, vielleicht ist dies auch eine Erklärung für die seltene Chorlösung mit dem Fünfzehntel-Schluß, die man zuvor in der Marburger Elisabethkirche und später in der Heilig-Blut-Wallfahrtskirche in Wilsnack (Mark Brandenburg) findet. Die zweischiffige kreuzgratgewölbte Krypta unter dem Langchor hat kräftige Pfeiler mit profilierten Kanten. Die Westwand wird durch drei Blendnischen abgeschlossen. Die Krypta ist den Gewölbeansätzen nach ehemals dreischiffig gewesen. (Außen nehmen die gotischen Strebepfeiler Rücksicht auf die Kryptenfenster: Während im Chorschluß Krypten- und Hochchorfenster in einer Achse untergebracht wurden, ist ein Strebepfeiler am Langchor geradezu gespalten, damit ein Kryptenfenster nicht verdeckt wird.) Das Chorgestühl mit geschnitzten Wangen und der achteckige, auf Löwensockeln stehende Taufkessel sind gotisch, das Chorgestühl wurde 1288 von Herzog Heinrich gestiftet. Das Taufbecken ist ein Geschenk des Kanonikers Degenhard Rhe (1427), der der Kirche sieben Jahre zuvor auch den Radleuchter im östlichen Langhausjoch verehrt hatte. Ein Schnitzwerk von guter Qualität ist der flügellose, dreifigurige Marienaltar an der Westseite des Nordseitenschiffs, der um 1500 entstand und Maria zwischen den Heiligen Erasmus und Vitus (links) zeigt. Sämtliche Verzierungen folgen zeitgenössischen Ornamentstichen, wie sie z. B. von Israel von Meckenem überliefert sind. Die übrige Ausstattung ist weitestgehend historistisch (Westempore, Orgelprospekt, Kanzel, Hochaltar) und wurde von H. Wilsdorf geschaffen. – Vor dem nordwestlichen Vierungspfeiler fand man 1976 das Grab des Erzbischofs Heinrich von Mainz (1142–52), der in Einbeck 1153 im Exil verstarb, nachdem er wegen seiner Gegnerschaft zu Friedrich Barbarossa sein Amt hatte aufgeben müssen. Eine beschriftete Bleitafel konnte über den Inhalt des Grabes, das bereits in der Vorgängerkirche angelegt worden war, Auskunft geben.

Zu den bedeutenden historischen Bauten in Einbeck gehört das *Gymnasium* an der Schützenstraße (außerhalb der Stadtmauer in Fortsetzung der Stiftsstraße), das mit reichen Architekturformen und vor allem Maßwerkfenstern versehen ist. Vielleicht wurde es unter Einfluß des Architekten Hase errichtet, von dem das Hospitalgebäude von 1865 an der Geiststraße inmitten der Altstadt stammt.

Die *Bartholomäuskapelle* an der Straße nach Salzderhelden, vor dem Altendorfer Tor gelegen, ist eine Siechenkapelle, die samt einem Leprosenhaus grundsätzlich vor den Toren der Stadt zu errichten war. Sie entstand in der ersten Hälfte des 15. Jhs. An den Quaderbau fügte man 1510 einen Fachwerkflügel an.

Die evangelische *Kirche St. Laurentius* in **Dassel** ist eine dreischiffige, vierjochige Hallenkirche mit Westturm und eingezogenem Fünfachtel-Chorschluß. Das Fischblasenmaßwerk des Langhauses verweist in eine Entstehungszeit im 15. Jh. (Kirchenweihe 1447). Das Maßwerk des Chores wird noch der Zeit vor dem Kirchenbrand 1392 angehören. Die Ansätze der im 19. Jh. abgebrochenen Gewölbe sind im heute flachgedeckten Langhaus noch zu erkennen. Niedrige Achteckpfeiler teilen die Schiffe ab. Das Ostjoch des Südseitenschiffs ist als Sakristei ausgegliedert. Bemerkenswert ist die vollständige Raumausmalung im Renaissancestil, die Ende des 19. Jhs. teilweise ergänzt wurde. An der Sakristeiwand sind Christus als Weltenrichter sowie Adam und Eva dargestellt, der Triumphbogen wird von zwei Engeln gefaßt (vorreformatorisch), die Fenster sind von Ornamentstreifen gerahmt. – Zur Ausstattung des 16. und 17. Jhs. gehören auch Kanzel und Orgelempore. Den Platz ›An der Kirche‹ schließt ein dreiteiliger *Fachwerkbau* ab, dessen unterkellerter Mittelbau mit einem Wappenstein des frühen 17. Jhs. versehen ist. Hinter dem Haus befindet sich die in größeren Abschnitten noch erhaltene Stadtmauer, teilweise mit kleinen zweigeschossigen, ehemals kleinbürgerlichen Häusern bebaut. Vor dem gartenseitigen Eingang des *Heimatmuseums*,

Relliehäuser Str. 12, einem historistischen Backsteinbau, steht ein Spätrenaissanceportal. Es befand sich ursprünglich am Herrenhaus in Dassel-Wellersen (1967 abgebrochen). Die katholische *Pfarrkirche St. Michael* von 1847 ist im Innern modernisiert, sie besitzt noch eine alte Empore, die Orgel (mit erhaltener Windlade), einen Taufstein aus dem Jahre 1700 und einen barocken Hochaltar.

Die *Kirche* des **ehemaligen Zisterzienserklosters Wiebrechtshausen** vor den Toren Northeims (Northeim-Denkershausen) ist ein kleiner dreischiffiger, durch jüngere Geländeanschüttungen zusätzlich gedrungen wirkender Bau (Abb. 66). Das stark erneuerte Westportal liegt in einer breiten tonnengewölbten Vorhalle und wird von Dreiviertelsäulen gerahmt, von denen die seitlichen abgekragt sind. Bei einem Umbau im 16. Jh. zog man die Nonnenempore über die Vorhalle bis zur Westfront. Im Innern nimmt sie das westliche der drei Langhausjoche ein. Mit den beiden seitlichen Treppen-›Türmen‹ entsteht eine Art Westriegel, der jedoch viel zergliederter ist als sonst in dieser Gegend. Das basilikale Langhaus zeigt noch die rundbogigen Fenster der späten Romanik sowie die spitzbogigen Seitenportale mit Wulstrahmen, Schaftringen und Blattwerkkapitellen aus dem zweiten Viertel des 13. Jhs. Im Osten wird das querschifflose Langhaus durch drei Apsiden abgeschlossen. Die Hauptapsis ist durch Lisenen gerahmt, deren Rundstab- und Kehlprofile in ein Sockelgesims und ein Traufgesims übergehen. Die niedrigen Seitenapsiden sind ungegliedert. Das dreischiffige Langhaus im gebundenen System wird von niedrigen runden Zwischenpfeilern mit Knospenkapitellen und rechteckigen Hauptpfeilern unterteilt. Die Arkaden sind leicht spitzbogig, die Dimensionen wirken auch hier gedrungen und voluminös. Die an der Nordseite angebaute gotische Grabkapelle wurde erst im 19. Jh. mit dem Langhaus verbunden, da der Herzog von Braunschweig-Göttingen, Otto der Quade (1394 verstorben), seinerzeit dem Kirchenbann unterlag. Das gotische Bildwerk, das den Verstorbenen zeigt, wurde 1860 von C. Dopmeyer restauriert. Die Klausur schloß sich an die Südseite der Kirche an. Der Westflügel wurde in den an die Kirche angefügten Scheunenbau integriert. Dies läßt sich an einzelnen rundbogigen und rechteckigen Fenstern des Massivbaus genauso wie an den spätgotischen Zwillingsfenstern des südlichen Teiles und seines Massivgiebels erkennen. – Nördlich und östlich der Kirche stehen Domänengebäude des 18. und 19. Jhs. um einen ausgedehnten Wirtschaftshof.

Im Gegensatz zu Einbeck, dessen Stadtbild einen geschlossenen Eindruck vermittelt, wirkt die Stadt **Northeim** eher zerrissen und trotz des Systems aus hangparallelen Straßen und Querverbindungen fast ungeordnet. Doch der Bestand an stadtbildprägenden Fachwerkbauten ist in Northeim vielgestaltiger und dadurch vielleicht sogar interessanter, falls die intensiv begonnene Sanierung nicht weitere Lücken reißt. Die Häuser sind – wie in Einbeck – fast durchweg traufenständig. Zumeist hatten sie ein hohes Dielengeschoß mit Einfahrtstor und seitlichen Wohnräumen sowie ein Obergeschoß und den hohen Dachraum zu Lagerzwecken (teilweise mit Fichtenholz verzimmert, während die Wände aus Eichenholz sind). Die ältesten Häuser gehören zumindest noch dem 15. Jh. an. Sie verfügen über tief gekehlte

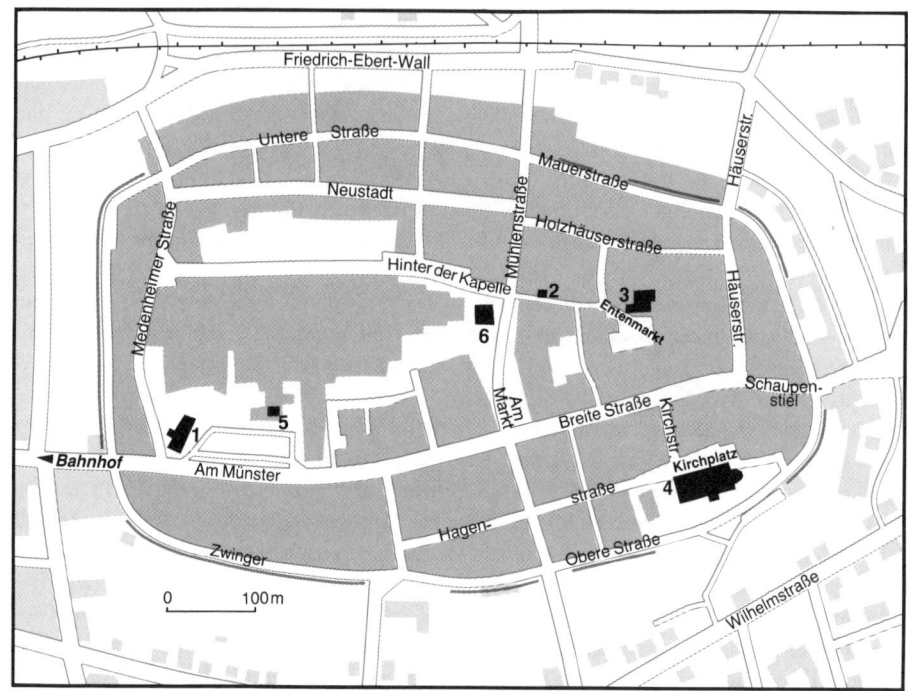

Northeim 1 Hospital St. Spiritus 2 Steinerner Saalbau 3 Haus Entenmarkt 3 4 St. Sixti 5 St. Blasii 6 Ehem. Polizeihauptwache

Knaggen und einfache Profile an den Stockwerksschwellen wie z. B. der *Nebenbau der Klosterkirche St. Blasii* von 1474 oder das *Hospital St. Spiritus*, Münsterplatz 32, von 1500 (Abb. 63), hinterer Teil Ende des 15. Jhs., sowie die *Gebäude Holzhäuser Str. 28, Entenmarkt/Ecke Rathausgasse, Am Schaupenstiel 9* und *15*. Die Bauten des 16. Jhs. sind etwas aufwendiger gestaltet, doch sind Fächerrosetten und andere Renaissancemotive auch hier selten. – In der Rathausgasse blieb noch ein mittelalterliches *Steinwerk* erhalten. Es handelt sich wohl um den Speicherbau des barock erneuerten Vorderhauses. In einem weiteren Steinwerk *(Entenmarkt 3)* hat heute das Standesamt seinen Platz.

Die seit der Reformation 1539 evangelische *Pfarrkirche St. Sixti* steht am südöstlichen Stadtrand, unmittelbar vor der Stadtmauer. Der spätgotische Bau entstand ab 1464 (Baumeister Hans Meinecke). 1478 war die Errichtung des Chores abgeschlossen (Abb. 64). Die Einwölbung des 1496 vollendeten Langhauses erfolgte schließlich 1513–17. Durch die Hanglange Northeims weist die Nordfassade der Kirche zur Stadt. Der neunjochige Bau ist nur durch die hohen dreibahnigen Maßwerkfenster und die kräftigen Strebepfeiler gegliedert. Über dem Westjoch erhebt sich ein niedriger Turm mit hölzernem, verschiefertem Helm, der witterungsbedingt eine leichte Drehung aufweist, bei Holzhelmen ein häufiges Phänomen. An das Mittelschiff ist ein Fünfachtel-Chorschluß angesetzt.

St. Sixti birgt eine namhafte Ausstattung der endenden Gotik. Der Hauptaltar der Zeit um 1420/30 gibt in geöffnetem Zustand den Blick auf eine Darstellung der Marienkrönung frei, die durch eine kreisförmige Aureole mit musizierenden Engeln eingerahmt ist, ein seltenes Motiv. Seitlich sowie in der Predella stehen die zwölf Apostel und vier Heilige. Die geschlossenen Flügel zeigen Bilder der Geißelung und Kreuztragung Christi. Der zweite Altar aus dem beginnenden 16. Jh. wird als Marienaltar bezeichnet, obwohl er als Mittelbild eine figurenreiche Kreuzabnahme unter einem reichen spätgotischen Maßwerkbaldachin enthält. Die Außenflügel zeigen in einem abstrakt gemalten Rahmen die Bilder der vier Evangelisten. Sakramentshaus und Taufbecken runden die gotische Ausstattung ab. Das von Heinrich Mente (Braunschweig) aus Bronze gegossene Taufbecken hat eine reiche Kelchform, die schon recht unmittelalterlich wirkt, während die Löwensockel traditionell sind. Der hohe krabbenbesetzte Deckel über der Taufe mit Statuetten am Rand ist gleichfalls noch gotisch.

Von der *ehemaligen Benediktinerklosterkirche St. Blasii* am Münsterplatz steht nur noch ein kläglicher Überrest, da das Stift 1592 als Folge der Reformation aufgelöst wurde. Zu den wenigen erhaltenen Mauerwerksteilen der zwischen 1487 und 1517 neuerbauten Kirche gehören Reste der Nordwand mit einem nördlichen Querhaus (oder Sakristeibau) und zwei Vierungspfeiler. Der östliche Klosterflügel besteht aus einem Massivgeschoß und zwei Fachwerkgeschossen und ist inschriftlich 1474 datiert. Der Bau ist recht fortschrittlich konstruiert und hat Geschoßvorkragungen auf beiden Traufen. Der im Straßenplan sehr auffällig große Klosterkomplex, jüngst durch ein Ladenzentrum überbaut, dürfte auf eine Gründung Fuldas aus karolingischer Zeit zurückgehen und war im 11. Jh. Standort des Hofes der wichtigen Grafen von Northeim. Das Kloster wird von der Münsterstraße tangiert (bzw. Breite Straße), die als Straßenmarkt Hauptachse der Stadt gewesen ist, so daß es nicht zu einer Stadtanlage im Dreistraßensystem kommen konnte, wie dies bei Stadtgründungen des 12. Jhs. zu beobachten ist. Der in Nord-Süd-Richtung verlaufende Marktplatz und die Mühlenstraße trennen Kloster- und Stadtbereich. Die Polizeihauptwache von 1734 verdeckt eine kleine gotische Kapelle, die den Heiligen Fabian und Sebastian geweiht ist.

Etwas überraschend erhebt sich die **Katlenburg** aus dem geräumigen Tal der Rhume, in die unterhalb der Burg die Flüsse und Bäche Oder-Steinlake, Söse und Katlenbach einmünden. Der Bergsporn des Harzvorlandes trägt im Grunde keine Burg, sondern eher ein Kloster, das 1103 als ein Augustinerchorherrenstift anstelle der Burg von Dietrich III. von Catlenburg gegründet worden war. Die nach der Klostergründung entstandene Kirche ist nicht erhalten. Unter der heutigen Kirche befindet sich jedoch eine zweischiffige ›Krypta‹ mit Kreuzgewölben auf Pfeilern, die sich durch runde Kantenstäbe auszeichnen (für eine Krypta ungewöhnlich). Sie dürfte auf das 13. Jh. zu datieren sein. Nach einem Brand 1346 – er ist durch das ›Horlemann-Lied‹, eines der ältesten Lieder in niederdeutscher Mundart, überliefert – wurde eine neue Kirche gebaut, von der zumindest der Chor erhalten blieb. Das

Langhaus erneuerte man nach Beschädigungen im Dreißigjährigen Krieg weitgehend. Bauherren waren die Herzöge Friedrich und Christian Ludwig von Braunschweig. Als Bruchsteinbau mit Strebepfeilern entspricht das Langhaus dem Chor, doch ist das Baumaterial hier etwas gröber verarbeitet worden. Hinter dem Fachwerkgeschoß – einst wohl doch ein vollständiger Speicherstock – verbirgt sich das hölzerne Tonnengewölbe des Kirchenschiffes, das vermutlich erst im 18. Jh. eingebaut wurde. Aus der sonst schlichten Ausstattung – eine Marmorplatte von 1765 wurde erst kürzlich entdeckt – ragt der Kanzelaltar heraus. Er ist als hölzernes Retabel mit weit ausladenden geschnitzten Seiten (Ohrmuschelstil) gestaltet und 1654 von Herzog Christian Ludwig gestiftet worden. Der Künstler ist im Umkreis Andreas Duders zu suchen (vgl. die Kirchen in Osterode und Clausthal-Zellerfeld).

Nörten-Hardenberg überrascht durch den geschlossenen Straßenzug entlang der Bundesstraße 3. Jenseits davon liegen im Norden, etwas abseits, das Schloß Hardenberg und im Süden die neuromanische *katholische Pfarrkirche St. Martin* (1894–95 erbaut nach Plänen von R. Herzig, Hildesheim), deren Vorgängerbau vorübergehend Stiftskirche unter dem Patronat St. Peter war. Das Äußere erinnert stark an die rheinische Romanik. Hierzu tragen nicht nur die Rundfenster an Lang- und Querhaus bei, sondern vor allem die Chorflankentürme und die Zwerggalerie. Die kreuzförmige Basilika ist flach gedeckt, nur Chor und Apsis wurden gewölbt. Die Ausmalung an den Chorwänden zeigt den auferstehenden Christus sowie einen Gnadenstuhl mit der Darstellung der Kirche. Auch der originale Hochaltar paßt sich dem neuromanischen Formenrepertoire an. Die Vollständigkeit der Ausstattung einschließlich der Glasfenster, Malereien, Taufbecken, Beichtstühlen und des Gestühles ist eindrucksvoll.

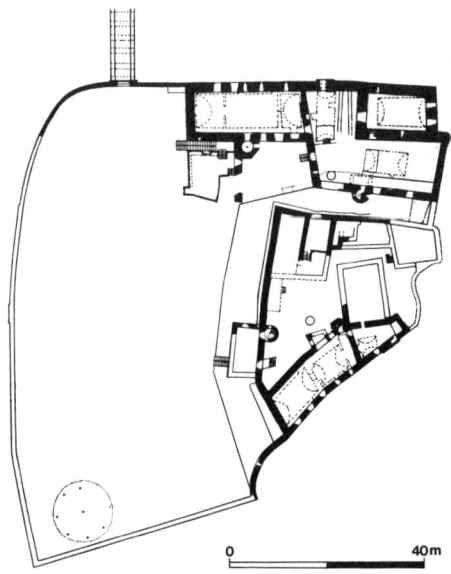

Nörten-Hardenberg, Grundriß der Burg

Unmittelbar vor der katholischen Kirche St. Martin entstand 1893–95 die *evangelische Kirche St. Martin*, die ebenfalls einschließlich der Innenausstattung erhalten ist. Insgesamt etwas kleiner, zeigt sie gotische Formen. An einen Westturm mit schlankem Helm fügt sich ein kurzes zweijochiges Langhaus mit Querhaus und Chor an. Das gegenüberliegende Barockgebäude von 1732 war ursprünglich ein Waisenhaus. – Das Schloß (Vorderhaus) besteht aus einem Herrenhaus mit flachem Eingangsrisalit und seitlichen, um einen geräumigen Hof gruppierten Vorbauten sowie einem angeschlossenen Wirtschaftshof. Den Abschluß zur Stadt bildet ein klassizistisches Eisengitter.

An der evangelischen Kirche führt die Landstraße vorbei zum Fuß des Nörtener Waldes mit der *Burgruine Hardenberg* (Hinterhaus), von der neben Teilen des späteren 15. Jhs. (Wohnhaus) auch romanisches Mauerwerk sichtbar ist. Der achteckige Treppenturm wurde 1842 wiederhergestellt. Die Burg war seit dem 10. Jh. im Besitz des Mainzer Erzbischofs und wurde 1287 an die Herren von Hardenberg verpfändet. Nach Besitzteilung und Zerstörung des Vorderhauses entstand im Tal das genannte Herrenhaus. Der Wirtschaftshof am Fuß des Burgberges ist ein ausgedehnter Gebäudekomplex des 18. und 19. Jhs. und wird heute industriell genutzt.

Von der B 444 nach Duderstadt zweigt ein Stichweg zur **Burg Plesse** (Bovenden-Eddigehausen) ab. Auch sie ist nur noch eine Ruine, obwohl durch Sicherungsmaßnahmen seit dem 19. Jh. und jüngst durch das Engagement eines Vereins einzelne Bauteile wiederhergestellt wurden und zu besichtigen sind. Insbesondere die beiden Türme, ein kräftiger Bergfried im Osten und ein schlanker Wachtturm im Westen, beherrschen die Anlage. In diese Kernburg gelangt man durch den Torbau an der Südseite. Eine Wehrmauer umgibt die Burg in einem weiten Ring, der an der Bergseite besonders stark ausgebaut ist. Im Gegensatz zur Burg Hardenberg war das Bistum Paderborn (Bischof Meinwerk) der Besitzer der Burg. Die Herren von Plesse, die hier im Spätmittelalter saßen, befanden sich ab 1447 im Lehnsverhältnis zu Hessen, das auch von 1571 bis 1816 der Besitzer war. Wie so oft standen sich auch hier Hessen und Mainz unmittelbar gegenüber. Erst 1692 gelangte Hardenberg, dann auch Plesse, an Hannover.

Moringen setzt sich aus dem städtischen Unterdorf und dem dörflichen Oberdorf zusammen, das jedoch erst 1890 eingemeindet wurde. Während im Unterdorf eine spätklassizistische Kirche (1850) an einen älteren Westturm angefügt wurde, steht im Oberdorf noch ein Rest der bedeutenderen romanischen *Martinikirche* aus der zweiten Hälfte des 12. Jhs. Ursprünglich handelte es sich um eine dreischiffige kreuzförmige Basilika mit Hauptchor und vermutlich zwei Nebenapsiden. Das Langhaus hatte man dreijochig im gebundenen System erbaut – jedem Mittelschiffsjoch waren zwei Seitenschiffsjoche zugeordnet. 1566 wurde die Kirche als baufällig bezeichnet. Nach Teileinstürzen (1730) stellte man Mittelschiff und Westriegel wieder her. – Die verbürgte Schenkung Moringens durch Erzbischof Adalbert I. von Mainz an das Kloster Lippoldsberg läßt mit architektonischen Zusammenhängen zur dortigen Klosterkirche rechnen, die man in Detailformen (Kapitellen) auch erkennen kann. In der Mannenstraße befindet sich das 1906 errichtete *Gaswerk* (Stadtwerke) mit einem kleinen Gasbehälter von 300 m² Fassungsvermögen, den acht gußeiserne Stützen

Moringen, Gaswerk von 1906

mit profilierten Köpfen tragen, die durch dünne Querstäbe verstrebt sind. Die Anlage wurde bis 1964 nach klassischem Verfahren betrieben, wobei dem Rohgas mit Hilfe einer Reinigungsanlage Teer, Ammoniak und Schwefel entzogen wurden. Der zugehörige Nachbarbau in gotisierenden Formen diente als Druckregler und sorgte für die Einspeisung des Gases in das Leitungsnetz.

Die Stiftung des **Klosters Fredelsloh** (Abb. 65) geht auf den Erzbischof Adalbert von Mainz zurück, der unter Heinrich IV. sowie Lothar III. eine wesentliche politische Rolle im Reich spielte. Diese Stiftung ist – wie viele andere – unter machtterritorialen Aspekten zu sehen, setzte Adalbert damit doch ein Zeichen gegenüber den Grafen von Northeim, dem Geschlecht des Schwiegervaters Kaiser Lothars III. Er dokumentierte auf diese Weise seine eigenen Ansprüche bzw. die Wünsche des Erzbistums Mainz nach Ausdehnung des Einflusses in diesem Bereich. Die dreischiffige flachgedeckte Basilika mit kreuzförmigem Grundriß erscheint durch ihre großen roten Sandsteinquader äußerst trutzig. Diesen Eindruck unterstreichen die beiden Westtürme mitsamt der apsisartigen Erweiterung, in der die Spindeltreppe zur Nonnenempore führt. Aus der Anlage der Treppe im Westen ist zu schließen, daß sich die nicht erhaltenen Konventsgebäude westlich der Kirche befanden. Der Grund für diese untypische Lage ist in der Erweiterung des Klosters Mitte des 12. Jhs. zu einem Doppelkloster für Männer und Frauen zu suchen. Die südliche Seite der Kirche – dort errichtete man üblicherweise die Konventsgebäude – wurde vom Mönchskonvent besetzt. Seit 1239 war Fredelsloh dann ein reines Frauenkloster. Im Westbau befand sich ursprünglich die zum Langhaus durch Arkaden geöffnete Nonnenempore, von der aus die Nonnen ungesehen die Zeremonien verfolgen konnten. Nach mehreren Bränden wurde das Langhaus mitsamt den daraufhin vermauerten Arkaden profaniert. Ursprünglich hatte das Gebäude den einfachen Stützenwechsel. Das durchlaufende Band der Obergadenfenster befindet sich im Einklang mit der flachen Decke. Im Widerspruch hierzu stehen allerdings die Ansätze von Säulchenvorlagen in den Ecken des Chorhauses. Sie verweisen auf die ursprüngliche Absicht, die Kirche einzuwölben. Dieser Plan, der ein weiteres Indiz für den Bauverlauf von Ost nach West ist, wurde aber frühzeitig wieder aufgegeben. Die geplante Einwölbung kennzeichnet den Machtanspruch Adalberts von Mainz. Die östlichen Gebäudeteile mit Querhaus, Nebenapsiden, Chorquadrat und Apsis werden heute von der evangelischen Gemeinde genutzt. An den Chorseitenwänden findet man Reliefs der Apostel aus der Mitte des 14. Jhs., die ehemals zu einem Lettner gehörten. Aus dem 13. Jh. hat sich fragmentarisch ein Taufstein mit Figuren erhalten. Der Eindruck einer klaren Proportionalität bestätigt sich am Außenbau. Die ornamentalen Verzierungen und den hinterlegten Bogenfries, der die gesamte Kirche umläuft, findet man auch an St. Godehard in Hildesheim. Die Giebelfelder sind durch den gestelzten Bogenfries geschmückt. Eine in dieser Region seltenere Form ist der gekreuzte Bogenfries an der Westfront. Er findet sich seit dem späteren 12. Jh. vor allem im nördlichen Deutschland, zum Beispiel am Ratzeburger Dom.

Unmittelbar westlich der Kirche (und des Graftplatzes) von **Uslar** steht das Sockelgeschoß des *zerstörten Schlosses Freudenthal*, das 1559–65 für Herzog Erich II. als früher Bau der Weserrenaissance errichtet wurde. Der südliche Schloßflügel besteht aus sorgfältig errichtetem Quadermauerwerk mit drei aufwendigen Kellerfenstern, von denen das linke in der Dreiecksbekrönung ›EHZBVL‹ bezeichnet ist (Erich Herzog von Braunschweig und Lüneburg). Es zeigen sich Anklänge von Beschlagwerk; erstmals wurden Kerbschnittquader verwendet, die für die Weserrenaissance zur Leitform werden sollten. Spolien finden sich im Mauerwerk noch zahlreich, u. a. eine 1559 bezeichnete Muschelnische in der um 1800 entstandenen Tormauer zwischen Kirche und heutigem Krankenhaus. Die Gesamtanlage ist vierflügelig und besaß vermutlich Treppentürme in den Hofwinkeln. An den äußeren Ecken stehen sorgfältig aufgemauerte, jedoch recht schlanke Ecktürme. Die *Kirche* ist am Grundstein am nordöstlichen Chorstrebepfeiler mit der Jahreszahl 1428 versehen. 1470 wurde der Kirchenbau vollendet. Erhalten haben sich davon der Chor und – stark erneuert – die Turmfront. Das Langhaus dazwischen wurde 1834–45 nach Plänen des in Uslar geborenen

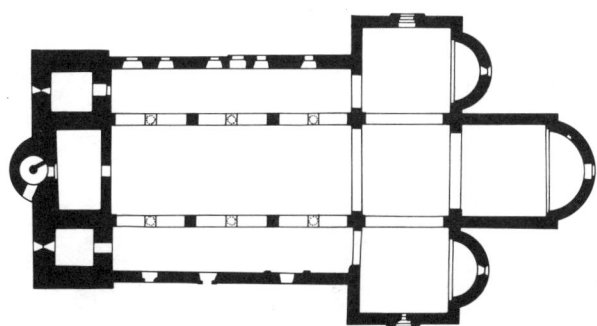

Kloster Fredelsloh,
Grundriß der Stiftskirche

Baudirektors Laves neu aufgemauert. Es unterscheidet sich durch die flachen Außenwände und Eisenguß-Maßwerkfenster von den mittelalterlichen Bauteilen. Der Chor besteht aus einem quadergemauerten Chorhaupt und bruchsteingemauerten Längswänden, ein Teil der Strebepfeiler zeigt Figurennischen sowie Fialenbekrönungen. Die Ausstattung ist recht bedeutend. Außer den gotischen Figurenkonsolen im Chor ist das Sakramentshaus zu nennen, das von einer kauernden Stifterfigur (ein Geistlicher) getragen und von einer Marienbekrönung abgeschlossen wird. Es gehört in die Spätphase des ›Weichen Stils‹ um 1430. Der Hochaltar erzählt zu seiten einer Kalvarienberggruppe in sechzehn Reliefs die Lebens- und Leidensgeschichte Christi. Die Außenseiten des um 1500 entstandenen Werkes enthalten die Geschichten Johannes' d. T. und des heiligen Laurentius. Das Langhaus ist an der Südseite mit einer Verglasung des 19. Jhs. versehen.

Die Lange Straße führt auf das *Fachwerk-Rathaus* zu (Abb. 68). Eine vermutlich dem späten 17. Jh. angehörende Inschrift besagt: »Anno 1476 ist das alte Rathaus gebauwet« – von diesem Rathaus sind als nennenswerte Teile noch das Erdgeschoß in seiner vorderen Hälfte mit gekehlten Knaggen unter dem Obergeschoß und geblatteten Fußbändern an der rechten Traufe erhalten. Die übrigen Gebäudeteile gehören dem späten 17. Jh. an und wurden den unterschiedlichen Profilierungen nach zu urteilen, in zwei verschiedenen Bauphasen errichtet. Die Löwenstatue mit dem Stadtwappen entstand 1744. Das *Haus Lange Str. 12* erbaute 1576 ›Meister Herman der Timmermann‹. Die Fassade ist mit Fächerrosetten und Profilen versehen. Das ebenfalls bemerkenswerte Hinterhaus wurde bereits 1565 errichtet, hier ist in einer lateinischen Inschrift ein Meister ›harme Marten‹ genannt.

Östlich unterhalb der Burg Adelebsen steht die evangelische *Pfarrkirche St. Martini*, ein Saalbau mit klassizistischen Fenstern, Westturm und eingezogenem spätgotischem Chor. Sie ist der Lage nach vermutlich als Schloßkirche entstanden. Auf die Ostseite mit dem Erbbegräbnis der Herren von Adelebsen führt ein klassizistisches Portal. Die in Privatbesitz befindliche **Burg Adelebsen** setzt sich aus drei Teilen zusammen, der Oberburg als Kern, der Vorburg im Osten (hier liegt der Zugang) und der Unterburg im Westen. Die Oberburg besteht aus einem hohen fünfeckigen Turm, an den sich die barocke Rentei anschließt. Ihr gegenüber steht ein ursprünglich einzelner, mit kleinstufigen Treppengiebeln versehener Bau, der 1598 durch einen Treppenturm und einen wieder zerstörten Renaissanceflügel erweitert wurde. Ende des vorigen Jahrhunderts entstand die Erweiterung zur Talseite. Der Saal innerhalb dieses Flügels wurde 1654 mit einem neuen Kamin ausgestattet. Auch der Hauptturm enthält einen beheizbaren Raum, der ihn als Wohnturm ausweist. Die Gebäude der Unterburg wurden ab 1740 errichtet.

Göttingen

Aus der Zeit der ersten urkundlichen Erwähnung Göttingens (953) haben sich keine baulichen Zeugen erhalten, zumal sich das damalige Dorf nicht im unmittelbaren Bereich der heutigen Altstadt, sondern östlich davon, etwa bei St. Albani befunden hatte. In der zweiten Hälfte des 12. Jhs. wurde die Stadt gegründet. Dabei lag ihr – durch neuere Forschungen unterstützt – vermutlich eine regelmäßige rasterförmige Parzellenplanung als Grundriß zugrunde. Die in Nord-Süd-Richtung auszumachenden Straßenzüge liefen leicht trapezförmig auseinander, die Querachsen hatten an der mittleren Hauptstraße einen leichten Knick – im Umriß entstand dadurch ein Fünfeck. Schon nach sehr kurzer Zeit wurde dieser Stadtkern nach Süden durch das Viertel um St. Nikolai und noch im 13. Jh. nach Südwesten um eine kleine Neustadt (bei St. Marien) erweitert. Die wirtschaftliche Bedeutung der Stadt scheint im gesamten Mittelalter erhalten geblieben zu sein, sofern man einen solchen Schluß aus der vorhandenen Bausubstanz ableiten kann. Allerdings verfügt Göttingen im Vergleich zu benachbarten Städten nicht über kunsthistorische hochbedeutende Kirchen oder andere Großbauten wie beispielsweise ein Schloß. Für das 16. Jh. ist ähnlich wie in anderen Städten ein Niedergang zu verzeichnen. Wirtschaftlichen Auseinandersetzungen folgten religiöse. Pestjahre und Strafzahlungen aufgrund der Mitwirkung beim 1547 verlorenen ›Schmalkaldischen Krieg‹ förderten diese Entwicklung. Göttingen war seit 1529 lutherisch und hatte sich dem ›Schmalkaldischen Bund‹ in der Hoffnung angeschlossen, sich besser behaupten zu können. Ein einschneidendes historisches Ereignis sollte die Gründung der welfischen Landesuniversität Georgia Augusta im Jahre 1734 werden, die letztlich zu Lasten schon bestehender Institutionen wie der Hochschule in Helmstedt ging. Trotz zeitweiliger Einschnitte im 19. Jh. wurde die Universität bestimmender Faktor der Stadt.

Göttingen gilt neben Marburg, Heidelberg und Tübingen als Inbegriff einer deutschen Universitätsstadt, was weniger an der Größe der Universität selbst liegt (die Universitäten in Berlin, München und Münster haben die dreifache Studentenzahl), sondern vor allem an ihrer Größe im Verhältnis zur übrigen Stadt. Den in Marburg gerne gebrauchten Satz »Göttingen hat eine Universität, Marburg ist eine«, können umgekehrt die Göttinger auch auf ihre Stadt anwenden, denn wie in allen diesen kleinen Universitätsstädten sind die Institute nicht auf ihre Stammbauten beschränkt, sondern verteilen sich über das gesamte Stadtbild und nehmen hier ein Haus oder eine ehemalige Wohnung, dort ein Palais oder eine Kirche in Anspruch. So ist die Universität besonders während der Semester zusätzlich durch die vielen Studenten allgegenwärtig.

GÖTTINGEN

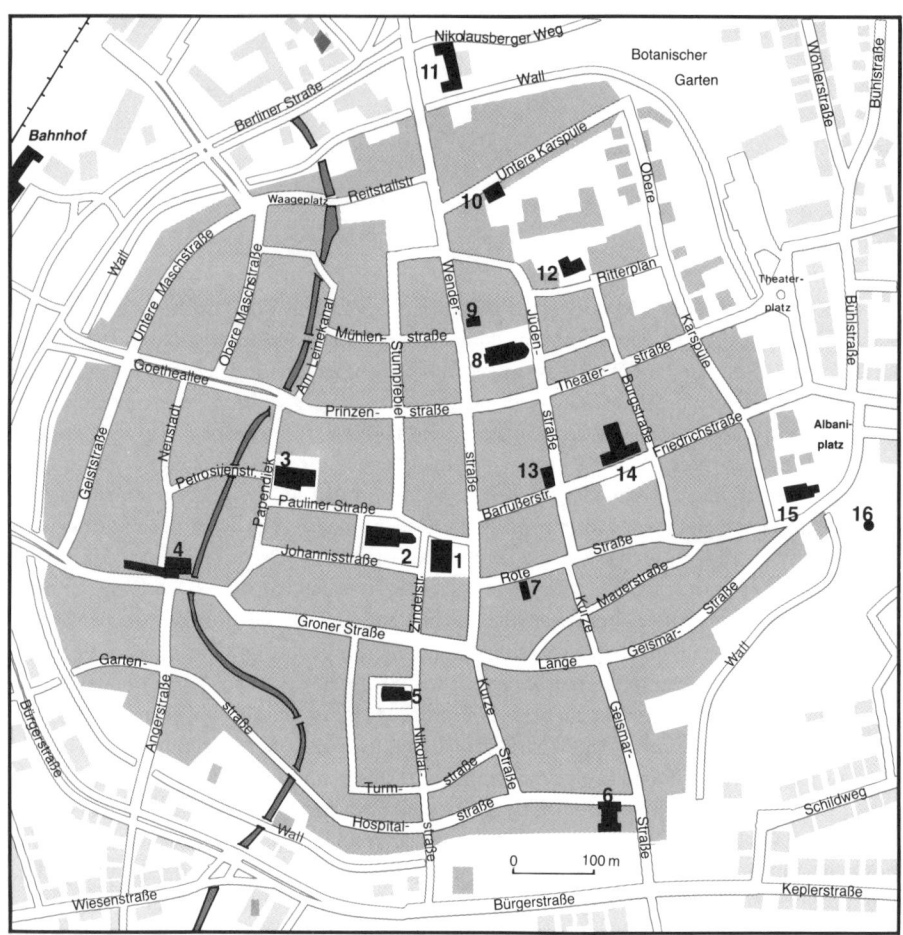

Göttingen 1 Rathaus 2 St. Johannis 3 Universitätsbibliothek (ehem. Paulinerkirche) 4 Ehem. Kommende des Deutschen Ordens 5 Universitätskirche St. Nikolai 6 Accouchierhaus 7 Haus Rote Straße 25 8 St. Jakobi 9 Haus Weender Straße 62 10 Evang.-reformierte Kirche 11 Auditoriengebäude der Universität 12 Städtisches Museum, Ritterplan 7 13 Junkernschänke, Barfüßer Straße 5 14 Aula der Universität, Wilhelmsplatz 1 15 St. Albani 16 Rohnsches Badehaus

Hauptachse der Stadt ist die *Weender Straße*, die sich vor dem Rathaus zu einem Marktplatz erweitert. St. Johannis, gewissermaßen die städtische Hauptkirche, wird durch den Rathausblock von dieser Straße getrennt. Weiter im Norden steht St. Jakobi direkt an der Weender Straße. Im südlichen Erweiterungsbereich trifft man auf St. Nikolai und in der südwestlichen Neustadt auf St. Marien. Östlich vor den Stadtmauern befindet sich schließlich St. Albani, die fünfte Bürgerkirche Göttingens.

Die Klöster der Dominikaner und der Franziskaner im Osten der Altstadt wurden bei der Reformation 1529 aufgelöst. Wenig später begann man darüberhinaus ihre Kirchen umzufunktionieren oder sie abzubrechen.

Das *Rathaus* weist mit einer schlichten Bruchsteinfassade zum Markt, die nur durch die Fenster, den überbauten Treppenaufgang und einen Zinnenkranz gegliedert ist (Abb. 69). Verglichen mit den Rathäusern in Braunschweig und Goslar mag man diese Architektur eher als bescheiden empfinden. Mehrere Bauphasen zeichnen sich deutlich am Gebäude ab. Kern der erhaltenen Anlage ist der linke, verhältnismäßig kleine Bau. Sein Dachwerk entstand um 1270. Die massive südliche Schildmauer dieses Flügels, die durch das Dachwerk nicht abgedeckt wurde, ist im 14. Jh. errichtet worden. Die vorgelagerte Eingangslaube aus der Zeit um 1400 fällt durch ihr steiles Rippenwerk unter einer massiven Flachdecke auf, wobei die

Göttingen, Stadtplan mit Ansichten von Universitätsgebäuden. Kupferstich um 1740

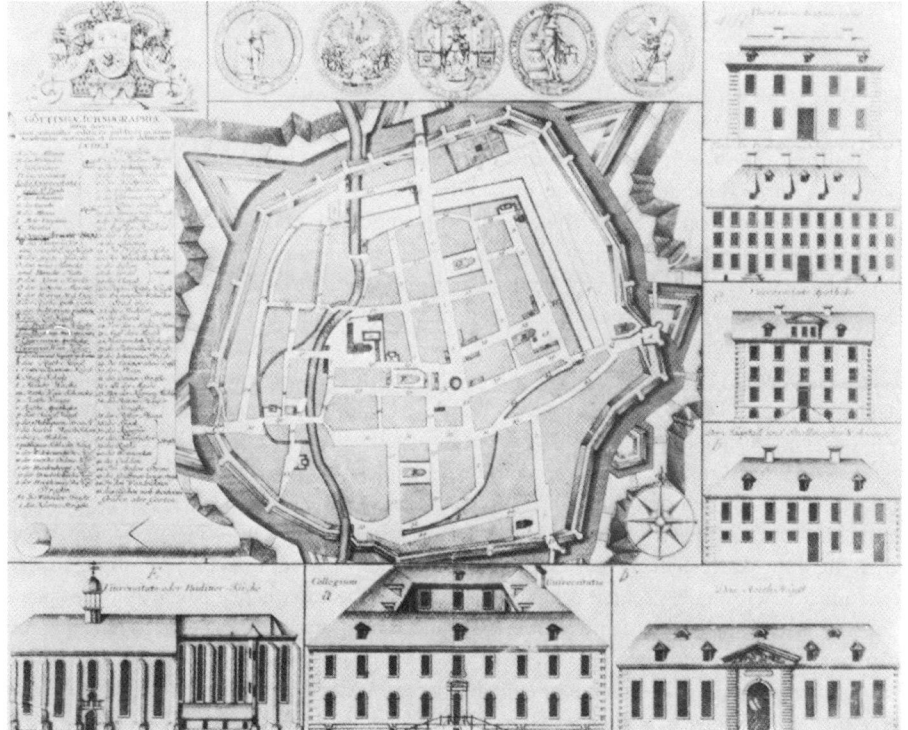

GÖTTINGEN

Göttingen, Studenten beim sonntäglichen ›Weender Bummel‹. Historische Postkarte der Jahrhundertwende

verbliebenen Zwickel maßwerkgefüllt sind. Leider beeinträchtigte man die hochwertigen Konsolen durch Restaurierungen bis in die jüngste Zeit.

Die große, nur von zwei schlanken Holzstützen geteilte Halle reicht quer durch beide Bauteile. Indem man nachträglich kleine Nebenräume einbaute, wurde sie von den beiden Schmalseitenfassaden abgetrennt. An der Längswand befindet sich eine wimperggerahmte Nische, die als Gerichtsplatz diente. In seitlichen Ösen konnte man die Gerichtsschranken verankern. Die bedeutende Ausmalung des Saales ist ein Werk des Hannoveraner Malers Herman Schaper (1855–1911). Er hatte die 1883 begonnene Gesamtrestaurierung des Rathauses zu leiten. Die Wandbilder stehen unter dem Einfluß romanischer Historienbilder, wie sie sich etwa auch auf der Wartburg bei Eisenach befinden. Die Malereien sind auf die Funktionen der Räume bezogen, so sieht man beispielsweise einen Richter neben der Tür zur Ratsstube. Neben dem Eingang zum Standesamt sind eine Witwe, eine junge Familie und ein Brautpaar (der Künstler und seine Frau persönlich) auf dem Weg zur standesamtlichen Meldung dargestellt. Ferner sind rechts des Gerichtsplatzes Handwerker und Künstler erkennbar sowie an der rechten Schmalseite ein Finanzbeamter neben einem auf Göttingen zuprostenden Korpsstudenten. Der historistischen Dekoration des Saales gehören auch die ornamentalen Deckenmalereien, Wappenfriese, Täfelungen und die Fußbodenfliesen (1886) an. Rückwärtig schließen sich hinter einer kräftigen Massivwand, nur über einige Stufen zu erreichen, drei größere Nebenräume an. Rechts befindet sich eine beheizbare Stube, die sogenannte ›Dorntze‹, in der Mitte die Ratsküche und links die Neue Dorntze. Die Dorntze wurde über eine Warmluftheizung vom Sockelgeschoß aus erwärmt; die dort in einem Ofengewölbe erzeugte warme Luft konnte durch sorgfältig gemauerte Kanäle in diesen Raum gelangen. Wie bei einem Backofen wurde jedoch nicht das brennende Feuer selber zur Beheizung genutzt, sondern die im Stein gespeicherte Wärme: Die Klappen zur Dorntze öffnete man erst, wenn das Feuer ausgebrannt war und kein Rauch mehr entstand. Vergleicht man Außen- und Innenbau, so zeigt sich, daß der linke, ältere Bauteil einer Erweiterung des rechten, zinnenbekrönten hätte Platz machen sollen, um dann einen beherrschenden Gesamteindruck mit Zinnenkranz und kleinen Ecktürmchen am Dach zu bewirken.

Der *Gänselieselbrunnen* im Jugendstil mit einer äußeren und einer inneren Brunnenschale, in der die Gänseliesel steht, wird von einem zierlichen Jugendstilgitter gerahmt. Der Brunnen ist das Werk von Paul Nisse (1901).

St. Johannis, unmittelbar hinter dem Rathaus gelegen, ist die Hauptkirche der Altstadt (Abb. 70). Teile der Kirche stammen noch aus spätromanischer Zeit, vermutlich dem beginnenden 13. Jh. Hierzu zählt das Nordportal des Langhauses, für das auf Zusammenhänge mit dem Zisterzienserkloster Riddagshausen bei Braunschweig zu verweisen ist. Doch auch der unterste Teil des Westbaus, bis zum Gesims auf der Höhe des Portals, ist seiner Mauerungstechnik nach dieser Bauperiode zuzuordnen. Chor und Langhaus dürften im übrigen aus der ersten Hälfte des 14. Jhs. stammen, wie zuletzt durch die dendrochronologischen Datierungen (Verfahren zur Bestimmung des Alters mit Hilfe der Jahresringe im Holz) des in einmaliger Vollständigkeit erhaltenen Dachwerkes nachgewiesen werden konnte (bis 1348, S. Schütte). Vermutlich baute man von Ost nach West, errichtete den Chor also um oder kurz nach 1300. Die Vollendung der Turmhelme dürfte sich um mehr als ein halbes Jahrhundert verzögert haben. Der Chor erhielt seine heutige Form erst 1895–97, als das etwa 100 Jahre zuvor entfernte Gewölbe nach Plänen von C. W. Hase wiederhergestellt wurde. Bei dieser Maßnahme hat man die Chorhöhe um etwa einen Meter angehoben. Der Unterbau der Doppelturmfront hat ein geschlossenes kräftiges Mauerwerk. Auf der Steinmasse ruhen die beiden vergleichsweise filigranen Achtecktürme, die durch ein kräftiges Gesims nochmals unterteilt werden und zwischen sich eine maßwerkgegliederte Glockenstube aufnehmen. Die Abschlüsse der beiden Turmhelme unterscheiden sich: Am nördlichen befin-

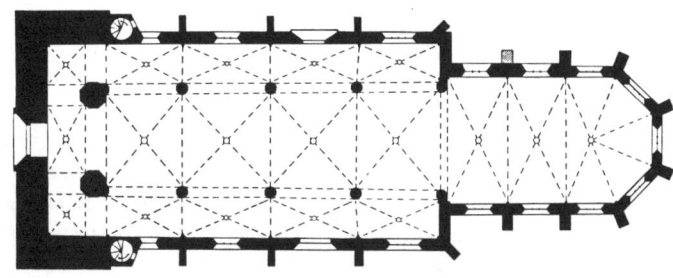

Göttingen, Grundriß der St.-Johannis-Hauptkirche

GÖTTINGEN

Vollständig erhaltenes Dachwerk der Göttinger Johanniskirche aus der ersten Hälfte des 14. Jhs.

det sich noch ein hölzernes Umgangsgeschoß. Das Westportal schneidet, links als ein nachträglicher Einbau zu erkennen, in das Mauerwerk ein. Innerhalb eines Wimpergs ruht das gedrückte Spitzbogenportal, dessen eingestellte Säulen Knospenkapitelle tragen. Zusammen mit diesem Portal entstand gegen 1300 der obere gewaltige Bereich des Westbaus. Das schon erwähnte Nordportal aus der Mitte des 13. Jhs. steht mit dem gekurvten Rundbogenrahmen an der Schwelle von der Romanik zur Gotik; ein Sockelprofil umzieht das Portal und erinnert an Kirchenbauten des 12. Jhs. Das Südportal ist das modernste der Portale. Das Gewände ist mit Blattwerk gefüllt; das überhöhte Tympanon enthält Blendmaßwerk. Einfache Strebepfeiler gliedern Langhaus und Chor. Das Innere verrät bereits Züge der Spätgotik. Richtungslose Achteckpfeiler teilen die drei Schiffe, von denen das mittlere überhöht geplant war, die Stufenhalle dann aber doch nicht ausgeführt wurde. Die Scheidbögen zwischen den Schiffen bilden eine optische Trennung, die Gurtbögen zwischen den Jochen und die Rippen sind dagegen einander angeglichen, so daß der Eindruck von einem fortlaufenden Mittelschiffgewölbe entsteht. Wie am Außenbau ist auch hier die Bauplastik nennenswert. Die Pfeiler zeigen verschieden gestaltete Blattwerkkämpfer.

Die *Paulinerkirche*, ehemals Klosterkirche des Dominikanerordens, wurde nach der Ordensniederlassung in Göttingen 1294 begonnen und 1331 geweiht. Erhalten ist die dreischiffige, fünfjochige Stufenhalle in profaner Nutzung. Beim Umbau verlor die Kirche die Maßwerkfüllung der Fenster, erhielt ein barockes Nordportal und später ein klassizistisches (fast ägyptisierendes) Westportal. Vor allem das Innere wurde entsprechend der neuen

Nutzung grundlegend verändert. Seit der Universitätsgründung 1737 dienten die Klostergebäude als Kollegienhaus der Universität. 1787 schuf der Architekturtheoretiker Georg Heinrich Borheck (Autor des Architekturbuches ›Entwurf einer Anweisung zur Landbaukunst‹, 1792) Erweiterungsbauten. Seit 1809 befindet sich in der ehemaligen Kirche die Universitätsbibliothek. – Im Vorgängerbau des klassizistischen *Palais Prinzenstr. 21*, gegenüber der Rückseite der Bibliothek weilte im Juli 1766 Benjamin Franklin.

St. Marien wurde zu Beginn des 14. Jhs. zunächst als einschiffige Kirche für die Neustadt westlich vor den Toren des alten Göttingen errichtet. Die Quaderkanten dieses ersten Baus sind noch an der Westseite zu erkennen. Schon nach kurzer Zeit gelangte der Deutsche Orden in den Besitz der Kirche und vergrößerte sie vermutlich Mitte des 14. Jhs. zur dreischiffigen Stufenhalle, wobei auch der Turm in das Bauwerk miteinbezogen wurde. Ebenso wie in der Johannis- und Nikolaikirche verwendete man auch hier Achteckpfeiler. Das Hauptportal auf der Nordseite der Kirche ist ein von Birnstäben gerahmtes Spitzbogenportal, in dessen Kehlen Blattwerk sitzt. Die waagerecht abgeschnittene Wimpergbekrönung des Portals reicht bis zu einem Maßwerkfenster. Der quadergemauerte polygonale Chorschluß entstand erst 1888–89 nach den Plänen von C. W. Hase. Westlich des Chores schließt sich der ehemalige Deutschordensherrenbau an.

Das Quartier westlich des an der Kirche vorbeifließenden Leinekanals gehört noch in den befestigten Bereich Göttingens. Die frühere Fecht- und Turnhalle in der Geiststraße ist ein späthistoristischer Fachwerkbau (um 1905) mit großer rundbogiger Portalnische. In der gleichen Straße befinden sich mehrere Instituts-, Klinik- und Privatbauten des 18. und frühen 19. Jhs., die das Bild des spätbarocken und klassizistischen Göttingen abrunden.

Südlich der Groner Straße steht die *Nikolaikirche*, ein Quaderbau aus dem zweiten Viertel des 14. Jhs. Zwei zumindest hochmittelalterliche Vorgänger konnten ergraben werden. Die ehemalige Pfarrkirche hat ein kurzes dreijochiges Hallenlanghaus mit achteckigen Pfeilern und einem Chor im Fünfachtel-Schluß. 1777 stürzte die Doppelturmfront ein und wurde vier Jahre später durch den einfachen niedrigen Westbau ersetzt. Die ursprüngliche Front stand wohl in direkter Beziehung zu derjenigen der Johannispfarrkirche. 1822 wurde St. Nikolai zur Universitätskirche bestimmt.

Das klassizistische *Palais Hospitalstraße 1* errichtete C. F. A. Rohns als Wohnhaus für den Archäologen O. Müller. In der Kurzen Straße, der südlichen Verlängerung der Weender Straße, entstand 1787–89 die *Michaeliskirche*. Die Turmfassade wurde erst 1892–93 erbaut.

Die Kurze Geismarstraße ist die Verlängerung der Jüdenstraße nach Süden. An ihrem Ende steht unmittelbar am Wall das *Accouchirhaus* (Wöchnerinnenhaus), das bis 1896 als Frauenklinik diente. Das bedeutende Gebäude im Übergang vom Barock zum Klassizismus wurde 1785–90 nach Plänen von G. H. Borheck errichtet. Zuletzt waren in dem Gebäude die Kunsthistorischen sowie Vor- und Frühgeschichtlichen Institute untergebracht. Eine Sanierung führte kürzlich zu erheblichen Eingriffen in die historische Bausubstanz. Wichtigstes architektonisches Motiv im Inneren sind die geschwungenen Treppen und die zentralen, von Balustraden eingefaßten Geschoßdurchbrüche. Parallel zur Langen Geismarstraße führt die Rote Straße von der Weender Straße weg zur Albanikirche. Hier stehen einige der bedeu-

GÖTTINGEN

tendsten Häuser Göttingens. Die traufenständigen *Fachwerkbauten Rote Straße 25* (Abb. 72) und *40* hielt man noch vor wenigen Jahren für Häuser der Zeit um 1500. Mit Hilfe der Dendrochronologie ließen sie sich jedoch auf das 13. und 14. Jh. datieren. Das *Haus Rote Straße Nr. 25* wurde im Jahre 1276 errichtet (S. Schütte) und ist damit das zur Zeit älteste bekannte Fachwerkhaus Norddeutschlands. Das *Haus Nr. 40* – es wurde um 1340 umgebaut – wird im Kernbau vermutlich ähnlich alt sein, genauere Forschungsergebnisse liegen aber noch nicht vor. Ein spätmittelalterlicher Fachwerkbau ist das *Haus Rote Str. 14*, während es sich bei dem Gebäude *Rote Str. 34* um einen Steinbau mit Anklängen an die Weserrenaissance handelt.

St. Albani liegt östlich außerhalb der eigentlichen Altstadt. Auch dieser Kirchenbau stellt eine dreischiffige Hallenkirche mit einem mittleren Westturm dar. Maßwerkfenster und drei umlaufende Gesimse sind der einzige Schmuck der Front. Das Langhaus mit kapitellosen Achteckpfeilern ist entsprechend den anderen spätgotischen Kirchen der Gegend einfach gestaltet. Die Arkaden zwischen Mittel- und Seitenschiff reichen nicht bis in den Gewölbescheitel hinauf, so daß der Eindruck einer Stufenhalle entsteht. Tatsächlich haben die Gewölbescheitel jedoch eine etwa einheitliche Höhe, was durch die niedrigen Arkaden nur überspielt wird. Das Langhaus weist einschließlich des Turmjochs eine Länge von fünf Jochen auf. Besonders kräftige Pfeiler im Westen tragen das Gewicht des Turms. Der zweijochige polygonale Chor in der Breite des Mittelschiffs enthält Teile eines bedeutenden Flügelaltars. Das 1499 (Inschrift) von Hans von Geismar – also einem einheimischen Künstler – geschaffene Werk besteht heute nur noch aus den umgebauten Flügeln. Sollte man einen Blick auf die Rückseite des Altars werfen können (dies geht nur ausnahmsweise bei ausgeschalteter Alarmanlage), so sieht man dort den Goldgrund, vor dem einst plastische Heiligenstatuen aufgestellt waren. Diese Fläche bildet heute auch die Rückseite für vier der ehemaligen Altarflügelbilder, die jetzt zum Mittelbild erhoben worden sind. Dargestellt sind im Mittelteil die Verkündigung an Maria, Maria und Elisabeth und die Anbetung der Könige und Vorführung Jesu im Tempel. Auf den Flügeln, zu denen die heutigen Mittelbildtafeln ehemals gehörten, sind dementsprechend weitere Mariendarstellungen zu finden. Die historistische Verglasung entstand aufgrund verschiedener Stiftungen im letzten Jahrzehnt des vorigen Jahrhunderts. Bis auf das Mittelfenster handelt es sich um teppichhafte Ornamentscheiben.

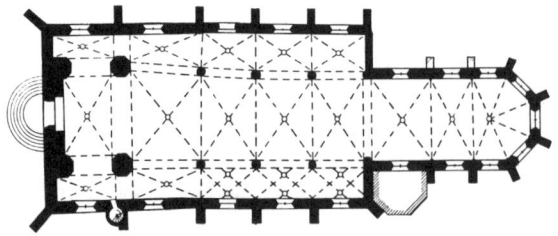

Göttingen, Grundriß der Albanikirche

Göttingen, Barfüßerstraße Richtung Wilhelmsplatz, links im Bild die Junkernschänke. Historische Postkarte um 1925

Hinter St. Albani befindet sich die Kopie des *Rohnschen Badehauses*. 1820 von Baumeister Christian Friedrich Andreas Rohn errichtet, diente es bis 1906 als Badehaus, anschließend als Wohnhaus. Mangelnde Pflege führte 1972 zum Abbruch, der damals aus bautechnischen Gründen für unvermeidbar gehalten wurde. Der Nachbau entstand unter Verwendung moderner Baumaterialien. Der originale Fries gelangte in das Museum. Eine das Badehaus umgebende Parkanlage ist über den Resten der früheren Verteidigungsanlagen errichtet. Erkennbar sind noch massive Mauern und ein kleiner Teil des zum Teich geschrumpften früheren Wassergrabens.

Die Barfüßerstraße weitet sich zwischen Jüdenstraße und Burgstraße zum repräsentativen *Wilhelmsplatz*, an dem einst das Barfüßer- und ein Franziskaner-Nonnenkloster standen. Die Platzmitte wird vom Denkmal Wilhelms IV., König von England, Irland und Hannover, eingenommen. Es stammt von dem bedeutenden Denkmalkünstler Ernst von Bandel, der auch das Hermannsdenkmal bei Detmold schuf.

Das zur Universität gehörige Gebäude gegenüber dem Denkmal ist die im Auftrage Wilhelms zur Säkularfeier der Georgia Augusta, nach Plänen von O. Prael 1835–37 errichtete *Alte Aula* (Abb. 71). Der Mittelbau in Form einer Tempelfassade hat eine Kolossalordnung in Ober- und Mezzaningeschoß und wird oberhalb des Gebälks durch einen flachen Dreiecksgiebel mit bildlichen Darstellungen der vier Fakultäten (Naturwissenschaften,

GÖTTINGEN

Theologie, Jura und Philosophie) abgeschlossen. – Die angrenzende *ehemalige Justizkanzlei* (Wilhelmsplatz 2) errichtete man nach den Plänen von H. J. Müller und C. F. A Rohns.

Die Jüdenstraße zweigt von der Roten Straße ab und verläuft mit der Burgstraße sowie der Weender Straße parallel. Bedeutendstes Haus ist die *Junkernschänke* (Barfüßerstraße 5, Ecke Jüdenstraße). Der Mitte des 15. Jhs. errichtete Fachwerkbau, dessen spätmittelalterliches Speichergeschoß noch in etwa den ursprünglichen Zustand zeigt, erhielt 1547–49 einen zweistöckigen Stubeneinbau mit reich gestalteter Fassade an der Gebäudeecke. Tief gekehlte Schiffskehlenprofile spannen sich zwischen den Balkenköpfen. Letztere sind jeweils mit einem Medaillon, die Ständer mit einer Flachschnitzerei versehen. Als Vorlage für die Planetengottheiten diente eine Stichserie Hans Burgkmairs, dessen Graphiken auch zwei Jahrzehnte zuvor beim Brusttuch(-Haus) in Goslar nachgeschaften wurden.

Die *Jakobikirche* weist mit ihrem 74 m hohen Westturm zur Weender Straße. Der 1427–33 von Hans Rutenstein aus Hildesheim errichtete Turm baut sich über dem westlichen Mitteljoch der dreischiffigen Hallenkirche auf. Über der Dachtraufe geht der quadratische Unterbau, von vier Schildgiebeln abgeschlossen, in das reich gegliederte Achteck über, das mit Spitzbogenfriesen und Maßwerköffnungen versehen ist und durch gestaffelte Fialen gerahmt wird. Der Bau wurde zwischen 1350 und dem Beginn des 15. Jhs. von Ost nach West errichtet. Die beiden westlichen Strebepfeiler nehmen zwischen sich eine gewölbte Vorhalle auf. Das spitzbogige kapitellose Portal enthält zwei fast immer verschlossene Türflügel. (Auch am heutigen Haupteingang im Norden hat das Schloß größere Bedeutung als Türklinke.) Das angefügte Hallenlanghaus wird ebenfalls durch kräftige Strebepfeiler stark untergliedert, wobei die einzelnen Strebepfeiler in Fialen und als Bestien gestalteten Wasserspeiern enden. Dem Westbau folgen fünf Langhausjoche, an die sich der eingezogene, polygonal geschlossene Chor anfügt. Die Kreuzrippengewölbe werden von schlanken Achteckpfeilern getragen. Das Mittelschiff dominiert die schmalen Seitenschiffe und bildet eine, in der Apsis mit dem Hochaltar endende ›via triumphans‹. Diese Formen hatten sich bis zum Baubeginn der Jakobikirche als ›Standard‹ Göttinger Kirchen entwickelt und wurden auch hier beibehalten. Nur Einzelheiten wie die höheren, schlankeren Pfeiler sowie Figurenkonsolen und das Maßwerk sind deutlicher spätgotisch als bei den Vorgängern.

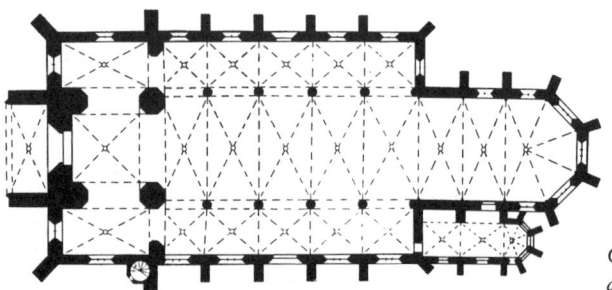

Göttingen, Grundriß der Jakobikirche

Der Westturm entstand 1427–33 (Baumeister Hans Rutenstein aus Hildesheim). Der mit der Jahreszahl 1402 bezeichnete Altar stellt im Schrein Marienkrönung, Apostel und Heilige als Relief dar, während die Flügelmalereien an der Sonntagsseite (d. h. im geöffneten Zustand) das Leben Christi und auf der Werktagsseite Szenen aus dem Leben des heiligen Jakobus präsentieren.

Die Weender Straße, an der noch auf das *Haus Nr. 62* (1549) mit Schnitzwerk ähnlich dem der Junkernschänke hingewiesen werden soll, führt zum Nordrand der Altstadt. Die *evangelisch-reformierte Kirche* befindet sich etwas abseits vom städtischen Getriebe in der Unteren Karspüle. Nach Entwurf des Universitätsbaumeisters Johann Michael Müller wurde sie auf Betreiben des aus der Schweiz stammenden Wissenschaftlers Albrecht von Haller errichtet, Jahre nachdem die aus Frankreich vertriebenen Hugenotten in der nahen Landgrafschaft Hessen eine (auch für das Land sehr gedeihliche) Aufnahme gefunden hatten. Der einfache Quersaal wird von einer hölzernen Kuppel überdeckt; das Gestühl ist wie in einem Amphitheater zur Mitte hin herabgestaffelt. Die Breitseiten nehmen der Eingang mit der Orgel und der Kanzelaltar aus der Endphase des Barocks ein. Der Bau unterscheidet sich von universitären Versammlungsräumen und spätbarocken Reithallen äußerlich nur durch seinen Dachreiter und das etwas aufwendigere Portal mit Rokoko-Oberlicht. Als Nachfolgebau gilt die frühklassizistische lutherische Pfarrkirche in Landolfshausen des Landbaumeisters Georg Heinrich Borheck (1795–98).

Ein gemauerter Durchgang führt durch den Wall zum *Botanischen Garten*. Die Gewächshäuser (Untere Karspüle 1) sind verglaste Bauten mit innerer Eisengußkonstruktion (1855–60), die unter dem Eindruck der Weltausstellungsbauten (Glaspalast in London) erbaut wurden, ohne sich in den Formen darauf zu beziehen. Teilweise erhielten die Außenwände Quadermauern. Die Errichtung überdimensionierter Kaufhausbauten in nördlicher Richtung am Ausgang der Weender Straße, war für das Stadtbild sicher keine glückliche Entscheidung. Der Abbruch des barocken Marstallgebäudes 1974/75, an das nur noch der Straßenname erinnert, gehört zu den unverständlichen Maßnahmen dieser Art im südlichen Niedersachsen. Die Reitstallstraße mündet auf den Waagplatz. Das *Amtsgericht* dort vereinigt in sich zwei Bauphasen bedeutender klassizistischer Prägung: Die östliche Seite im Rundbogenstil entstand 1854–56 nach Plänen von O. Prael, den westlichen Gebäudeteil entwarf 1836 C. F. A. Rohns.

Der Abbau der Stadtbefestigung nach dem Ende des Siebenjährigen Krieges (1756–63) eröffnete die Möglichkeit, sich in das Vorgelände auszudehnen. Auch wenn davon zunächst nur langsam Gebrauch gemacht wurde – zuerst entstanden Wege und Bürgergärten auf dem Gelände des ehemaligen Festungsgürtels –, nutzte die Stadt doch im 19. Jh. das Gelände zum Bau öffentlicher Gebäude. Am Weender Tor selbst haben die 50er und 60er Jahre unseres Jahrhunderts ihre Spuren hinterlassen, mit einem frontverglasten, verklinkerten Bau (Weender Landstraße 1, um 1960) und mit dem gegenüberliegenden Versicherungs- und Wohnhochhaus in gesichtsloser Containerarchitektur. Davon hebt sich das *Auditoriengebäude (Auditorium Maximum)* der Universität (Weender Landstraße 2, 1862–765 von F. Doeltz) wohltuend ab (Abb. 73). Es ist eine flache Dreiflügelanlage im späten Rundbogenstil, durch tiefe Nischen und schlanke Türmchen am Mittelrisalit gotisch umgedeutet. Für die plastischen Arbeiten wurden die Bildhauer C. Dopmeyer, Küsthardt und Engelhardt herangezogen. – Zu den Villen jenseits der alten Stadtbefestigung gehört *Weender Landstr. 14* (1852). Dieser neugotische Bau zeigt sich durch englische Architektur beeinflußt. Im Nordwesten entstand an der Berliner Straße 1854 der *Bahnhof* an der Eisenbahnstrecke Kassel–Hannover, trotz der Erweiterungen noch das Beispiel eines Bahnhofsgebäudes der frühen ›Generation‹ unter Einfluß des Klassizismus; die Pläne stammen vermutlich von den Architekten Funk, J. Rasch und Koehler.

Im Süden Göttingens wurde an der Geismarer Landstraße 1834–35 die *ehemalige Kaserne* nach Plänen Rohns errichtet. Der Risalit des Putzbaus gehört mit den Halbkreisfenstern in einer Wandnische nicht mehr zu den Bauten des ›orthodoxen‹ Klassizismus.

Schon 1803 war die *Sternwarte* Geismarer Landstraße 11 als Quaderbau durch Heinrich Borheck begonnen worden; Sie wurde aber erst nach den Befreiungskriegen 1816 unter Leitung von J. H. Müller vollendet. Der sorgfältig gegliederte klassizistische Bau über einer Terrasse hat drei flache Risalite und an den Wandflächen zwei schmale Nischen (Meridianspalten). Der Mittelbau ist überkuppelt. In den Straßen des Südviertels, vor allem in der Bürgerstraße, fanden seit der Mitte des 19. Jhs. Villen und Mietshäuser des gehobenen Bürgertums Platz. Zunächst baute man im klassizistischen Stil, bald wandte man sich aber auch historischen Formen zu. Nach Osten dehnte sich die Stadt ebenso rasch aus. An der im frühen 19. Jh. ausgebauten Herzberger Landstraße errichtete Baumeister Rohns 1828–30 eine (später sehr beliebte) Ausflugsgaststätte mit einem klassizistischen Hauptgebäude. Als Gästehaus der Universität ist es noch erhalten (Herzberger Landstraße 115, am Ausgang der Stadt).

Das *Landeskrankenhaus* im Südwesten (Rosdorfer Weg 70, errichtet 1862–64 nach Plänen von Julius Rasch und Funk) hat einen schloßartig angelegten Gründungsbau, der in einen Park eingebunden ist. Es ist gewiß nicht leicht, der medizinischen Betreuung Geisteskranker im 19. Jh. aus heutiger Sicht gerecht zu werden, doch der Wunsch nach menschenwürdiger Unterbringung ist aus solchen Bauvorhaben durchaus zu erkennen.

Den Kanzelaltar in der evangelischen *Petrikirche* in **Göttingen-Grone** (1750 begonnen) schuf 1753–54 Friedrich Blasius Ziesenis. Er ist durch abgestufte Pilaster gegliedert. Kanzel, Mittelteil und seitliche Durchgänge werden von Rokoko-Ornamenten bekrönt. Das Bild unter der Kanzel stellt das Abendmahl dar. Die *Kirche* von **Göttingen-Geismar** wurde 1737–43 auf dem Grundriß eines griechischen Kreuzes errichtet. Der Kanzelaltar gehört der Mitte des 18. Jhs. an, die Orgel ist 1777 datiert.

Die Mitte des 12. Jhs. entstandene *Kirche* in **Göttingen-Nikolausberg** gehört zu einem ehemaligen Augustinerinnenkloster. Die Bauplastik des erhaltenen Querhauses und des Choransatzes verweist auf die Stiftskirche in Königslutter. Der gotische Chor wurde Mitte des 14. Jhs. aufgemauert, das Langhaus Mitte des 15. Jhs. zur Halle verändert und schließlich auch der Westturm erbaut. Zur Ausstattung zählen ein stark überarbeiteter Schnitzaltar des späten 15. und ein gemalter Altar des frühen 15. Jhs., der dem Meister des Jakobi-Altars in Göttingen zugeschrieben wird. Um 1180 schon hatten die Augustiner das Kloster nach

Weende verlegt. Die dortige Kirche St. Petri ist ein barock erneuerter Saalbau (1758–60) mit mittelalterlichem Westturm und hat nichts mit dem Kloster zu tun. Im Turm entstand 1773 das Erbbegräbnis der Familie des Oberamtmanns J. L. Schlemm. Das Amtshaus, das das Kloster ablöste, wurde 1752–56 errichtet, die Wirtschaftsgebäude und vor allem die mittelalterlichen Klostergebäude gingen weitgehend verloren.

Die Fachwerkbauten der Dörfer um Göttingen sind zumeist zweistöckig und entsprechen in Konstruktion und Raumaufteilung den ländlichen Bauten Nordhessens. Das schlichte Baugefüge hat einfache Streben zur Sicherung der Ecken und gelegentlich auch der Bundständer, an die innen eine Wand eingebunden ist. In der Zweistöckigkeit unterscheiden sich die Häuser deutlich von den niederdeutschen Bauernhäusern.

Die Grafen von Reinhausen, auch Inhaber der beiden benachbarten Burgen Gleichen, gründeten um 1080 an der Stelle ihrer Stammburg oberhalb des heutigen Dorfes **Reinhausen** ein *Chorherrenstift*, das gegen 1112 in ein Benediktinerkloster umgewandelt wurde. Einige Zeit nach der Reformation im Jahre 1542 erlosch das 1446 der Bursfelder Kongregation angeschlossene Kloster. Die Klosteranlage liegt auf einem steil aufragenden Felsen oberhalb des Dorfes. Die malerische enge Straße führt hier an einigen Sühnekreuzen vorbei, die in der Spätgotik in den Felsen geschlagen wurden. Der Grundriß der romanischen *ehemaligen Klosterkirche St. Christophorus* dürfte auf einen Bau der Wende zum 12. Jh. zurückgehen, der nach der Umwandlung in ein Benediktinerkloster erweitert, im 17. bis 19. Jh. aber wieder vereinfacht wurde (Abb. 74). Die Baugeschichte ist bisher nicht befriedigend geklärt worden. Der Westbau aus der Mitte des 12. Jhs. ist vergleichsweise niedrig, aber breitgelagert und mit zwei Türmen versehen. Das Bruchquadermauerwerk besteht aus dem hier anstehenden überaus weichen Sandstein, der heutigen Witterungsbedingungen kaum mehr gewachsen ist. Ein darüber abgeschrägtes Gesims trennt das Untergeschoß von den beiden Türmen und einem mit Quadern erneuerten Mittelteil. Die Südwand läßt über dem romanischen Portal eine nachträglich eingebaute Kapelle (um 1300) sowie östlich den Ansatz des abgebrochenen Querhauses erkennen.

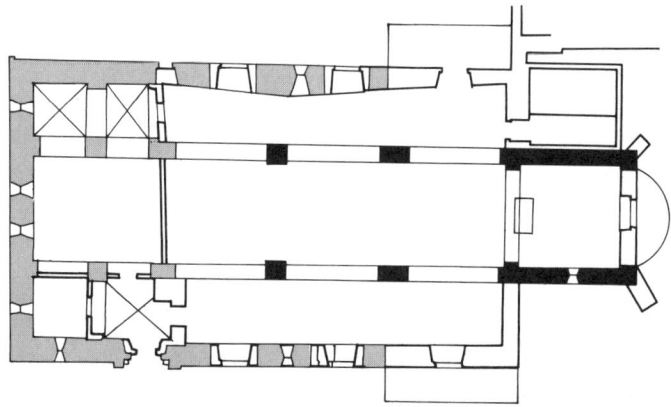

Reinhausen, Grundriß der Klosterkirche

Das Hallenlanghaus hat klassizistische Fenster an der rechten Seitenwand. Innen befinden sich – an den Bereich der Portalvorhalle anschließend – drei weitgespannten Arkaden auf längsrechteckigen Pfeilern. Der Hallenumbau dürfte im 14. Jh. erfolgt sein. Bei der Errichtung der Langhausarkaden wurden die romanischen Kämpfer wiederverwendet. Die rechte Seitenwand ist mit Malereien der Zeit um 1400 versehen, ebenso die Wand zwischen dem Eingangsjoch und dem Seitenschiff. Dort handelt es sich um die Geißelung Christi. Das Bild an der Turmwand stellt Christus vor Herodes dar. Der einjochige, etwa quadratische Chor enthält einen einfachen spätgotischen Hochaltar mit der Kreuzigung Christi in der Mitte. Die Seitenflügel sind gemalt. Sie stellen Verkündigung, Heimsuchung, Anbetung des Kindes und Geburt Christi dar. Die Predella wurde wohl im 17. Jh. ergänzt. An den Außenseiten zeigt der Altar die zwölf Apostel sowie die Datierung von 1498. Im Chorraum sind ein romanisches Portaltympanon und zwei gotische Reliefsteine eingemauert, darunter eine Christophorusfigur. Ein zweiter Altarschrein ist der 1507 entstandene Jodokusschrein mit drei plastischen Heiligenfiguren.

Im Jahre 929 wurde **Duderstadt** urkundlich erwähnt, als König Heinrich I. seiner Frau Mathilde neben anderen Orten auch ›Tuterstedi‹ zur finanziellen Sicherung der Zeit ihrer Witwenschaft übereignete. Eine kleine Siedlung bestand um die Kirche St. Servatius (Unterkirche), kaum umfangreicher als die heute den westlichen Abschluß der Marktstraße und den Pferdemarkt umgebende Gebäudegruppe.

Zwischen 1152 und 1169 konnte Heinrich der Löwe den welfischen Einflußbereich bis vor die Tore Duderstadts ausdehnen. Nach 1180 stieg jedoch wieder der Einfluß des Stiftes Quedlinburg, das 1239 Heinrich Raspe, Landgraf von Thüringen mit Duderstadt belehnte. 1334 wurde Duderstadt an den Bischof von Mainz verpfändet, der in der Folgezeit das gesamte Eichsfeld gewinnen konnte und bis zur Säkularisierung Landesherr blieb.

War im 12. Jh. eine kleine Marktsiedlung um die Cyriacuskirche gegründet worden, so erweiterte man in der Mitte des 13. Jhs. die Straßenanlage. Ein erster städtischer Bereich dürfte sich von der Unterkirche bis zum Rathaus erstreckt haben (die Steinstraße kennzeichnet die Ausdehnung recht deutlich), während die Erweiterung auch die Oberkirche einbezogen haben mag. Die Marktstraße als Hauptachse verbindet die beiden Kirchen als Zentren der Vorgängersiedlungen. Spätere Erweiterungen betrafen nur die Vorstädte, die Siedlung vor dem Steintor im Süden und vor dem Westertor im Nordwesten.

Das an einem Grenzübergang zur DDR gelegene Städtchen ist vor allem wegen des überaus geschlossenen Ortsbildes mit malerischen Fachwerkhäusern und zwei bedeutenden Einzelbauwerken an der Marktstraße bekannt.

Das *Rathaus* wird durch die Fachwerkaufbauten der Jahre 1531–33 bestimmt (Farbabb. 36, Abb. 76). Damals entstand einheitlich die Aufstockung mit Erkern und Mittelturm sowie zwei nach Norden ausgerichteten Giebeln und drei massiven Arkaden. Die Laube errichtete Baumeister Valentin Colst (Nordhausen), die Zimmererarbeiten schuf Hans Weske, der die durchaus noch gotischen Einzelformen mit modernster Zimmereitechnik zu verbinden wußte. Der etwas zurückliegende quergerichtete Längsbau ist der Kern des als

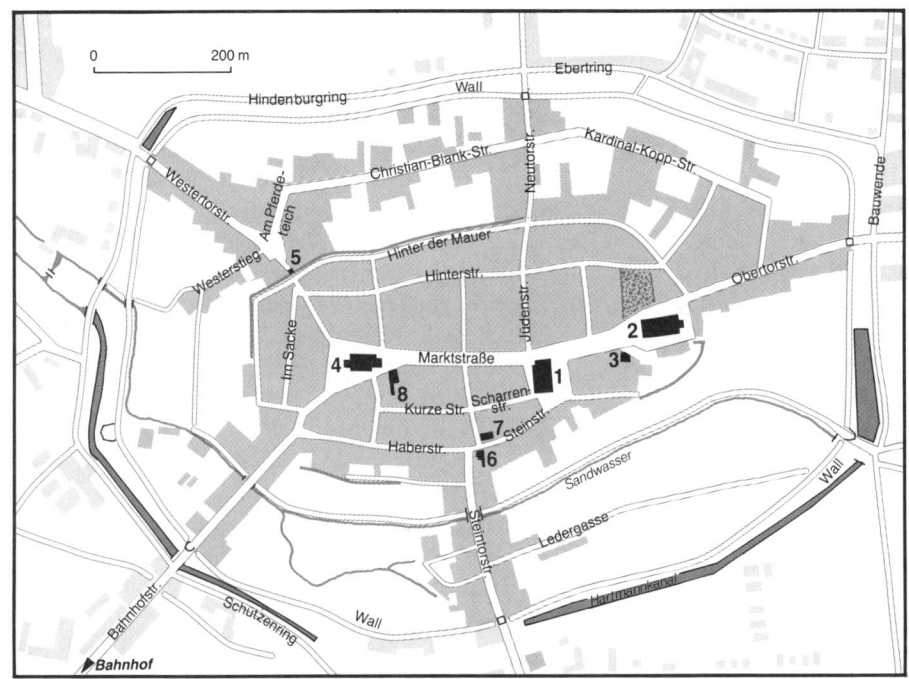

Duderstadt 1 Rathaus 2 St. Cyriacus 3 Haus Marktstr. 84 4 St. Servatius 5 Inneres Westertor 6 Haus Steinstr. 2 7 Apothekenstr. 11 8 Haus Marktstr. 20

Kaufhaus und Saalbau errichteten Gebäudes aus dem ersten Jahrzehnt des 14. Jhs. Bereits 1432–36 war im Südosten, also marktabgewandt, der Ratskeller mit Ratsstube angefügt worden.

Die östliche Schmalseite der Marktstraße wird von der zweitürmigen *Cyriacuskirche* eingenommen, deren riegelartiger Westbau zum Vorgängerbau des 13. Jhs. gehörte. Charakteristisch sind die umlaufenden Gesimse, die über dem Mittelportal bzw. den drei Fenstern zu spitzen, wimpergartigen Rahmen ansteigen. Das Portal mit einer Madonnenstatue vor dem Tympanon sowie einem Mittelpfeiler ist von der Marburger Elisabethkirche abhängig (dort vor 1283). Der riegelartige Bau mit zwei achteckigen Turmhelmen – der südliche entstand allerdings erst nach einem größeren Brand 1852 unter Bauleitung von C. W. Hase – ist eine hochgotische Umsetzung des in Braunschweig, Goslar und Göttingen vorgebildeten Typs. 1394 begann man von Ost nach West mit der Errichtung eines neuen Chores und Langhauses. Der Chor mit einfachen Kreuzrippengewölben und polygonalem Schluß von

DUDERSTADT

Haupt- und Nebenschiffen stellt eine erste Bauphase dar, für die Baumeister Wilhelm Knolke verantwortlich war. Demgegenüber trägt das netzgewölbte Hallenlanghaus deutlich spätgotische Züge. Eine Inschrift des Meisters Heinrich Helmolt aus Göttingen im Nordseitenschiff trägt die Jahreszahl 1490. Achteckige Pfeiler mit Diensten in den Hauptachsen bzw. Dienstbündeln zum Mittelschiff hin stützen das Gewölbe, mit dessen Einbau um 1500 der Kirchenbau fertiggestellt wurde. Der Hochaltar mit Darstellungen von Leben und Passion Christi (Anfang 16. Jh.), Überreste eines spätgotischen Altars im nördlichen Nebenchor sowie die steinerne Kanzel im Langhaus bilden Bestandteile der älteren Kirchenausstattung, 1685 durch eine Barockausstattung mit 15 Pfeilerfiguren im Langhaus ergänzt. Die Barockorgel über der doppelten Empore schuf 1733–37 Johann Kreutzberg (Wendehausen/Thüringen). – Das westliche Ende der Marktstraße nimmt die *Servatiuskirche* ein, im Gegensatz zur Cyriacuskirche (Oberkirche) als Unterkirche bezeichnet. Obwohl sie im Bereich der vermuteten ersten Besiedlung Duderstadts steht, gehört sie dennoch bis auf den älteren Chor erst in die zweite Hälfte des 15. Jhs. Ein Brand von 1915 machte die Neuausstattung der Kirche notwendig (1917–18). – Die Stadtmauer umschließt Duderstadt noch im weiten Bereich, nach Nordwesten hin bildet das innere Westertor den Stadteingang. Ihm ist der sogenannte Torturm von etwa 1424 aufgesetzt, dessen steiler gedrehter Helm zu den Wahrzeichen der Stadt zählt (Abb. 75). War schon für Göttingen festgestellt worden, daß hier die ältesten Häuser weit über das 16. Jh. hinaus zurückreichen, so gilt dies auch für Duderstadt. Mittelalterliches Fachwerk blieb in der *Steintorstr. 2*, der *Apothekenstr. 10*, der *Steinstr. 6/8* und *10, Auf der Spiegelbrücke* sowie in der *Hinterstr. 75* erhalten (Farbabb. 31). Die Traufenhäuser haben alle sehr hohe Dielen und darüber einen Speicherstock. Sein Fachwerk zeigt einen aufgeblatteten Brustriegel. Das Fachwerk der Renaissance unterscheidet sich durch Fächerrosetten und Brüstungsfriese aus kleinen Rundbogen, wie man es an den bedeutenden Häusern und Häusergruppen in der *Steintorstraße, Apothekenstr. 11* und *16* und dem *Speicherbau* Kurze Str. 28 (1608) bis hin zu dem *Haus Marktstr. 84* von 1620 (Abb. 78) feststellen kann, das jüngst nach Befunden farbig (rot) gefaßt wurde. Einige besonders repräsentative Bauten gehören der Wende zum 18. Jh. an, darunter das *Haus Marktstr. 20* aus dem Jahr 1698 (Abb. 72), dessen Brüstungsfachwerk durch Andreaskreuze und Rauten gegliedert ist. Im 18. Jh. wird das oft aus Nadelholz konstruierte Fachwerk flacher und schlichter. Vor allem in der *Hinterstraße* baute man in dieser Zeit manches Haus neu auf (*Hinterstr. 77*, 1734) und verputzte vereinzelte sogar von vornherein (*Hinterstr. 53*).

Die *Burg* in **Jühnde** südwestlich von Göttingen ging 1482 an die Herren von Adelebsen über, die den Ausbau betrieben. Teile dieser Burg wurden 1806–07 in den Umbau für den Freiherren von Grote einbezogen, vor allem der Turm. Daneben entstand ein ausgedehnter Landschaftspark, in den man einen mittelalterlichen Wartturm integrierte. Im *Europäischen Brotmuseum* in **Mollenfelde** wurde eine im Kreis Hildesheim abgebaute *Bockwindmühle* wieder aufgebaut. Sie hängt mit der heute im Westfälischen Freilichtmuseum Detmold aufgestellten Windmühle des Mühlenbauers Christian Baars (1812) eng zusammen.

Landkreis Schaumburg

Der aus Richtung Hannover in das Schaumburger Land Reisende kommt über Bad Nenndorf in die ehemalige Grafschaft Schaumburg bzw. das Fürstentum Schaumburg-Lippe, die heute zu großen Teilen den Landkreis Schaumburg bildet.
Bad Nenndorf hat erst im 19. Jh. Bedeutung als Kurort erlangt, da man 1842 die Quelle aus Rodenberg hierher abgeleitet hatte. Die Schwefelquelle war spätestens seit 1546 bekannt und kann auch heute noch aus allen Kanälen eingeatmet werden. Der Kurbereich wird durch den gekrümmten neubarocken *Sanatoriumsbau* (Esplanade), der zum Park hin mit einem Jugendstilgeländer versehen ist, abgeschlossen. Gegenüber führt eine Freitreppe neben einem kleinen kreuzförmigen Gartentempelchen in den Park. Oberhalb der früheren Durchfahrtsstraße (Promenade) befindet sich die klassizistische ›*Loggia*‹ mit dorischem Portikus, 1806 als Wohnung des hessischen Kurfürsten errichtet; ein spätbarocker *Kurbau* mit Mansarddach entstand schon 1791 für Landgraf Wilhelm IX. von Hessen. Die übrigen z. T interessanten Bauten gehören dem späteren 19. Jh. sowie dem Expressionismus und den 50er Jahren (z. B. *Eingang zum Kurtheater-Kino*) an. – **Rodenberg** hatte bis zum Aufstieg Bad Nenndorfs eine von dem Ort selbst genutzte Heilquelle. Davon zeugt noch der achteckige Pavillon an der Straße nach Bad Nenndorf. Er überdeckt die sandsteingefaßte (ältere) Brunnenöffnung. Zwei Zugänge zum Brunnenbecken wurden schließlich geschlossen, als das Wasser ab 1842 durch einen Kanal nach Bad Nenndorf umgeleitet wurde. Von der *Burg Rodenberg* der Grafen zu Schaumburg ist nach Bränden und Zerstörungen nur noch der Unterbau der südlichen Hälfte des Ostflügels erhalten. Dieser Bauteil, heute als *Heimatmuseum* eingerichtet, erhielt im 16. Jh. einen polygonalen Treppenturm im Stil der ›Weserrenaissance‹. Von einem südlich angrenzenden Torbau mit hohem Turm und Saal stammen die Kaminwangen an der Außenwand des Ostflügels. Noch im 18. Jh. war der nahezu rechtwinklige Hof fast vollständig geschlossen. Der erhaltene Bau ist mittelalterlichen Ursprungs, Mauerstärke und vor allem Baumaterial sprechen für eine Entstehung im 13./14. Jh. – In der *Kirche* von **Grove** (Rodenberg), die in Teilen noch auf das 16. Jh. zurückgeht, steht ein bedeutender Flügelaltar. Seine auf Holz gemalte Mitteltafel zeigt die Kreuzigung Christi zwischen den Schächern (Kalvarienberg) vor einer bewegten Hügellandschaft. Zu seiten des Kreuzes Christi gruppieren sich links die drei trauernden Marien, rechts Soldaten. Die Dornenkrönung (links) und das Abendmahl, an der Außenseite mit der Darstellung des Christus auf der Mandorla und drei Heiligen, bilden die Flügel des im zweiten Viertel des 15. Jhs. entstandenen Altars.

Der *Hof von Münchhausen* liegt westlich des Ortes **Apelern** als fast rechtwinklige geschlossene Anlage. Der vollständig von einem Wassergraben umgebene Hof erweckt von

LANDKREIS SCHAUMBURG

Historische Ansicht der Schaumburg, um 1830

außen den Eindruck eines niedrigen Vierflügelschlosses der Renaissance und ist dadurch der repräsentativste Adelshof des 16. Jhs. weit und breit. Ein dreigeschossiger Torbau mit Dachreiter aus dem Jahr 1595 versperrt den Zugang. Die Gebäude haben zur Außenseite Bruchsteinwände, zum Hof hin teilweise jedoch Fachwerk. Im Kern gehören auch sie weitgehend dem späten 16. Jh. an, so im westlichen der Stall und die Scheune und die Scheune im nordöstlichen Hofwinkel. Der Wohnbau von 1561 im Nordwesten des Hofes ist durch einen gleich großen Fachwerkbau von 1788 nach Osten hin erweitert. Den Winkel zum völlig erneuerten historistischen Westflügel nimmt ein Treppenturm mit schrägen, dem Treppenlauf folgenden Fenstern und abgetreppten Gesimsen ein. Der polygonale Vorbau entstand 1888 und lehnt sich an Bauformen aus der ersten Hälfte des 16. Jhs. an. Bei seiner Errichtung wurde auch die Durchfahrt zum Garten erneuert oder gar erst geschaffen, an der Gartenseite verwendete man einen Ausschnitt einer ländlichen Fachwerkfassade mit einem Dielentor des Jahres 1572. – Im Hof befindet sich eine bemerkenswerte Sonnenuhr mit prismatischem Aufsatz von 1755. Die runden Torpfeiler vor dem Torgebäude gehören dem Zopfstil an, sie tragen Vasenaufsätze.

Der kräftige hohe Westturm der *Pfarrkirche* in Apelern wurde in der Mitte des 13. Jhs. an eine in ihrem genauen Aussehen unbekannte romanische Kirche angeschlossen. In zwei

Arkaden öffnet sich der Turm zum Kirchenschiff. Beim Neubau des Langhauses um 1300 wurde dies zur Errichtung eines zweischiffigen Hallenbaus genutzt, der für sich schon ungewöhnlich ist. Die Säulen des mit dünnen Gurt- und Scheidbögen versehenen Gratgewölbes sind wiederverwendete Teile des romanischen Baus, was den eigenwilligen Eindruck der Kirche noch unterstreicht. Weitere Gewölbeauflagen fehlen. Östlich schließt sich der gerade geschlossene Chor aus zwei Jochen an. Veränderungen erfolgten im späten 16. Jh., als das Langhaus dreibahnige Fenster erhielt. Zur Ausstattung der Renaissance gehören die Taufe von 1579 und die um 1600 entstandene Kanzel. Das Erbbegräbnis der Familie von Münchhausen wurde als Gruftbau gegen 1606 westlich vor den Turm gesetzt. Ein Unterbau aus Blendarkaden wird durch einen Wappenfries abgeschlossen und durch zwei manieristische Giebel bekrönt, die mit Lisenen und Gesimsen recht unklassisch gegliedert sind. – Ein zweites Erbbegräbnis, das der Familie von Hammerstein, ist an die Nordseite des Chores angesetzt.

Nicht auf dem direkten Weg nach Stadthagen, sondern etwas weiter südlich liegen nahe der Autobahn die Orte Lauenau und Hülsede, die beide einen Besuch lohnen.

Die dreischiffige evangelische *Pfarrkirche* am Rande der Altstadt **Lauenaus** ist ein für diese Gegend untypischer Backsteinbau. Wenn man auch von Hannover gar nicht so weit entfernt ist, wird dieser Raum doch sonst von Bruchsteinkirchen oder Quaderbauten bestimmt. Das Innere ist mit backsteingemauerten Rundpfeilern, Emporen über Segmentbögen und gemauerten Nischen, mit Backsteindiensten, -rippen, -gurt- und -scheidbögen ganz an der Architektur Hannovers orientiert. Dies ist darauf zurückzuführen, daß die Kirche 1877–79 nach Plänen des Architekten C. W. Hase aus Hannover errichtet wurde. Ein älteres Ausstattungsstück im Kircheninneren ist die Kanzel mit den Reliefs der vier Evangelisten am Kanzelkorb. Die Kanzel entstand 1594 und gehörte einst zur Kreuzkirche in Hannover. 1658 nach Lauenau verkauft, wurde sie erst 1931 wieder aufgestellt. Von den Glasfenstern im Chor gehören drei noch dem 19. Jh. an (Werkstatt Henning & Andres, Hannover). Es handelt sich um zwei gute Ornamentfenster und eines mit der Darstellung der Geburt Christi. Ein viertes Fenster aus der Werkstatt F. Müller in Quedlinburg (1929) stellt den Auferstehenden dar. Auch die Taufe von 1656 gehört noch zur älteren Ausstattung. Sie hat nur sehr kleine Reliefs am sechseckigen Beckenrand, die die Geburt und Taufe Christi zeigen.

In Lauenau stehen einzelne bemerkenswerte Fachwerkhäuser, u. a. das *Dielenhaus Lange Str. 8* von 1720. Die Lange Straße führt auf das 1825 errichtete *Rathaus* in der Marktstraße zu, ein siebenachsiges Fachwerkhaus mit Freitreppe und flachem Giebel. In der Rodenberger Straße beherbergt ein spätklassizistisches *Herrenhaus* das *Heimatmuseum*.

Die Straße ›Im Rundteil‹ mündet in den Hofplatz des *v. Münchhausenschen Gutes Schwedesdorf*, an dessen Ende ein *Renaissanceherrenhaus* steht. An der Vorderfront befindet sich ein hoher polygonaler Treppenturm mit Renaissanceportal, daneben eine historistische Lucht. Der rechte Flügel erhielt im Historismus eine Fachwerkaufstockung. Westlich des Ortes befindet sich das *Schloß*, im wesentlichen ab 1568 für Graf Hermann Otto IV. von Schaumburg und Holstein neu erbaut. Es ist eine zweigeschossige Vierflügelanlage.

Das kleine *Wasserschloß* in **Hülsede** zählt zu den bemerkenswertesten Bauten dieser Art im Bereich der Weserrenaissance. Es handelt sich seit der Mitte des 16. Jhs. um eine rechtwinklige dreiflügelige Anlage auf regelmäßigem Grundriß (Abb. 79). Die Flügel sind über hohen Sockeln zweigeschossig errichtet und werden durch Treppentürme bzw. kurze Freitreppen erschlossen. Ein vierter Flügel schließt den Hof nach Westen ab.

Wenn auch die Regelmäßigkeit von Anlagen der Spätrenaissance noch nicht erreicht ist, da weder die Gliederungen einheitlich um die einzelnen Flügel herumgezogen sind, noch sie alle die gleiche Höhe haben, zeigt dieses Schloß doch einen vergleichsweise fortschrittlichen Entwicklungsstand. Kern der Anlage ist der westliche, ursprünglich völlig frei stehende Teil des Nordflügels, am Hofportal in gotischer Schrift 1529 datiert. Auch der Südflügel besitzt im Erdgeschoß an den Oberlichtern des Portals eine gotisierende Stabwerkdekoration. Er dürfte um 1545 entstanden sein, reicht bis zur Ostfassade und hat dort an der Innenwand im Obergeschoß einen 1589 datierten Kamin vor einem hohen Schornstein. Ein zweiter Kamin mit stabwerkgerahmten Gewände befindet sich an einer Querwand. Selbst im Dachgeschoß gibt es einen Kamin, datiert 1545.

Im Erdgeschoß enthält der Flügel die Küche und seitlich unterkellerte Saalräume, die durch eine schmale Mauertreppe mit dem Saal im Obergeschoß verbunden sind. Im Südostwinkel steht gegenüber dem Schloßeingang ein polygonaler Treppenturm, der an den Kanten dreiviertelrunde Vorlagen aufweist. Die Fenster sind dem Treppenverlauf folgend schiefwinklig. Der Treppenturm im hinteren Winkel erinnert in seiner Grundgestalt an die Bauten Jörg Unkairs, er wurde jedoch erst 1589 in den Hofwinkel gestellt; die Portale sind mit Beschlagwerk versehen, der Wappenstein ist 1589 datiert. Vor dem Obergeschoß des 1553–54 entstandenen Ostflügels (Datierung: Weserrenaissancemuseum Schloß Brake) befindet sich ein Laufgang, dessen Balustrade aus Karyatiden mit ionischen Kapitellen und Feldern mit Fächerrosetten besteht. Er ist nicht überdeckt, wirkt also wie ein Balkon. Die Längsflügel sind demgegenüber einfacher. Der hofabschließende Flügel hat im Erdgeschoß vier Arkaden und darüber einen Verbindungsgang zwischen den beiden Längsflügeln, der im Nordflügel in einen zweiten Treppenturm mündet.

Die evangelische *Pfarrkirche St. Aegidius* fällt durch einen beherrschenden Westturm mit gekuppelten Schallarkaden bzw. einem gekuppelten Maßwerkfenster auf. Das zweijochige Langhaus ist aus Quadern gemauert und mit Strebepfeilern gestützt. Die Fenster sind spitzbogig. An der Südseite des Langhauses befindet sich ein großes Portal. Der Chor ist gerade geschlossen. Die tief heruntergezogenen Kreuzrippengewölbe tragen innerhalb eines Rollwerkrahmens Malereien, die ein protestantisches Bildprogramm zum Alten und Neuen Testament ergeben. Neben der kleinen Kirche von Sonneborn in Lippe handelt es sich hier um eines der wenigen Beispiele einer weitgehend kompletten Kirchenausmalung in dieser Gegend, die dem nachreformatorischen 16. Jh. angehört (1577). Die Kanzel und die Empore mit Bildern Luthers und der zwölf Apostel entstanden 1574.

84 Bückeburg Stadtkirche

◁ 83 Levesen bei Stadthagen Bauernhaus in der Leveserstraße

85   BÜCKEBURG   Stadtkirche, Bronzetaufbecken

86   BÜCKEBURG   Stadtkirche nach Osten

87   BÜCKEBURG   Schloßkapelle

88 BÜCKEBURG Schloßportal

89 MÖLLENBECK Ehemalige Klosterkirche

90 RINTELN Rathaus

91 HAMELN Pferdemarkt ▷

92 HAMELN Rattenfängerhaus, Osterstraße 28

94 BISPERODE Schloß

96 SCHWÖBBER Teichflügel des Schlosses ▷

95 SCHWÖBBER Schloß

97 HÄMELSCHENBURG Schloßhof mit Treppenturm und Südflügel

98 BAD PYRMONT Der ›Hyllige Born‹

100 Hehlen Immanuelskirche
◁ 99 Hehlen Kanzel und Altar der Immanuelskirche
101 Münden Nordseite des Rathauses

102, 103   POLLE   Evangelische Kirche, Portal und Epitaph

104   AMELUNGSBORN   Chor der Klosterkirche

Wie die Hagendörfer ringsum ist auch **Stadthagen** ein wohl weitgehend durch Rodung entstandener Ort, dem an dieser Stelle nur kleine Siedlungen vorausgegangen sein dürften. Die Rodung für Stadthagen erfolgte nach bisheriger Auffassung etwa 1225, um einen militärischen Stützpunkt der Grafen zu Schaumburg anzulegen. Der Marktbereich Stadthagens war nach jüngsten Forschungen schon im 12. Jh. besiedelt und wurde seit 1244 Stadt genannt. Spätestens seit 1261 sind Bürgermeister und Ratsherren (Ratmannen) nachweisbar. Die ellipsenförmige Altstadt wird hauptsächlich von zwei Längsstraßen durchzogen, die vor dem ehemaligen nördlichen und dem südlichen Stadttor zusammenführen. Diese beiden Hauptachsen, die einen hochmittelalterlichen Stadtgrundriß ergeben, sind durch den breiten Marktplatz in der Mitte verbunden. Östlich der Obern- bzw. Niedernstraße liegen hinter größeren Bürgerhäusern vor allem Adelshöfe und (als südöstlicher Abschluß) das Schloß. Auf dieser Stadtseite befindet sich auch die Stadtpfarrkirche St. Martini, vom Marktplatz (und der Obern- und Niedernstraße) durch einen schmalen Baublock abgetrennt.

Die evangelische *Stadtpfarrkirche St. Martini* (Abb. 81) ist eine dreischiffige, vierjochige Hallenkirche mit vertikal gedrückten Proportionen und breiten Schiffen. Das östliche Joch ist als Querschiff hervorgehoben, die rahmenden Bündelpfeiler sind mit ›alten‹ und ›jungen‹ Diensten versehen. Die Langhauspfeiler hingegen sind achteckig. Die Uneinheitlichkeit dieser Detailformen ist auf unterschiedliche Bauperioden zurückzuführen. Das östliche Joch stellt den verbliebenen Teil einer spätromanischen Kirche dar, zu der auch ein Westturm gehörte. Sie wurde samt den beiden westlichen Langhausjochen um 1260 grundlegend erneuert und zur Hallenkirche erweitert. Dabei erhielt auch das romanische Ostjoch eine neue Wölbung über Rundpfeilern mit vier Diensten, ähnlich der Marburger Elisabethkirche. Das dazwischenliegende dritte Joch von Westen und der alle drei Schiffe zusammenfassende Chorschluß entstanden um 1318. Die Achteckpfeiler im westlichen Langhaus gehören einer nochmaligen Erneuerung um 1400 an.

Der heutige Eindruck wird durch die umlaufende schlichte Holztäfelung der Spätrenaissance, die einfachen farbigen Einlegearbeiten, das neugotische Gestühl und die Emporen bestimmt. Sieben konische Holzsäulen tragen die Orgelempore im Nordquerhaus. Die Orgel aus Hauptwerk und Rückpositiv gehört dem späten 17. Jh. an.

Im Querhaus befindet sich ein eiserner Opferstock auf einer Steinkonsole aus dem Jahre 1610 mit zwei Wappen in Renaissanceformen. In der Apsis wird die Wand durch Blendarkaden gegliedert. Seitlich der Fenster finden sich Reste von gemalten Figuren. Der Hochaltar im Chorschluß enthält ein gotisches geschnitztes Mittelbild und weitere Reliefs vom Mittelteil eines im dritten Viertel des 15. Jhs. entstandenen niederländischen Schnitzaltars, der 1585 zum heutigen Renaissancealtar umgebaut wurde. Die Taufe aus dem Jahre 1578 auf einem Sandsteinsockel mit den vier Evangelisten ist aus Bronze gegossen und wird von einem Kunstschmiedegitter (mit Blattwerk) eingefaßt. Im Langhaus hängen Messingleuchter, die z. T. erst 1914 nach alten Formen hergestellt wurden. Der lebensgroße Kruzifix gehört dem frühen 16. Jh. an.

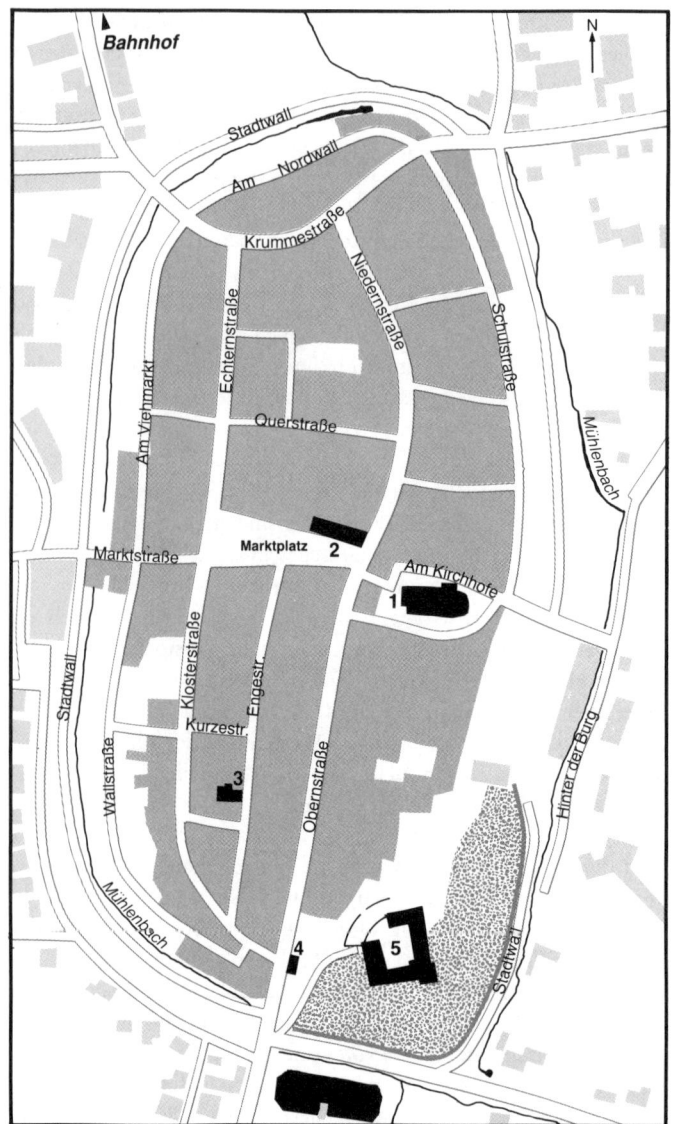

Stadthagen
1 St. Martini und Mausoleum
2 Rathaus (ehem. Zeughaus)
3 Reformierte Kirche
4 Amtspforte
5 Schloß

Im Westen befindet sich auf der Empore eine ›Fürstenprieche‹ (Herrscherloge) mit gemalten Brüstungsfeldern (Evangelisten und Apostel). Die südliche Westempore von 1700 diente als Prieche der Familie v. Oheimb. Sie ist mit flachgeschnitzten Wappen sowie einem gemalten Mittelbild versehen. Auf den Brüstungsreliefs der um 1600 entstandenen Kanzel sind

Christus sowie die Evangelistensymbole vor Landschaftshintergründen zu sehen. Das hohe Sandsteinepitaph des Grafen Otto IV. von Schaumburg und Holstein († 1576) und seiner beiden Frauen in der Turmhalle ist ein Werk der Bildhauer Arend Robyn und Jakob Kölling, die eine mit Kolonnade und Nischen gegliederte Renaissancearchitektur schufen. Die Glasgemälde im Chor (Henning & Andres, Hannover 1906) zeigen gotisierende Darstellungen, die jeweils ein komplettes Fenster umfassen, südlich das ›Noli me tangere‹, Christus, der die Jünger segnet und aussendet, sowie der barmherzige Samariter, nördlich die Kreuzigung und Christi Geburt.

Die Ostwand der Kirche wurde hier im unteren Bereich zu einem Durchgang aufgebrochen, der hinter dem Hochaltar versteckt in das *Mausoleum* des Fürsten Ernst zu Holstein-Schaumburg führt (Abb. 82). Das Mausoleum ist ein in dieser Art führendes Monument der späten Renaissance im Weserraum. Das quadergemauerte Äußere des siebeneckigen Kuppelbaus ist von Eckpfeilern gefaßt und wird durch Blendarkaden gegliedert. Das für die Renaissance charakteristische Motiv des Rundbogens in der Kolonnade bezeichnet die Kunstgeschichte als ›Tabularium-Motiv‹. Die Kuppel wird durch eine Laterne bekrönt. Graf Ernst äußerte 1608 in einem Brief an den sächsischen Baumeister Giovanni Maria Nosseni die Absicht, eine Grabkapelle zu errichten. Grundform und Materialien hatte er bereits festgelegt und als Bildhauer Adriaen de Vries bestimmt. Den Entwurf sollte Nosseni liefern, mit dem es wegen Streitigkeiten über die Bezahlung später jedoch zum Bruch kam. Erst 1619 wurde der Bau nach geändertem Plan (Nosseni hatte ein Achteck entworfen) begonnen, 1625 war das Mausoleum fertiggestellt, drei Jahre nach dem Tod des inzwischen zum Fürsten erhobenen Ernst. Der Bildhauer Hans Wolff (Hildesheim) war beauftragt worden, die vier Epitaphien zu schaffen. Während durch die Fenster der drei westlichen Wandfelder von Nord- bzw. Südwesten her Licht in das Mausoleum einfällt, sind in die vier östlichen Wandfelder Gedenktafeln des Fürsten und seiner Frau sowie seiner Eltern eingepaßt, die vom selben Bildhauer geschaffen wurden. Dem eigentlich richtungslosen Zentralraum wird somit doch eine konkrete Ansichtsseite vorgegeben.

In der Mitte des Mausoleums steht frei umgehbar das Bronzedenkmal des Adriaen de Vries, das dieser 1618–20 in Kenntnis der Bauentwürfe geschaffen hatte. Auf einen hohen Sockel mit Symbolen der guten Taten sind vier von Wächtern umgebene Löwenstatuen gesetzt, die einen Sarkophag tragen. Darüber erhebt sich die Gestalt Christi, in der linken Hand die Siegesfahne haltend, mit der rechten Hand segnend. Ihm zur Seite kauern vier Putten mit Feder und Griffel, die sozusagen die Wahrheit der Auferstehung niederschreiben und damit belegen sollen. Betrachtet man die Wächter genauer, wird man bemerken, daß die an der dunklen Nord-, Ost- und Südseite in tiefen Schlaf versunken sind, während der Wächter an der Westseite gerade aufwacht. Es ist die durch Fenster erleuchtete Seite des Mausoleums, der sich Christus zuwendet, weil aus dieser Richtung auch der Besucher in das Mausoleum tritt. Der Sockel ist mit vier Reliefs versehen, die neben dem Schaumburgischen Wappen die allegorischen Gestalten der ›Fama‹ (guter Ruf; im Hintergrund eine im Bau befindliche Stadt), ›Fortuna‹-›Abundantia‹ (Glück und Überfluß) sowie ›Industria‹ (Fleiß mit einer Phantasiearchitektur im Hintergrund) zeigen. Der Sarkophag zeigt Reliefs des verstorbenen

Fürsten Ernst und des Gottes Chronos. Der rahmende Fußboden ist dreifarbig mit roten, schwarzen (schwarzblauen) und weißen Marmorplatten ausgelegt und perspektivisch auf den Mittelpunkt hin ausgerichtet. In den sieben Kuppelfeldern befinden sich jeweils paarweise musizierende Engel; die Felder der Laternenkuppel weisen Engelsköpfe auf. Die Sandsteinfensterwände haben eine marmorierende Farbfassung, ebenso die Pilaster hinter den Säulen der Ädikulen.

Die gesamte Grabanlage ist äußerst doppeldeutig. Künstlerisch handelt es sich um das von Wächtern umgebene Grab Christi. Aber die Darstellung eines christlichen Gedankens ist nicht die eigentliche Intention – in erster Linie ist die Preisung des Fürsten das Thema des Grabdenkmals. Das gesamte Mausoleum ist als ein Ruhmestempel zu verstehen. Die Lichtführung ist vollständig auf das Monument ausgerichtet; Architektur und Denkmal sind untrennbar miteinander verbunden. In der Sockelzone hängen unter den Fenstern zwei Bilder von Antonius Boten (1626 südlich bzw. 1627). Dargestellt sind die Auferstehung der Toten beim Jüngsten Gericht sowie die Erweckung des Lazarus. Von Boten, der als vergleichsweise bedeutender Maler der Zeit und der Gegend gilt, stammen auch die Deckengemälde. An der Außenwand des südlich an die Kirche angebauten Beinhauses sind mehrere Platten mit flachem Relief eingelassen, die u. a. eine figurenreiche Darstellung des Jüngsten Gerichtes ergeben. Die scharfkonturigen, qualitativ jedoch nicht allzu hoch anzusetzenden Werke gehören dem späteren 15. Jh. an.

Von den Gebäuden, die den Kirchplatz umgeben, konnten drei der klösterlichen Phase zugeordnet werden. Das seit dem 13. Jh. als (altes) Rathaus genutzte, ehemals wichtigste Gebäude wurde vor etwa 20 Jahren abgebrochen. Ob der Keller des *Hauses Obernstraße 56* auch in die klösterliche Entstehungsphase gehört, muß fraglich bleiben, obwohl das Kellerfenster noch im 13. Jh. entstanden sein könnte. Der massive, mit Rundbogenfenstern versehene und von Strebepfeilern gestützte Keller liegt am Durchgang zum Kirchplatz und bildet das Hinterhaus eines neuzeitlichen Fachwerkbaus. Es könnte sich daher auch um den Rest eines noch dem 13. Jh. angehörenden Patrizierhauses handeln. Östlich der Kirche steht die *Alte Lateinschule,* ein in der Mitte des 16. Jhs. errichteter Steinbau mit spätgotischem Portal.

Das *Rathaus,* Mitte des 16. Jhs. als Zeughaus errichtet, ist ein einfacher länglicher Bruchsteinbau. Um 1589–93 wurde er umgebaut, mit Lucht und Erkern versehen und um die linke Gebäudehälfte erweitert, die aber in ihrer Gestaltung der älteren stark angeglichen ist. Die gestaffelten Halbkreisgiebel in der für Jörg Unkair typischen Art (man hat diesen Bau dem Unkairschüler Jakob Kölling zugeschrieben), die man auch bei dem westlichen Giebel und einem Zwerchgiebel verwendete, stammen aus der Mitte des 16. Jhs., während sich die Erker der Spätrenaissance durch Beschlagwerk und eine verspieltere Ornamentik auszeichnen. Sie schuf Arend Robyn. Die zur Niederstraße weisende Lucht wurde 1612 noch verbreitert und im 18. Jh. zurückgesetzt. Im Rathaus befindet sich das Gerechtigkeitsbild Hermann Mollers (1623), das zu den relativ wenig bekannten Werken der Malerei im Bereich der Weserrenaissance zählt. Das Gemälde ist dreigeteilt. In der Mitte verweist die Justitia (Gerechtigkeit) auf eine Schrifttafel, links von ihr ist das Jüngste Gericht zu sehen und rechts das Urteil Salomons. Salomon selbst trägt die Züge des 1622 verstorbenen Fürsten Ernst, was nicht nur die Bedeutung des Fürsten, sondern vor allem die fürstliche Vormachtstellung in der Stadt zu Lasten der Bürgerschaft dokumentiert. Die Thronarchitektur erinnert an Entwürfe Wendel Dietterlins, dessen Architekturbuch von 1598 in Schaumburg bekannt gewesen ist.

An der Nordseite des Marktes fällt das *Steinhaus Nr. 4* auf (Abb. 80), dessen Fassade wohl 1586 entstand, während die Seitenwände (innen mit hohen Blendbögen) dem späten Mittelalter, vermutlich noch dem 13. Jh. angehören. Das ursprüngliche Gebäude hatte bei etwa gleicher Gesamthöhe nur ein hohes Dielengeschoß und einen aufgesetzten Speicherstock. Leider blieben bei der jüngsten Sanierung nur die Außenwände erhalten. Eine Vorgängerbebauung konnte 1985 archäologisch festgestellt und auf das späte 12. Jh. datiert werden. Gegenüber steht ein besonders reich mit Beschlagwerk verziertes *Fachwerkhaus (Nr. 21)* von 1647–49, das allein schon aufgrund der Erbauungszeit am Ende des Dreißigjährigen Krieges eine Ausnahmeerscheinung ist. Der große *Fachwerkbau Markt 8* von 1573 besteht aus einem Vorderhaus und einem unterkellerten Saalbau. Die Fassade wurde im 18. Jh. stark vereinfacht. Vielleicht hat man den Erker erst bei dieser Gelegenheit nach hinten versetzt. Brüstungsbohlen mit Fächerrosetten, Taustab, Schiffskehlen und gedrehten Schnüren weisen auf geläufige niederdeutsche Renaissanceformen. Südwestlich des Marktplatzes steht ein gotischer Chor mit Ansatz eines abgebrochenen Langhauses. Es handelt sich um die Reste des 1486 gegründeten *Franziskanerklosters,* die der reformierten Gemeinde heute als Kirchenraum dienen. Der Chor ist zweijochig mit Fünfachtel-Schluß. Das Langhaus wurde um 1800 abgebrochen. 1619–21 war hier das ›Gymnasium illustre‹ untergebracht, das als Universität anschließend nach Rinteln verlegt worden ist. Bei der jüngsten Renovierung sind leider statt einer Ziegeldeckung oder der lange Zeit üblichen Dachdeckung mit Sollingplatten flache eckige Pfannen aufgelegt worden, die an die Sollingdeckung erinnern sollen. Auch an anderen Objekten sind die (privaten) Sanierungsmaßnahmen nicht immer ganz glücklich gewesen, was an modernen Fachwerkkopien und mäßigen Fachwerknachbauten im Bereich der Pfarrkirche und der Schulstraße zu erkennen ist. Allerdings ist zu bemerken, daß die Stadt den Willen hat, schonend mit der alten Bausubstanz umzugehen, und als eine der ersten Städte nunmehr vorbildhafte Bauuntersuchungen durchführen läßt.

Der Stadtbrand von 1554 kann nicht so verheerend gewesen sein, wie dies oft behauptet wird: In der Niedernstraße ist das *Haus Nr. 44,* ein vollständiger spätmittelalterlicher Massivbau, traufseitig mit vermauertem Kreuzstockfenster, erhalten geblieben. Gegenüber steht das *Haus Nr. 12,* ein zweiter vollständiger Massivbau des 15. Jhs., dessen Fassade um 1930 in Anlehnung an die alte Bautechnik expressionistisch erneuert wurde. Für den Historismus ist das *Haus Niedernstr. 14* ein gutes Beispiel. Vor diesen breiten dreigeschossigen Fachwerkbau ist eine massive Fassade mit historischem Dekor gesetzt worden, da ein kompletter Massivbau Ende des vergangenen Jahrhunderts oft noch zu teuer war. Auch die *Häuser Niedernstr. 42* (Fassade von 1574 vor einem Neubau) und *48* (1581) gehören zu den beachtenswerten Fachwerkbauten bzw. -bauteilen in Stadthagen. Das zu stark erneuerte *Fachwerkhaus* in der *Obernstraße Nr. 8* hat im Innern eine Barocktreppe mit kräftigen Antrittspfosten, die aus der Bauzeit des Vorderhauses stammt sowie ein steinernes Hinterhaus (Saalbau) aus der Mitte des 16. Jhs. Die ›*Amtspforte*‹ ist der bekannteste Fachwerkbau der Weserrenaissance in Stadthagen. Es handelt sich um das gräfliche Verwaltungsgebäude für das Amt der umliegenden Dörfer. Das obere Fachwerkgeschoß kragt auf allen Seiten vor. Sämtliche Gefache sind mit Backsteinen vermauert, die allerdings 1987 ausgetauscht wurden. Es ist jedoch erwiesen, daß es auch 1553 schon solche Backsteinausfachungen gab, die anderenorts (Höxter) manchmal erst im 17. Jh. eingesetzt wurden. Bei den beiden giebelseitigen Portalen fällt das Nebeneinander von einem gotisierenden und einem rundbogigen Portal auf. Von den beiden Portalen gehört das rechte der Bauzeit an, das linke wurde nachträglich hierherversetzt. Das Innere hatte ursprünglich keine Raumunterteilung.

1534 begann man an der Stelle einer hochmittelalterlichen Wasserburg im Südosten der Altstadt mit dem Neubau des bestehenden *Schlosses* (Farbabb. 25). Den Entwurf lieferte der schwäbische Baumeister Jörg Unkair, der zuvor das Schloß Neuhaus geplant hatte, wo ihn auch der Bauherr kennenlernte. Von der mittelalterlichen Burg blieb zumindest der Torbau erhalten, durch dessen spitzbogiges Tor man in den Schloßhof gelangt. Unkair ließ drei der vier Flügel errichten, die einen nicht ganz rechtwinkligen Schloßhof mit einem Treppenturm im Hofwinkel umgeben. Der Nordflügel wurde erst 1593 hinzugefügt. Die völlig geometrische Anlage der späten Renaissance, wie man sie etwa in Bevern bewundern kann (s. S. 358), war hier noch nicht angestrebt. Für Unkair typisch sind die hohen Zwerchgiebel mit breiten Halbkreisaufsätzen und Kugelbesatz; in ähnlicher Weise waren vermutlich auch die Stirnseiten von Nord- und Westflügel gestaltet, die wohl erst bei einer Renovierung 1875 ihre heutigen dreistufigen Giebel erhielten. Von den beiden Treppentürmen im Hof stammt der südwestliche aus der Bauzeit Unkairs. Er ist mit den für ihn typischen Rundstäben an den polygonal gebrochenen Kanten und einem rundbogigen Stabwerkportal versehen. Nur der Turm eine Farbfassung erhalten, die dem ursprünglichen Zustand entspricht. Das übrige Schloß ist wie ein Rohbau steinsichtig belassen worden. Die gußeiserne Wappenplatte am Turm schuf der aus Haina (Oberhessen) stammende Bildhauer Philipp Soldan, einer der wichtigsten Vertreter des künstlerischen Eisengusses der Renaissance in Deutschland. Den zweiten Turm im Hof ergänzte man um 1875. – Das ungewöhnliche Fenster zur ehemaligen Schloßküche hin zeigt zwischen kleinen Ornamenten auch einen Grapen (Kochtopf) und zwei Kochlöffel.

Es ist mehr als bedauerlich, daß dieses hochbedeutende Schloß (heute Finanzamt) in seiner äußeren Erscheinung teils schon seit der Jahrhundertwende durch Details entstellt ist: Alle Fenster sind sprossenlos, und auch die Dachdeckung entspricht nicht dem ursprünglichen Zustand. Damit wird ein negatives Beispiel im Umgang mit einem so wichtigen Baudenkmal gegeben. Die Denkmalpflege wird Mühe haben, angesichts dieser Fehler bei der Renovierung eines alten Bauwerks, Privateigentümer zum schonenden Umgang und zu geschmackvollen Erneuerungen (z. B. der Fenster) zu ermuntern. Das Innere verfügt aus der Zeit Unkairs zumindest noch über Küchengewölbe und behauene Türgewände mit Astwerk in spätgotischem Stil sowie Kandelaberfassungen in Frührenaissanceformen. Von großer Bedeutung sind die Prunkkamine, die Arend Robyn 1576 (Westflügel) bzw. 1604 schuf. Sie stellen den Triumph des Bacchus, die vier Elemente und die vier Jahreszeiten dar und gehören zu den besten Bildhauerarbeiten der Weserrenaissance in Stein.

Zwischen Stadthagen und Bückeburg liegt am Rande der Bückeberge **Obernkirchen**, das im südlichen Niedersachsen vor allem für seine *Steinbrüche* berühmt ist. Hier wird seit alters jener Sandstein gewonnen, aus dem in näherer und weiterer Umgebung Steinmetzarbeiten für Schlösser, Kirchen und Bürgerhäuser hergestellt worden sind. Über den Schiffahrtsweg der Weser transportierte man die Steine auch nach Bremen und selbst in die Niederlande. Heute liefert man u. a. Steinmaterial für Restaurierungsaufgaben am Kölner Dom.

1167 wurde hier anstelle eines älteren Klosters, dessen Entstehungsgeschichte noch unklar ist, ein vom Bischof von Minden gefördertes *Augustinerinnenstift* gegründet, das den Steinbruchbetrieb bis in das 16. Jh. hinein kontrollierte. Von einer Stiftskirche des 12. Jhs. steht heute nur noch der quadergemauerte Westriegel. Er ersetzte einen um 1150 abgebrannten, zur älteren Kirche gehörenden Vorgänger, zu dem noch untere Mauerpartien im Innern des Westriegels zählen. Der Westbau wird heute durch zwei steile Pyramidendächer abgeschlossen. Zum Langhaus öffnete er sich in einer (vermauerten) Emporenarkade. Das Langhaus ist eine dreischiffige gotische Halle aus der zweiten Hälfte des 14. Jhs. Der romanische Bau verfügte über drei Langhausjoche, ein Querhaus mit Nebenapsiden und den Chor mit einer Hauptapsis, hatte insgesamt also eine Länge von fünf Jochen. Dies entspricht der gotischen Kirche, bei der jedoch zusätzlich die Seitenschiffe auf Querhausbreite vergrößert wurden, das Chorjoch gleichgroße Nebenräume erhielt und die Apsis durch einen quadratischen Chorschluß ersetzt wurde. Einen solchen Bauvorgang beobachtet man nicht nur im nahen Minden, sondern beispielsweise auch in Braunschweig. In Obernkirchen allerdings hat man die Mittelschiffpfeiler nicht beibehalten, sondern völlig neu aufgemauert, so daß der romanische Ursprungsbau schwer zu erkennen ist. Lediglich ein Teil des romanischen Querhauses ist bis in das aufgehende Mauerwerk stehen geblieben. Die Pfeiler der Hallenkirche sind polygonal, auf einer Kämpferplatte setzen Gurt- und Scheidbögen sowie die etwas schlanke-

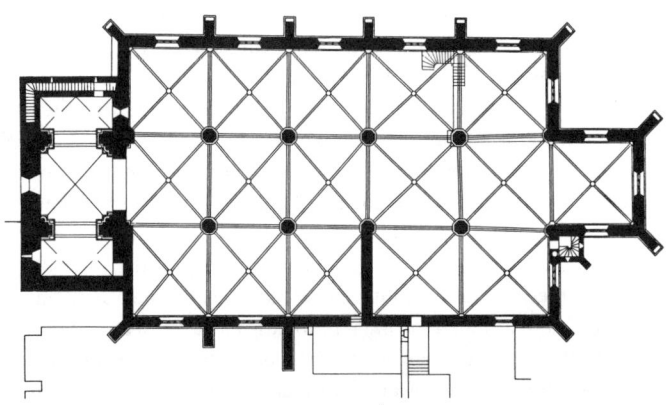

Obernkirchen, Grundriß der Stiftskirche

ren Rippen auf. Der 1496 geweihte Passionsaltar zeichnet sich durch gut gearbeitetes Schnitzwerk aus. Als Mittelbild dient eine figurenreiche Golgathaszene, in der die einzelnen Figurengruppen von den trauernden Marien über die Würfel spielenden Soldaten bis zu den Kruzifixen übereinander angeordnet sind. Gerahmt wird das Bild von Darstellungen der Passion Christi, die sich auch auf die Flügelinnenseiten dieses bedeutenden Altars erstrecken. Die gemalte Außenseite zeigt, einander gegenübersitzend, Anna und Maria mit Christus. Bei diesem bemerkenswerten Kunstwerk ist niederländischer bzw. niederrheinischer Einfluß zu vermuten. Ein zweiter Schnitzaltar aus dem frühen 16. Jh. steht auf dem Nonnenchor. Teil der spätgotischen Ausstattung ist ferner ein dreisitziger geschnitzter Zelebrantenstuhl mit einem durch Kielbogen besonders hervorgehobenen Sitz. Nachreformatorische Ausstattungsstücke sind die Kanzel des 17. Jhs. sowie das in der Nachfolge Wendel Dietterlins stehende steinerne Taufbecken und unter den Grabdenkmälern das ›Tribbesche Epitaph‹ von etwa 1665.

Erst im 14. Jh. wurde die Wasserburg Bückeburg von den Grafen von Schaumburg angelegt und dabei auch eine kleine Siedlungsfläche ausgewiesen. Fürst Ernst verlieh dem Flecken 1609 Stadtrechte und seiner Regentschaft ist der Ausbau des Ortes **Bückeburg** und der Burg zur bedeutenden Residenz der späten Renaissance zu verdanken. Auf eine durchgreifende geometrische Stadtplanung verzichtete Ernst dabei. Der vorhandene Grundriß des Fleckens wurde beibehalten und weitgehend wohl selbst der Verlauf der zur Stadt hinführenden älteren Straßen, als man sie nun in die Stadt einbezog. Geschickt wurde der mittelalterlich wirkende Stadtgrundriß mit den Repräsentationsbauten des Fürsten durchsetzt, wobei das Schloß am Ortsrand bestehen blieb. Wall und Graben umzogen Stadt und Schloß, welches mit einem stadt- und einem (weniger bedeutenden) feldseitigen Zugang versehen wurde. Unmittelbar vor dem äußeren Schloßportal erstreckte sich der kleine *Marktplatz*, der an sich mehr ein gräflicher feudaler Vorhof als ein bürgerlicher Handelsplatz gewesen ist (Bahnhofstraße). Das manieristische *Tor* (Abb. 88) wird von der Hofkammer auf der linken Seite und der Alten ›Kammerkasse‹ auf der rechten Seite gerahmt. Betont plastische Diamantquader und teilweise Quader mit Halbkugeln bilden das rundbogige Tor, das von Pilastern und hohen Säulen mit ionischen Kapitellen eingefaßt wird. Den Figurenschmuck schuf Bildhauer Hans Wolff 1605–07. Hinter der alten Kammerkasse steht innerhalb des Schloßareals das 1609 errichtete und 1797–99 zur Reithalle umgebaute ehemalige *Ballhaus*, das unter Verwendung eines Baumodells des sächsischen Baumeisters G. M. Nosseni errichtet wurde. Fürst Ernst stand im Kontakt zu dem Italiener wegen der Lieferung von Marmor. Nosseni besaß das Privileg zur Ausbeute der sächsischen Marmorbrüche.

Das *Schloß* und der gesamte äußere Schloßbereich erfuhr Ende des vorigen Jahrhunderts eine Modernisierung. Auf dem Brückengeländer wurden 1925 die Kopien von zwei bedeutenden manieristischen Skulpturen aufgestellt (Originale seitdem in den Staatlichen Museen in Berlin/DDR), die zuvor im Schloßpark zu sehen waren. Sie sind Werke des Bildhauers Adriaen de Vries aus dem Jahre 1621. Allerdings sind die beiden geschraubt gebildeten Figurengruppen, die den Raub der Proserpina und Venus und Adonis darstellen, unkorrekt

Historische Ansicht der Bückeburg, um 1830

aufgestellt. Eine Gesamtkomposition bilden sie erst, wenn die Gruppe ›Raub der Proserpina‹ um 90 Grad gedreht würde. Zudem haben die Figuren im Gegensatz zu den Werken des Italieners Giambologna, des Lehrers von de Vries, eine Hauptansicht, folgen also nicht mehr dem Ideal, von allen Seiten gleich (schön) zu sein.

Der *Hof* des Schlosses wird von zwei winkligen historistischen Gebäuden gerahmt (u. a. Staatsarchiv), die nach englischen Vorbildern, jedoch mit Details in Formen der Weserrenaissance gestaltet sind und mit der Schloßfassade ein Halbrund bilden (Farbabb. 22). In der Wegeachse steht der *Tugendbrunnen* aus dem Jahre 1552, der von einem Meister J. R. geschaffen wurde. Die Brunnenschale auf von Löwen getragenen Säulen kennzeichnet eine Tendenz in der Renaissance, sich an romanischer Kunst zu orientieren. – Die Gesamtanlage ist heute ein sehr bedeutendes Beispiel historistischer Architektur, die jedoch nicht minder bedeutende Bauteile des 16. bis 18. Jhs. einbezogen hat. Die unregelmäßige Vierflügelanlage des Schlosses geht noch auf die mittelalterliche Wasserburg zurück. Ihr rechtwinkliger Bergfried (wohl als Wohnturm konzipiert) bildet den Mittelturm der Hauptfront. Der rechts (nördlich) dieses Turmes gelegene Flügel wurde erst 1894–98 angefügt. Er enthält den großen Festsaal, dessen Ausmalung der Münchner Maler Prof. Wagner schuf, wobei er Formen des höfischen Spätbarocks aufgriff. Den Eindruck eines Renaissanceschlosses vermittelt die Westansicht und vor allem der Hof des Schlosses. Obwohl dort die Bruchsteinmauern unverputzt sind, ist noch die Erscheinung des 16. und beginnenden 17. Jhs. mit polygonalem Treppenturm, Rundstabkanten (in der Nachfolge von Jörg Unkair), Verbindungsgang sowie ›welschen‹ Giebeln gewahrt. Der alte Nordflügel bildet mit diesem Turm eine Flucht und enthält die Schloßkapelle, ferner im Obergeschoß den Goldenen Saal. Der Ostflügel, durch den man in das Schloß gelangt, nimmt die Tordurchfahrt und eine Treppe mit geraden Treppenläufen auf. Vom Treppenhaus zum südwestlichen Treppenturm (dort gibt es eine Wendeltreppe) führt vor dem Obergeschoß der Hofseite ein offener Laufgang.

Wichtigste Räume sind die *Schloßkapelle* (Abb. 87) und der *Goldene Saal*, beides hochbedeutende Beispiele niederdeutscher manieristischer Architektur. Der 1603–08 vollzogene Ausbau der *Kapelle* hinterließ in dem spätgotischen kreuzrippengewölbten Raum Wände und Decken, die über einer Täfelung vollständig mit Malerei bedeckt sind. Konsolen vor kräftigen Mauerpfeilern tragen die Gewölberippen; Pfeiler und Gewölbegrund werden von reichem gemalten Rankenwerk mit Voluten und einzelnen Engelsköpfen bedeckt, die bei der Restaurierung 1880–86 freigelegt und aufgefrischt wurden. In das Rankenwerk eingebunden sind die Darstellungen von Gesetz und Gericht im breiten Joch sowie von Leidenswerkzeugen Christi in den drei schmaleren Jochen. Die Fensterlaibungen der Nordseite enthalten Szenen der Passion Christi. Als Vorlage der Architekturmalereien kann wiederum das Werk Dietterlins gelten. Für die Passionsszenen hat die Kunstgeschichte Stichvorlagen ermittelt, darunter von Hendrik Goltzius, Abraham Bloemart und Marten de Vos. Unter den Malereien wird man aufgrund archivalischer Quellen das Jüngste Gericht dem Maler Christoph Gertner zuschreiben können. Weitere Künstler sind nur schwer zu identifizieren. An Malereien im Schloß haben u. a. Johannes Hopffe aus Hildesheim (er arbeitete auch für Schloß Brake bei Lemgo) und Johannes Tilemann, Hofmaler der lippischen Grafen, mitgewirkt. West- und Ostwand werden durch hohe hölzerne Schranken verstellt, deren östliche als Kanzelwand dient. Über einer in neun Nischen aufgelösten Wand sitzen seitliche Giebel und die mittlere Kanzel, die mit manieristischem Schnitzwerk überzogen ist, das durch die ergänzende Restaurierung des 19. Jhs. noch verstärkt wurde. Details orientierten sich an der ›Architectura‹ Wendel Dietterlins. Der Tischaltar vor dieser Wand entstand 1603–06. Wie der gesamte (ursprüngliche) plastische Schmuck stammt auch er von den Künstlern Ebert d. J. Wolff und Jonas Wolff aus Hildesheim. Zwei auseinanderstrebende kniende Engel tragen die dünne Mensaplatte. Manieristische Plastik zeigt sich hier in bester Qualität.

Der *Goldene Saal*, der sich wie bei vielen Renaissanceschlössern im Obergeschoß befindet (eine so allgemein übliche Raumanordnung wie in Barockschlössern gibt es im 16. und frühen 17. Jh. allerdings noch nicht), ist mit üppigstem Schnitzwerk des Manierismus ausgestattet. Als einziger profaner Raum ist er nach den Umbauten der späteren Zeit größtenteils noch im Zustand des frühen 17. Jhs. erhalten geblieben, wobei Wesentliches, namentlich die Vergoldung, aber erst die Restaurierung 1864–68 schuf. Das reiche plastische Dekor stammt trotz seiner barock anmutenden Formen aus einer früheren Zeit. Auch für diese Arbeiten des Bildhauers Wolff aus Hildesheim lagen die Blätter aus dem Buch Wendel Dietterlins vor, und dessen Renaissancestruktur schimmert zwischen dem Schnitzwerk gleichsam hervor. Die Götterpforte mit dem Relief der Athena am Türblatt wird von Mars und (vermutlich) Flora bewacht. Den Proportionen dieser Figuren lag nach Joh. Habich das Architekturbuch

Sebastiano Serlios zugrunde. Putten und allegorische Figuren sowie in der Supraporte Juno und Ceres rahmen die Tür ein. Die Entwurfsmethode ist sicher für die Renaissance im niederdeutschen Raum charakteristisch. Man hat es hier nicht mit dem genialen Einzelerfinder von Formen zu tun, sondern mit Künstlern, die sich unterschiedlichster aktueller Vorlagen bedienten und es meisterlich verstanden, aus diesen nach Bedarf neue Werke zu komponieren. Neben den Architekturbüchern Dietterlins und (am Rande) auch Serlios haben Stichvorlagen und selbst plastische Bildwerke Pate gestanden. – Die schwere Kassettendecke ist ebenso mit Schnitzwerk versehen, das hier die vier Elemente zeigt. Die Deckenbilder schuf Hans Rottenhammer 1612–13. Das Schloß enthält eine Galerie mit Werken bekannter Maler des 16. bis 19. Jhs. U. a. sind Albrecht Dürer (Anna selbdritt), Lucas Cranach (Bildnis eines alten Mannes), Hendrik Goltzins, Roselli, Gerard v. Honthorst und Tischbein vertreten.

Stadtabgewandt ist das Schloß von einem großen *Park* umgeben, der 1606 unter Fürst Ernst angelegt, im Barock umgestaltet und nach der Zerstörung der Befestigung Ende des 18. Jhs. als englischer Park neu angelegt wurde. Hier entstand 1911–15 das *Mausoleum der Fürsten zu Schaumburg-Lippe* nach Plänen von Paul Baumgarten (Berlin). Dabei orientierte sich der Architekt am Theoderich-Mausoleum in Ravenna sowie an den dortigen frühchristlichen Kirchenbauten.

Ravennatisch ist auch der Stil vieler Einzelformen. Ebenso mag die karolingische Pfalzkapelle in Aachen als Vorbild gedient haben (sie geht jedoch ebenfalls auf Ravenna zurück). Nur die Vorderfront ist stärker an die romanische Kunst angelehnt, wie sie sich etwa an südfranzösischen Kathedralen zeigt. Das Portal schuf Josef Rauch, die Bronzefiguren stellen die vier Evangelisten dar; das Relief über dem Portal mit der Huldigung an den Fürsten stammt von Albert Comes. Der außen mit einer Zwerggalerie versehene Kuppelbau trägt innen Mosaike von Gottfried Hofer (Berlin). Die Fußbodenplatten sind aus italienischem und griechischem Marmor, die Fenster imitieren geschliffene Steinplatten, wie sie in der frühchristlichen Zeit häufig üblich waren. Einzelne Ausstattungsstücke sind älter als das Mausoleum selbst, so zwei frühbarocke Gemälde in der Vorhalle und der Kruzifix in der Altarnische (13. Jh.).

Gegenüber dem Schloßtor wurde 1846 als Paradeallee die *Bahnhofstraße* angelegt, die von dem *Rathaus* und dem *Renthaus* (heute Stadthaus) gerahmt wird. Letzteres ist ein zweistöckiger Bau, dessen Erdgeschoß durch ein antikisierendes Gesims auf toskanischen Säulenvorlagen vom (Fachwerk-)Obergeschoß getrennt wird. Es gehört den Jahren um 1610 an, wurde jedoch mehrfach, vor allem im 18. Jh., verändert. Die Säulenvorlagen standen zunächst frei vor der Wand, ursprünglich mag das Erdgeschoß sogar eine offene Halle gewesen sein. In den Proportionen der Säulen orientierte sich der Baumeister an Sebastiano Serlios ›Architectura‹, dem 1608 ins Deutsche übersetzten Standardwerk der italienischen Renaissance. Gegenüber dem Rathaus befindet sich der 1905 errichtete historistische *Nachfolgebau des Rathauses*, an dem Jugendstilformen (Fenster) mit Renaissanceformen in der Art des Schlosses und gotischen Details (Gewölbe über der Treppe) verbunden sind.

Nahe der Bahnhofstraße stehen die zwei Adelshöfe *Oberstenhof* (Hof v. Zerssen), ein 1746 umgebautes Haus des 16. Jhs. mit barocker Tür zum Hocherdgeschoß und spätbarockklassizistischer Treppe, sowie der *Lehnshof* (Hof von Münchhausen, heute Hubschraubermuseum) am Sabléplatz. Es ist ein spätmittelalterlicher Traufenbau von 1516, dessen Obergeschoß auf Knaggen vorkragt. Die Brüstung des Fachwerks ist mit Andreaskreuzen versehen. Der Anbau nach Westen entstand um 1570 und wurde 1612 durch einen massiven Kapellenbau erweitert, der Bruchsteinbänder und Quaderbänder im Wechsel zeigt, ein in der Weserrenaissance zwar geläufiges, sonst aber nicht so klar durchgeführtes Gliederungsschema. Die *Fachwerkhäuser Lange Str. 35* (um 1600) und *Lange Str. 23* haben eine Jugendstil-Fachwerkfassade. Wie viele dem 17. und 18. Jh. angehörende Häuser Bückeburgs ist letzteres stark verändert worden.

Der *Schaumburger Hof*, Lange Str. 22 (Heimatmuseum), ist ein Fachwerkbau von 1563. Das Portal wurde mit Hilfe dekorativer Reliefbüsten herausgehoben. Nach 1600 erhielt die Fassade eine massive Utlucht und ein dreiteiliges steinimitierendes Holzfenster, die beide mit ionischen Kapitellen versehen sind.

Das Ende der Langen Straße markiert die bedeutende evangelische *Stadtkirche* (Abb. 84). Vor 1611 im Auftrag Fürst Ernsts begonnen, wurde sie bis etwa 1615 vollendet. Die programmatische Inschrift am Giebel benennt den Bauherrn. Doch die Zeile ›Exemplum Religionis Non Structurae‹ (Beispiel der Religion, nicht der Architektur) mit den herausgehobenen Namensbuchstaben des Bauherrn, ERNST, stellt nur die halbe Wahrheit dar. Einerseits mag man dieses Bauwerk sehr wohl als Bollwerk des protestantischen Glaubens verstanden und die Architektur als Mittler dazu angesehen haben, andererseits jedoch verkörpert gerade die Inschrift den Umstand, daß es sich um ein Denkmal von Ernst für Ernst handelt, d. h. entgegen der Inschrift um ein Werk der Architektur und nicht so sehr eines der Religion. – Kunstgeschichtlich hat die Pfarrkirche in Bückeburg als protestantischer Großbau neben der Marienkirche in Wolfenbüttel (s. S. 130) eine hohe Stellung über Niedersachsen hinaus.

Gestalterisch mag die Westfassade eher auf Altäre als auf ältere Kirchenfassaden zurückgehen. Die Altargliederung aus Predella, Mittelzone und Giebel sowie Mittelachse und seitlicher Rahmung läßt sich hier recht gut wiederfinden, wobei allerdings zu bedenken ist, daß Altarretabel ihrerseits vielfach die Gestaltung von Kirchenfassaden verarbeitet haben.

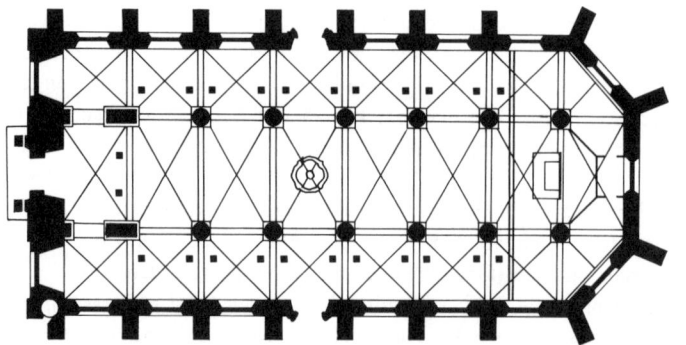

Bückeburg, historische Ansicht der Stadtkirchen-Westfassade ▷

Bückeburg, Grundriß der Stadtkirche

Einige Motive der Fassade verweisen noch auf die Gotik, besonders die (rundbogigen) Maßwerkfenster. Gotische Gliederungen durch Strebepfeiler werden an den Seitenwänden der Kirche besonders deutlich. Das Hauptportal, dessen abgeschrägtes Gewände mit der Jahreszahl 1613 versehen ist, trägt im gesprengten Giebel das schaumburgische Wappen. Das turmlose Giebeldreieck der Westseite ist durch die Volutenrahmung seitlicher Okuli und die vorkragende Galerie unter dem Glockenstuhl durchbrochen. Diese Bauelemente erinnern zwar an römisch-frühbarocke Architektur, ursprünglich war jedoch der Bau eines Turms geplant, wie Substruktionen (Unterbauten) im Innern erkennen lassen.

Der Grundriß hingegen ist durchaus traditionell. Sieben Joche schließen in einem gemeinsamen Chorpolygon, das in etwas komplizierterer Weise auch in der Martinikirche in Stadthagen (s. S. 313) zu sehen ist. Im Aufriß handelt es sich um eine dreischiffige Hallenkirche mit dicht stehenden (konischen) Säulen und korinthischen Kapitellen, die fast rundbogige Rippen tragen. Die gotische Struktur des Raumes ist geschickt in die Formensprache des Manierismus übersetzt (Abb. 86). Eine umlaufende hölzerne Empore mündet im Osten in der Orgelwand, vor die das Altarretabel gestellt ist. Der Prospekt wird durch zwei seitliche Türme und einen mittleren Turm gegliedert, die nach einem Brand 1963 rekonstruiert wurden. Die Kanzel ist an einen Langhauspfeiler gelehnt. Der Korb mit kleinen Relieffeldern zeigt weit ausladende Voluten mit Cherubinen. An der Rückwand stehen die Statuen von Petrus und Paulus, auf dem Schalldeckel stellen Putten die Leidenswerkzeuge Christi zur Schau.

Von besonderer Bedeutung ist das 1615 in Bronze gegossene *Taufbecken* von Adriaen de Vries (Abb. 85). Der Beckenumriß hat die Form des Vierpasses. Getragen wird das Becken von zwei auf einer Kugel sitzenden Putten, den Engeln des Heils und der Tugend, letztere ausgestattet mit einem Lilienpfeil zur Erlegung der Erbsünde. Das Nationalmuseum in Stockholm bewahrt stilistisch sehr nahe stehende Kinderfiguren. Die Kugel ist als Weltkugel zu verstehen, gestützt von den Tugenden und den Engeln. Kleine Reliefs am Sockel symbolisieren die um die Constantia (Beständigkeit) erweiterten christlichen Tugenden (an sich gelten nur Spes, Fides und Charitas als solche); vier Paradiesströme (Gehon, Euphrat, Phison und Tigris) entspringen dem Beckenrand, ferner finden sich die Evangelistensymbole und eine kleine Figurengruppe mit der Taufe Christi auf dem Deckel. Als Halterung dient die Taube des Heiligen Geistes.

Die *Alte Schule* von 1609–14 nahe der Kirche, ein Massivbau mit Dreiecksgiebeln und Kreuzstockfenster, ist ein einfaches Beispiel der Renaissance. – Bückeburg besitzt auch aus dem späten 19. Jh. bedeutende Privatbauten, so die *Villa Georgstr. 5* (1865 nach Plänen von C. W. Hase), die vor einigen Jahren vollständig entkernte und sanierte ›*Villa fluminense*‹ (Bahnhofstr. 22 B, 1872) und als geschlossenen Stadtteil das Harrlviertel. Die evangelische *Kapelle Jetenburg* wurde 1570–73 von Jakob Kölling als Kirche des ehemals selbständigen Dorfes errichtet. Sie diente bis 1615 für Bückeburg als Pfarrkirche. Vom romanischen Vorgänger wurden zwei kleine Kapitelle in den Renaissancebau übernommen, von einem gotischen Bau des frühen 16. Jhs. (1510) blieben ebenfalls geringe Teile erhalten. Zur Renaissanceausstattung gehört ein Taufbecken aus dem Jahr 1577.

Nördlich von Bückeburg, im Schaumburger Wald, liegt innerhalb eines großen englischen Gartens das **Jagdschloß Baum**, das 1760–61 an der Stelle eines kleinen älteren Gebäudes geschaffen wurde. Bemerkenswert ist sowohl der eingeschossige, über hohem Sockel durch ionische Säulen gegliederte Bau als auch vor allem die Anlage der *Grotte* mit zwei seitlichen *Portalen* neben dem Jagdschloß. Die beiden manieristischen Portale entstanden um 1604–06 als Saalportale des Erdgeschoßsaales im Schloß Bückeburg. Als man 1758 den Park anlegte, wurden sie hierher versetzt, da man sie im Spätbarock wohl für Kuriosa und nicht mehr repräsentativ genug für das Schloß selbst hielt. Im Rahmen der übrigen (Bückeburger) Schloßausstattung der Bildhauer Wolff aus Hildesheim haben auch diese Werke ihren Rang. Das Versetzen ins Freie hat den Portalen allerdings nur vorübergehend die Erhaltung garantiert: Heute sind sie durch die Witterung gefährdet, wie so viele Kunstwerke an der ›frischen‹ Luft. Nicht weniger bedeutend ist das *Grabmonument des Grafen Wilhelm* sowie *das der Gräfin Juliane* südlich des Jagdschlosses. Beide lassen die enge Beziehung zur Revolutionsarchitektur des späten 18. und frühen 19. Jhs. erahnen, die bald von feudalen Auftraggebern adaptiert wurde. Das Grabdenkmal Wilhelms († 1776) ist in Form einer stufenförmigen Pyramide mit eingeschnittenem klassizistischem Portikus gehalten, das der Juliana († 1799) ein zum Bauwerk vergrößerter römischer Sarkophag mit flachem Dreiecksgiebel und Akroterienbekrönung. Somit vereint Schloß Baum mehrere sehenswerte und bedeutende Kunstwerke. Es ist zu wünschen, daß das Eintrittsverbot auch zukünftig nicht so rigoros gehandhabt wird, wie es das Schild an der Zufahrt zum Schloß (heute Jugendheim) ankündigt.

Die **Arensburg** nördlich von Rinteln ist eine Höhenburg, die wohl um 1300 gegründet wurde. Im 16. sowie im 19. Jh. fanden Umbauten statt, wobei auch ein Teil der guten frühhistoristischen Ausstattung (z. B. der Blaue Saal im ersten Obergeschoß der ersten Hälfte des 19. Jhs. angehört.

Rinteln (Farbabb. Umschlagrückseite) war bis zur jüngsten Gebietsreform Kreisstadt des Landkreises Grafschaft Schaumburg, der sich südlich an den Kreis Schaumburg-Lippe anschloß. Die Teilung beider Territorien erfolgte erst 1647, der Rintelner Teil wurde 1651 hessische Grafschaft. Dies hat Ende des 19. Jhs. u. a. dazu geführt, daß sich die hessische Denkmalpflege unter Bezirkskonservator Ludwig Bickell gerade der Stadt Rinteln gewidmet hat und man durch einige gute alte Fotografien über ihr damaliges Aussehen informiert ist. In hessischer Zeit wurde Rinteln zur barocken Grenzfestung ausgebaut. Nunmehr ist ein Teil des ehemaligen Landkreises (wieder) mit Schaumburg-Lippe vereinigt, einen anderen (mit Hessisch Oldendorf) schlug man dem Kreis Hameln-Pyrmont zu.

Die Stadt Rinteln wurde vor 1239 von Graf Adolf IV. von Schaumburg nach Lippstädter Stadtrecht gegründet (im Stadtgrundriß ist der Zusammenhang mit Lippstadt durch das Dreistraßensystem zu erkennen), um den Weserübergang zu sichern. 1621 entstand durch Verlegung des Gymnasiums Illustre aus Stadthagen hierher, die Universität Rinteln, in hessischer Zeit einzige (hessen-kasselische) Universität neben der in Marburg; die lutherische Universität Gießen war für Hessen-Kassel zu jener Zeit feindliches Ausland. 1809 wurde sie durch Napoleon aufgehoben, dasselbe Schicksal traf die Universität Helmstedt.

LANDKREIS SCHAUMBURG

Historische Ortsansicht von Rinteln, um 1830

Trotz einiger Beeinträchtigungen in der Hauptgeschäftsstraße ist das Straßensystem als vielleicht wichtigstes Baudenkmal in Rinteln erhalten geblieben. Der Straßengrundriß, der durchaus auch von Epoche zu Epoche bau(geschicht)liche Unterschiede aufweist, ist typisch für den Übergang vom hohen zum späten Mittelalter. Gegenüber Lippstadt unterscheidet er sich darin, daß die drei parallelen Straßen an den Enden nicht zusammenlaufen, sondern durch eine kurze Querstraße verbunden sind. Eine markante mittlere Querstraße fehlt; eine kurze Querstraße führt von der zentralen Achse zum Alten Ostertor, eine noch kürzere zum Neuen Ostertor. Die beiden mittleren Baublöcke waren weitgehend von Bürgern (Handwerkern, Beamten, Kaufleuten) bewohnt, die seitlichen Baublocks nahmen ein Kloster, Burgsitze und später die Universität auf. Hauptachse war ursprünglich die mittlere Straße (Bäckerstraße), doch schon bald verlegte man den Verkehrsfluß in die westliche Straße (Klosterstraße, Weserstraße) und teilte den Markt in Höhe der Bäckerstraße durch ein großes städtisches Fachwerkhaus von dem Kirchplatz ab.

Die *Marktkirche* läßt sich bis in das 13. Jh. zurückverfolgen. Eine urkundliche Nennung überliefert die Jahreszahl 1257. Dennoch liegen erhebliche Teile der Baugeschichte im dunkeln. Der Westturm wurde 1521, 1770 und 1886 erneuert und zuletzt auch mit einem noch erhaltenen Uhrwerk versehen. Turm, dreijochige Hallenkirche und schmaler Langchor halten sich auf den ersten Blick an das übliche Pfarrkirchenschema; ältestes erkennbares Baudetail ist das Portal aus der Mitte des 13. Jhs. im östlichen Joch der Südseite. Es hat

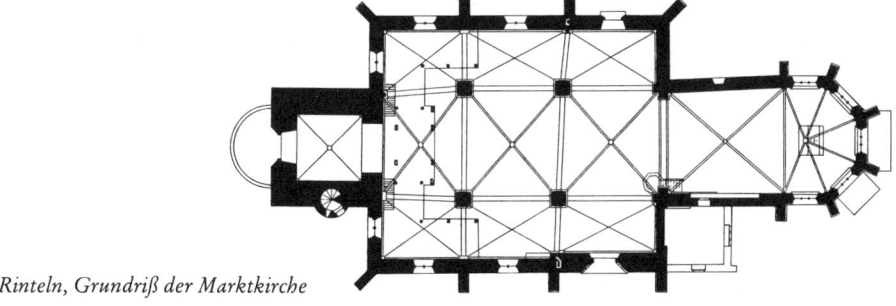

Rinteln, Grundriß der Marktkirche

Schaftringe an den Rundstäben der Archivolte. Der tympanonlose Bogen über dem Portal zeigt kleine rundbogige Einschnitte (Lappenbogen), ähnlich den Portalen der Kirchen in Halberstadt und Riddagshausen. Dem Rundfenster über diesem Portal, von dem zumindest das äußere Gewände der Mitte des 13. Jhs. angehört, geht noch wenigstens ein erkennbarer älterer Zustand voraus, der bisher ungeklärt ist. Das gesamte Wandstück ist breiter als die übrigen Langhauswände, war also offenbar Teil eines hochmittelalterlichen Bauwerks. Das Langhaus, dessen Chor 1580 erneuert wurde (Gewölbe), gehört ansonsten dem 14. Jh. an. Das Innere der stark verbauten Hallenkirche hat quadratische, durch Anhebung des Fußbodens stark gedrungen wirkende Pfeiler mit Rundstäben an den Kanten sowie tief heruntergezogene Bögen und Rippen. Zu den wenigen Wand- und Deckenmalereien gehören die vier Evangelistensymbole im östlichen Langhausjoch. Die Glasfenster mußten nach dem Krieg erneuert werden. Hierfür konnte man den bekannten Marburger (in Rinteln geborenen) Glasmaler Erhard Klonk gewinnen. Die Ausstattung gehört weitgehend der späten Renaissance an. Der Altar wurde kurz nach 1583 geschaffen. Er ist nicht architektonisch durchkonstruiert, sondern verfügt nur über eine schlichte Rahmung des zentralen Abendmahlbildes und darüber der Kreuzigung Christi. Von der Kanzel (vermutlich von 1713) ist allein der Korb erhalten. Die Bronzetaufe aus dem Jahr 1582 ist schlicht gegliedert und mit Inschriften versehen. Die 1608 datierte Empore zeigt auf 35 bemalten Rundbogenfeldern biblische Geschichten des Alten und des Neuen Testaments; die Orgel wurde schon 1621 aufgestellt, jedoch inzwischen mehrfach erneuert. Auch die Epitaphien gehören der Renaissance an. Teils wurden sie in Stein gehauen (Postsches Epitaph von 1578), teils haben sie gemalte Tafeln mit plastischen Rahmen (v. Zerrsen, um 1582). Von den Kronleuchtern entstand der älteste um 1580, ein Wandleuchter datiert von 1581, ein mehrarmiger Hängeleuchter von 1655.

Das *Rathaus* neben der Pfarrkirche ist durch topographische Änderungen in diesem Stadtbereich in eine Baugruppe eingebunden, während es ursprünglich frei gestanden haben dürfte (Abb. 90). Es besteht aus zwei Teilen, dem sogenannten großen Haus links und dem kleinen rechts. Äußerlich handelt es sich um eine Anlage der Renaissance in den für den Weserraum typischen Formen; der kleinere Bau hat Halbkreisgiebel mit Kugelbesatz der

LANDKREIS SCHAUMBURG

Zeit um 1540, der große geschweifte Giebel, die bei einem umfangreichen Umbau 1597–1600 entstanden sind. 1587 erhielt der kleine Bau zwei Erker, ebenfalls mit Halbkreisaufsätzen und Kugelbesatz, nun jedoch mit Fächerrosetten versehen. Zu Beginn des 17. Jhs. wurde dem linken Bau eine zweigeschossige Lucht anstelle etwas älterer Fenster vorgestellt. Im 18. Jh. änderte man schließlich auch die Erker des kleineren Baus zu Luchten um. Die Kernsubstanz des Rathauses ist den Forschungen des Architekturbüros ›Stadt und Haus‹ (Hannover) zufolge jedoch wesentlich älter, was man z. B. an den äußeren Quaderkanten am großen Haus und einem vermauerten Fenstergewände in dessen Innerem ablesen kann. Das lange Zeit für jünger gehaltene große Haus ist somit der Kernbau. Das genannte Fenster in der rechten Traufwand dieses Gebäudes (von außen heute nicht mehr zu sehen) könnte noch in das 13. Jh. gehören, obwohl man segmentbogige Fenster mit Kehlenprofil sonst eher für das 15. Jh. erwartet. Es scheint jedoch frühe Parallelen zu den Profilen zu geben. Dem Renaissanceumbau, der die Änderung des gesamten Äußeren und die Schaffung eines rückwärtigen Eingangs mit Freitreppe umfaßte, folgte nach dem Dreißigjährigen Krieg ein weiterer. Der Rathausbau läßt sich somit bis in das endende hohe Mittelalter zurückverfolgen und dürfte nur kurz nach der Verleihung des Stadtrechtes 1239 errichtet worden sein. Das kleine Haus wurde denselben Untersuchungen zufolge schon um 1300 angebaut.

Das *Archivhäuschen* in der Ritterstraße, auf einem der v. Münchhausenschen Burgmannshöfe gelegen, ist neben dem Rathaus der bekannteste Renaissancebau in Rinteln. 1546 vermutlich als Gartenhaus errichtet, wird es Cord Tönnies zugeschrieben. Obwohl hinter der zur Straße hin vorgebauten Lucht nur ein sehr kurzer Bau angefügt ist, der rückseitig mit einem Dreiecksgiebel (Wappen der Familie v. Münchhausen, 1566) abschließt, war das Gebäude ursprünglich wohl größer ausgeführt oder zumindest geplant: Die Mauer neben der Lucht läßt Portal- und Fensteröffnung erkennen. Es handelt sich hier offenbar um den Stubenteil eines größeren Gebäudes bzw. einen Teil des Eingangstraktes, ähnlich der Eingangssituation von Schloß Bückeburg. – Mancher Betrachter wird heute zudem stutzen, weil er gleich nebenan noch ein zweites Häuschen dieser Art entdeckt, das allerdings eine schematischere Steinbearbeitung aufweist. Man erbaute es der Jahreszahl im Giebel zufolge 1847 und fügte einen Wappenstein von 1561 in die Fassade ein. Kunstgeschichtlich ist dieses kleine Bauwerk kaum weniger bemerkenswert als sein prominenter Nachbar. Es handelt sich um das früheste Beispiel für das Wiederaufgreifen von Weserrenaissanceformen im 19. Jh.

Zwischen beiden Luchtbauten steht ein langer *Wirtschaftsbau* mit einfachem dreieckigem Steingiebel der Renaissance, ein Wappenstein ist 1598 datiert; die rundbogige Einfahrt wird von Kerbschnittquadern gefaßt. Die bruchsteingemauerte rechte Wand enthält mehrere Vorhangbogenfenster, teilweise mit gotisierendem Stabwerk. Die linke Wand und der hintere Bauteil sind aus Fachwerk gebaut und stammen ebenfalls noch aus dem 16. Jh. Auf der Rückseite lag der mittlerweile abgebrochene Wohntrakt.

Der *Parkhof* am Südende der Ritterstraße (Nr. 24) ist ein dreiflügeliger Spätbarockbau, dessen um 1770 entstandenes Hauptgebäude einen breiten Giebel und ein einfaches barockes Portal aufweist. Der *Burghof* des ehemaligen Besitzes der Familie v. Münchhausen auf der gegenüberliegenden (stadtseitigen) Seite der Ritterstraße ist winkelförmig angelegt und besteht aus einem Massivgeschoß und zwei Fachwerkgeschossen. Der südliche Flügel erhielt an der Hofseite um 1900 einen reizvollen historistischen Fachwerkvorbau, der in eine historistische Eingangshalle führt (mit älteren, umgearbeiteten bzw. erneuerten Türblättern und -rahmen sowie erneuerter Treppe mit Renaissanceteilen). Das Portal zu dieser Eingangshalle entstand 1741 unter dem damaligen Burgmann Freiherr von Schellersheim. Zur Krankenhägerstraße hin verfügt der Hof über ein Portal aus ansehnlichen Steinen der späten Renaissance. Weitere Adelshöfe stehen im Südwesten der Stadt. Der *Möllenbeckische Burgsitz* an der südlichen Klosterstraße enthält noch einen großen mittelalterlichen Steinbau, Ende des 15. Jhs. urkundlich erwähnt (Eulenburg) und 1591 (Portal) sowie 1662 (Fenster) durchgreifend erneuert. Das Gebäude dient heute als Heimatmuseum.

Die reformierte *Pfarrkirche St. Jakobis*, zwischen 1270 und 1320 erbaut, ist die Kirche des ehemaligen Benediktinerinnenklosters St. Jakobi, das um 1240 an dieser Stelle im Südwesten der Stadt entstand und dessen Gebäude später der Universität dienten. Die Kirche ist ein gerade geschlossener, einschiffiger fünfjochiger Bau mit schlankem Dachreiter. Beim Neubau des an die Kirche angefügten Pfarrhauses Ende des 19. Jhs. wurde auch die Kirche selbst erneuert (Giebel, südliche Strebepfeiler mit Schwibbogen, Eingangshalle, Dachreiter). Die südlich gelegenen universitär genutzten Klosterbauten wurden 1875 durch ein Schulgebäude in Renaissanceformen ersetzt.

Nördlich der Kirche liegt noch ein weiterer *ehemaliger Adelshof* (v. Dankelmanns Hof; Prinzenhof), in dem sich heute das Amtsgericht befindet. Es handelt sich um ein frei stehendes Fachwerkgebäude mit Vorhangbogenfenstern in beiden Geschossen sowie Schiffskehlenprofilen mit gedrehten Schnüren an den Füllhölzern, in der zweiten Hälfte des 16. Jhs. entstanden. Der Treppenvorbau wurde im frühen 19. Jh. errichtet. Zur Klosterstraße wird das Gebäude durch ein barockes Hofportal abgeschirmt.

Rinteln verfügt noch über eine stattliche Anzahl älterer und bedeutender Fachwerkbauten, die aber leider in den letzten Jahren nicht immer nach dem neuesten Stand der Technik restauriert wurden. Wenn auch, wie beim Rathaus, inzwischen gelegentlich genaue baugeschichtliche und bautechnische Dokumentationen erstellt worden sind, hat man bei vielen Restaurierungen lange Zeit nicht auf eine zweite Mauerschale im Innern, auf Kunststoff-Thermopen-Fenster oder gar die völlige Erneuerung von Fachwerk und Steinsockel verzichten wollen. Die älteren Rintelner Häuser haben durchweg ein nur wenig unterteiltes Vorderhaus mit hoher Diele, an dessen Ende sich ein unterkellerter Saalbau anschloß. Beispiele für unterkellerte Saalbauten, die oft noch in das 16. oder gar 15. Jh. zurückreichen, sind das *Haus Weserstr. 18* und das benachbarte *Haus Klosterstraße 1*. Die bauliche Besonderheit ist in der schmalen Gasse zwischen beiden schönen Häusern gut zu sehen. Als später Renaissancebau ist die *Universitätskommisse Klosterstr. 9/10* zu nennen, die im Obergeschoß und am Giebel mit Beschlagwerkplatten in den Brüstungen versehen ist. Zu den sehenswerten älteren Häusern gehören noch *Bäckerstr. 4* (wohl 1530 mit schlichten Profilen errichtet) und das Nachbarhaus, ein Traufenbau mit Querdielentor, Saalteil, Schiffskehlen sowie Vorhangbogenfenstern. Eine spätgotische Majuskelinschrift nennt das Baujahr 1537.

LANDKREIS SCHAUMBURG

896 bestätigte Kaiser Arnulf die Gründung des **Benediktinerstiftes Möllenbeck**. Von den Bischöfen von Minden gingen die Vogteirechte schließlich an die Grafen zu Schaumburg über. Ähnlich dem Kloster Corvey bestand außer dem Stift auch eine gleichnamige Ortschaft, die zeitweilig sogar als ›oppidum‹ (Stadt) erwähnt wurde, aber noch im Laufe des Mittelalters ihre Existenz aufgab. Wahrscheinlich gab es zwischen dem Stiftsort und Rinteln eine ähnliche Konkurrenzsituation wie zwischen dem Kloster Corvey und Höxter, die in beiden Fällen zugunsten der heute bekannten Stadt (hier also Rinteln) entschieden wurde. Das heutige Dorf Möllenbeck wurde erst im 17. Jh. angesiedelt. Die Reformation hatte 1559 aus dem Kloster ein weltliches Kanonikerstift gemacht; ab 1640 wurden die Einkünfte der neuen Universität Rinteln zugeführt, eine Regelung, die die Landgrafen von Hessen als neue Herren auch für die hessischen Klöster anwendeten.

Die ursprüngliche Kirche wurde in der ersten Hälfte des 10. Jhs. durch einen *Neubau* ersetzt, von dem zwei runde Treppentürme der ehemaligen Westfassade erhalten blieben (Abb. 89). Sie rahmten einen etwas niedrigeren mittleren Turm und bildeten mit ihm eine charakteristische Dreiturmgruppe, die sich für eine ganze Reihe bedeutender Kirchen dieser Zeit feststellen läßt. Angeschlossen war eine dreischiffige Pfeilerbasilika mit Querhaus und drei Apsiden. 1479 wurde mit dem Neubau der Kirche begonnen. Ein Brand beschädigte 1492 Teile des Langhauses und die Kirchennordwand. Nach geändertem Plan vollendete man den Neubau, vermutlich mit Einsparungen, die zum Erhalt der ottonischen Türme führten. 1505 konnte die neue Kirche geweiht werden. Die zwei in den gotischen Bau

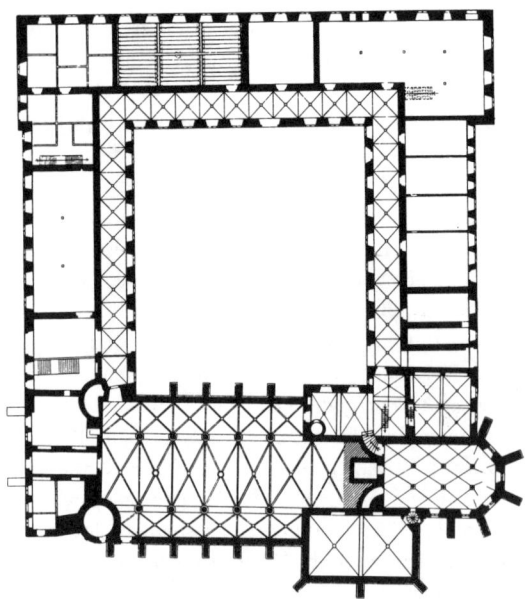

Möllenbeck, Grundriß des Klosters

einbezogenen Rundtürme, deren südlicher eine Blendarkatur aufweist, lassen die Klosterkirche gedrungen erscheinen. Über dem Turmdach öffnen sich Schallarkaden jüngerer Zeit. An das Langhaus mit einer Länge von sechs Jochen fügt sich östlich der schmale vierjochige Chor mit Fünfachtel-Schluß an, im Süden begleitet von der Sakristei auf den Fundamenten des ottonischen Querhauses. Schlanke Achteckstützen tragen das Langhausgewölbe, die Rippen des Chorgewölbes enden in kleinen Konsolen. Die Gewölbe sind schlicht, teils figürlich ausgemalt. Unterhalb des Chores befindet sich eine sechsstützige Hallenkrypta der Spätgotik, die unter Einbeziehung einer ›Confessio‹ angelegt wurde. Das Sockelprofil umgreift mit Spitzbögen die rechteckigen Maßwerkfenster. Auch die Gebäude der Klausur wurden Ende des 15. Jhs. errichtet und dabei vermutlich über den hochmittelalterlichen Bestand hinaus vergrößert. Der Nordflügel trägt an einem Kellerportal die Jahreszahl 1487. Seine beiden Giebel an der Ost- und Westseite wurden mit Backstein aufgemauert. In zweiter Verwendung kann man solche Backsteine auch am Westflügel und an der Klostermauer sehen. Ihr großes Format und die einfache Brenntechnik weisen sie als mittelalterliche Steine aus. Dies ist ein deutlicher Hinweis auf Zusammenhänge mit der niederdeutschen kirchlichen Architektur; namentlich zum Kloster Lüne bei Lüneburg werden (der inneren Grundrißaufteilung wegen) Beziehungen vermutet. Ein abgebrochener Scheunenbau der Zeit um 1500 wies zudem eine Backstein-Giebelgliederung nach Lüneburger Muster auf. Vor den drei Flügeln der Klausur verläuft ein gewölbter Kreuzgang. Die Klosterräume sind teilweise noch mit einer für diese Zeit und Gegend außerordentlich bemerkenswerten spätmittelalterlichen Wand- und Deckendekoration versehen. Möllenbeck gilt als besonders gut erhaltenes Klosterbauwerk des späten Mittelalters.

Die evangelische *Pfarrkirche* in **Deckbergen** (Rinteln) besteht aus einem zweijochigen romanischen Schiff mit Westturm, das Ende des 15. Jhs. um ein rechtes Seitenschiff und ein Chorjoch zur zweischiffigen Halle erweitert wurde. Das Langhaus zeigt einfache quadratische Pfeiler, breite Gurt- und Scheidbögen sowie Kreuzrippengewölbe. Ein besonders wertvolles Ausstattungsstück ist der spätgotische Schnitzaltar aus der Bauzeit des Chores mit Kreuzigungsdarstellung und Assistenzfiguren im Mittelschrein sowie Heiligenstatuetten an den Seitenflügeln. Als Rahmung dienen kleine Kielbögen. Die Predella ist mit einem Gemälde aus dem Jahr 1589 versehen, einem Abendmahlsbild, dessen Komposition von druckgraphischen Werken abhängig ist und auf italienische Vorbilder (namentlich Leonardos) zurückgeht.

Die kleine *Kirche* in **Kathrinhagen** (Auetal) mit Westturm, zweijochigem Langhaus und quadratischem Chor wurde in der ersten Hälfte des 13. Jhs. in spätromanischen Formen errichtet. In den Gewölbebau führt ein rundbogiges Portal ohne Tympanon, um das ein Sockelprofil herumgeführt ist. Die Gewölbe zeigen Malereien des späten 14. Jhs. Die Ausstattung aus Empore, Kanzel, Taufe und Leuchtern ist barock.

Die *Pfarrkirche* in **Hattendorf** (Auetal) geht gleichfalls noch auf hochmittelalterliche Zeit zurück. Ursprünglich wohl als kreuzförmige Kirche ähnlich der von Eimbeckhausen im späten 12. Jh. errichtet, wurde das Langhaus weitgehend und der südliche Querarm völlig erneuert. Das Ergebnis dieses Umbaus ist eine zweischiffige Hallenkirche von nur zwei

Jochen Länge, mit zwei Chorjochen und dem nördlichen, 1577 renovierten romanischen Querarm.

Östlich von Rinteln liegt die **Schaumburg**, die zumindest seit dem 12. Jh. als Stammsitz der Grafen von Schaumburg diente. An einem Südhang der Wesergebirge gelegen, gewährt sie vom mächtigen Bergfried (Aussichtsturm) einen Ausblick weit über das Land. Die Gebäude der Hauptburg wurden weitgehend im späten 16. Jh. in einfachen Renaissanceformen erneuert, als die Schaumburg ihre Bedeutung längst verloren hatte und man sie nur noch als bescheidenen Sitz nutzte. Gegenüber dem Hang ist die Burg durch eine mächtige Schildmauer abgeschlossen, an die sich zum Vorhof hin die Gebäude der Vorburg anlehnen. Seitlich des Torbaus handelt es sich dabei um ein Fachwerkhaus, das seiner malerischen Erscheinung wegen ein beliebtes Fotomotiv ist. Es entstand 1909 als Ersatz eines 1895 hier abgebrochenen Gebäudes. Dabei wurden Teile eines Osnabrücker Bürgerhauses verwendet, das seinerseits aus dem Jahre 1613 stammte. Die Kopie des alten Fachwerks ist recht gut gelungen und läßt sich nur bei sehr genauem Hinsehen durch die handwerkstechnischen Abweichungen vom frühneuzeitlichen Fachwerk unterscheiden.

In Richtung Hameln liegt das Städtchen **Hess. Oldendorf**, das 1905, während der Zugehörigkeit zur Landgrafschaft Hessen, den Beinamen ›Hessisch‹ erhielt, um es von benachbarten weiteren Oldendorfs zu unterscheiden. Es wurde im 13. Jh. als städtische Siedlung neben dem ›Alten Dorf‹ neu angelegt und weist ein Parallelstraßensystem wie in Rinteln und Stadthagen auf. Die Bedeutung dieser Orte erlangte Oldendorf trotz der Nähe der Territorialburg nicht. Die evangelische *Kirche* steht wie üblich von der Hauptstraße, hier der Langen Straße, durch einen Baublock getrennt. Sie ist eine dreischiffige Hallenkirche mit schmalen Seitenschiffen, Westturm und quadratischem gerade geschlossenem Chor. Achteckige Pfeiler tragen Gurtbögen, Schildbögen und Rippen von etwa gleichen Dimensionen. Das Taufbecken Mante Pelckings ist ein Pendant zu den Werken in der Stephanikirche in Helmstedt (s. S. 103) und der Kreuzkirche in Hildesheim (s. S. 151). Es wurde 1590 in Bronze gegossen, und die Darstellungen, bei denen es sich um Taufbilder handelt, entsprechen den genannten Werken. Unter den Burgmannensitzen, die die Eckpunkte der Stadt einnehmen (ähnlich Horstmar bei Münster), ragt der Komplex des v. Münchhausenschen Hofes hervor. Das Herrenhaus ist ein winkelförmiger Renaissancebau mit Treppenturm im Hofwinkel und entspricht dem Typ eines kleinen Schlosses.

Die heute noch weitgehend erhaltene *Stiftskirche* in **Fischbeck** aus der ersten Hälfte des 12. Jhs. ist nicht das erste Bauwerk des 955 durch die Edelfrau Helmburg gegründeten Damenstiftes. Vom Gründungsbau ist noch ein Rest im Mauerwerk des Querhauses und wohl auch ein Teil der Fundamente erhalten. 1099 wurde vom Mindener Bischof Witelo ein Ablaß zur Finanzierung des Fischbecker Neubaus ausgeschrieben. Mitte des 12. Jhs. nahm Papst Hadrian IV. das Kloster unter seinen Schutz. Das Erstarken der Landesherrschaft im späten Mittelalter ließ den päpstlichen Schutz jedoch bedeutungslos werden. Die Reformation wurde gegen den Widerstand des Stiftes nach Übertritt des Grafen Otto IV. zum protestantischen Glauben eingeführt. Die Säkularisation konnte der Schaumburger nicht

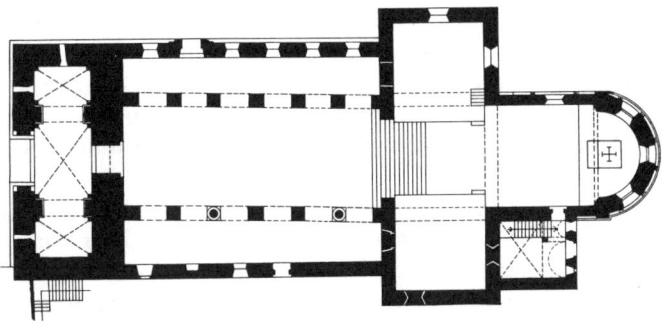

Fischbeck, Grundriß der Stiftskirche

durchsetzen, da der Adel nicht auf die Versorgungsstätte für ledige und unversorgte Töchter verzichten konnte. Fischbeck wurde in ein freiweltliches adliges Fräuleinstift umgewandelt, als das es – mit kurzer Unterbrechung in napoleonischer Zeit – noch heute besteht.

Von außen bietet die Kirche ein geschlossenes romanisches Bild, das aber bei genauem Hinsehen zu differenzieren ist. Der mächtige Westbau setzt sich durch eine Fuge vom Langhaus ab. Er ist, wie auch der Grundriß erkennen läßt, ein bautechnisch eigenständiger Teil gegenüber dem Langhaus. Dies spricht für eine nachträgliche Änderung des ursprünglichen Bauplans. Ob dieser Westbau erst Ende des 12. Jhs. oder schon früher errichtet wurde, ist noch nicht entschieden. Das Langhaus gleicht im Außenbau dem gängigen Typ der romanischen Basilika. Das gleichmäßige Fensterband im Obergaden weist darauf hin, daß der Bau immer flach gedeckt war. Die Dekorationen des Nordquerhauses wurden bei der Restaurierung 1904 hinzugefügt, ursprünglich hatte es sich hier – entsprechend dem Langhaus – um einen schlichten Baukörper gehandelt. Einen Kontrast dazu bilden Chorquadrat und Apsis. Über dem Kryptensockel aus dem frühen 12. Jh. findet sich im Bereich des Chorquadrates eine zweigeschossige Gliederung. Eine solche weist auch die Apsis auf. Die vertikalen Stäbe verbinden hier die horizontalen Gesimse. Auffällig sind die schlüssellochförmigen Fenster, die an rheinische Zierromanik erinnern. Es ist davon auszugehen, daß diese Apsis aufgrund ihrer Formensprache, aber auch der Verwendung von Quadern der jüngste Bauteil ist. Ob die Errichtung der östlichen Teile mit dem großen Brand von 1231 in Zusammenhang steht oder ob es sich nicht doch um einen Umbau Ende des 12. Jh. handelt, ist fraglich.

Betritt man die Eingangshalle im Westbau, fallen die seitlich stehenden Kapitelle aus dem 12. Jh. auf, die bei der Restaurierung zur Jahrhundertwende ausgewechselt wurden. Über dieser dreischiffigen Eingangshalle befand sich ursprünglich die Nonnenempore. Das altertümliche Tympanon über dem Eingang in die Kirche – zwei ähnliche sind am Südeingang und am Zugang zur Krypta zu sehen – wurde erst 1904 hier eingefügt. Das in der Datierung umstrittene Relief mit dem Brustbild Christi stammt wohl aus dem 11. Jh.

Der Innenraum der dreischiffigen kreuzförmigen Basilika wird zum einen durch die massiven Pfeiler, die gegen die ursprünglichen den Raum gliedernden Säulen nach dem

Brand von 1234 ausgetauscht wurden, zum anderen durch die Erhöhung des Querhauses bestimmt. Die Malerei vom Beginn des 20. Jhs. – das Deckenbild zeigt u. a. den wilhelminischen Adler – unterstreicht die Fülle des Raumes. Der steile Anstieg der Chortreppe ist durch die Krypta bedingt. Die Vierung zeigt heute ein Kuppelgewölbe über Pendentifs von 1902. Inwieweit eine Vierungskuppel und ein auch nach außen hin sichtbarer Vierungsturm nach dem Vorbild rheinischer Bauten geplant waren, kann letztendlich nicht entschieden werden. Die Krypta ist in weiten Teilen dem Bau des frühen 12. Jhs. zuzuordnen. Die beiden östlichen Kryptensäulen könnten einerseits in ihrer Manieriertheit auf eine ähnliche Entstehungszeit wie das Schlüssellochfenster hinweisen, andererseits entsprechen sie in einzelnen Formen den übrigen Säulen der Krypta. Die Innenausstattung weist einige Besonderheiten auf. Das bedeutendste Stück, ein Kopfreliquiar aus der Zeit um 1200, steht als Original im Kestnermuseum Hannover (Kopie in der Kirche). Das Triumphkreuz eingangs der Vierung ist ein frühes Beispiel des Dreinageltypus. Es dürfte in der Zeit kurz vor der Mitte des 13. Jhs. entstanden sein. Die strenge, auf eine frontale Wirkung hin gestaltete Helmburgisplastik an der südlichen Chorhauswand geht auf ihre frühere Funktion als Liegefigur zurück; die Statue befand sich in einem steinernen Behältnis auf Rollen unter dem Altar des Damenchors. Deutlich ist die Figur dem späten 13. Jh. zuzuordnen. Als Stücke der mittelalterlichen Ausstattung blieben das Adlerpult im Damenchor aus dem 14. Jh. und der spätgotische Äbtissinnenbaldachin erhalten. Zwischen Vierungspfeiler und Kryptenabgang befindet sich die lebensgroße Figur eines Christus im Elend aus dem späten 15. Jh. Im Langhaus stehen die farbig gefaßten Holzfiguren der Apostel Petrus und Paulus. Ihre stark geknitterten und bewegten Gewänder sind für das frühe 16. Jh. typisch. Der Bildteppich von 1583 an der Westwand des Südquerhauses geht auf einen mittelalterlichen Vorgänger zurück. Er erzählt die Gründungslegende des Stiftes: Die zu Unrecht des Mordversuchs bezichtigte Helmburgis und eine Dienerin wurden, an den Händen gebunden, auf einen Wagen mit galoppierenden Pferden gesetzt, sie überstehen diese Tortur jedoch unbeschadet. Zum Dank gründete Helmburgis das Stift. Ein Bild zeigt sie vor König Otto I.; die Architekturdarstellungen sind fiktiv.

Weser und Solling

Aus dem im 8. Jh. von Fulda aus gegründeten Missionskloster St. Romanus (später St. Bonifatius) entwickelte sich im 12. Jh. die Stadt **Hameln**. Ein Kriegszug von 1260, der mit Unterstützung von Herzog Albrecht von Braunschweig erfolgreich durchgeführt wurde, beendete die Abhängigkeit vom Stift, ließ die Stadt jedoch welfisch werden. Kurz zuvor hatte die Stadt Minden das Stift gekauft. Dessen damalige Machtstellung dokumentiert noch heute die Weserbrücke, die nicht zentral auf die Stadt, sondern auf das Stift zuläuft.

Die Sage vom ›Rattenfänger von Hameln‹ hat den Namen der Stadt berühmt gemacht. An der Außenwand des 1602–03 in der Osterstraße 28 errichteten *Rattenfängerhauses* (Frontispiz, Abb. 92) findet sich das wohl früheste schriftliche Zeugnis dieser Sage, nach der ein Pfeifer in einem farbigen Gewand 130 Kinder aus der Stadt entführt haben soll. Tatsächlich haben der Auszug der Kinder und die Geschichte vom Rattenfänger nichts miteinander zu tun, vielmehr scheinen beide Sagen erst im 16. Jh. kombiniert worden zu sein. Zu jener Zeit hatten Hamelner Bürger – wobei mit den Kindern vermutlich die Bürger der Stadt gemeint sind – ihre Stadt verlassen, um den Osten zu kolonisieren. Von 1426 bis 1572 war Hameln Mitglied der Hanse. 1540 wurde die Reformation in der Stadt eingeführt. Wirtschaftlich florierte die Stadt im 16. Jh. noch, politisch nahm der Einfluß der welfischen Herzöge zu. Nach ersten ähnlichen Maßnahmen der Welfen am Ende des Dreißigjährigen Kriegs baute König Georg III. von England und Hannover auch Hameln seit 1763 zu einer bedeutenden Festung aus. Das später wieder zerstörte Festungsgelände konnte ab 1850 mit Wohnhäusern bebaut werden.

Die Baugeschichte der *Münsterkirche St. Bonifatius* ist nicht restlos geklärt, obwohl durch Ausgrabungen Teile von älteren Bauten ermittelt werden konnten. Einem karolingischen und einem ottonischen Vorgänger folgte eine Basilika des 11. Jhs., die in den Dimensionen des Mittelschiffs (ohne das kurze Westjoch) und im Mauerwerk einheitlich erhalten ist. Diese Kirche wurde in mehreren Abschnitten vergrößert, 1803 profaniert und in den Jahren 1863–75 unter Bauleitung von C. W. Hase renoviert. Der Westturm aus Bruchsteinmauerwerk gehört bereits einer Umbauphase des späten Mittelalters an. Das Langhaus ist ein Quaderbau, der äußerlich aus gotischer Zeit stammt und mit drei- bis vierbahnigen Maßwerkfenstern des 14. Jhs. versehen ist. Das Querhaus, gleichfalls ein Quaderbau, entstammt vermutlich erst dem ersten Viertel des 13. Jhs. Es steht in der Nachfolge südniedersächsischer romanischer Querhausbauten und ist mit Sockelprofilen, die um Portale geführt sind, sowie einem geringfügig abgetreppten Obergeschoß ausgestattet, das zwei (bereits leicht spitzbogige) Fenster aufweist, die am oberen Abschluß mit einem Rundbogenfries sowie seitlichen Lisenen versehen sind.

WESER UND SOLLING

Wahrscheinlich ist auch beim gotischen Umbau des Langhauses romanisches Mauerwerk wiederverwendet worden, wie man an der Oberflächenstruktur einzelner Steine erkennen kann. Über der Vierung erhebt sich ein achteckiger Turm mit barocker Haube. Einzelheiten wurden im 19. Jh. durch neue Teile ersetzt. Den Langchor erneuerte man in zwei Bauphasen in gotischer Zeit. Das Vorchorjoch besteht aus Bruchsteinmauerwerk des 12. Jhs. und ist mit einem nachträglich eingebauten Fischblasen-Maßwerkfenster ausgestattet. Das gerade abschließende Ostjoch entstand Ende des 13. Jhs. Die Bauphasen sind im Inneren der Kirche wegen der zahlreichen Umbauten noch schwerer zu bestimmen als die des Äußeren. Erkennbar ist das Mittelschiff als Teil einer früheren Basilika, das über je eine niedrige Arkade zwischen den erhaltenen Hauptpfeilern verfügte. Zu dieser romanischen Basilika gehört auch das Querhaus, das in voller Breite vorhanden und stadtseits durch ein aufwendiges Portal und eine Fensterrose verziert ist. Dieser rippengewölbte Bauteil hat breite Gurtbögen über spätromanischen Kämpfern. So wie sich der Bau des späten 12. oder frühen 13. Jhs. zumindest in der Grundidee einigermaßen genau herausschälen läßt, gilt dies auch für die gotische Erweiterung mit Bündelpfeilern und Bündelvorlagen in den Seitenschiffen. Diese lassen sich an den Seitenschiffwänden vollständig und an den Mittelschiffpfeilern zu den Seitenschiffen hin in den oberen Teilen – dort als Umbauzustand – feststellen. Irritierend wirken die runden Eckvorlagen an den Mittelschiffpfeilern, die stilistisch zwar zur Romanik passen, hier jedoch in die Bauphase der (gotischen) Hallenkirche gehören. Das gilt auch für die halben Achteckvorlagen, die klar in die gotische Bauphase einzuordnen sind, wie ein Vergleich mit dem Chor verdeutlicht. Man hat den Eindruck, als hätten die Baumeister der Gotik Verwirrung stiften wollen und nicht das Bestreben nach einem einheitlich wirkenden Kirchenbau gehabt. Die unterschiedlichen Vorlagenarten an den Mittelschiffpfeilern zu beiden Seitenschiffen hin dürfen wohl als Spielerei verstanden werden, die sich auch in der in unterschiedlicher Höhe angeordneten Verbindung von Bündel- und Achteckvorlagen sowie in der unterschiedlichen Abkragung und Sockelbildung äußert. Das nördliche Querhausjoch ist innen mit Blendarkaden an Portal- und Ostseite versehen; auch im angefügten Langhausjoch gibt es Dreipaßblendarkaden in der Art, wie man sie im Chor des Mindener Domes findet. Die Erweiterung zur Hallenkirche stand insgesamt unter dessen Einfluß. Im Hochchor sind die abgekragten Bündelvorlagen des Gewölbes mit trompetenartigen blattwerkverzierten Konsolen auf halben Achteckvorlagen angeordnet. Nur die westlichen Pfeiler haben Rundvorlagen und Viertelstabprofile.

Die heute dreiteilige Krypta unter dem Langchor ist entsprechend dem Chorschluß gerade geschlossen. Sie besteht aus einer dreijochigen Hallenkrypta, mit einem abgesetzten Westjoch, schlanken Säulen und Würfelkapitellen, Blendarkaden und rundbogigen Fenstern an den Seitenwänden. Westlich ist ein niedriger Teil mit kleineren Säulen, Würfelkapitellen und Gurtbögen vorgelagert, östlich eine einjochige Erweiterung. Diese stammt wie der Hochchor aus der Zeit um 1280. Zuvor hatte die dreischiffige Hallenkrypta eine Apsis.

◁ *Das Rattenfängerfest in Hameln, Stich von 1880*

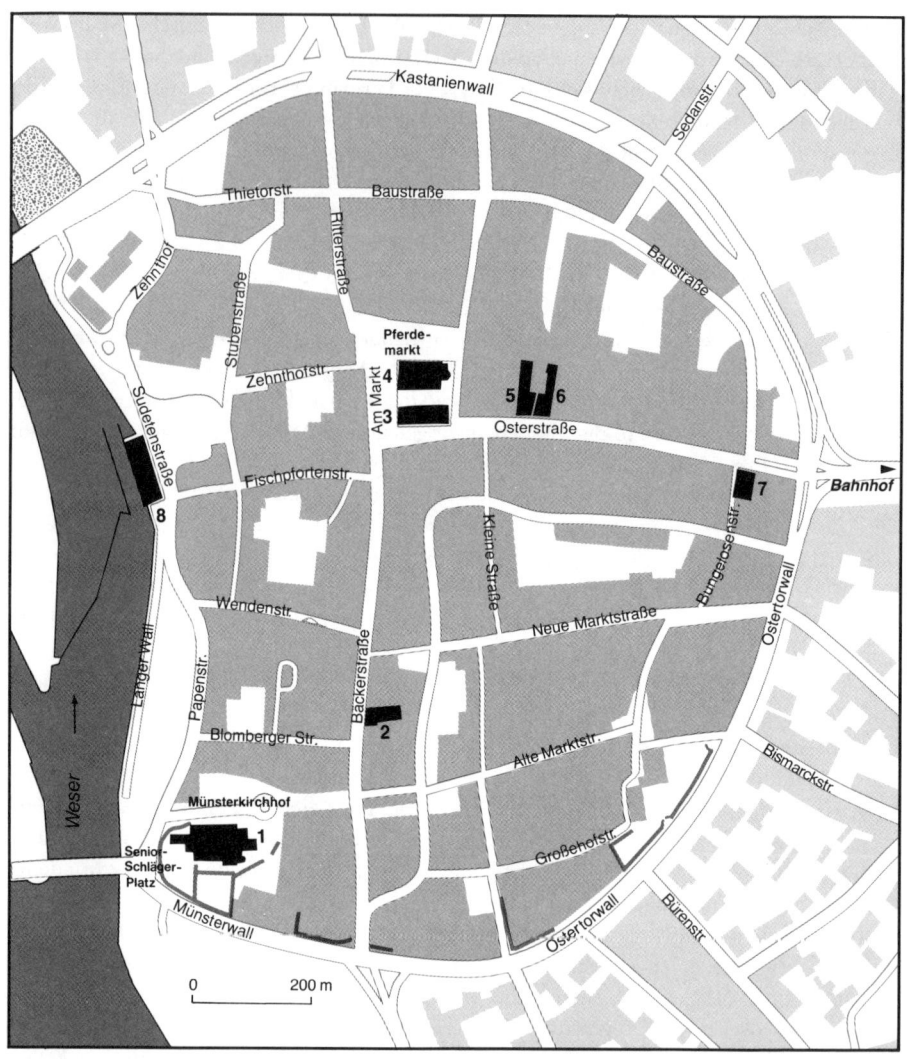

Hameln 1 Münsterkirche St. Bonifatius 2 Rattenkrug 3 Hochzeitshaus 4 Marktkirche St. Nikolaus 5 Haus Osterstr. 8 6 Haus Osterstr. 9 7 Rattenfängerhaus, Osterstr. 30 8 Pfortmühle

Ihre Säulen sind jedoch bei einer Erhöhung der Krypta ausgetauscht worden, denn ursprünglich waren sie kräftiger und kürzer. Kapitelle und Basen gehören der ersten Hälfte des 12. Jhs. an. Die Wandgliederung der Krypta mit Rechteckvorlagen und Fensternischen läßt sich sogar auf das frühe 11. Jh. datieren. (Westlich in der Krypta konnte die Apsis eines karolingischen Vorgängerbaus ermittelt werden.)

Zur Ausstattung der Kirche zählen eine Reihe bedeutender Grabdenkmäler, darunter, in rekonstruierter Farbfassung, das des Hinrich Jürgen Reichen († 1627). Einige Grabdenkmäler gehören in den Bereich der Weserrenaissance, wie das von Jost Rike, Bürgermeister zu Hameln († 1586), und von Burchhardus Fresen († 1599), dessen Frau 1626 verstarb. Ein gotisches Denkmal zeigt einen Ritter und eine Adlige mit dem Modell der Kirche in der Hand, vereint unter einem doppelten Baldachin. Das Modell stellt stark vereinfacht die Münsterkirche als eine Hallenkirche mit Westturm und einem polygonalen Vierungsturm dar. Der Stein an der Ostwand der Vierung benennt die (legendenhafte) Gründung des Stiftes im Jahre 712. In der Vierung steht der dreiarmige Schusteramtsleuchter auf drei Löwen als Tragfiguren, eine Gelbgußarbeit aus dem Jahr 1490. Im Nordseitenschiff hängen drei Kronleuchter, von denen der östliche aus dem Jahr 1679 besonders reich verziert ist. Der Chor ist mit einem Sakramentshaus, einem kleinen hölzernen Wandschrank und einem Fenster von Prof. Sahns (Hannover, 1952/55) ausgestattet. Nördlich des Chores befindet sich ein vierjochiger Sakristeianbau, in zwei Geschossen mit je einer Mittelstütze und einfachen Gewölben versehen.

Östlich des Münsterkirchhofs verläuft in nordsüdlicher Richtung die Bäckerstraße. Das *Haus Nr. 21* ist ein spätmittelalterliches Dielenhaus des zweiten Viertels des 16. Jhs., ehemals versehen mit gotischem Dielentor und seitlicher, 1650 vorgebauter Lucht. Auf der gegenüberliegenden Seite stehen neben der Einmündung der Blomberger Straße das *Steinhaus Nr. 43* mit einem traufseitigen Fachwerkobergeschoß aus dem Jahr 1516 sowie benach-

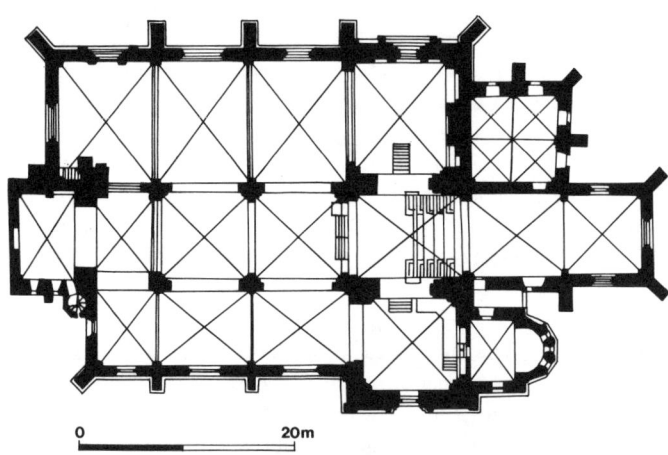

Hameln, Grundriß der Münsterkirche St. Bonifatius

WESER UND SOLLING

Hameln, Haus Pferdemarkt 10, um 1535. Ansicht von Otto Ubbelohde um 1910

bart das *Fachwerkhaus Nr. 44* aus dem Jahr 1542, das neben gotisierenden Vorhangbogenfenstern bereits Fächerrosetten der Renaissance aufweist. *Bäckerstraße 16 (Rattenkrug)* auf der östlichen Straßenseite ist ein bedeutendes Beispiel der Weserrenaissance (Abb. 93). Es handelt sich um ein Giebelhaus mit einfachen Volutengiebeln und Ädikulamotiven, einer Utlucht links des gotisierenden Tores, zwei kleinen Wappenreliefs seitlich des Tores und einer rechts zur Fassade zugeschlagenen Tordurchfahrt. Beschlagwerk und einzelne Bossenquader kennzeichnen das Formengut der Renaissance; das im Kern mittelalterliche Gebäude wurde 1568–69 von Baumeister Cord Tönnies für den Patrizier Johann Rike umgebaut. Als Beispiel für die bedeutende historische Bausubstanz seien die *Häuser Nr. 47* aus dem Jahre 1907 (teilweise Fachwerk) und *Nr. 48* genannt. Weiter in Richtung Stadtzentrum steht mit *Bäckerstr. 13* eines der ältesten massiven Bürgerhäuser der Region (13. Jh.). Sein Fachwerkobergeschoß ist jüngeren Datums, seine Fassade klassizistisch. *Haus Nr. 12* ist ebenfalls ein Massivbau des späten Mittelalters. Die von der Bäckerstraße abzweigenden Nebenstraßen, die Wendenstraße und die Fischpfortstraße, begrenzen ein noch besonders geschlossenes Altstadtviertel. In der zwischen diesen Gassen gelegenen Kupferschmiedestraße sind das gotisierend umgebaute *Eckhaus Nr. 11*, das *Renaissancehaus Nr. 10* (Farbabb. 27) aus dem Jahr 1591 sowie das *Steinhaus Nr. 9* mit seitlichem Kamin, das in Teilen wohl dem 15. Jh. entstammt, besonders auffällig.

Die Bäckerstraße mündet auf dem Marktplatz, der von Hochzeitshaus und (erneuerter) Stadtkirche eingenommen wird. Ebenso wie die Nord-Süd-Achse am Marktplatz verspringt auch die West-Ost-Achse etwas, so daß sie – in östlicher Richtung in die Osterstraße übergehend – keine geradlinige Stadtdurchfahrt bildet. Die evangelische *Marktkirche St.*

Nikolaus gehört zusammen mit dem barocken Rathaus zu den wenigen, 1945 zerstörten Bauwerken Hamelns. Die Kirche war um 1220/30 errichtet, bereits von der nächsten Generation zur Halle erweitert und schon um 1300 ein weiteres Mal vergrößert worden. 1957–58 wurde sie im Gegensatz zum Rathaus wieder aufgebaut. Teile der Barockausstattung von Johann Friedrich Ziesenis sind erhalten geblieben. Das *Demptersche Haus* (Am Markt 7) errichtete man 1607–08 für den Bürgermeister Tobias von Dempter. Gegenüber den anderen Bürgerhäusern der Weserrenaissance fällt hier die Kombination von Stein und Fachwerk an einer Fassade aus dem Rahmen. Die Bänder bossierter Steine und Beschlagwerktafeln im Fachwerk unterscheiden es jedoch deutlich vom zeitgleich erbauten Schloßhof in Bevern (s. S. 358). Das *Hochzeitshaus* ist durch seine Bossenquader für die Weserrenaissance besonders typisch, die insbesondere nach dieser Quaderform regional eingegrenzt wird. Bänder mit geometrischen Bossenquadern wechseln mit flachen Quaderbändern sowie Gesimsen mit Relieffriesen ab, die die Gliederung noch unterstreichen. 1610–17 wurde das Gebäude wohl von Baumeister Eberhard Wilkening errichtet.

In der Osterstraße (Farbabb. 28) stehen mit den *Häusern Nr. 8* und *9* die am meisten fotografierten ›Bürgerhäuser‹ der Weserrenaissance. *Nr. 8*, das fälschlich Stiftsherrenhaus genannt wird, ist ein dreigeschossiges Fachwerktraufenhaus mit hohem Untergeschoß und zwei niedrigeren Obergeschossen, die (traufseitig vollkommen erneuerte) Fächerrosetten, Taustab-Füllhölzer und Masken-Balkenköpfe sowie figürliche Knaggen haben. Diese lassen ein umfangreiches Bildprogramm erkennen: Oben Caritas, Judith, Luna, Hermes, Merkur, Venus, Sol, Mars und zwei weitere Götter, in der Mitte u. a. Jakobus minor, Kain und Abel, Herkules, der auferstandene segnende Christus, David, unten Petrus, Andreas, ein Graf, Justitia sowie weitere Apostel, schließlich Abraham und Isaak. Auch die sonst selten erhaltenen Beischlagwangen seitlich des Portales sind für die Renaissancearchitektur dieser Gegend typisch. Bauherr war der Kaufmann und Bürgermeister Friedrich Poppendieck. Das benachbarte *Haus Nr. 9* ist hinter der aufwendigen, mit einer Lucht versehenen Fassade (1585–90) ein Fachwerkbau. Die Farbfassung mit Ziegelbemalung wurde nach Befund wiederhergestellt. Dieses Haus gilt ebenso als Werk des Baumeisters Tönnies, obgleich es sich stilistisch sehr vom etwas älteren Rattenkrug unterscheidet. *Osterstraße 12* ist das Wohnhaus des Bürgermeisters Jost Rike, ein weiterer Steinbau der Weserrenaissance; auf Rikes Grabstein in der Münsterkirche wurde bereits verwiesen. Das stark veränderte *Haus Osterstr. 13* hat einen Massivgiebel des späten 13. oder 14. Jhs. Das giebelseitig ebenso sehr veränderte *Haus Osterstr. 14* gehört dem 16. Jh. an. Der breitgelagerte zweigeschossige *Bau Nr. 15* (Post) wurde 1883 errichtet und ist ein Beispiel für die bedeutsame historische Umformung der Weserrenaissance durch Quader und Backsteinbänder.

Das Ende der Osterstraße nimmt die 1712–13 erbaute *Garnisonskirche* ein, deren strenge Strebepfeilergliederung eher an einen mittelalterlichen Bau denken läßt. Gegenüber in der Osterstr. 28 befindet sich das *Rattenfängerhaus* (Abb. 92), bei dem sich Formen der Weserrenaissance mit manieristischen Ideen mischen. Das 1602–03 für den Ratsherrn Hermann Arends errichtete Bürgerhaus dürfte von Johann Hundertossen oder Eberhard Wilkening stammen. Im Bautyp entspricht es geläufigen Bürgerhäusern. Ein mittleres, hier allerdings recht kleines Dielentor wird links durch die Stube und rechts durch einen Einbau begleitet. Allerdings scheint die hohe Diele hier bereits früh zugunsten eines zweigeschossigen Durchbaus aufgegeben worden zu sein; ein kompletter Speicherstock befindet sich oberhalb der Diele. Traufseitig ist das oberste Geschoß aus Fachwerk errichtet worden. Die Grundgliederung des Gebäudes entspricht dem klassischen Aufbau mit toskanischen, ionischen und korinthischen Kapitellen, die Gestaltung ist jedoch manieristisch. Putzstreifen wechseln mit Bossenornamentbändern ab, die mit den Fenstergewänden und Pilastern verkröpft sind; lediglich die zweigeschossige (etwas veränderte) Lucht hat eine vollständige Reihe ionischer bzw. darüber korinthischer Säulchen. Das Giebeldreieck weist Beschlagwerkvoluten mit ausschweifenden Hörnern auf. Die Beschlagwerkbrüstung ist dort mit einer Inschrift versehen, die die Sage des Rattenfängers von Hameln nennt.

Hingewiesen werden muß noch auf das Stadtviertel nördlich der Marktkirche, in dem nicht nur einige ältere Fachwerkhäuser, sondern auch noch die beiden letzten Mauertürme der Stadtumwehrung stehen. Beachtung verdient ferner das südöstliche Quartier mit dem *Redenhof* (1568), Großehofstraße, der *Kurie Jerusalem* in der Alten Marktstraße und mehreren *Fachwerkbauten*, die bis in das 16. Jh. zurückreichen. – Sehr imposant ist das fünfgeschossige *Backstein-Mühlengebäude* an der die Weser begleitenden Sudetenstraße. Das vielleicht bedeutendste Beispiel der Industriearchitektur in Hameln wurde 1885–86 von dem Hannoverschen Architekt Lingemann errichtet.

Obwohl **Bad Münder** im Nordosten des Kreises Hameln-Pyrmont nicht zu den bekannten Fachwerkorten gehört, ist hier noch eine ganze Reihe von Häusern erhalten, die in einzelnen Straßenzügen ein recht geschlossenes Ortsbild ergeben. Fast immer stehen sie mit der Giebelseite zur Straße und haben – oder hatten – ein hohes Dielentor. Die Mehrzahl der Häuser gehört der zweiten Hälfte des 17. Jhs. bis zur Mitte des 19. Jhs. an (Angerstraße, Bahnhofstraße, Echternstraße, Kellerstraße, Lange Straße). Die Geschichte des Ortes reicht bis in das 9. Jh. zurück. Schon 1033 sind Solequellen bezeugt; sie liegen südöstlich vor den Stadttoren. Seit dem 13. Jh. stand Münder unter welfischem Einfluß.

Die evangelische *Pfarrkirche* befindet sich etwas abseits, von Hauptstraße und Markt durch eine Häuserzeile getrennt. Dies hat leider dazu geführt, daß durch Erweiterung benachbarter Geschäftsbauten der Kirchplatz heute teilweise wie der Zuliefererhof eines Kaufhauses wirkt. Es erstaunt, daß ausgerechnet ein Kurort sein innerstes Zentrum fast wie ein Industriegebiet behandelt. Der mittelalterliche Kirchturm wurde 1529 nach Zerstörung in der ›Hildesheimer Stiftsfehde‹ wieder aufgebaut. Das sich östlich anschließende Langhaus – man betritt es (theoretisch) über die Freitreppe und das Portal an der Südseite oder die Portale an Ost- und Nordseite – ist ein geräumiger klassizistischer Saal. Drei Achsen aus Portal und zwei seitlichen Fenstern bilden nach Süden hin eine repräsentative Eingangsgestaltung; die Ecken treten leicht vor und sind wie Pfeiler geformt. Der flache, sonst unverzierte Dreiecksgiebel enthält ein Halbrundfenster. In klarer klassizistischer Schrift ist dort der Name der Kirche, St. Petri und Pauli, festgehalten.

Obwohl man in einem Kurort wie Bad Münder eigentlich eine für jedermann zugängliche Kirche erwartet, ist auch sie (wie fast alle Kirchen in dieser Gegend) geschlossen. Die Frage

»Herr, wohin sollen wir gehen?«, zu lesen an der Ostfassade, wird der Besucher deshalb kaum mit einem Gang in die Kirche beantworten können. - Die Wandflächen zwischen den Fenstern wurden durch Fugen im Putz quaderähnlich dargestellt, die Kämpfer am Ansatz der Rundbögen sind als Gesims durchgezogen. Die architektonische Gestaltung des Saales, der im Innern über Emporen auf Säulen verfügt, ist durchweg bemerkenswert. Das historistische Glasfenster an der Ostseite entstand 1912. Im Giebel der Nordseite, die zwei Eingänge hat, steht die Jahreszahl 1840.

Die beiden Längsstraßen der Altstadt sind durch die Marktstraße verbunden, die in Süd-Nord-Richtung verläuft und vor dem klassizistischen *Rathaus* (1815) endet. Es ist ein fünfachsiger Fachwerkbau mit massiver Fassade, die durch einfache Gesimse gegliedert wird, leider mit sprossenlosen Fenstern. Ein kleiner Dachreiter mit Glocke bekrönt das Walmdach. Wirkt das Rathaus von vorn wie ein kleiner, sehr bescheidener Massivbau, so erweist es sich an der Seite als ein Fachwerkbau, der vor allem wegen seiner Größe überrascht. Das *>Haus der Väter<* am Marktplatz steht als Bruchsteinbau mit Dreiecksgiebeln, auf dessen Gesimsen Kugeln saßen, in spätmittelalterlicher Tradition. Über einem hohen Dielengeschoß hat das Gebäude ein Speichergeschoß, rückseitig ergab sich eine dreigeschossige Unterteilung; dort ist das untere Giebelgeschoß aus Backsteinen aufgemauert. Insgesamt verweist die Fassadengliederung auf eine Entstehung um 1560. Das Gebäude wurde als Kornhaus des Hotzeschen Hofes erbaut. An der Petersilienstraße, die parallel zur Marktstraße verläuft, steht das *Hotzesche Herrenhaus*, 1721 für Johann Dietrich Büsing und Sophia Lucia Gerdings erbaut. Das benachbarte *Gebäude*, architektonisch weitaus auffälliger, war das *Herrenhaus des Eddingerodeschen Gutshofes* (Münchehof), 1596 von Tielemann Büsung erbaut. Über dem Tor, das von ionischen Pilastern gerahmt ist und unter C. L. Poppe 1820 erneuert wurde, findet sich die Büste des Bauherrn mit Wappen und Jahreszahl. Die Fenster an den Seiten und im Obergeschoß sind bis auf dasjenige rechts des Tores einfach gerahmt. Es liegt auch höher, denn der Raum - es handelt sich hier vermutlich um einen früheren Saal - war ursprünglich unterkellert. Die seitliche Lucht gehört dem Stilbereich der Weserrenaissance an. Fünf Säulen rahmen vier Fensterachsen, im unteren Geschoß mit ionischen, im oberen mit korinthischen Kapitellen. Die Gebälkstücke sind mit Löwenmasken und Blättern, im oberen Geschoß mit Löwenmasken und Girlanden verziert. In der Kellerstraße befindet sich im *ehemaligen v. Wettbergenschen Hof* (Pächterhof) das Heimatmuseum. Auf dem steinernen Unterbau der Renaissance mit Nischenportal und (verändertem) Erker erhebt sich ein jüngeres Fachwerkobergeschoß.

Im Vorort **Klein-Süntel** konnte ein im 18. Jh. errichteter *Glasturm* aus Fachwerk durch Umbau innerhalb eines Altersheims erhalten werden.

St. Martin in **Eimbeckhausen** ist eine ausgesprochen niedrige, einschiffige romanische Gewölbekirche (Farbabb. 26). Ihr Westbau weist im Obergeschoß gekuppelte Schallarkaden auf, an der Südseite in einfachen Lanzettformen gestaltet und an der Ostseite mit einem Würfelkapitell versehen. Das Besondere der Kirche ist die Kreuzform, denn die Nebenräume im Norden und Süden sind offenbar als Querhaus zu verstehen und nicht nachträglich angesetzt. Das rundbogige Portal, das ursprünglich in die Kirche führte, ist vermauert. Der Querbau erhielt beiderseits im 16. Jh. neue rundbogige Portale, die inzwischen ebenfalls vermauert sind. Das Westportal mit gestäbtem Gewände wurde 1549 nachträglich in den Turm eingesetzt. An der Turmnordseite ist die Jahreszahl 1499 als Zeitpunkt einer Erneuerung genannt. Im historischen Altarschrein befinden sich in neuer Zusammenstellung Relieftafeln eines spätgotischen Schnitzaltars mit der Kreuzigung Christi als Hauptbild, vom Anfang des 16. Jhs. Nördlich der Kirche liegt der *ehemalige Junkernhof*. Innerhalb eines großen, bruchsteinummauerten Geländes steht heute ein Bauwerk, das 1873 anstelle des früheren Renaissanceschlosses errichtet wurde, von dem nur einzelne Teile, insbesondere ein Erker, erhalten blieben.

Das *Renaissanceschloß* in **Hasperde** (Bad Münder) verdankt einschließlich des Mausoleums von 1886 seine großzügige Erscheinung einem durchgreifenden Um- und Neubau in den Jahren 1883–91 nach Plänen des Architekten Lingemann aus Hannover.

Die sorgsam gepflegte *Kappenwindmühle* in **Tündern** (Hameln) kennzeichnet das südliche Randgebiet, in dem diese Mühlentechnik Ausbreitung gefunden hatte. Nicht nur im Flachland, der Norddeutschen Tiefebene, sondern auch hier im Bergland hat man unter niederdeutschem Einfluß im 19. Jh. Windmühlen errichtet und lange Zeit erfolgreich betrieben, ähnlich wie im benachbarten Lippe. Die Windmühle in Tündern steht auf dem Weserdeich vor dem Ort, so daß man keinen Unterbau konstruieren mußte, um benachbarte Gebäude zu überragen. Man bezeichnet diese Form als ›Erdholländer‹ und spielt damit auf die Niederlande als Ursprungsland dieses Windmühlentyps an. Die technische Bedeutung der Kappenwindmühle beruht auf einem Mechanismus, der nur die Kappe mit dem Flügelkreuz drehbar macht, während bei den (älteren) Bockwindmühlen das gesamte Mühlengebäude in den Wind gedreht werden mußte.

Die ehemalige Burg und jetzige **Domäne Hagenohsen** liegt malerisch am Weserübergang, heute allerdings im Schatten der bedrohlich wirkenden Kühltürme des Kernkraftwerks Grohnde. Aus dem Komplex der um 1700 weitgehend erneuerten Hauptburg ragt der mittelalterliche Bergfried heraus; zur ehemaligen Vorburg gehört der kleinere Turm, der einst Bestandteil eines Weserüberganges war.

Das *Rittergut* am Ortsrand von **Hastenbeck** (Hameln), anstelle eines Baus der Jahre um 1655 von der Familie von Reden 1869 in gotisierendem Stil aufgebaut und zum dorfabgewandten Zugang hin mit Türmchen, qualitätvollen Maßwerkfenstern und einem Giebel

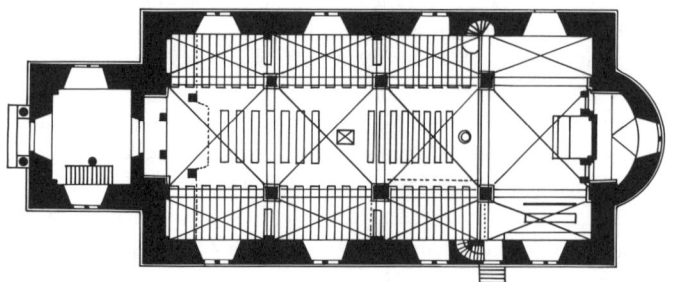

Hastenbeck, Grundriß der evangelischen Kirche

ausgestattet, macht durch die Ausschilderung klar, daß Besucher hier keinen Zutritt haben. Die beiden Eingangsbauten seitlich des Tores (1922–23) greifen über bruchsteingemauertem Untergeschoß wieder einfache Formen weserländischen Fachwerks mit Backsteinzierausmauerungen auf. Die evangelische *Kirche,* 1620 südlich des Schlosses erbaut, hat vor dem breiten Langhaus einen etwa quadratischen Westturm. Im Osten ist die Kirche durch eine segmentbogige Apsis geschlossen. Der Bau wird durch ein profiliertes Sockelgesims und unter der Dachtraufe einen betonten Architrav gegliedert; alle leicht spitzbogigen zweibahnigen Fenster haben runde Maßwerkformen. Die seitlichen Gewände sind abgeschrägt und profiliert, antikisierende Kämpfer leiten zum Maßwerkabschluß über. Das Westportal mit erneuerten Wappenfeldern von 1730 ist rundbogig und wird von zwei ionischen Säulen gerahmt, deren Postamente Beschlagwerk zeigen. Ein Beschlagwerkgiebel bekrönt dieses Portal. Die hohe Turmhalle, die möglicherweise gewölbt werden sollte, öffnet sich in einer rundbogigen Tür zum Schiff. Die beiden bemalten Türflügel zeigen vor einem Architekturhintergrund Zöllner und Pharisäer. Die dreischiffige, vierjochige Hallenkirche hat quadratische Pfeiler mit abgeschrägten Ecken sowie Kämpferplatten mit Eierstäben. Die Seitenschiffe sind sehr schmal. Alle Joche wurden kreuzrippengewölbt und die Schlußsteine mit Blattwerk versehen. Gurt- und Scheidbögen haben gleichermaßen rechteckigen Querschnitt. Die Orgel auf vorkragender Empore (1688) mit Darstellung Christi und der Apostel entstand im Jahre 1703 und ist mit den von zwei Wappenhaltern getragenen Wappen der Herren von Reden versehen. Die Prieche (Empore) im Südseitenschiff, vermutlich von 1688, ist der herrschaftliche Sitz der Herren von Reden.

Die Renaissanceapsis wird durch den barocken Hochaltar verstellt, der in der Predella das Abendmahl, auf dem Mittelbild die Kreuzigung Christi (plastisch vor gemaltem Hintergrund), darüber die Grablegung Christi und in der Bekrönung den Auferstandenen zeigt. In den beiden Seitenfeldern sind offensichtlich Flügelschnitzwerke des früheren gotischen Hochaltars verbaut, die links Christus am Ölberg (wahrscheinlich eine barocke Kopie) und rechts die Gefangennahme Christi zeigen. Seitlich der Predella rahmen krönende Engel die Durchgänge zur Apsis. Der Altar wurde von H. von Reden gestiftet und trägt an der Rückseite als Entstehungsjahr die Zahl 1688. Vor dem vermauerten linken Chorfenster fand nach 1693 das Grabdenkmal Christian Friedrich von Redens Platz. 1693 fiel er in dem ›blutigen Treffen zu Lahnden‹, wie die Inschrift am Grabdenkmal besagt. Der altarähnliche Aufbau, von Säulen, Pilastern und Gebälk gegliedert, zeigt als Hauptbild in einem Hochrelief die Reiterstatue des Edelherrn, im Hintergrund eine Schlacht; im Aufbau ist v. Reden als Standfigur dargestellt. Engel beschirmen gerüstete Wappenhalter, im Gesprenge rahmen Wappenhalter die Statue des Edelherrn. Gefangene und Beutewaffen zu beiden Seiten des Denkmals dokumentieren die militärischen Erfolge des kurfürstlichen Obristwachtmeisters. Die Kirche ist mehr dem Schloß als dem Ort zugeordnet. Man erreicht sie über den v.-Reden-Weg, der auch zum dorfseitigen Schloßzugang führt; dieser gehört dem 19. Jh. an.

Ähnliche räumliche und topographische Verhältnisse wie in Hastenbeck prägen auch die Lage von Kirche und Gut in **Bisperode** bei Coppenbrügge (Abb. 94). Die barocke *Saalkirche* mit umlaufenden Emporen von 1716 wurde an einen romanischen Westturm angebaut. Dieser ist kaum durchfenstert, ein Zugang zum Obergeschoß der Nordseite spricht für seine Nutzung als Wehrturm. Die Ostseite des Schiffs wird von einem barocken Kanzelaltar abgeschlossen. Das barocke *Schloß* öffnet sich nach Süden in einen großen Wirtschaftshof, der durch Scheunen und Tore (1694) zum Kirchplatz sowie zum Feld abgeschlossen wird. Der im 18. und 19. Jh. mehrfach stark erneuerte Wirtschaftshof ist in die Gesamtanlage eingebunden und entstand gleichzeitig mit ihr (1695). Das Schloß wird, obwohl es auf einer flachen Anhebung liegt, von einem rechtwinkligen Wassergraben vollständig umgeben. Die mit Bögen gemauerte Brücke (1695) zieren schwere Baluster, z. T. mit Ohrmuschelformen. Der Mittelbau und die beiden vorderen Pavillons weisen zwei hohe Geschosse auf, die Zwischenflügel dagegen zwei niedrigere, so daß sich eine barocke Staffelung ergibt. Die Fassaden sind bis auf Fenster mit ›Ohren‹ an den hervorgehobenen Bauteilen schlicht gestaltet. Das Portal ziert ein Segmentgiebel und nimmt mit Löwenmasken an den vorgestellten Säulen ebenfalls Ohrmuschelornamente auf. Das Schloß wurde 1694–1700 für den Paderborner Fürstbischof Hermann Werner Graf Wolff-Metternich zur Gracht errichtet, als Architekt wird Ambrosius von Oelde vermutet.

Die evangelische *Pfarrkirche* in **Coppenbrügge** hat zwischen einem nachgotischen Altarhaus mit Dreiachtel-Schluß (1564–65, an der Jahreszahl auch ein Meisterzeichen) und dem noch mittelalterlichen Turm ein 1670 erbautes Langhaus, das für die Emporen von Anfang an zweigeschossig aufgebaut wurde. Der Westturm erhielt bei einer Renovierung 1564 kleine, altertümlich wirkende Fenster, ein Lanzettfenster im Erdgeschoß (dort die Datierung) und darüber ein kleines Fenster mit Fächerrosette. Die Chorfenster sind zweibahnig und lehnen sich stark an gotische Formen an; ohne die Jahreszahl würde man den späten Entstehungszeitpunkt kaum bemerken. Nur im Innern wirken die tief heruntergezogenen faltenartigen Gewölbe unmittelalterlich. Das Altarretabel (vermutlich von 1685) zeigt in seiner Rahmung Knorpelwerkformen. Die Kirche wird von Fachwerkbauten ringartig umgeben. Lediglich zur Straße hin ist der Kirchplatz offen, bildet aber eine niedrige Terrasse. Das dort angrenzende Schulgebäude aus rotem Backstein entstand 1883. Das *Schloß* mitten im Ort wird in Teilen noch von einem Wassergraben umflossen. Von der Stadt aus ist es durch den langen Tortunnel zugänglich, der durch den Wall führt und von zwei kräftigen Rundtürmen flankiert wird. Der mächtige Wall dient heute als Park. Das anstelle des älteren Schlosses errichtete Kanzleigebäude hat ein weitgehend steinernes Sockelgeschoß, das zusammen mit der Wallummauerung noch spätmittelalterlich sein dürfte. Die Fachwerkteile entstanden um 1800. Bis 1557 war das Schloß Hauptsitz der Grafschaft Spiegelberg, 1819 gelangte es an das Königreich Hannover. Die Ruine wurde nach 1945 als Steinbruch benutzt, 1985 konnte das Kanzleigebäude restauriert und darin ein Museum eingerichtet werden.

Die evangelische *Pfarrkirche St. Nikolaus* in **Oldendorf** (Salzhemmendorf) verfügt mit Chor, Apsis und Westturm noch über Bauteile des späten 12. Jhs. Das nach einem Brand bis 1468 erneuerte Langhaus – vermauerte Arkaden an der Nordseite lassen an einen ursprünglich mehrschiffigen Bau denken – ist seit Mitte des 18. Jhs. flach gedeckt und wurde um 1600,

1744 und nochmals 1778 mit neuen Fenstern versehen. Die Ostteile enthalten romanische Gliederungselemente, die, wie die Säulenvorlagen und Rundbogenfriese am Äußeren des Gebäudes, auf Hildesheimer Bauten verweisen. – Das Innere wurde in jüngerer Zeit leider stärker verändert. Der Kanzelaltar ist auseinandergenommen, die Kanzel selbst verkrüppelt worden. Von der 1591 geschaffenen Empore bestehen noch Nord- und Westseite, die im Westen mit dem barocken Orgelprospekt verbunden sind. Zur Geltung kommt allein der Leuchter von 1646.

Kirchenbauten der Renaissance sind selten. Doch gerade der Kreis Hameln-Pyrmont kann mehrere Dorf- und Stadtkirchen der Jahre um 1600 aufweisen. **Salzhemmendorf** erhielt 1609–10 einen *Kirchenneubau* unter Verwendung des spätmittelalterlichen Chorturmes. Bemerkenswert sind die Profilierungen des Nord- und des Westportals, beide in spitzbogiger Grundform. Vermutlich gehört auch das aufgehende Mauerwerk in seiner Grundsubstanz zu diesem Neubau, während die spitzbogigen vermauerten Fenster der Nordseite dem Portal entsprochen haben könnten. Der auf 1610 datierte westliche Vorbau, der eine Eingangshalle enthält, ist einem Planwechsel zuzuschreiben. In der Profilierung unterscheidet er sich erheblich von den Formen des gleichzeitig errichteten Langhauses, vor allem ist er an Nord- und Westseite durch eine Pilastergliederung reicher ausgestaltet. Die Südseite der Kirche hat eine untergeordnete Bedeutung, hier dürfte sich im Innern ursprünglich eine doppelte Empore befunden haben, zu der die kleinen Rechteckfenster gehören. Über dem Nordportal befindet sich ein kleines Kreuzigungsrelief mit Maria und Johannes auf Beschlagwerksockeln stehend, mit der Jahreszahl 1610 versehen. Die Flachdecke des Kirchenraums ruht auf einer profilierten Holzsäule. Die Ausstattung ist bis auf das Taufbekken klassizistisch und entstand um 1830. Nördlich der Kirche steht das *Torhaus* aus Fachwerk vom Ende des 17. Jhs. (Kirchplatz 7/8). Das *Pfarrhaus* östlich des Chors hat vor dem massiven Erdgeschoß einen flachen strengen Portikus, auf dem Fachwerkobergeschoß einen flachen Dreiecksgiebel.

Die Kirche *St. Martin* in **Wallensen** (Salzhemmendorf) umfaßt mit Chor und Apsis noch Bauteile der späten Romanik, die hier sorgfältig aus Quadern gemauert sind. Die Apsis ist an der Außenseite polygonal. Der Turm wurde im Spätmittelalter an die Kirche angefügt, das Langhaus nach einem Brand 1625 durch einen Neubau ersetzt. Die Kirche enthält ein bedeutendes Altarretabel der zweiten Hälfte des 17. Jhs.

Das links der Weser gelegene **Schloß Schwöbber** bei Königsförde (Aerzen) ist nach der Hämelschenburg das wichtigste Weserrenaissanceschloß auf niedersächsischer Seite (Abb. 95). 1510/11 wurde die Familie von Münchhausen mit Schwöbber belehnt, doch erst Hilmar von Münchhausen (1512–73) begann mit den festungsartigen Außenanlagen die Errichtung des Schlosses. Etwa zwischen 1574 und 1578 wurde der Ostflügel mit der Küche im Erdgeschoß und dem ›Gerichtszimmer‹ im ersten Obergeschoß erbaut. 1588 war der Südflügel vollendet, der der Anlage vorübergehend das auch in anderen Münchhausenschen Schlössern anzutreffende winkelförmige Aussehen gab. Schon 1604 wurde jedoch mit dem Bau des Nordflügels eine zum Wirtschaftshof hin offene dreiflügelige Anlage geschaffen, die einen Vorläufer dieser auf den Barock weisenden Anlageform darstellt (in der Renaissance wurde

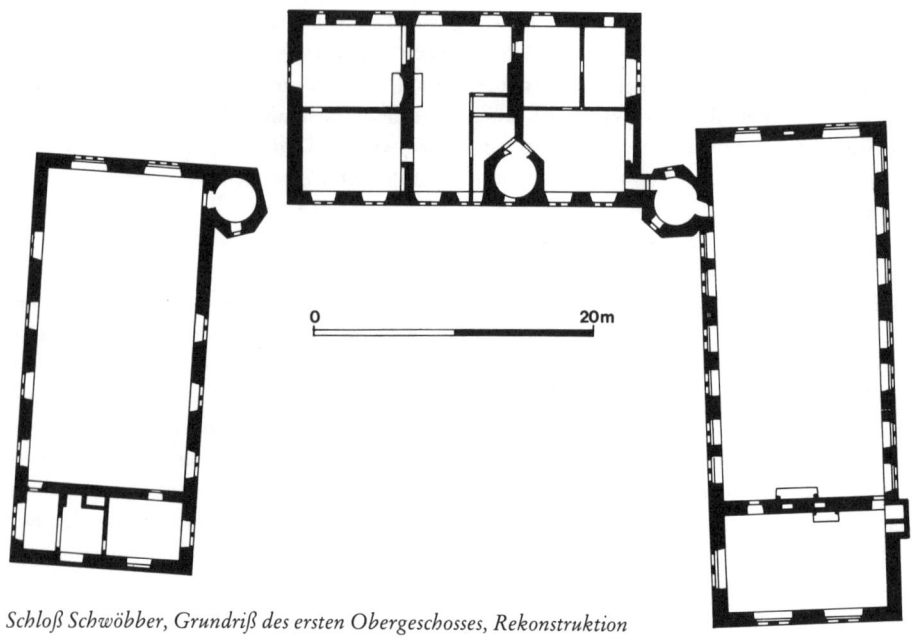

Schloß Schwöbber, Grundriß des ersten Obergeschosses, Rekonstruktion

meist auch die vierte Seite des Schloßhofes geschlossen). Zwei Querwände teilen den Mittelflügel, den zunächst einzigen Bauteil, in drei Zonen. Die rechte Trennwand endete ursprünglich in einem ›Treppenturm‹, der dem Gebäude jedoch nicht vorgestellt wurde, sondern im Innern der Anlage liegt. So typisch die Stelle der Wendeltreppe mittig am Flügel ist, so ungewöhnlich ist es, die Treppe nicht dem Bau vorzulagern. Erst zusammen mit den beiden weiteren Flügeln entstanden auch Treppentürme in den Hofwinkeln. Zur Ausstattung des Mittelflügels gehören die 1581 vollendeten Stuckdecken mit geometrischen Mustern, Blüten und Masken. Dieser Bau enthielt ursprünglich die Wohn- und Hauswirtschaftsräume. Außer einem 1578 datierten Saalkamin gibt es eine tiefe, auf Säulen gestützte Kochstelle in der Küche (Kaminsturz 1576). Der Flügel wurde von Cord Tönnies errichtet. Der Teichflügel (Abb. 96) wird dem Baumeister Eberhard Wilkening zugeschrieben. Den Umbau nach einem Brand (1908) planten ab 1922 die Architekten Jürgen Freiherr von Wangenheim und F. Lüpke, an den Ausführungen wirkten Kunstmaler Otto Wichtendahl und Bildhauer Prof. M. v. Hugo mit. Die hervorragende, z. T. neubarocke Dekoration enthält auch einige wiederverwendete Ausstattungsstücke aus Schwöbber selbst und anderen Schlössern.

Die **Hämelschenburg** (Farbabb. 23) liegt nur wenige Kilometer von Bad Pyrmont entfernt, kurz vor der Mündung des Emmertals in die Weser. Eine seit 1408 im Besitz der Welfen befindliche Burg wurde 1437 erstmals, 1497 endgültig, an die Familie von Klencke verlehnt. Das Schloß am Talrand ersetzt ab 1493 eine spätmittelalterliche Höhenburg und wurde nach einem Brand seit 1544 allmählich erneuert. Zunächst entstand um 1556 das Vorwerk, d. h. der Wirtschaftshof, der vorerst auch für Wohnzwecke vorgesehen war. 1585 bzw. 1593 ersetzte man die beiden Scheunen weitgehend durch neue. 1563 wurde die Schloßkapelle errichtet. Sie versperrt durch ihre schräge Lage die (heutige) Straße, was sich vermutlich aus der Übernahme spätmittelalterlichen Mauerwerks erklärt. Die Kirche diente ursprünglich als Dorfkirche, seit dem späten 15. Jh. auch als Schloßkirche. Der weitgehende Neubau macht sie zu einem der frühesten protestantischen Kirchenbauten Niederdeutschlands. Ihr Inneres vermittelt das gewohnte Bild einer kleinen protestantischen Dorfkirche. Ein Längsunterzug wird von Holzstützen getragen, die Querbalken darüber sind durch Kassetten verkleidet. Doch nur der heutige Betrachter mag in diesem Kirchenraum das übliche Bild eines protestantischen unmittelalterlichen Saales sehen. Der Kirchenbesucher des 16. Jhs. dürfte einen ganz anderen Eindruck gehabt haben: Der Raum entspricht mehr profanen Räumen niederdeutscher (städtischer) Dielenhäuser als dem gotischer Gotteshäuser. Für den damaligen Betrachter muß er profan, karg und geradezu unfeierlich gewirkt haben. Die Kirche enthält einen Altar mit spätgotischem Aufsatz (›Paradiesgärtlein‹), darüber die Orgel von 1913. Das 1610 entstandene Epitaph des Georg Klencke und seiner Frau Anna von Holle mit der knienden Familie vor einem Bild der Kreuzigung Christi enthält ein älteres Gemälde mit der Darstellung der Kreuzigung Christi. Das Werk wird Lucas Cranach zugeschrieben.

Hämelschenburg, Grundriß des Schlosses (vor 1886)

Oberhalb des Wirtschaftshofes wurde 1588 mit dem Bau des Renaissanceschlosses begonnen, das als eines der bedeutendsten der Weserrenaissance gelten darf. Es ist eine der frühesten Dreiflügelanlagen, die von Anfang an als solche geplant wurde. An den Südflügel fügte sich allerdings einst ein Torbau an, der einen gewissen Abschluß des Hofraumes nach Osten bewirkt haben dürfte. Der Bautyp entspricht insgesamt mehr einem halbierten Vierflügelschloß als einem (barocken) Dreiflügelschloß. Im Winkel zwischen dem breiten Westflügel und den kurzen Nord- und Südflügeln befinden sich polygonale Treppentürme, wie sie für die Renaissance typisch sind (Abb. 97). – Der planende und leitende Baumeister des Schlosses ist bislang nicht ermittelt worden, in Frage kommen Joh. Hundertossen oder E. Wilkening. 1588 hatte man mit der Errichtung des Nordflügels angefangen, 1592–99 wurde am mittleren Flügel gebaut, bis 1606/07 war das Schloß mit dem Südflügel vollendet. Die heutige Raumanordnung ist weitgehend auf die Restaurierung 1886–87 zurückzuführen. – Das rundbogige Tor zum Schloß, gegenüber der Kapelle, entstand 1603, die Wappentafel von 1588 ist ein Überbleibsel des alten Torhauses. Die drei Flügel des Schlosses unterscheiden sich erheblich voneinander. Der zur Straße gelegene Flügel ist besonders reich gestaltet, er weist alle für die späte manieristische Phase der Weserrenaissance charakteristischen Merkmale auf: Das Bruchsteinmauerwerk wird durch Gesims und Bossensteinbänder gegliedert, die sich auch an den Kanten der Treppentürme, Zwerchgiebel und Schornsteine finden, jedoch keine klassische Gliederung ergeben. Die Bänder sind mit Lisenen verkröpft, die aber keine echten Basen und Kapitelle haben, sondern statt dessen Bossensteine und Löwenmasken. Ein Erker erweitert zum Tal hin das Erdgeschoß. Waagerechte Gesimse bestimmen auch den Treppenturm. Der südwestliche Flügel ist nur spärlich gegliedert, während der bergseitige Flügel eine ionische bzw. korinthische Ordnung aufweist. Dies entspricht der Lucht am Südwestflügel, die sich bis 1887 am Nordwestflügel befand. Das Schloß wurde damals nicht nur als Privatwohnung genutzt, sondern diente der Familie auch zur Wahrnehmung ihrer öffentlichen Funktionen, beispielsweise als Richter: So befand sich im Nordflügel die Gerichtsstube für das Nieder- und das Obergericht. Im Wald, oberhalb des Schlosses, steht das 1855 in ägyptischen Formen als Pyramide errichtete Erbbegräbnis der Familie.

Die Heilquellen in **Bad Pyrmont** sind nach archäologischen Befunden des 19. Jhs. vermutlich schon seit der römischen Kaiserzeit (erstes bis drittes Jh.) bekannt. Nach der Errichtung einer 1184 erstmals erwähnten Burg ›Petri mons‹ auf dem Schellenberg, wechselte Pyrmont mehrfach den Landesherrn. Als 1180 das sächsische Herzogtum Heinrichs des Löwen aufgehoben wurde, kam Pyrmont in den Besitz des Kölner Erzbischofs, der die genannte Burg errichten ließ. Die Grafen von Schwalenberg nahmen sie zum Lehen. Später gelangte ihr Besitz um Pyrmont an die Grafen von Spiegelberg, 1557 an Lippe, 1583 an Gleichen und 1625 an die Grafen (später Fürsten) zu Waldeck. In deren Herrschaftszeit fallen die Auseinandersetzungen mit dem Bischof zu Paderborn während des Dreißigjährigen Krieges. Das siegreiche Waldeck schloß 1668 einen Vergleich mit Paderborn, in dem es die Stadt Lügde abtrat. Diese Abtretung wirkt sich heute in der Landesgrenze zwischen Bad

Bad Pyrmont, historische Ansicht vom Brunnentempel

Pyrmont einerseits, das 1922 an Preußen und den Landkreis Hameln angeschlossen wurde, und Lügde andererseits aus, das zum katholischen Kreis Höxter kam und neuerdings dem Kreis Lippe in Nordrhein-Westfalen angehört. Erst unter den Waldeckern entstand die Neustadt Pyrmont, Zentrum des heutigen Kurbereichs zwischen Schloß und Oesdorf.

Die Grafen von Spiegelberg errichteten nahe den Heilquellen 1526–36 das *Feste Schloß*, das 1556–62 bereits unter den Lippern der Baumeister Jürgen Eddeler aus Hameln ausgebaut und mit einem Schloßturm versehen hatte. Das Schloß wurde im Dreißigjährigen Krieg beschädigt und 1706–10 durch Baumeister Hermann Korb umgebaut. Nur die Festungsanlage – es ist die einzige erhaltene Festung des 16. Jhs. in Niederdeutschland – erinnert noch an diese Zeit, obgleich das Untergeschoß des Renaissanceschlosses ebenfalls noch erhalten ist. Das Schloß ist von einem breiten schiefwinkligen Wassergraben umgeben. Eine gemauerte Brücke aus dem Jahr 1838 führt auf das Schloßtor zu. Ursprünglich gab es eine breitere Zugbrücke, da das Tor aus einer Durchfahrt und einer Fußgängerpforte bestand. Die Wappen der Grafen von Lippe und Spiegelberg rahmen das Tor, das mit den Figuren der Tugenden versehen ist (1562). Man gelangt in einen gewinkelten Torweg, der unter dem Schloßbau hindurch in den südlichen Hof führt. Neben der Durchfahrt stufen sich die Kasemattenräume in mehreren Ebenen bis fast auf das Niveau des Wassergrabens ab. In der Durchfahrt sind zwei Renaissancereliefs mit Darstellungen der Schmiede des Vulkans, der Venus und des Cupido sowie des Urteils des Paris untergebracht. Die vollständige Umwallung gehört noch weitestgehend zum Renaissanceschloß. Allerdings wurden die Kasematten teilweise erst im 18. Jh. ausgebaut, so beispielsweise die beiden Räume unter den geschwungenen Rampen im ersten Hof, die mit quadratischen Pfeilern und Kreuzgratgewölben vergleichsweise repräsentativ wirken. Die rechte Rampenkasematte enthält einen Küchenraum mit angeschlossenem Backgewölbe. Der Ausbau des Schlosses entstammt der in zwei Abschnitten erfolgten barocken Erneuerung. Die wesentlichen Baumaßnahmen führte Hermann Korb aus, während das neue Portal zur Südterrasse von Julius Ludwig Rothweil (1721–27) stammt. Rothweil war in Waldeck und Nassau vielbeschäftigter Barockarchitekt, seine wichtigsten Bauten sind die Schlösser Arolsen und Weilburg. Im Festsaal ist die barocke Stuckdecke von Giacomo Perinetti zu bewundern; im östlichen Saal befinden sich Gemälde von Johann Heinrich Tischbein und Friedrich August Tischbein. Weitere Umbauten nahm Franz Friedrich Rothweil 1765–77 vor. Die meisterhaft ausgeführte Raumfolge des 18. Jhs. konnte in einer grundlegenden Restaurierung bis 1987 wiederhergestellt werden. Zum barocken Ausbau gehört auch das parallel zum Schloß errichtete *Kommandantenhaus*, das gleichfalls über eine Durchfahrt im Untergeschoß verfügt. In ihr sind Brüstungsreliefs des 16. Jhs. eingesetzt (Sündenfall, Geschichte Loths). Das Kommandantenhaus wurde 1721–27 durch Julius Ludwig Rothweil gebaut, der auch die beiden Kavalierhäuser seitlich des Schlosses entwarf. Besonders eindrucksvoll ist die Eckbastion, die sich im Nordosten in den Graben hinausschiebt und noch zu den Verteidigungsanlagen des 16. Jhs. gehört. Im Schloß sind heute das ›Museum im Schloß‹ und die Kreisvolkshochschule untergebracht.

Nördlich des Schlosses befinden sich *Kurhaus* und *Kurpark*. Auf dem Gelände des Parks, der im 18. Jh. angelegt wurde, hatte man schon seit 1668 mehrere Baumalleen angepflanzt, von denen die letzte, die Bombergallee, aus dem Jahr 1882 stammt. Bis in die jüngste Vergangenheit erweiterte man immer wieder den alten Park und schuf neue Grünanlagen in Bad Pyrmont. 1907 wurde ein Palmengarten angelegt, und zuletzt entstanden der Mittlere Kurpark und der Bergkurpark zwischen 1932 und 1935 sowie der Hirsch- und der Friedrichspark 1951. Im Kurpark befindet sich das *ehemalige Teehaus*, ein zweigeschossiges Fachwerkhaus, das allseits von einer Kolonnade mit Holzsäulen umgeben wird. Das Gebäude wurde 1810–20 errichtet. Auch der ›Erdbeer-Tempel‹ wirkt durch seine Säulen mit toskanischen Kapitellen wie ein klassizistischer Bau, er entstand jedoch erst um 1910. Schloß und Kurpark werden von der breiten, 1732 vierzeilig bepflanzten Hauptallee tangiert, die auf den Brunnenplatz als Zentrum des Badeortes zuführt. Das breite Bauwerk zwischen Hauptallee und Kurpark beherbergt die Staatsbadverwaltung, den Kur- und Verkehrsverein sowie einen Konzertsaal. 1926–28 nach Entwurf des Berliner Architekten Brodführer errichtet, folgt es einem konservativen Baustil der 20er Jahre, der Rundbogen und Kolonnaden bevorzugt, aber nur ansatzweise auch Formen des Expressionismus aufnimmt. Der reine, sehr dekorative Expressionismus, vor allem aber die Neue Sachlichkeit bilden Gegensätze zu dieser Stilrichtung. Das Kurtheater entstand 1818 im Auftrag von August Pichler. Zur Allee öffnet es sich durch einen sechssäuligen Portikus. Das gegenüberliegende Hotel Kaiserhof (Kirchstr. 1/2) erhielt sein heutiges Aussehen 1911.

Am Brunnenplatz befindet sich der sogenannte *Hyllige Born* (Abb. 98), ein zwölfsäuliger Brunnentempel mit breiter Wandelhalle aus verglasten Kolonnaden, 1923–24 nach Plänen von Alfred Sasse errichtet. Der Brunnentempel erhebt sich über der modern gefaßten Hauptquelle des Kurbades. Die *Wandelhalle* ist in strengen Formen der 20er Jahre gestaltet. Die Hauptallee wird von zwei klassizistischen Bauten gesäumt, den *Häusern Ockel* und *Uslar*. Der etwas zurückliegende *Fürstenhof* von 1777 (Hotel und Café), Heiligenangerstr. 3, ist wegen seiner Ausstattung von Bedeutung. Mehrere Zimmer bergen Einrichtung und Möbelstücke des frühen 19. Jhs.. Das Giebeldreieck mit dem flachen Relief einer Brunnengöttin wurde um 1910 hinzugefügt. Eiserne Balkons des 19. Jhs. sind vor die Fassade gesetzt worden. Die parallel zur Hauptallee verlaufende Kirchstraße führt an der Wandelhalle vorbei bergaufwärts zu der städtebaulich geschickt postierten evangelischen *Christuskirche*, einem gotisierenden Bau der Jahre 1875–77. Ihr steinerner Turm schließt die Kirchstraße ab und überragt von ferne auch die Wandelhalle. Als Vorbild dieses Turms mit steinernem, von Fialen gesäumtem Helm, sind die Türme der Marburger Elisabethkirche anzusehen, mit der die Christuskirche sonst jedoch keine Ähnlichkeit aufweist.

Die Brunnenstraße verbindet das Kurzentrum um den Brunnenplatz mit dem östlich liegenden Stadtteil *Oesdorf*. Sie wurde früh zur herrschaftlichen Straße mit einigen Villen ausgebaut. Hier übernachteten im 18. Jh. mehrere bedeutende Staatsmänner und deren Frauen. 1892 wählte man die Straße als Bauplatz für das neue *Rathaus*. *Brunnenstraße 16* ist ein breitgelagerter Fachwerkbau des späten 17. Jhs. mit Veranda und Vorbau der letzten Jahrhundertwende (die Jahreszahl 1556 ist nicht auf das Haus zu beziehen), der zweimal Friedrich den Großen beherbergte. Das *Eckhaus* an der Lortzingstraße, Ecke Bäckerstraße, entstand 1662 und erhielt 1671 einen zweistöckigen Vorbau zur Lortzingstraße. Den Platz einer ehemaligen romanischen Kirche Bad Pyrmonts nimmt die Oesdorfer *Kirche St. Petri* ein, die in ihrem heutigen Zustand jedoch erst aus dem Jahre 1880 stammt. Sie wurde unter Leitung von C. W. Hase errichtet. Der Turm entstand erst 1921 anstelle des romanischen (kleineren) Turmes, von dem die Säulchen der Fenster übernommen wurden. Das basilikale Langhaus hat eine hölzerne Empore zwischen den breiten Arkaden. – Die katholische *Kirche St. Georg* (Bathildisstraße) ist ein dreischiffiger gotisierender Bau aus dem Jahr 1905, dessen Inneres mit Rundpfeilern und Kreuzrippengewölben bzw. einem Faltengewölbe im Chor versehen ist.

1573 erhielt die Familie von der Schulenburg **Hehlen** von den Herzögen von Braunschweig zu Lehen. Wenige Jahre später machte man sich an den Neubau des *Schlosses* (1579–1584), das als eines der ersten im Weserraum zur vierflügeligen quadratischen Anlage ausgebaut wurde. Das Bauwerk wird beherrscht von zwei sich gegenüberstehenden äußeren Schloßtürmen mit welschen Hauben. Wie ein kleines Kastell bewacht das Schloß die Weser und einen Fährübergang. Es wird umgeben von einem Park, der mit einer Reihe barocker Gartenfiguren ausgestattet ist. Das Gut wurde 1895–1900 zur Rübenzuckerfabrik ausgebaut, in die Scheune hinter dem Tor fügte man einige Reste geschnitzter Hölzer des Renaissancetorbaus ein. Das gegenüberliegende Gebäude ist ein bemerkenswertes Beispiel der Weserrenaissance im Historismus, es entstand 1907. Auf einer kleinen Anhöhe im Dorf Hehlen präsentiert sich die evangelische *Immanuelskirche* (Abb. 100), 1697–1700 nach Plänen des

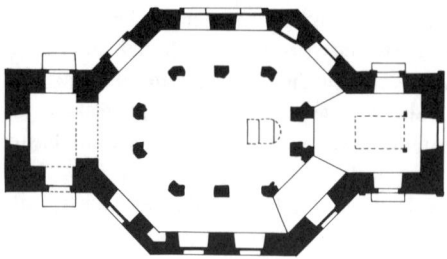

Hehlen, Grundriß der Immanuelskirche

braunschweigischen Bauvogts und späteren Landbaumeisters Hermann Korb errichtet. Sie ist ein längsgestreckter Achteckbau mit Treppenturmanbauten an beiden Schmalseiten. Diese beiden Räume sind mit hölzernen Turmhelmen gedeckt. Die gewendelten Treppen schwingen sich doppelläufig in den Treppentürmen empor, sie haben nur wenige Vorläufer im 16. und 17. Jh. Im östlichen Turm befindet sich das Erbbegräbnis derer von Schulenburg. Den inneren Kirchenraum umgeben zehn Stützen, zwischen die doppelte Emporen gespannt sind (Abb. 99). Zwischen beiden Emporen umzieht ein Gebälk den Zentralraum, der durch eine flache, an den Dachsparren aufgehängte Holzkuppel überwölbt wird. Die Ostseite des Zentralraums nimmt der Kanzelaltar ein. Die alte Ausstattung bilden darüber hinaus zwei Epitaphien des Achatz von der Schulenburg und seiner Ehefrau Margarethe Gertrud († 1701 bzw. 1698), ein Taufstein aus Kemnade und der geschliffene (vermutlich venezianische) Leuchter.

Um 950 wurde das **Nonnenkloster Kemnade** (Bodenwerder) von zwei Familienmitgliedern der Billunger, Nichten des Sachsenherzogs Hermann Billung, gegründet. Für die Kirche sind die Weihedaten 1046 und 1152 überliefert. 1146 war die Äbtissin Judith wegen Verschwendungssucht abgesetzt, 1147 das Konvent aufgelöst und das Kloster an Corvey geschenkt worden. Die Abhängigkeit von Corvey blieb auch nach der Neubesetzung mit Nonnen seit 1194 bestehen. 1579 wurde ein protestantischer Propst eingesetzt, nach dem Dreißigjährigen Krieg existierte kein Konvent mehr.

Der *Kirchenbau* ist fast immer – wahrscheinlich zu Recht – mit dem früheren der beiden Weihedaten identifiziert worden, obwohl dies neuerdings in Frage gestellt worden ist. Die Geschichte des Konvents läßt einen umfangreichen Kirchenneubau Mitte des 12. Jhs. jedoch als sehr fraglich erscheinen. Das Äußere ist ein schlichter, heute unverputzter Bruchsteinbau mit auffällig großen bruchsteingerahmten Fenstern, historistischem Westabschluß und Treppenturm sowie einfachem (barockem) hölzernem Dachreiter. Nach Ausgrabungen war die Kirche bis zum Abbruch der Westteile wohl im 16. Jh., ein kreuzförmiger flachgedeckter Bau, dessen Langhaus sich über eine Länge von sieben Arkaden erstreckte (die vier östlichen Joche sowie Querhaus und Chor sind erhalten). An das Querhaus sind Vorchor mit Hauptapsis sowie zwei Nebenapsiden angeschlossen, letztere wurden später abgebrochen. Die Vierung ist durch hohe Arkaden ausgeschieden, nach Osten schließt sich ein schmales

Vorchorjoch mit der kalottengewölbten Apsis an. Das Langhaus ist ausgesprochen schlicht, die Pfeiler weisen aus Wulst und Kehle profilierte Basen sowie aus Karnies und Platte geformte Kämpfer auf. Die Fenster in Obergaden und Seitenschiff stimmen mit den Jochachsen nicht überein. Im Querhaus sind die unteren Fenster im Spätmittelalter als spitzbogige bzw. segmentbogige Maßwerkfenster erneuert worden, nur die oberen Fenster gehören noch der Bauzeit der Kirche an.

Am nordöstlichen Vierungspfeiler steht die Kanzel, um die sich das Sockelprofil der Pfeilerbasen herumzieht. Die halbhohe Brüstung besteht aus drei gerundeten Steinplatten mit rundstabgerahmten vertieften Spiegelflächen. Die Stellung der Kanzel zeigt, daß die Kirche früher neben einer Predigtkirche (Gemeindekirche) die Aufgaben einer Nonnenkonventskirche hatte, für die vor allem der abgebrochene Kirchenteil gedient haben dürfte. Zur weiteren Ausstattung der Kirche zählen Teile des ehemaligen Hochaltars mit der Geburt Christi als Mittelbild über einer einfachen Maßwerkpredella; die Bekrönung fehlt. Die Apsiswände sind mit den Ganzfiguren der Propheten Jesaias, Jeremias, Hesekiel und Daniel bemalt, in der Kalotte befindet sich die Darstellung des thronenden Christus in der Mandorla zwischen den vier Evangelistensymbolen. Die Bemalung wurde bei einer Renovierung im letzten Jahrzehnt des 19. Jhs. entdeckt und erneuert.

Das Sakramentshäuschen gehört dem 15., der etwas unbeholfen wirkende Taufstein noch dem 12. Jh. an (1764 war er bereits in der heutigen Weise verstümmelt).

Im Südquerhaus befindet sich das Hochgrab des Sifridus von Hoborch (Siegfried von Homburg), auf dessen Grabplatte jedoch nicht, wie in der Elisabethkirche Marburg und der Kirche von Kappenberg, der Verstorbene die zentrale Stellung einnimmt, sondern ein Kruzifix, zu dem der Verstorbene und seine Gattin beten. Die Tumba ist maßwerkgerahmt und an einer Seite mit einer Mönchsdarstellung versehen. Hier handelt es sich im Grunde um eine auf eine Tumba gelegte Wandgrabplatte. Im Querhaus wurde 1797 Carl Friedrich Hieronymus von Münchhausen, der berühmte Lügenbaron, beigesetzt.

Nördlich der Klosterkirche steht am Kirchplatz der rechteckige Chor sowie der querrechteckige niedrige Turmbau der *Pfarrkirche* **Kemnades**. Wohl zu Beginn des 18. Jhs. wurde sie profaniert, das Langhaus abgebrochen (an seiner Stelle heute eine Zufahrt zur Klosterkirche) und der Restchor mit einer Fachwerkwand geschlossen. Noch 1665 hatte man den Chor mit

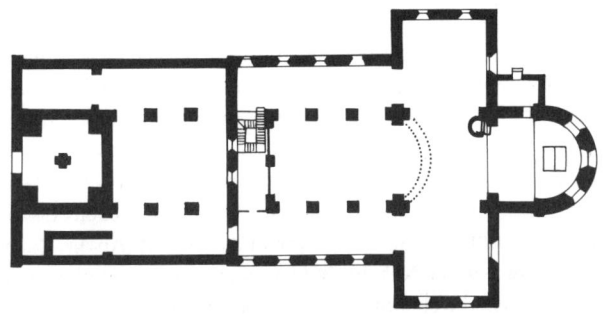

Kemnade, Grundriß der Klosterkirche

einem neuen Südportal im Knorpelstil versehen. Die Inschrift dieses sehr gut erhaltenen Portals nennt Bussomanus Lensen als Initiator einer Kirchenrenovierung. Vom Westturm ist noch das komplette riegelförmige Mauerwerk mit zwei Fenstern und dem Entlastungsbogen des Westportals erhalten.

Die evangelische *Stadtkirche St. Nikolai* in **Bodenwerder** wurde in der ersten Hälfte oder Mitte des 15. Jhs. als Ersatz für eine spätromanische Kapelle errichtet. Das Rathaus ist ein 1603 von Johann Hundertossen für Statius von Münchhausen errichteter Adelsbau. Die Fachwerkbebauung Bodenwerders läßt sich bis in die Jahre um 1500 zurückverfolgen.

Weseraufwärts gelangt man von Bodenwerder nach **Polle** (Farbabb. 21), einem kleinen Burgstädtchen, dessen *Burg* der Grafen von Everstein 1285 erstmals genannt wurde und 1407 an Braunschweig und 1495 an das Fürstentum Calenberg fiel. Vom Umbau zum Renaissanceschloß blieb nur ein Tor des späten 16. Jhs. erhalten, das nach Zerstörungen im Dreißigjährigen Krieg wiederaufgebaute *Amtshaus* von 1656 wurde im Zweiten Weltkrieg weitgehend zerstört. Die evangelische *Kirche* (Abb. 102, 103) entstand 1592–93 (Datierung: Weserrenaissancemuseum Schloß Brake). Das Langhaus mit seinem Südportal zeigt Formen der Weserrenaissance. Der Bauzeit entstammen die Stukkaturen an den Deckenbalken (die Model wurden auch im Westwerk der Corveyer Stiftskirche bei der Erneuerung um 1590 und um 1585 in Höxter verwendet). Das Ortsbild ist vergleichsweise geschlossen und besteht aus niederdeutschen Dielenhäusern ab dem beginnenden 16. Jh. Zu den ältesten Häusern gehört *Mohrgasse 22*, um 1515 errichtet und noch im 16. Jh. mit einer Auslucht versehen. Mit der Fähre (klassizistisches Fährhaus in Polle) kann man auf die andere Weserseite übersetzen, um weiter nach **Bevern** zu fahren. Das hochbedeutende *Renaissanceschloß* (Farbabb. 24) wurde um 1602 bis 1612 für Statius von Münchhausen errichtet und stellt eine außerordentlich konsequente Verwirklichung des vierflügeligen Schloßbautyps der Renaissance dar, dem in näherer Umgebung schon die Schlösser Neuhaus bei Paderborn, Detmold und Hehlen folgten. Der zweigeschossige Bau ist außen vollständig massiv, während die Innenwände und das Obergeschoß auf der Hofseite aus Fachwerk bestehen. Der das Gebäude umgebende Wassergraben ist verlandet. Die Fassaden zeigen leichte Unsymmetrien bei einer dennoch symmetrischen Gesamtwirkung. Die Vorderfront wird durch zwei seitliche Hauptgiebel und zwei Zwerchgiebel (einst auch noch zwei Erker) gegliedert. Das Tor sitzt nicht in der Mitte und die Zwischenräume zwischen den Giebeln sind ungleich breit. Vortretende Kerbschnittquader bewirken abwechselnd mit flacheren Beschlagwerkquadern die Lisenengliederung. – Das Eingangstor mit kleiner Schlupftür besteht aus Eichenbohlen mit dichter Eisennagelung.

Der rechtwinklige Schloßhof enthält zwei Treppentürme in den Hofwinkeln. Auffällig an der Hoffront ist die Kombination der massiven Bauteile mit dem Fachwerkobergeschoß, dessen ursprüngliche Erscheinung sich von der heutigen jedoch deutlich unterschieden hat. Zumindest die mittlere Riegelkette fehlte völlig, so daß entweder von hohen Mittelgefachen oder aber von einem ununterbrochenen Fensterband ausgegangen werden muß. Die 1974 rekonstruierte ›barocke‹ Farbgebung geht auf die Fassung des späten 17. Jhs. zurück. Nach

Historische Ansicht von Polle, um 1830

den Befunden aus dem Innern, die auch für die Hoffassade gelten können, muß der ursprüngliche Zustand des Äußeren eine schwarze, das Holzwerk betonende Farbigkeit besessen haben. Am nördlichen Flügel befindet sich eine Auslucht, die bis in den Giebel hinein mit Pilastern gegliedert ist. Ähnliche Giebel haben auch über den restlichen Pilastergliederungen der Hoffronten gesessen. Die Portale sind unterschiedlich gestaltet und teils mit Säulen und Gebälk, teils nur mit manieristisch umlaufenden Profilen versehen. Im ersten Obergeschoß gibt es im Ost- und Nordflügel einen Längsflur, der sich hinter der gesamten Hoffront erstreckt und die zur Außenseite weisenden Wohnräume erschließt. Der Flur ist durch eine Fachwerkwand von diesen Räumen abgeteilt; hier konnte bei Untersuchungen 1985 an zahlreichen Stellen die ursprüngliche schwarze Begleiter-Farbigkeit in den Ausfachungen festgestellt werden (schwarzer Anstrich der Hölzer, in die Gefache hinein verbreitet und von einem zweiten Strich begleitet). Über die weitere (ursprüngliche) Aufteilung des Inneren weiß man, daß es im Südflügel einen großen Saal gab, der mehr als die Hälfte des Obergeschosses einnahm und mit reich profilierten, blaugrau gestrichenen Deckenbalken versehen war. Der Südflügel und sein Vorraum wurden als Goldener Saal bezeichnet. Erst Ende des 17. Jhs. baute man eine Kapelle ein, die sich heute im Erdgeschoß des Südflügels befindet und in ihrer jetzigen Form seit 1896 besteht. – Die Wirtschaftsräume des Schlosses einschließlich der Küche lagen im Erdgeschoß.

Landeinwärts führt der Weg auf landschaftlich sehr reizvoller Strecke – die hügelige Landschaft hier am Rande des Sollings mag manchen an das Voralpenland erinnern – zum **Klostergut Amelungsborn** bei der Gemeinde Negenborn. Das Gut aus großen Bruchsteinscheunen des 18. und frühen 19. Jhs. ist zwischen Kloster und Straße gelegen. Seitlich steht das klassizistische Herrenhaus, ein Putzbau mit Mittelrisalit und Mezzaningeschoß. Die Klosteranlage wird durch das spätgotische Torhaus abgeschirmt, das noch die spitzbogige Durchfahrt neben einem (zugesetzten) Durchgang aufweist. Die nicht massiven Teile mußten nach Kriegszerstörung rekonstruiert werden. Unmittelbar vor dem Torhaus liegt ein kleines Fachwerkgebäude, eine noch vollständig eingerichtete und funktionsfähige Schmiede (des Gutshofes) der Zeit um 1800. Bemerkenswert sind auch die steingesetzten Zäune aus Sandsteinplatten, die – einst für diese Gegend typisch – inzwischen zur Seltenheit geworden sind. Das Kloster wurde um 1129 von Siegfried IV. von Northeim gestiftet. 1135 zogen erste Mönche ein und 1143 erfolgte die päpstliche Bestätigung (die überlieferte Jahreszahl 1129 hierfür geht auf eine spätere Urkundenfälschung zurück). Die Reformation 1542 hob das Kloster nicht auf, sondern verleibte es der evangelischen Kirche ein, der das Kloster nach kurzzeitiger Rekatholisierung bis heute untersteht.

Durch das Torhaus gelangt man zur Nordseite der *Kirche,* die nicht durch Konventsgebäude verbaut war. Sie läßt deutlich zwei Bauphasen erkennen, nämlich das basilikale Langhaus und den Unterbau des Querhauses aus romanischer Zeit sowie die Querhausaufstockung und den Chor aus der Gotik. – Doch nicht nur die Großformen der Architektur ermöglichen die Unterscheidung der beiden Bauphasen, sondern auch Details wie z. B. die Steinbearbeitung. Hier ist besonders deutlich der im 12. Jh. übliche fischgrätenartige Behau von der flächigeren Bearbeitung der Gotik zu unterscheiden. Selbst zweitverwendete romanische Steine im gotischen Chor, darunter mehrere Teile eines ehemaligen Rundbogenportals, lassen sich so wiederfinden. – Die Fenster der Nordseite des Chors reichten ursprünglich weiter hinab als heute, sie wurden nachträglich teilweise vermauert. Auch an der Südseite der Kirche erkennt man den Unterschied zwischen romanischem und gotischem Mauerwerk. Insbesondere am Querhaus fallen die sorgfältige Mauerung des romanischen

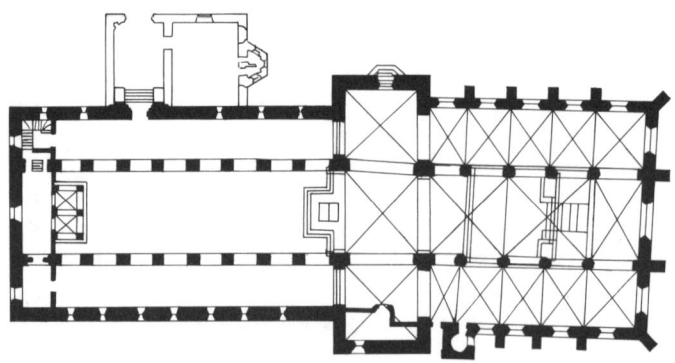

Amelungsborn, Grundriß der Klosterkirche

Teils sowie die Gewände zweier rundbogiger Fenster auf, die durch das vierbahnige Spitzbogenfenster und das darüber befindliche Bruchquadermauerwerk des gotischen Umbaus beeinträchtigt wurden. Das basilikale, flachgedeckte Langhaus hat Stützenwechsel aus Pfeilern und kräftigen Säulen mit Würfelkapitellen. Im Westen ist eine lettnerartige Empore eingebaut, deren Kapitelle mit Palmetten verziert sind.

Der romanische Bau ist bis zu den Pfeilersockeln des Querhauses erhalten. Doch während die beiden westlichen Vierungspfeiler sowie die profiliert abgekragten Konsolen aus glattem Mauerwerk bestehen, weisen die östlichen Vierungspfeiler bzw. die abgekragten Vorlagen zum Mittelschiff Kehlen auf, die eine birnstabförmige Profilierung ergeben. Hierbei scheint man jedoch die Pfeiler nicht neu aufgemauert, sondern lediglich das romanische Mauerwerk überarbeitet zu haben.

Der sich anschließende dreischiffige Chor ist ein gotischer Neubau (Abb. 104). Er wurde gemeinsam mit dem Querhaus kreuzrippengewölbt und hat eine Länge von zweieinhalb Jochen. Das Untergeschoß gliedert sich in fünf schlanke spitzbogige Arkaden über achteckigen Pfeilern, deren Kämpfer mit Blattwerk und Fabelwesen versehen sind. Die seitlichen Fenster sitzen in tief heruntergezogenen Wandnischen. Der Chor enthält von der älteren Ausstattung noch an der Ostwand zwei romanische Piszinen, deren Schäfte mit Blatt- und Rankenwerk feingliedrig ornamentiert sind, ferner ein einfaches Taufbecken aus dem Jahr 1592 mit Volutensockel und beschlagwerkverziertem Becken sowie den steinernen Zelebrantenstuhl an der Trennwand zwischen Chormittelschiff und Südseitenschiff. Zum Mittelschiff hin mit Wimpergen und Fialen architektonisch stark gegliedert, hat er zum Seitenschiff nur eine flächige Gliederung aus Vorlagen, Wasserschlägen und (aufwendigem) Blendmaßwerk. Die Trennwand zwischen Chormittelschiff und Seitenschiff scheint im Prinzip schon immer bestanden und einen Umgang um den Chor abgeteilt zu haben.

Im südlichen Seitenschiff des Chors befindet sich das künstlerisch als mäßig einzuschätzende Hochgrab des Grafen Hermann von Everstein († 1350) und seiner Gemahlin Adelheid zur Lippe unter einem erneuerten doppelten Wimperg. Den Ostabschluß dieses Seitenschiffs bildet das Nordfenster mit zwölf Propheten. Es wurde 1966 als Ersatz für das kriegszerstörte Ostfenster eingebaut und gehört trotz Erneuerungen noch dem 14. Jh. an. 1838 wurde es in Amelungsborn ausgebaut und gelangte schließlich zur Marienburg bei Nordstemmen, von wo das Fenster – nur durch diesen Umstand ist es erhalten – 1966 der Kirche zurückgegeben worden ist. Für das frühe 17. Jh. ist ein zwölfteiliger Fensterzyklus überliefert. Das zentrale, in der Art der Aufteilung dem zerstörten gotischen Fenster angepaßte, sechsbahnige Mittelfenster wurde nach den Kriegszerstörungen 1958 von Werner Brenneisen in klarer Farbigkeit der 50er Jahre geschaffen. Es stellt das Leben Jesu dar, wobei jeweils eine figürliche Szenenfolge durch eine ornamentale, in Grau gehaltene Scheibenreihe unterbrochen ist. Auch die Fenster der Langhausnordseite bewahren noch einige ältere Scheiben.

Westlich der Kirche steht der weitgehend der ersten Hälfte des 16. Jhs. angehörende ›Stein‹, ein Fachwerkbau mit zeittypischen Profilierungen. Es ist der westliche Teil der sonst verschwundenen Klausur. Das Rektorat südöstlich des Chors ist barock, ein kleines massives Nachbargebäude gehört ebenfalls noch zu den älteren Klausurgebäuden. Nordöstlich der Kirche steht etwas abseits die Priorei, ein spätmittelalterlicher Massivbau. – Das Klostergelände wird noch von der vollständigen Bruchsteinklostermauer (um 1300) eingefaßt. Das klassizistische Grabmonument vor der Kirche, das aus einem antikisierenden Säulenstumpf mit unterschiedlich hohen Pfeifen in den Kanneluren gestaltet wurde, ist dem Johann Friedrich Hartmann Drost zu Kloster Amelungsborn († 1800) gewidmet.

In einigen Orten des Sollings kann man gut gearbeitete Beispiele der roten Weser-Sandsteinplatten (Sollingplatten) als Fassadenbehang sehen, die vor allem im 19. Jh. üblich waren. Die Platten sind auf die Spitze gestellt oder haben an der unteren Kante Profile. Als Beispiel sei das Dorf *Arholzen* genannt. Die *Fachwerkkirche* von **Eimen** (um 1550) fällt durch einen vorkragenden Speicherstock auf ausschwingenden Knaggen ins Auge; die Konsolen unter den Knaggen sind aus dem vollen Holz der Ständer kunstvoll herausgearbeitet. Der Speicherstock hat einen aufgeblatteten und auf der Unterseite abgefasten Brustriegel. Der Ostabschluß ist rund gezimmert, indem man krummwüchsiges Holz geschickt ausgenutzt hat (Abb. 59). Der massive Mauerblock im Westen dürfte vom Vorgänger übernommen worden sein.

Das ehemalige *Schlößchen* in **Allersheim** (Holzminden) wurde 1621 errichtet und mit einem achteckigen Treppenturm versehen. Bei der Umwandlung zum Gutshof entstanden auch mehrere niedrige Landarbeiterhäuser aus Backstein.

Holzminden war und ist zwar die wichtigste Stadt zwischen Höxter und Hameln, doch trotz der Funktion als Stützpunkt der Grafen von Everstein und später welfischer Besitz wurde keine Weserbrücke errichtet, sondern der Verkehr über den Fluß mit der Fähre bewältigt. Zerstörungen im Dreißigjährigen Krieg hatten das Absinken zu einer vorwiegend von der Landwirtschaft lebenden, sogenannten Ackerbürgerstadt zur Folge, die aber 1831 immerhin Standort der ersten norddeutschen Baugewerksschule wurde, eine nach wie vor bedeutende Einrichtung (Fachhochschule).

Getrennt vom Marktplatz steht die 1231 erwähnte, im Kern noch der Romanik angehörende evangelische *Pfarrkirche*. Im späten 16. Jh. wurde die kleine dreischiffige Basilika zur zweischiffigen Halle umgestaltet und im Jahr 1900 bei einem Umbau nach Osten verlängert. Im Stadtbild gibt es trotz einiger empfindlicher Eingriffe nicht nur bemerkenswertes Fachwerk der Zeit ab dem 17. Jh. (*Severinsches Haus 1683*, Halbemondstr. 9), sondern auch mehrere klassizistische und frühhistorische Großbauten *(Gymnasium an der Weser*, 1826, *Amtsgericht* in der Karlstraße, 1850) zu sehen. Der *Siedlungskomplex Sohnreystraße*, Ecke Ernst-August-Straße, 1921 von Stadtbaurat Leopold Scherman geplant, steht für die intensive Bautätigkeit in den 20er Jahren.

In **Neuhaus** im Solling (Holzminden) durchschneiden die ostwestlich und nordsüdlich verlaufenden Durchgangsstraßen die *Gestütsanlagen*, die aus einem barocken dreiflügeligen Jagdschloß von etwa 1786, einer modern erweiterten spätbarocken Saalkirche und mehreren einzeln stehenden Stein- und Fachwerkgebäuden bestehen.

Historische Ansicht der Burg Fürstenberg, um 1830

Die **Burg Fürstenberg** südlich von Holzminden wurde unter Herzog Julius nach 1590 zu einem kleinen Renaissanceschloß ausgebaut. Die Beteiligung Paul Franckes liegt angesichts der Ähnlichkeit (Giebel des Torbaus) mit dessen Bauten in Wolfenbüttel und Helmstedt nahe. 1753 wurde das Schloß Sitz der sechs Jahre zuvor gegründeten Porzellanmanufaktur, die nach der von Meißen die zweitälteste noch produzierende in Deutschland ist. Das 1976/77 renovierte Schloß beherbergt das vielbeachtete Museum der Porzellanmanufaktur. Das blaue ›F‹ kennzeichnet das berühmte Fürstenberger Porzellan, das hier besichtigt werden kann.

Zwischen Beverungen und Bursfelde schlängelt sich die Weser durch das nach ihr benannte Bergland, das hier ein schmales Tal bildet und dadurch besonders reizvoll wirkt. An diesem Abschnitt der Weser liegen die hessischen Orte *Bad Karlshafen* und *Lippoldsberg* mit sehenswerten Kunstdenkmälern.

Während bei Lippoldsberg das hessische Gebiet auf Territorium rechts der Weser übergreift, reicht etwas weiter südlich das Land Niedersachsen wieder bis an die Weser heran. Hier liegt, nur noch wenige Kilometer von Münden entfernt, das bedeutende **Kloster Bursfelde** inmitten eines kleinen Dörfchens, eines der zahlreichen kleinen Fährorte an der Weser.

Die Grafen von Northeim gründeten 1093 die Benediktinerabtei Bursfelde. Besetzt wurde sie mit Mönchen vom Kloster Corvey, das sich der Hirsauer Reform angeschlossen hatte und in jenen Jahren ebenfalls unter Northeimer Einfluß stand. Das Kloster sollte die territorialpolitische Stellung der Grafen stärken, was jedoch auf den teilweise erfolgreichen Widerstand konkurrierender Herrscherhäuser stieß. Nach dem Tod Heinrichs von Northeim gründete seine Witwe das Ägidienkloster in Braunschweig und unterstellte es dem Abt zu Bursfelde. Kaiserin Richenza ließ (als Tochter des Northeimer Grafen Heinrich) ab 1135 den Chor der Klosterkirche ausbauen. Über sie gingen mit Aussterben der Northeimer 1144 deren Rechte auf die Welfen über. Durch den Benediktinermönch Johannes Dederoth aus Münden wurde Bursfelde 1433 zu einem wichtigen Stützpunkt einer neuen Reformbewegung, die sich ›Bursfelder Kongregation‹ bezeichnete und der sich bis zur Reformation über 100 Klöster anschlossen, darunter auch Corvey, Hirsau und Maria Laach. 1542 wurde die Reformation eingeführt und 1589 das Kloster aufgehoben.

Die Fernansicht wird durch den beherrschenden Westriegel mit zwei polygonalen Turmhelmen bestimmt. Der Vergleich macht die Abhängigkeit von Kirchenbauten wie z. B. in Bad Gandersheim deutlich (s. S. 259) – doch diese Abhängigkeit ist keine mittelalterliche: Nur der riegelartige Unterbau in Bursfelde gehört dem Umbau des Klosters im vierten Jahrzehnt des 12. Jhs. an, Helme und Glockenstube wurden 1900–04 nach dem Gandersheimer Muster rekonstruiert.

Die sich anschließende Kirche besteht aus zwei Abschnitten. Die Aufteilung in ein dreischiffiges Langhaus und einen dreischiffigen Chor wird durch die Trennwände noch unterstrichen, die man 1903 einbaute und die einen Flur quer in der Kirche entstehen ließen. Das Langhaus ist eine flachgedeckte Basilika mit sächsischem Stützenwechsel. Die Säulen haben einfache Würfelkapitelle und profilierte Basen mit Ecksporen. Einzelformen aus Gandersheim waren Voraussetzung. Den Westabschluß des Mittelschiffs bildet eine hohe Arkade, in die eine Empore auf einer Mittelstütze eingelassen ist. Dies ist ein Umbau der Zeit um 1170, der die Kirche auch um den Unterbau der westlichen Turmfront ergänzte. – Die mehrfach restaurierten Wandmalereien im Langhaus sind spätmittelalterlichen Ursprungs. Der überaus lange, um 1130/40 hinzugefügte Chor besitzt drei parallele Schiffe. Zwischen Mittelraum und Seitenräumen sind niedrige Mauern gestellt, die Arkaden mit Pfeilern und Säulen im Wechsel tragen. Die drei Apsiden wurden im 15. Jh. durch gerade Abschlüsse ersetzt und

Bursfelde, Grundriß der Klosterkirche

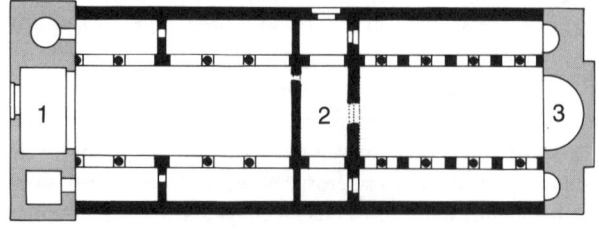

1 Ergänzung des Mauerwerks um 1170 und Umbauten von 1904
2 Um 1903 hinzugefügtes Mauerwerk
3 Umbauten von 1904

bis 1903 rekonstruiert. Die Einzelformen zeigen den reicheren romanischen Stil des zweiten Viertels des 12. Jhs. Südlich der Kirche ist noch das Mauerwerk des westlichen Klausurflügels mit vermauerten Kreuzgangfenstern und mittelalterlichen Teilen im Pächterhaus als Überrest des Klosters erhalten.

Die frühen Lehensverhältnisse um **Münden** (Hann. Münden) sind unklar, doch kann man schon seit alters von einer Grenzlage des Ortes ausgehen. 1019 wurde der königliche Besitz Reinhardswald dem Bistum Paderborn übertragen. Dabei hatte man jedoch zwei, unmittelbar beim heutigen Münden liegende Orte ausgespart. Im 12. und 13. Jh. faßten die Thüringer Landgrafen Fuß, vermutlich gründeten sie die Stadt Münden. Nach ihrem Aussterben (oder kurz zuvor) ging Münden an das Herzogtum Braunschweig-Lüneburg über, das der Stadt wichtige Privilegien wie etwa das Stapelrecht (s. u.) verlieh. Dieses Recht war vor allem für Hessen das dadurch wirtschaftliche Einbußen erlitt, ein großes Ärgernis. Spätere Versuche der Landgrafen von Hessen, das Stapelrecht durch einen Stichkanal nach Karlshafen zu umgehen, scheiterten weitgehend. – Eine Nebenlinie der Welfen, die Herzöge von Calenberg-Göttingen, richteten hier 1488 bis 1584 ihre Residenz ein. Wirtschaftlich erstarkte Münden nicht nur durch das Stapelrecht, bedeutungsvoll war vielmehr auch die seit dem 13. Jh. bestehende Steinbrücke, denn Münden liegt am Zusammenfluß von Werra und Fulda zur Weser und beherrschte damit alle alten Flußübergänge an dieser Stelle.

Der geometrische Stadtplan ist eng verwandt mit dem Plan Göttingens, was eher an eine welfische als an eine thüringische Stadtgründung denken läßt. Die Lange Straße bildet die Hauptachse der Stadt in nordsüdlicher Richtung, parallel verlaufen Burgstraße und Ziegelstraße, rechtwinklig dazu Markt- und Mühlenstraße, Kirchstraße, Schmiedestraße und Ritterstraße. Pfarrkirche und Rathaus nehmen einen großen gemeinsamen Baublock im Zentrum der Stadt ein. Das Schloß liegt nordöstlich am Rande, in der Nähe der Werrabrücke. Erich II., Herzog zu Braunschweig und Lüneburg leitete den Umbau des *Schlosses,* der durch einen Brand 1561 nötig geworden war. Schon für sein Schloß in Uslar hatte er sich niederländischer Handwerker bedient, die er nun auch in Münden einsetzte. Etwa 1574 war das Schloß vollendet. Zwei Flügel umgeben einen länglichen Hof, ein dritter Flügel brannte im 19. Jh. ab. Der Treppenturm im Hofwinkel ist samt den sich anschließenden Bauteilen noch spätgotisch und entstand um 1500. Hierzu gehört auch die Schloßkapelle. – Für die Gestaltung des Renaissancegiebels orientierte man sich am Kasseler Landgrafenschloß, das 1562 vollendet worden war. 1572 entstand die bedeutende Ausmalung im Gemach zum Weißen Roß. In gemalten Nischen sind die guten Helden des Alten Testaments als Standfigur abgebildet, im Geschoß darüber zeigt ein gleichartig bemalter Saal antike Helden in Nischen, die von gemalten Bossenquadern eingefaßt werden. Weitere Malereireste enthält der Werraflügel. Eine bedeutende Raumerscheinung bietet der große Festsaal in seinem Obergeschoß.

Die *Werrabrücke* des 14. Jhs. ist in einer Länge von fünf Bogen erhalten. Die Pfeiler weisen die für mittelalterliche und frühneuzeitliche Brücken typische Technik auf, spitz zulaufende Eisbrecher legen sich stromaufwärts vor die Pfeiler, runde Abschlüsse schirmen

WESER UND SOLLING

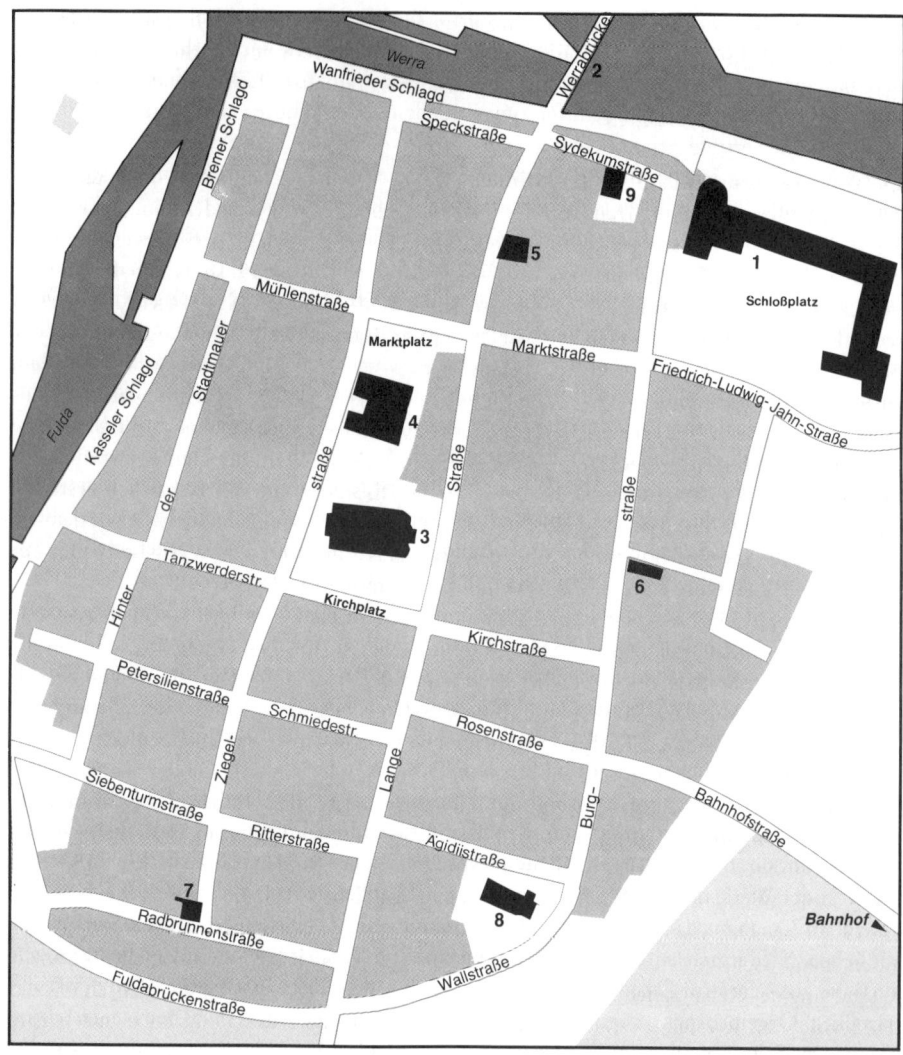

Münden 1 Schloß 2 Werrabrücke 3 Pfarrkirche St. Blasius 4 Rathaus 5 Haus Langestr. 17 6 Haus Burgstr. 19 7 Haus Zur Windmühle, Ziegelstr. 66 8 St. Aegidien 9 Ochsenkopf, Sydekumstr. 8

sie stromabwärts vor Strudeln ab. Die Wasserführung ließ Werra und Fulda bis nahe an die Stadtmauer herantreten; die stadtabgewandten Flußteile waren vor Jahrhunderten unpassierbar gemacht worden, so daß der Verkehr sich unmittelbar vor der Stadtmauer abspielte. Das Stapelrecht zwang jeden Schiffer zum Entladen seiner Schiffe (und damit zum für die Stadt steuerlich ertragreichen Feilbieten der Waren); die Stadt stellte Stapelräume und -häuser zur Verfügung. Die heutige Anlage der Wasserführung gehört in größeren Strecken noch in das frühe 19. Jh., vereinzelt ist sie, wie die Brücke, älter.

Die *Pfarrkirche St. Blasius* (ursprünglich St. Marien) ist eine spätgotische fünfjochige Hallenkirche mit Fünfachtel-Apsis, einer als Sakristei dienenden südlichen Nebenapsis und einer dem späten 19. Jh. angehörenden nördlichen ›Nebenapsis‹ (Heizungskeller). Dem zwischen 1487 und 1502 errichteten Bau, von dem nur das östliche Langhausjoch älter ist, ging eine romanische Querhausbasilika voraus. (Weiter zurückreichende Befunde gibt es dagegen nicht!) Das Querhaus hat sich an der Stelle des heutigen zweiten östlichen Jochs befunden. Es wurde um 1300 durch ein östliches Joch mit der polygonalen Apsis erweitert, dieser Bauteil erhielt Hallenquerschnitt und blieb beim Neubau des Langhauses ab 1487 stehen. Seine Einzelformen unterscheiden sich von denen des spätgotischen Bauwerks, dessen schlanke Achteckpfeiler kapitellos in Rippen, Gurt- und Scheidbögen übergehen. Die blaugraue Quaderfassung der Pfeiler und Bögen wurde 1973 wiederhergestellt. Der gleich alte, oben achteckige Turm tritt nur wenig über das Dach hinaus, seinen Helmabschluß erhielt er wohl 1584. Ursprünglich mag ein steilerer spitzer Helm vorgesehen gewesen sein, der jedoch nicht vollendet wurde, da gegen Ende der Bauzeit, 1540, ein protestantischer Gottesdienst eingeführt wurde. – An den Chorstrebepfeilern sind noch die Hochwassermarken der Jahre 1342 und 1522 zu erkennen.

Der barocke Altar vor der Apsis läßt durch seinen Aufbau den Durchblick auf die beiden seitlichen Maßwerkfenster zu. Sie bilden so einen Rahmen für die Statuen über den seitlichen Durchgängen, Christus salvator links und Johannes evangelius rechts. Die Mittelbilder zeigen das Abendmahl, Christus am Kreuz und oben die Auferstehung (auf dem Bild die Wächter am Grabe, der Auferstandene plastisch darüber). 1694–1700 wurde der Altaraufbau von der Werkstatt Johann Andreas Gräber (Heiligenstadt) hergestellt. Die Sandsteinkanzel im Langhaus datiert von 1493 und ist damit eine der ältesten erhaltenen Kanzeln im südlichen Niedersachsen. Der gedrehte Fuß und die Brüstungsfelder am Aufgang zeigen einfache gotische Profilierungen. Zur Turmhalle hin wird das Mittelschiff durch den frühbarocken Orgelprospekt abgeschlossen, den erhaltenen Teil der 1645 neu aufgestellten Orgel. Das Schnitzwerk zeigt Motive des Knorpelstils.

Die Mitte des Langhauses nimmt das Tumbengrab (Hochgrab) des Herzogs Wilhelm d. J. von Braunschweig-Lüneburg ein, das sich dieser 1494, knapp zehn Jahre vor seinem Tod, erbauen ließ. Im Typ entspricht es den Grabdenkmälern der Marburger Elisabethkirche. Das Metallepitaph des Herzogs Erich I. († 1540) goß Cord Mente; ein Marmorepitaph, das denselben Herzog mit seiner verstorbenen Frau und seiner zweiten Ehefrau zeigt, schuf um 1530 Loy Hering aus Eichstätt. In den süddeutschen Raum verweist auch die Gestaltung des Epitaphs, das innerhalb eines rechteckigen perspektivischen Rahmens mit Renaissancekas-

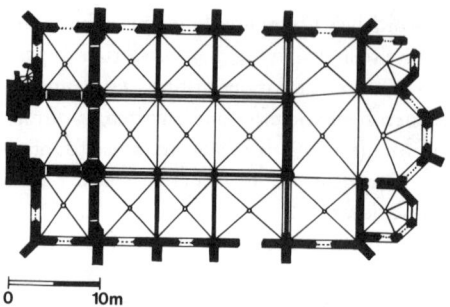

Münden, Grundriß der Pfarrkirche St. Blasius

setten den Durchblick auf einen Baldachin mit Kandelabersäulen freigibt. Vor dem Kruzifix im Vordergrund knien der Herzog und seine beiden Frauen. Das Relief des Kruzifixes und der trauernden Maria und Johannes erinnert deutlich an die spätgotische süddeutsche Plastik. Ein weiteres bedeutendes Ausstattungsstück ist das von Nikolaus von Stettin 1392 gegossene Taufbecken. Der Taufkessel wird von Männern getragen, die auf Drachen sitzen; diese stützen sich wiederum auf Löwen, die den Fuß des Beckens bilden. Eine umlaufende Folge von Heiligenreliefs zeigt neben Christus und Maria auch den heiligen Blasius. Die aus Bronze gegossene, annähernd gleich alte Tür zur Sakramentsnische in der Apsis ist in vier Felder mit flachen, allerdings weniger hochwertigen Reliefs aufgeteilt. Man erkennt die Kreuzigung, die Auferstehung, Christus in der Vorhölle und Christus beim Jüngsten Gericht thronend, in der Mitte das Lamm Gottes.

Die Baugeschichte des benachbarten *Rathauses* (Abb. 101) reicht, was auch für die Rathäuser der meisten übrigen Städte Südniedersachsens gilt, in das Mittelalter zurück. Im heutigen Rathaus ist ein zweigeschossiger Saalbau mit Staffelgiebeln enthalten, der mehrfach, zuletzt 1603–09, erweitert wurde. Im Osten fügte man einen einfachen, im Westen einen zweiflügeligen Bauteil an. Die Marktplatzfront erhielt drei Zwerchgiebel, Utlucht, Altan und Portal. Am einfachsten beließ man bei diesem Umbau die der Kirche zugewandte Südfront, bis auf die Erweiterungen und die schlichten Fenster, die dem Gebäude eine mittelalterliche Gesamterscheinung geben. Der Umbau wurde durch den Lemgoer Baumeister Georg Croßmann und vermutlich auch dessen Sohn, Ernst Croßmann, durchgeführt. Die Marktfront (Nordfassade) vertritt mit ihren Steinmetzdetails die Weserrenaissance: Beschlagwerk findet sich in durchbrochener Form an den Blenden zwischen den Zwerchgiebeln sowie an den Giebelkanten und am Portal, bossierte Steine sieht man zumindest an den Portalsockeln. Im Hocherdgeschoß liegt ein großer balkengedeckter Saal mit kräftigen Holzstützen, und hier sowie im Obergeschoß befinden sich Portale bzw. ein Kamin der Renaissance (1605). Das Hauptportal läßt neben den Reliefs der Pietas, Concordia und Pax das Stadtwappen und das Meisterzeichen Croßmanns erkennen. Das Gebälk der Utlucht wird außer von ionischen und korinthischen Säulen auch durch Hermenpilaster getragen. Das Innere enthält zwei große Hallen, von denen die im Erdgeschoß 1927–29 mit Wandbildern zur Geschichte Mündens ausgestattet wurde. Stilistisch folgt der Maler mit den Historienbildern der Tradition des späten 19. Jhs. Angesichts des späten Entstehungszeitpunktes tragen die Bilder jedoch sehr konservative Züge.

Die *Aegidienkirche* mit einem Langhaus von 1684 und einem spätgotischen Chor enthält einen um 1530 entstandenen Flügelaltar. Bekannt ist die Kirche vor allem wegen der Grabplatte des Wunderdoktors Johann Andreas Eisenbart († 1727), die an der Außenseite aufgestellt wurde.

Die Altstadt Mündens ist berühmt für die Geschlossenheit ihres Stadtbildes, das Fachwerkhäuser des Mittelalters bis zum Historismus enthält. Schon die *Lange Straße* bietet ein Kompendium quer durch die Baugeschichte. (Der aufmerksame Leser wird Diskrepanzen zu älteren Büchern feststellen: die in Niederdeutschland häufige Hausnummernzählung wurde kürzlich geändert. Nunmehr gilt das System gerader Nummern auf der einen und ungerader auf der anderen Straßenseite.)

Die zwei ältesten Häuser sind nach jüngeren Befunden *Burgstr. 19* (1381) und *Lange Str. 17* (1383). Beide zeigen mittelalterliche Fachwerkformen wie z. B. tief heruntergezogene Knaggen unter Geschoßvorsprüngen und aufgeblatteten Brustriegeln. Die Fassaden sind jedoch stark verändert. Vollständiger noch zeigt sich die spätmittelalterliche Bauweise am

Historische Ansicht von Münden, um 1830

Haus Zur Windmühle, Ziegelstr. 66 (1400), einem Eckhaus mit verbauter, einstmals hoher Diele und spitzbogigem Torbogen sowie einem auf Knaggen vorkragenden Stockwerk, das früher nur als Speicher diente. Die Rückseite des Hauses hat hohe Ständer und lange verstrebende Schwertungen. Spätmittelalterlich sind auch die *Häuser Kirchplatz 4* (die früheste Bauinschrift ist auf 1457 datiert), *Mühlenstr. 10* (1458) und *Kirchstr. 1* (1477). Der ›*Ochsenkopf‹,* Sydekumstr. 8 (1528), ist ein spätes Beispiel für diese Bauweise. Seine Seitenwände bestehen aus hohen durchgehenden Ständern, eine Vorkragung gibt es nur an der Straßenseite. Besonders vielfältig sind die Formen der Renaissance. Reihungen von Fußbändern oder Andreaskreuzen kennzeichnen das Fachwerk. Profilierte Füllhölzer mit sogenannten Schiffskehlen oder gedrehten Schnüren betonen die Zone der Vorkragung (*Marktstr. 1,* 1524, *Lange Str. 8/10,* 1553, und *Lange Str. 29,* 1554, *Mühlenstr. 10,* Erker, 1568). In der zweiten Jahrhunderthälfte kommen Rundbogenarkaden auf den Brüstungstafeln vor (*Kirchplatz 7,* um 1570/80, *Vor der Burg 15,* 1574). Fächerrosetten sucht man indes nahezu vergebens. Das Fachwerk des 17. Jhs. setzt den Verzicht auf hohe Dielen fort, die Häuser werden stockwerksweise konstruiert. Die Zusammenhänge mit dem hessischen Fachwerk und hier namentlich mit dem der Stadt Kassel (1944 zerstört) werden darin deutlich. Das *Haus Ziegelstr. 6* hat an den Brustriegeln unter allen Fenstern kleine ›Zapfen‹, die wie Tannenzapfen vom Brustriegel herabzuhängen scheinen. Es ist ein Traufenbau mit einem breiten Zwerchgiebel. Beides erinnert an nordosthessisches Fachwerk wie in Oberkaufungen oder Eschwege. Sehr eindrucksvoll ist die Fassade des Hauses *Lange Str. 82* mit einer aufgemalten (inzwischen rekonstruierten) Säulen- und Marmordekoration des Hochbarocks von 1685.

Werraaufwärts schließt sich noch ein kleines auf niedersächsischem Boden liegendes Gebiet an, das zum Kaufunger Wald gehört und mit diesem sowohl einige guterhaltene Ortsbilder (auf hessischer Seite besonders das Städtchen Witzenhausen) und alte Töpferorte gemeinsam hat. Die hessische Ortschaft Großalmerode ist für ihre Tonpfeifenfabrikation besonders bekannt, auf niedersächsischer Seite hatte der Töpferort **Oberode** bis 1926 größere Bedeutung. Hier sind eine ganze Reihe von Töpferhäusern und u. a. auch noch ein *Fabrikationsgebäude* (Brenngebäude) in der Hofstelle Nr. 16 erhalten. Beispiele der nur schwer einzelnen Orten zuzuordnenden Töpferware – der gesamte nordhessische und südweserische Raum war ein überaus wichtiges Produktionsgebiet für Töpferei mit teilweise ähnlichen Formen und häufig auch gleichen Bezugsquellen für den Ton – finden sich besonders in den Museen Göttingens und Mündens.

Weiterführende Literatur (Auswahl)

Allgemeines und Sammelwerke, Zeitschriften

Berichte zur Denkmalpflege in Niedersachsen, Zeitschrift (1987 = 7. Jahrgang)

K. Brüning (Hg.), Handbuch der historischen Stätten Deutschlands, II, Niedersachsen und Bremen, Stuttgart 1969

Dehio, Handbuch der Kunstdenkmäler, Bremen, Niedersachsen, München/Berlin 1977

Denkmaltopographie Bundesrepublik Deutschland, Baudenkmale in Niedersachsen, bisher erschienen: 5.1. Stadt Göttingen, 9.1. Stadt Wolfenbüttel, 10. 1. Stadt Hannover

H.-W. Hansen, H. Kreft, Fachwerk im Weserraum, Hameln 1980

Kunstdenkmälerinventare Niedersachsens, 48 Bände (verschiedenen älteren Reihen entnommen), Neuauflage Osnabrück 1979

C. Meckseper (Hg.), Stadt im Wandel, Katalog zur Landesausstellung Braunschweig 1985, 5 Bände

Niederdeutsche Beiträge zur Kunstgeschichte (kunstgeschichtliche Zeitschrift mit Beiträgen zur Architektur, Plastik und Malerei, 1987 = 26. Jahrgang), München/Berlin

Niedersächsische Denkmalpflege, Veröffentl. des Instituts für Denkmalpflege (Bd. 12 = 1987)

G. Pischke, Die Landesteilungen der Welfen im Mittelalter, Veröffentlichungen des Instituts für historische Landesforschung der Universität Göttingen, 24, Hildesheim 1987

R. Slotta, Technische Denkmäler in der Bundesrepublik Deutschland, 4 Bände, hg. vom Deutschen Bergbaumuseum Bochum, o. J.

J. Soenke, H. Kreft, Die Weserrenaissance, Hameln 1965

H. Thümmler, H. Kreft, Weserbaukunst im Mittelalter, Hameln 1970

Geologische Schriften

Brinkmann/Kayser, Abriß der Geologie, Band 2, 1954

W. H. Frank, W. Helmhold, A. Pilger, Geologie und Kulturgeschichte im Dreieck Goslar – Bad Harzburg – Harliberg, Clausthal-Zellerfeld 1985

K. Mohr, Harz, Westlicher Teil, Berlin/Stuttgart 1984

H. Schumann, Einführung in die Gesteinswelt, Göttingen/Dresden/Leipzig 1961

Simon, Querschnitt durch die Erdgeschichte in Aufschlüssen des westlichen Harzes, Tagungssonderdruck, Roßdorf 1954

Weitere Darstellungen zu einzelnen Orten und Sehenswürdigkeiten

Alfeld:

K. Wilhelm, Walter Gropius Industrie-Architekt, Braunschweig 1983

Braunschweig:

M. Bültmann, Architektur für das Dritte Reich, Die Akademie für Deutsche Jugendführung in Braunschweig, Braunschweig 1986

R. Dorn, Mittelalterliche Kirchen in Braunschweig, Hameln 1978

R. Fricke, Das Bürgerhaus in Braunschweig, Das deutsche Bürgerhaus XX, Tübingen 1975

G. Spies (Hg.), Der Braunschweiger Löwe, Braunschweig 1985

Bückeburg:

J. Habich, Die künstlerische Gestaltung der Residenz Bückeburg durch Fürst Ernst 1601–1622, Schaumburger Studien 26, Bückeburg 1969

WEITERFÜHRENDE LITERATUR (AUSWAHL)

Goslar:
M. Arndt, Die Goslarer Kaiserpfalz als Nationaldenkmal, Hildesheim 1976
H.-G. Griep, Das Bürgerhaus in Goslar, Das deutsche Bürgerhaus I, Tübingen 1959

Göttingen:
S. Schütte, Das neue Bild des alten Göttingen, Göttingen 1984

Helmstedt:
E. von Schulz, Helmstedt – Architektur durch die Jahrhunderte, Helmstedt 1981

Hildesheim:
J. Zink, Die Kirche zum Heiligen Kreuz in Hildesheim, Die Diözese Hildesheim in Vergangenheit und Gegenwart, Zeitschrift des Vereins für Heimatkunde, Hildesheim 1980

Mariental:
C. Römer (Hg.), Das Zisterzienserkloster Mariental bei Helmstedt 1138–1988, München 1988

Münden:
A. Konovaloff, Ornament am Fachwerk, Eine Untersuchung der Gestaltung von Bürgerhäusern in Hann. Münden, Münster 1985

Salzdahlum:
G. Gerkens, Das fürstliche Lustschloß Salzdahlum und sein Erbauer, Quellen und Forschungen zur Braunschweigischen Geschichte Bd. 22, Braunschweig 1974

Schloß Richmond:
F. J. Christiani, Schloß Richmond, Arbeitsberichte aus dem Städtischen Museum Braunschweig 45, Braunschweig 1984

Wolfenbüttel
Fr. Thöne, Wolfenbüttel, München 1963
W. Kelsch, W. Lange, Predigt der Steine, Der Bildschmuck der Turmfassade an der Hauptkirche Beatae Mariae Virginis, Wolfenbüttel 1984
Die Hauptkirche Beatae Mariae Virginis in Wolfenbüttel, Hameln 1987

Glossar

Fachbegriffe zur Kunst und Kultur Südniedersachsens (Auswahl)

Akroterion Giebelzierform, die der griechischen Kunst entlehnt ist und im Historismus vorkommt.

Anna selbdritt Darstellung der heiligen Anna, ihrer Tochter Maria und des neugeborenen Christus.

Antependium Vordere Bekleidung des Altars aus Tuch oder Edelmetall.

Apsis Runder oder polygonaler Chorschluß im Osten (selten im Westen) der Kirche.

Auslucht (Utlucht) Am Erdboden ansetzender Vorbau an Fassaden, der auf die Straße vorgeschoben ist. Üblich an Steinbauten der Renaissance und Fachwerkbauten des 17. und 18. Jhs. Im Gegensatz zur Auslucht setzt der Erker erst oberhalb des Erdbodens auf Konsolen u. ä. an.

Basilika Kirchenaufriß mit einem hohen mittleren und zwei niedrigeren seitlichen Schiffen. Das Mittelschiff hat einen Obergaden mit Fenstern.

Beschlagwerk Geometrische Dekorationsform des 16. und frühen 17. Jhs. mit dem (manchmal abstrakten) Aussehen von aufgenagelten Eisenbändern.

Confessio Innerhalb einer Krypta Vorraum vor dem Märtyrer-(Heiligen-)Grab.

Dienst Hohes schlankes vorgelegtes Säulchen in der gotischen Baukunst zur optischen Unterstützung von Gewölberippen oder Bögen; häufig sind vier Dienste um einen Rundpfeiler angeordnet.

Domikalgewölbe Kuppelartig überhöhte Gewölbeform (gebust).

Fachwerk Hölzernes Baugefüge, das ein Gerüst bildet und dessen Gefache mit Holz, Lehm oder Steinen geschlossen sind. Das Holzgefüge besteht in der Regel aus einer *Schwelle*, darüberstehend den *Ständern* und als waagerechtem Abschluß zumeist einem *Rähm*.
Zwischen den Ständern sitzen *Riegel*, zur Versteifung dienen *Streben*, bei spätmittelalterlichen Häusern auch lange aufgeblattete *Schwertungen*. Balken nennt man nur die waagerechten Decken- bzw. Fußbodenbalken. Das Obergeschoß kann über dem unteren Geschoß vorkragen, die Vorkragung durch ein Winkelholz *(Knagge)* unterstützt sein.
Besondere Unterscheidungen betreffen die Konstruktion der oberen Etagen. Man unterscheidet den Stockwerksbau und den Geschoßbau und dementsprechend Oberstock und Geschoß: Bei Stockwerksbauten hat jede Etage eine eigenständige Konstruktion. Sie ist dem Stockwerk darunter aufgesetzt und mit durchgehenden waagerechten Hölzern (Schwelle, Rähm, Balkenlage) abgeteilt. Bei Geschoßbauten (manchmal auch als Ständer- oder Wandständerbauten bezeichnet) haben die Ständer die Höhe der gesamten Wand vom Erdboden bis zum Dach, und die Geschoßbalken sind in sie eingelassen bzw. ›eingeschossen‹.

Gebundenes System Grundrißform (romanischer) Kirchen, bei der ein Seitenschiff die halbe Breite des Mittelschiffs aufweist und einem Mit-

GLOSSAR

telschiffjoch auf jeder Seite zwei Seitenschiffsjoche entsprechen. Die Grundform ist das Quadrat.

Göpel Pferdeantrieb für Maschinen, bei dem im Kreis gehende Pferde eine Drehbewegung als Maschinenantrieb erzeugen.

Gräfte Wassergraben, der z. B. einen Bauernhof (Gräftenhof) oder ein Wasserschloß umgibt.

Gruppenbau Anlageform der mittelalterlichen Burg, die keinen regelmäßigen geometrischen Grundriß hat, sondern bei der mehrere Einzelgebäude scheinbar willkürlich angeordnet sind, jeder Bau mit einer speziellen Aufgabe.

Hagendorf Dorfform, bei der die einzelnen Höfe an einer Straße aufgereiht sind und hinter ihnen zumeist die zugehörigen Parzellen liegen.

Hallenhaus (niederdeutsches) Ländliche Hausform, deren Stallteil aus drei ›Schiffen‹ besteht, die durch Ständer getrennt sind. Die Ständer tragen die querliegenden Deckenbalken. Je nachdem, ob ein Deckenbalken auf zwei Ständerreihen liegt (das Dach ist dann tief herabgeschleppt) oder auf vier Ständerreihen, unterscheidet man Zweiständer- oder Vierständerhäuser. Das Haus besteht aus der *Diele* mit den seitlichen Ställen, dem *Flett* und dem *Kammerfach*. Zu unterscheiden ist von dieser Hausform das im mitteldeutschen Raum verbreitete *Ernhaus*. Das Ernhaus wird an der Traufseite betreten, wo von einem mittleren Flur, einst mit der Küche verbunden (in Hessen wird dies als Ern-Zone bezeichnet) Stube und Wohnräume seitlich erschlossen werden. Dieses Haus hat sehr häufig zwei Stockwerke, und es kommt auch in weiten Teilen Südniedersachsens vor.

Hallenkirche Kirchenaufriß mit drei annähernd gleich hohen Schiffen, im Gegensatz zur Basilika.

Hermenpilaster In der Renaissance und im Frühbarock Pilasterform, deren oberer Teil als menschlicher Körper mit Kopf gebildet ist.

Historismus Stilphase des 19. und frühen 20. Jhs., die durch das Wiederaufgreifen historischer Bau- und Kunststile gekennzeichnet ist (Romanik, Gotik, Renaissance, Barock).

Lettner Chorschranke, die den Laienteil einer Kirche abtrennt und ursprünglich oft mit einem Lesepult versehen war.

Sächsischer Stützenwechsel In der niedersächsischen romanischen Baukunst gebräuchliche Stützenform in Kirchen, bei der ein Pfeiler und zwei Säulen miteinander abwechseln.

Obergaden Fensterzone im Mittelschiff einer Basilika.

Orgel Der *Orgelprospekt* setzt sich aus mehreren Teilen zusammen. Man unterscheidet *Hauptwerk*, *Brustwerk* und *Oberwerk* vor dem Orgelspieler und das *Rückpositiv* im Rücken des Orgelspielers. Die hohen seitlichen Türme sind die *Pedaltürme*. Seitliches dekorierendes Schnitzwerk (geschnitzte Bretter) nennt man *Ohren*.

Palmetten-Ringband-Kapitell Besondere Kapitellform, bei der ein umlaufender Palmettenfries durch ein Ringband zusammengehalten wird.

Pendentif Zwickel in Form eines sphärischen Dreiecks, der bei Kuppeln vom viereckigen Unterbau zum achteckigen Aufbau überleitet.

Piscina Nische mit Wasserablauf in einer Kirche, der liturgischen Reinigung der Hände des Priesters dienend.

Régence Stilphase des Barocks, benannt nach der Regentschaft Philipps von Orléans (1715–1723).

Risalit Vortretender Bauteil eines Gebäudes, der am Erdboden ansetzt und der gesamten Gebäudehöhe entspricht (Gegensatz: Erker, der erst oberhalb des Erdbodens ansetzt, Auslucht, die weniger hoch ist; in Niederdeutschland wird allerdings nicht immer klar zwischen Risalit und Auslucht unterschieden).

Steinwerk Steinerner Bauteil an zumeist städtischen Häusern, der (in Westfalen) im hinteren

Hausteil den Saal und (oder) Speicherräume enthielt (Saalbau); kennzeichnend für spätmittelalterliche und frühneuzeitliche Bauten.

Stilbegriffe Die Bezeichnungen Romanik, Gotik, Renaissance, Barock und Klassizismus, um nur die wichtigsten zu nennen, dienen der zeitlichen Einordnung von Architektur und Kunst. Lange Zeit hat die Kunstgeschichte sie auch benutzt, um die Kunst zu charakterisieren. Daher stritt man sich gelegentlich, ob ein Bauwerk beispielsweise noch der Spätgotik oder schon der Frührenaissance zuzuordnen sei. Solche Diskussionen gehen jedoch an der Sache vorbei, da die Stilbezeichnungen aus jüngerer Sicht auf Bauten und Kunstwerke angewandt werden und daher nur heutige Ordnungskriterien sein können. Grobe Zeitorientierung der Stile in Deutschland: Vorromanik bis 1000, Romanik 1000 bis 1230/50, Gotik 1230/50 bis 1500/30, Renaissance 1500/30 bis 1630, Barock 1630 bis 1780, Klassizismus 1780 bis 1830/50, Historismus 1830/50 bis 1915. Allerdings hat man auch stilistische Nuancen mit Begriffen bezeichnet, die teilweise sehr bekannt sind (beispielsweise: Übergangsstil: Mitte 13. Jh., Manierismus um 1600, Régence um 1720/50, Rokoko um 1740/80, Neugotik um 1780/1840 parallel zum Klassizismus).

Stuccolustro Technik der Freskomalerei, bei der die Malerei auf einen dünnen Malstuck aufgetragen und anschließend mit einem heißen Eisen geglättet und zum Glänzen gebracht wird.

Stufenhalle Kirche mit hallenartigem Aufriß, jedoch überhöhtem Mittelschiff (Gewölbeansätze für alle Schiffe auf einer Höhe).

Stützenwechsel Wechselnde Anordnung von Säulen und Pfeilern in einer Kirche.

Umflut Durch Stauwehr bewirkte Umleitung eines Wasserlaufes.

Utlucht s. Auslucht.

Weserrenaissance Kunsthistorische Bezeichnung für die Baukunst des 16. und frühen 17. Jhs. im Weserraum zwischen Osnabrück und Wolfsburg, die sich durch bestimmte, besonders aufwendige Baudetails auszeichnet (›Bossenquader‹, Quader mit z. T. geometrisch dekorierter Oberfläche; Auslucht, Beschlagwerkdekoration, besondere Giebelformen).

Westwerk Westlicher Teil vorromanischer und romanischer Kirchen, der mindestens dreigeschossig ist und auf nicht weniger als drei Seiten von zumindest zweigeschossigen Anbauten begleitet wird, diese öffnen sich als Empore zum mittleren Bauteil (z. B. Corvey im ursprünglichen Zustand). Doppelturmfassaden oder Einturmfassaden mit Treppentürmen werden dagegen nicht als Westwerk bezeichnet.

Wichhäuschen Ecktürmchen am Fuß eines Turmhelmes.

Windmühle Windangetriebenes Maschinengebäude (niemals Wohnhaus): Zu unterscheiden sind Mühlen mit drehbarer Kappe auf feststehendem, mehrgeschossigem turmartigem Unterbau (*Kappenwindmühle,* auch Holländerwindmühle genannt) und Mühlen mit drehbarem Holzgebäude über feststehendem Bock (*Bockwindmühle*).

Abbildungsnachweis

Farbabbildungen

Jutta Brüdern, Braunschweig 7, 8, 12, 13
Michael Jeiter, Aachen 15, 16, 18, Umschlagklappe vorn, Umschlagrückseite
Margret Klaes, Radevormwald 11, 17, 19, 21, 28, 31, 34, 35, 36
Werner Otto, Oberhausen 2, 3, 30, Umschlagvorderseite
Peter Peter Team, Sarstedt 5, 6
Heinz Schmitz, Köln 1, 4, 9, 10, 14, 20, 22–27, 29, 32, 33

Schwarzweiß-Abbildungen

Foto Gewecke, Stadthagen 85
G. Ulrich Großmann, Lemgo/Brake 21, 40, 41, 62, 66, 67, 70, 72, 73, 77, 83, 89, 91, 94, 99
Michael Jeiter, Aachen 35–38, 42, 48, 52, 54, 64, 97, 98
Kreisbildstelle Landkreis Schaumburg, Stadthagen 87
Peter Peter Team, Sarstedt 10
Heinz Schmitz, Köln 1–9, 11–19, 22–28, 30–32, 34, 43–45, 47, 51, 53, 55–61, 62, 65, 68, 74–75, 76, 78–80, 82, 84–86, 88, 92, 96, 100, 102, 103, 104
Archiv der Grube Samson, St. Andreasberg 49, 50
Archiv des Weserrenaissance-Museums, Lemgo/Brake 20, 29, 33, 39, 46, 69, 71, 81, 90, 93, 95, 101

Abbildungen im Text

Archiv des Weserrenaissance-Museums, Lemgo/Brake 2, 29, 71, 132, 153, 155, 171, 215, 221, 325
Dingelstedt, Franz, Das Weserthal (Supplement), Kassel & Leipzig o. J. 294, 321, 328, 359, 363, 369
Griep, H. G. 218
Mit freundlicher Genehmigung des Instituts für Denkmalpflege beim Niedersächsischen Landesverwaltungsamt Hannover 34, 35, 37, 50, 59, 68, 75, 79

Alle übrigen Textabbildungen stammen aus den Archiven des Autors und des Verlages
Karten und Pläne: DuMont Buchverlag, Köln
Deutscher Kunstverlag, München 223

Praktische Reisehinweise

Wege nach Südniedersachsen

Mit dem Auto kommt man über *Land- und Bundesstraßen* aus Richtung Eschwege, Kassel, Paderborn, Höxter, Minden oder Bremen in das südliche Niedersachsen.

Der schnellere Weg in das Gebiet führt trotz berüchtigter Staus nördlich von Kassel über die *Autobahnen* von Dortmund, Bremen, Hamburg, Berlin und Frankfurt bzw. Würzburg über Kassel.

Die *Eisenbahn* befördert den Fahrgast aus Richtung Hamburg, Bremen, Ruhrgebiet über Hannover oder über Kassel, aus Frankfurt und Würzburg über Kassel (Schnellstrecke im Bau) und aus Richtung Berlin in das südliche Niedersachsen.

Für Flugreisende ist nur der *Flughafen* Langenhagen bei Hannover von Bedeutung; Regionalflughäfen wie Paderborn haben für Südniedersachsen ebenfalls große Bedeutung.

Quer durch das Land führt schließlich noch der *Mittellandkanal*. Der wichtige Schiffahrtsweg verbindet das Ruhrgebiet mit Berlin, ein Stichkanal mit Braunschweig.

Fahrrad

Ein Radwegenetz entlang der Weser von Karlshafen bis Bremen ist seit 1987 in Planung und Aufbau; Unterlagen können bei den entsprechenden Landkreisen angefordert werden.

Wandern

Zum ausgiebigen Wandern laden der Harz, der Solling und das Weserbergland sowie das Wesertal ein. Im Weserbereich werden die Ausschilderung und der Zustand der Wanderwege innerhalb eines Förderprogramms z. Z. noch erweitert. Informationen erteilen die zuständigen Verkehrsämter, aktuelle Wanderkarten sind im Handel erhältlich.

Wassersport

Die Weser bietet sich für Wasserwanderungen an. Die entsprechenden Möglichkeiten werden z. Z. im Rahmen eines länderübergreifenden Weser-Programms ausgeweitet. Informationen erteilt – oder leitet weiter – der Kreis Minden-Lübbecke, Kreisverwaltung, 4950 Minden. ›Wasserwandern‹ ist ein Begriff geworden, der hierzulande mit der Weser verbunden wird.

Wintersport

Der Harz ist neben der Rhön das schneesicherste Gebirge nördlich des Mains. Wintersport ist von nahezu allen Orten des Oberharzes aus möglich, rechtzeitige Hotelanmeldung ist erforderlich – der Harz ist nicht nur kleiner, sondern vor allem auch beliebter, als mancher Besucher erwarten mag.

Kurorte

Bad Eilsen
Kurverwaltung, Harrlallee 2, 3064 Bad Eilsen, ⌀ 05722/85372
Bad Gandersheim
Kurverwaltung, Stiftsfreiheit 12, ⌀ 05382/73441
Bad Grund
Kurverwaltung, Clausthaler Str. 38, ⌀ 05322/3044
Helmstedt
Stadt Helmstedt, Markt 1, ⌀ 05351/17333

Bad Lauterberg
Kurverwaltung, Ritscherstraße, ⌀ 05524/4021
Bad Münder
Kurverwaltung, Rathaus, ⌀ 05042/3062
Bad Nenndorf
Kurverwaltung, Hauptstr. 11, ⌀ 05723/3449
Bad Pyrmont
Kurverwaltung, Heiligenangerstr. 4, ⌀ 05281/151
Bad Sachsa
Kurverwaltung, Am Kurpark 6, ⌀ 05523/8015
Salzgitter-Bad, Marktplatz 11, ⌀ 05341/4021
Bad Salzdetfurth
Kurverwaltung, Unterstr. 87, ⌀ 05063/8015

Kirchen und Schlösser

Alfeld
Kirche
Gemeindebüro, Am Mönchenhof 2, ⌀ 05181/82215
Amelungsborn-Negenborn
Kloster
⌀ 05532/8300
Bevern
Schloß mit Heimatmuseum
⌀ 05531/84187, so 10–12.30 Uhr
Braunschweig
St. Blasii
⌀ 0531/46473, tgl. 10–13, 15–17 Uhr
St. Katharinen
⌀ 0531/46969
St. Martini
⌀ 0531/400455, di–fr 10.30–12.30,

sa 9–12 Uhr
Kloster Riddagshausen
⌀ 0531/372900
Bückeburg
Schloß
⌀ 05722/5039, tgl. 9–12, 13–18 Uhr
Bückeburg
Mausoleum
⌀ 05722/5039, Apr.–Okt. 9–12, 13–18 Uhr
Goslar
Domvorhalle
Kaiserbleek 10, ⌀ 05321/704354, Juni–Sept. mo–fr 10–13, 14.30–17, so 10–13 Uhr; Okt.–Mai 10.30–12 Uhr (Anmeldung: Kasse Kaiserpfalz)
Kaiserpfalz
Kaiserbleek 6, Mai–Sept. 9.30–17 Uhr;

März, Apr., Okt. 10–16 Uhr, Nov.–Feb. 10–15 Uhr
Rathaus – Huldigungssaal
Markt 1, ∅ 05321/704241, Juni–Sept. 10–17 Uhr, Okt.–Mai 10–16.00 Uhr, (halbstündige Führungen mit begrenzter Teilnehmerzahl von 20 Pers.)
Marktkirche
∅ 05321/22308, mo–fr 10.30–12.30 Uhr, mo, di, do 14.30–16 Uhr
Neuwerkkirche
Rosentorstraße, mo–do 9.30–11.20, 14.30–16.30 Uhr; fr 9.30–11.30 Uhr, sa 9.30–12.30, 14–16 Uhr
Goslar – Grauhof
di–so 15–17 Uhr
Hämelschenburg
Schloß
∅ 05155/8539, Apr.–Okt. di–so 10–18 Uhr (Führungen stündl.)
Hehlen
Schloß
Gruppenbesichtigung, ∅ 05533/1818
Herzberg
Nikolai-Kirche
(Schlüssel: Schreiber, Schulberg 6) sa, so 10–11, mi 17–18 Uhr
Marienburg
Schloß
(Pattensen-Schulenburg)
∅ 05069/407 u. 535, mo–fr 8–12, 14–18, so, feiertags 8–18 Uhr, Dez.–Feb. nur sa, so
Northeim
St. Sixti
Kirchenbüro Kirchplatz 7 (mo–fr 9–11, 15–16 Uhr)
Bad Sachsa
Nikolai-Kirche
Marktstraße, 10–12 Uhr
Süpplingenburg
Kirche

Kirchenschlüssel: Helmstedter Str. 14, ∅ 05355/315
Walkenried
Kloster (Klausur)
Führungen mo–sa 10–13, 14–18; so 12–18 Uhr; ∅ 05525/357 oder 1354
Wolfenbüttel
Schloß (mit Heimatmuseum)
∅ 05331/5713 di–so 10–13 Uhr, mi auch 15–17 Uhr, fr, sa 15–18 Uhr

Bergwerke

Clausthal-Zellerfeld
Oberharzer Bergwerksmuseum
Bornhardtstr. 16, ∅ 05323/2502
täglich 9–17 Uhr
Goslar
Röderstollen
∅ 05321/2846 u. 42111
Lautenthal
Bergwerksmuseum
Wildemannstr. 11, ∅ 05325/4490
Führungen täglich 10, 11, 14, 15, 16 Uhr
Sankt Andreasberg
Historisches Silberbergwerk Grube Samson
(ausgeschildert) ∅ 05582/1056
mo–fr 11, 14.30 Uhr: Führungen, so geschlossen

Museen

Alfeld
Heimat- und Tiermuseum
Kirchhof 4/5, Lateinschule, ∅ 05181/703178, mo–fr 10–12, 15–17; sa, so 10–12 Uhr; feiertags geschlossen

PRAKTISCHE REISEHINWEISE

Bad Gandersheim
Heimatmuseum
Rathaus, ⌀ 05382/731, mo, mi, fr, sa 10–12, mi u. fr 16–18 Uhr

Bad Lauterberg
Heimatmuseum
Ritscherstr. 13 (Ritscherhaus), ⌀ 05524/2672, 1.4.–30.11.: mi 15.30–17, so 10.30–12 Uhr

Bad Münder-Kernstadt
Heimatmuseum
Kellerstr. 13, Apr.–Nov. 15–18 Uhr

Bad Pyrmont
Museum im Schloß
Schloßstr. 13, ⌀ 05281/5041, so 10–12, mi–sa 15.30–18 Uhr

Barsinghausen
Heimatmuseum
Deisterstr. 10, ⌀ 05105/74200, di, do 14–17, 1. So im Monat 10–12, 2. So im Monat 14–17 Uhr

Bockenem
Turmuhren- und Heimatmuseum
Buchholzmarkt 21, ⌀ 05067/751, so 10–12, fr 16.30–18 Uhr

Bodenwerder
Heimatmuseum u. Münchhausen-Zimmer
Münchhausenplatz 1, ⌀ 05533/2081, 1.4.–31.10. tgl. 9.30–12, 14–17 Uhr

Bortfeld
Bauernhaus-Museum
Katzhagen 6, ⌀ 05302/2851, Apr.–Sept. sa, so 10–13, 15–17 Uhr; Okt.–März: nur 14.30–17 Uhr

Braunlage
Heimatmuseum
Am Graben 4, ⌀ 05520/1646, 27.12.–31.10. mo–sa 10–12 Uhr; 15.5.–31.10. auch mo, mi, fr 15–17 Uhr

Braunschweig
Herzog-Anton-Ulrich-Museum
Museumsstr. 1 sowie Burg Dankwarderode, ⌀ 0531/4842400, di–so 10–17, mi 10–20 Uhr
Braunschweigisches Landesmuseum
Burgplatz 1, ⌀ 0531/4842602 (Außenstellen hinter St. Ägidien in Braunschweig, in Wolfenbüttel und Bortfeld), di–sa 10–17, So 10–13 Uhr
Staatliches Naturhistorisches Museum
Pockelsstr. 10 a, ⌀ 0531/331914, di–so 9–17, mi 9–19 Uhr
Städtisches Museum
Am Löwenwall, ⌀ 0531/43446, 4702450

Bückeburg
Schaumburg-Lippisches Heimatmuseum
Lange Str. 22, ⌀ 05722/4868, tgl. 10–17 Uhr
Hubschrauber-Museum
Sabléplatz 6, ⌀ 05722/5533, tgl. 9–17 Uhr

Clausthal-Zellerfeld
Oberharzer Bergwerks- und Heimatmuseum
Bornhardtstr. 16, ⌀ 05323/2502, tägl. 9–17 Uhr

Dassel
Heimatmuseum
Relliehäuser Str. 12, ⌀ 05564/1587, Mai–Okt. mo, mi, fr 10–12 Uhr

Duderstadt
Heimatmuseum
An der Oberkirche 3, ⌀ 05527/2539, di–so 10–12.30, di–fr 14.30–17 Uhr

Duingen
Töpfermuseum
Rathaus, ⌀ 05185/202, mo–fr 7–17, sa, so 9–13 Uhr

Ebergötzen
Wilhelm-Busch-Mühle
(Kreuzung B 27 und B 446), ⌀ 05507/7181, fr–mi 9–13 u. 14–17 Uhr

Einbeck
Städtisches Museum
Steinweg 11, ⌀ 05561/3161, di–fr 10–12, 14–16, sa, so 10–12 Uhr
Einbecker Fahrrad-Museum
Papenstr. 1, ⌀ 05561/72404, mi, fr, so 10–12, di 15–17, do 16–18 Uhr
Eschershausen
Wilhelm-Raabe-Gedenkstätte
Raabestr. 5, ⌀ 05534/3331, mi 15–17, fr–so 9–12 Uhr
Fürstenberg
Werksmuseum der Porzellanmanufaktur Fürstenberg
Schloß, ⌀ 05271/4010, März–Okt. mo–sa 9–17, so 10–12 Uhr
Göttingen
Städtisches Museum
Ritterplan 7/8, ⌀ 0551/4002843–45, di–fr 10–13, 15–17, sa, so 10–13 Uhr
Goslar
Museum
Königstr. 1, ⌀ 05321/704359, Juni–Sept. mo–fr 10–17, so 10–13 Uhr; Okt.–Mai mo–fr 10–13, 15–17, so 10–13 Uhr
Mönchehaus (Museum für moderne Kunst)
Mönchestr. 3, ⌀ 05321/704362, di–sa 10–13, 15–17, so 10–13 Uhr
Gronau
Museum
Junkernstr. 16, ⌀ 05182/1800, di–do 14–18, mi, fr 10–12 Uhr
Grünenplan
Glasmuseum Grünenplan
Kirchtalstr. 13, ⌀ 05187/771410, so 14–16 Uhr sowie n. V.
Hameln
Museum
Osterstr. 8–9, ⌀ 05151/202215, di–fr 10–17, sa, so 10–13 Uhr, feiertags geschlossen

Hannover
Niedersächsisches Landesmuseum
Am Maschpark 5, ⌀ 0511/883051–52, di–so 10–17, do 10–19 Uhr
Fürstenhaus Herrenhausen-Museum
Alte Herrenhäuser Str. 14, ⌀ 0511/750947, Apr.–Sept. di–so 10–18 Uhr, Okt. bis März di–so 10–17 Uhr
Historisches Museum am Hohen Ufer
Pferdestr. 6, ⌀ 0511/683052, di 10–20, mi–fr 10–16, sa, so 10–18 Uhr
Kestner-Museum
Trammplatz 3, ⌀ 0511/1682120, di, do, fr 10–16, mi 10–20, sa, so 10–18 Uhr
Sprengel-Museum
Kurt-Schwitters-Platz (Am Maschpark), ⌀ 0511/1684400, di 10–22, mi–so 10–18 Uhr
Wilhelm-Busch-Museum
Georgengarten 1, ⌀ 0511/714076, Apr. bis Sept. di–so 10–17, Okt.–März di–so 10–16 Uhr
Helmstedt
Kreisheimatmuseum
Bötticherstraße (Juleum), ⌀ 05351/19281, mo–fr 9–11, 15–17, sa 15–17, so 11–12.30 Uhr
Hildesheim
Roemer-Pelizaeus-Museum
Am Steine 1–2 (nahe Dom), ⌀ 05121/15970, di–so 10–16.30 Uhr
Diözesanmuseum und Domschatzkammer
Domhof 2, ⌀ 05121/307204–05, so 11.30–17, di–sa 10–17 Uhr
Holzminden
Heimatmuseum
Torhaus am Katzensprung, ⌀ 05531/2088, so 10.30–12.30 Uhr; Mai–Sept. mi 15–17 Uhr
Hornburg
Heimatmuseum

PRAKTISCHE REISEHINWEISE

Asseburger Str. 6, ⌀ 05334/1507 u. 1321, so, feiertags 10–12, 15–18 Uhr
Lamspringe
Heimatmuseum
Kloster 3, ⌀ 05183/1005, sa, so 16–17.30 Uhr, im Winter n. V.
Mechtshausen
Wilhelm-Busch-Gedächtnisstätte
Pastor-Nöldeke-Weg 7, ⌀ 05384/726, sa–do 10–12, 14–17 Uhr
Mollenfelde
Europäisches Brotmuseum
Berlepscher Str. 27, ⌀ 05504/580, März bis Okt. tgl. 10–16.30, so bis 17.30 Uhr
Münden (Hann.)
Städtisches Museum
Welfenschloß, ⌀ 05541/75347, Mai–Mitte Okt. di–fr 10–12, 15–17, sa 10–12, so 10–12.30 Uhr
Northeim
Heimatmuseum
Am Münster 32/33, ⌀ 05551/706267, di–so 10–12, di–fr auch 15–18 Uhr (Winter: di, mi geschlossen)
Osterode
Heimatmuseum
Rollberg 32, ⌀ 05522/318325, di–fr 10.30–16, sa, so 10–12 Uhr
Rinteln
Schaumburgisches Heimatmuseum
Eulenburg, ⌀ 05751/41197, mo–fr 10–12, 15–17, so 10–12 Uhr, Nov.–Feb. täglich 10–12 Uhr
Rodenberg
Heimatmuseum
Burg, ⌀ 05723/3353, sa 15–17, so 10–12 Uhr
Salzgitter
Städtisches Museum
Schloß Salder, ⌀ 05341/42024, di–sa 9–17, so, feiertags 10–15 Uhr

Schöningen
Heimatmuseum
Marktplatz 33, ⌀ 05352/59172, mi 15–17, so 10.30–12.30 Uhr
Schöppenstedt
Till-Eulenspiegel-Museum
Nordstr. 9, ⌀ 05332/2051, mo–fr 14–17, sa, so 10–12 Uhr
Seesen
Städtisches Heimatmuseum
Wilhelmsplatz 4, ⌀ 05381/750, di–so 15–17, di auch 9–11 Uhr
Springe
Heimatmuseum
Auf dem Burghof, ⌀ 05041/61705, Apr.–Okt. so 10–12, 15–18 Uhr; Winter so 10–12.30 Uhr
Jagdmuseum
Jagdschloß, ⌀ 05041/2023, di–so 9–16 Uhr; Februar nur sa und so
Stadthagen
Städtisches Heimatmuseum
Obernstraße (Amtspforte), ⌀ 05721/7820, 15.4.–15.9. mi, sa 15–17 Uhr, so 11–12.30 Uhr
Stadtoldendorf
Stadtmuseum
Amtsstr. 10, so 10–12 Uhr
Uslar
Heimatmuseum
Mühlentor 6, ⌀ 05571/2035, di 12–15, do 15–18 Uhr, n. V.
Wiedensahl
Wilhelm-Busch-Geburtshaus
Wiedensahl Nr. 89, ⌀ 05726/388, sa–do 10–12, 14–17 Uhr (Winter bis 16 Uhr)
Wolfenbüttel
Herzog-August-Bibliothek
Schloßplatz 4, ⌀ 05331/8080, Apr.–Okt. tgl. 10–17 Uhr; Nov.–März di–so 10–17 Uhr

Register

Personenregister

Achen, Hans von 131
Adalbert, Erzbischof von Mainz 27, 274
Adelog, Bischof von Hildesheim 71
Adolf IV., Graf von Schaumburg 327
Agostino Steffani, Titularbischof 33
Agricola, Nicolaus 207
Albrecht, Herzog von Braunschweig 337
Altfrid, Bischof von Hildesheim 141
Andreae, August 25
Anna Sophia, Herzogin 108
Anton Ulrich, Herzog 131, 133
Apel, J. E. 221
Arndt, Joh. 110
Arnsborg, Dietrich 31
August, Herzog 131
August Wilhelm, Herzog von Braunschweig-Wolfenbüttel 131, 225
Auguste Friederike Luise, Prinzessin von Wales 89
Azelin, Bischof von Hildesheim 11, 140, 144

Baar, Christian 292
Bähr, L. 36
Bandel, Ernst von 24, 285
Bartels, Lulef 85
Bauer, Ludwig 39, 144
Behr, Ulrich 77
Behrens, Peter 36
Beier, A. 48, 65

Bernhard, Bischof von Hildesheim 11, 140, 148, 149
Bernhard von Sachsen-Anhalt 9, 12
Bernward, Bischof von Hildesheim 140, 143, 144, 157, 158
Bickell, Ludwig 327
Biggen, Franz L. 170, 202
Billing, Hermann 356
Billung, Wulfhilde 11
Bödeker, Pastor 24
Boeklin, F. P. 221
Böhlmann 213
Bohnsack, G. 112
Boischuh, Magnus 262
Bonaparte, Jerôme 16
Bonaparte, Napoleon 16
Bonatz, Paul 33
Borheck, Georg Heinrich 283, 287, 288
Boten, Antonius 316
Bovenden, Jobst von 231
Brabender, Johann 146
Brandes, P. 32, 34
Braun, J. 77
Breker, Arno 72
Brenneisen, Werner 361
Bridaw, Christoffel von 98
Bruno, Giordano 103
Bugenhagen, Johannes 81
Burgkmair, Hans 172, 286
Busch, Wilhelm 38
Bütemeister, Gebrüder 257

Carsten, Magnus 169
Charbonnier, Martin 37
Chemnitz, Martin 77, 81

Christian IV., Dänenkönig 15
Christian Ludwig von Braunschweig, Herzog 272
Christine, Äbtissin 261
Christine, Gemahlin Ludwig Rudolphs 73
Colst, Valentin 290
Comperl, G. L. 45
Conrad I. von Roden, Graf 39
Cranach, Lucas d. Ä. 27, 351
Cranach, Lucas d. J. 77, 323
Croßmann, Ernst 368
Croßmann, Georg 368
Crotogino, Giuseppe 249

Dassel, Reinald von 140
Dederoth, Johannes 364
Delitz, Louise von 39
Dientzenhofer, Johann 33
Dierschke, Werner 29, 36
Dietrich II. von Katlenburg, Graf 264
Dietterlin, Wendel 317, 320, 322
Ditterich, Bernhard 131
Doeltz, F. 287
Dohm, Wilhelm 72
Dopmeyer, Carl 24, 35, 46, 149, 269, 288
Duder, Andreas 169, 229, 272
Duehring, Lucie von 44
Dürer, Albrecht 323
Duve, Johann 27, 33

Eberling, Ernst 32, 35
Ebhardt, Bodo 135

383

PERSONENREGISTER

Eggert, Hermann 30
Egell, Paul 144
Eilenburg, Martin 135
Eisenbart, Johann Andreas 369
Eli (Glasmaler) 77
Engelhardt, Johannes Andreas 170, 288
Erich I., Herzog 367
Erich II., Herzog von Braunschweig und Lüneburg 275, 365
Ernesti, Jordan 262
Ernst August, König von Hannover 16, 32
Ernst August von Braunschweig-Lüneburg-Calenberg, Herzog 15, 22, 23
Ernst, Fürst zu Holstein Schaumburg 315, 324
Everstein, Hermann von, Graf 361
Eugen III., Papst 90

Ferdinand II., Kaiser 15
Fiederling, Otto 34
Fischbeck, Andreas 170
Fischer, Friedrich 39
Fleischer, Chr. W. 83
Fleischer, K. Chr. W. 89
Flesche, Architekt 90
Fosse, Louis Remy de la 34, 37
Francke, Paul 104, 112, 129, 131, 135, 363
Fresen, Burchhardi 341
Fritsche, Gottfried 131
Friedrich I. (Barbarossa), Kaiser 11, 140, 227, 268
Friedrich, II., Kaiser 13
Friedrich von Braunschweig, Herzog 272
Friedrich Ulrich, Herzog 131
Froböse, Jürgen 135
Frühling, L. 45
Fuchs, Peter 35
Furtwängler, Ph. 250

Gandersheim, Hrosvit von 259

Gärtner, Friedrich von 26
Geb, Friedrich 32
Gebhardi, G. W. von 89
Geismar, Hans von 284
Georg I., König 15, 39
Georg III., König von England und Hannover 337
Georg V., König 16, 36, 39, 42, 46
Georg, Herzog 36
Georg von Calenberg, Herzog 22
Gertner, Christoph 112, 177, 322
Gertrud, Markgräfin 86
Gertrud von Süpplingenburg 11
Gilly, David 41, 73
Giusti, Tomaso 33, 36
Godehard, Bischof von Hildesheim 11, 140, 148
Goeke, Theodor 90
Goetze, Otto 32
Goltzius, Hendrik 322, 323
Görtz, Graf von 256
Gräber, Johann Andreas 367
Graubner, Gerhard 154
Greiß, Friedrich 131
Grimm, Jakob 16
Grimm, Wilhelm 16
Gröber, A. 169
Gröninger, Johann Mauritz 257
Gropius, Walter 255

Hadrian IV., Papst 335
Haller, Albrecht von 287
Halmhuber, Gustav 30
Harburg, Johann P. 262
Hardenberg, von 38
Hartmann, Hansen 226
Hartmann, Johann Friedrich 362
Hartzer, Ferdinand 146
Hasak, Max 31
Hase, Conrad Wilhelm 26, 32, 33, 35, 36, 41, 42, 44, 48, 149, 157, 160, 204, 217, 268, 281, 283, 291, 295, 326, 337, 355

Hauers, W. 36
Haverkoper, Ludeke 25
Hehl, Christoph 26, 32, 33, 39, 47
Heinrich, Erzbischof von Mainz 268
Heinrich II., Bischof 161
Heinrich III., Bischof 161
Heinrich III., Kaiser 43, 164
Heinrich IV., Kaiser 11, 12, 164, 206, 274
Heinrich V., Kaiser 11
Heinrich VI., Kaiser 22
Heinrich I., König 10, 259
Heinrich II., König 10, 164
Heinrich der Löwe 11, 17, 22, 67, 70, 72, 77, 95, 97, 105, 140, 227, 229, 290, 352
Heinrich, Herzog 268
Heinrich d. J. von Braunschweig-Wolfenbüttel 14, 83, 202, 213, 216
Heinrich, Pfalzgraf 22
Heinrich der Schwarze 11
Heinrich der Stolze 11, 95
Helmarshausen, Roger von 144
Helmolt, Heinrich 292
Helwig, Michael 96
Henn, Ulrich 154
Hering, Loy 368
Hermann Otto IV., Graf von Schaumburg 295
Herzig, R. 272
Hesse, Hans 32, 75
Hewetson, Christopher 38
Hezilo, Bischof von Hildesheim 11, 140, 151
Hitler, Adolf 17
Hoborch, Sifridus von 357
Hodler, Ferdinand 30
Höger, Fritz 35
Horn, E. W. 78, 83
Hoyer, Johann Georg 226
Hübotter, Wilhelm 39
Huebsch, Georg 131
Hunaeus, Hermann 34, 36
Hundertossen, Johann 343, 352, 358
Huneborstel, F. 73

384

Illing, Georg 219

Jacobsen, Arne 36
Jakob I., König 15
Jenner, Anton Detlev 76
Johann Friedrich, Herzog 33, 228
Judith, Äbtissin 356
Judith, Schwester Bischof Bernwards von Hildesheim 137
Juliane, Gräfin, Gemahlin des Grafen Wilhelm 327
Julius, Herzog 101, 110
Julius Heinrich, Herzog 110, 131
Julius von Braunschweig-Lüneburg 77
Jürgen, Meister, genannt Spinrad 77

Kale, Jost 77
Kampmann, Bodo 86
Karl der Große, Kaiser 10, 139, 144
Karl V., Kaiser 15
Karl I., Herzog von Braunschweig 256
Karpa, Oskar 157
Kastrop, Barthold 231
Katharina, Herzogin, Gemahlin Philipps I. 231
Kaulbach, Friedrich, Hofmaler 35
Kemne, Wasmod von 77
Kersten, Andreas Georg 292
Kircher, Balthasar 74
Klemme, A. 202
Klonk, Erhard 329
Klöppel, Daniel 177
Knoke, Wilhelm 292
Kölling, Jakob 315, 316, 326
König, Zacharias 92
Konrad II., Kaiser 202
Köppel, Jürgen 205
Korb, Hermann 109, 111, 112, 133, 136, 137, 251, 353, 354, 356
Kraemer, F. W. 31
Krahe, Peter Josef 89

Kreutzberg, Johann 292
Krüger, Johannes 72
Krüger, Walter 72

Lampe, Hans 74
Langen, Johann Georg von 256
Langwagen, Chr. G. 78, 89
Lasius, Georg Christian 41
Lauterbach, Johann Balthasar 133, 251
Laves, G. L. F. 28, 29, 31, 35, 36, 38, 45, 250, 276
Le Corbusier 88
Lehmann, Kurt 27
Lensen, Bussomanus 357
Leopold I., König 15
Lessen, Heinrich d. Ä. 174, 202, 204, 258
Lessen, Jobst Heinrich d. J. 174, 175, 177, 201, 258
Lichtenhahn, G. 31
Lingemann, Architekt 344, 346
Liquier, Adam 104
Liudolf, Herzog 262
Lochhausen, J. von 65
Lothar Franz von Schönborn, Erzbischof 34
Lothar III. von Supplinburg, Kaiser 11, 70, 86, 93, 95, 97, 264, 274
Ludwig der Fromme 10, 140
Ludwig d. J. 259
Ludwig Rudolph 73
Luther, Martin 81

Marborg, Heinrich 170
Marcks, Gerhard 24
Märlin, Joachim 81
Maria Elisabeth, Äbtissin 261
Maria Theresia 73
Marie, Königin, Gemahlin Georgs V. 42
Marten, ›harme‹, Herman 276
Mathilde, Gemahlin Heinrichs I. 228
Mechthild, Gemahlin Heinrichs des Löwen 70
Meckenem, Israel von 268

Meinecke, Hans 270
Meinwerk, Bischof von Paderborn 273
Meisner, Hans 150
Melanchton, Philipp 81
Mente, Cord 132, 367
Mente, Diederich 159
Mente, Heinrich 271
Meveus, Andreas 77
Meyer, Curt 161
Meyerheine, Jakob 104
Michehl, Otto 82
Mitta, Francesco 202
Mohr, Christian 35
Mohr, Johann Caspar 177
Mohrmann, Karl 213
Moller, Hermann 316
Müller, C. 112
Müller, Ferdinand 137, 295
Müller, Hans 75
Müller, H. J. 286, 288
Müller, Johann Conrad 205
Müller, Johann Jakob 76
Müller, Johann Michael 287
Münchhausen, Hilmar von 349
Münchhausen, Statius von 358
Mummenthey, Karl Heinrich 226

Nikolaus 94
Nisse, Paul 281
Nitsche, Christoph 163
Nosseni, Giovanni Maria 131, 315, 320

Oden, J. H. 78
Oelde, Ambrosius von 348
Oesterlen, Dieter 23, 27, 28, 31, 36, 90, 154
Offinger, Adam 77
Oppler, E. 42
Othwin, Bischof von Hildesheim 144
Ottmer, Karl Theodor 78
Otto II., Kaiser 290
Otto III., Kaiser 11
Otto IV., Graf von Schaumburg 315, 335

PERSONENREGISTER

Otto IV., König 13, 76
Otto das Kind 13
Otto der Milde 73
Otto der Quade 268
Otto der Strenge von Lüneburg, Herzog 41
Otto von Braunschweig, Herzog 22
Overkotte, Heinrich 262

Pavel, Gerke 77
Pelcking, Mante 103, 151, 159, 334
Peltier, M. 136
Pencz, Georg 156
Perinetti, Giacomo 137, 251, 354
Perronet (Hofgärtner aus Celle) 36
Persius, L. R. 45
Peters, J. H. 78
Philipp I., Herzog 231
Picinelli, Benediktiner 110
Poelzig, Hans 39
Pöttinger, J. A. 137
Prael, O. 285, 287
Putlitz, E. zu 88

Quast, D. 31
Quensen, A. 89

Ramberg, Johann Heinrich 38
Raphon, Hans 159
Rasch, Julius 288
Raschdorff, J. C. 79
Rasche, Otto 73
Raspe, Heinrich, Landgraf von Thüringen 290
Rauch, Christian 38
Reden, Christian Friedrich von 347
Reden, H. von 347
Reichen, Hinrich Jürgen 341
Reinhard, Anton 134
Renard, Edmund 35
Rhe, Degenhard 268
Ricdag, Graf 257
Richenza von Northeim, Kaiserin 11, 95, 264, 364

Riechenberg, Gerhard von 134
Riemenschneider, Tilman 229
Rietschel, Ernst 87
Robyn, Arend 315, 316, 319
Roggen, Reinhold 81
Rohn, C. F. A. 283, 285, 286, 287, 288
Rossini, Alexander 262
Rothweil, Franz Friedrich 354
Rottenhammer, Hans 323
Röttger, Jürgen 74, 77, 78, 85
Rubens, Peter Paul 44
Rudolf August, Erbprinz 134
Rutenstein, Hans 286

Sagebiel, Wilhelm 355
Sasse, Alfred 355
Schaper, Hermann 24, 172, 280
Schellenberg, Stadtbaumeister 104
Schlemm, J. L. 288
Schongauer, Martin 25
Schorigus, Wilhelm d. J. 202
Schulenburg, Achatz von der 85, 356
Schulenburg, Margarethe Gertrud von der 356
Seebohm, Heinrich 46
Seegebarth, Bildhauer 213
Seek, Hans 169
Serlio, Sebastiano 323
Siegfried IV. von Northeim 360
Siemens, Hans 173
Siemens, Petrus 175
Siemens, Volckmar 175
Siemerding, A. 32
Sies, Hieronymus 257
Sievers, Hans 154
Smet, Hans 170
Soest, Konrad von 150
Sohns, Kurt 154
Soldan, Philipp 318
Sommer, Oskar 86
Sophie, Kurfürstin 15
Spranger, Bartholomäus 85

Sprangken, Barthold 78, 80
Stappen, Simon 172
Steiger, Andreas 253
Steinberg, Christoph von, Oberst 77
Steinberg, Katharina von 253
Stettin, Nikolaus von 368
Steyger, Georg 102, 131
Stier, Hubert 31, 32, 34
Stockhausen, H. G. von 86
Sturm, G. Chr. 83, 136
Sühring, A. 144

Tenzel (Baumeister) 38
Thiele 32
Thiling (Thülling), Magister 172
Timmermann, Herman der 276
Tilly, Johann von, Graf 15
Tischbein, Friedrich August 323, 354
Tischbein, Johann Heinrich 354
Tönnies, Cord 342, 343, 350
Tour, F. C. de la 65
Tramm, Chr. H. 31, 36
Tramm, Heinrich 31
Trautmann, Chr. 203
Trint, P. 31
Trint, U. 31

Uhde, Konstantin 79, 89
Ulbricht, Walter 154
Unger, Johann Albrecht 219
Unkair, Jörg 316, 318, 322
Urban-Meister 163

Velde, Henry van de 39
Veltem, Margarethe von 253
Vieweg, J. F. 73
Viktoria, Königin von England 16
Vogel, Heinrich Otto 85
Volk, V. 48
Völker, Caspar 216
Vries, Adriaen de 131, 315, 320, 326
Vries, Hans Vredeman de 110, 112, 129, 132

Wachter, Johann Heinrich 36
Wachter, Johann Peter 36
Wallner, Claus 82
Wangenheim, Jürgen, Freiherr von 350
Wedemeyer, Margarita 44
Wehmer, Justus 152
Weigel, Jonas 77
Wellenkamp, Eduard 41, 43, 46
Welter, Michael 149
Wendt, Anton 65
Wendt, Joh. Fr. 95
Werner, Eduard 255
Weske, Hans 290
Westermann, Brand 33, 37, 38
Westermann, H. 78
Wichtendahl, Oskar 33
Wilhelm, Graf 327
Wilhelm d. J., Herzog von Braunschweig-Lüneburg 367
Wilhelm I., Kaiser 45
Wilhelm IV., König von England, Irland und Hannover 16, 285
Wilhelm IX., Landgraf von Hessen 293
Wiligelmus, Meister aus Siena 94
Wilkening, Eberhard 343, 350, 352
Wilsdorf, H. 268
Winck, Joseph Gregor 48, 205
Winzenburg, Hermann von, Graf 257
Winter, Ludwig 73
Wislicenus, Hermann 166
Witelo, Bischof von Minden 335
Witten, Hans 175
Wohlmann, Anna, Gemahlin Jost Kales 77
Wolf, C. 86
Wolff, A. 32
Wolff, Carl 35
Wolff, Ebert d. J. 230, 322
Wolff, Hans 315, 320
Wolff, Jonas 322
Wolff-Metternich, Hermann Werner, Graf 348
Wolfgang, Herzog 230
Wolfram von Werden, Abt 105
Wolter, Meister aus Hildesheim 74

Ziesenis, Friedrich Blasius 288, 343
Zinsser, E. 36

Ortsregister

Abbenrode 47
Adelebsen 276
Adensen 43
Alfeld 8, **252 ff.**
– Faguswerke Karl Breitscheid 255 (Textabb. 76)
– Lateinschule 253 f. (Abb. 54)
– Rathaus 254
– St. Nicolai 252 f.
Allersheim 362
Amelungsborn, Klostergut 90, **360 ff.** (Abb. 104)
Apelern 293 ff.
– Hof von Münchhausen 293 f.
– Pfarrkirche 294 f.
Arensburg 327

Bad Gandersheim 259 ff.
– Marktkirche St. Mauritius 262
– Rathaus 262 (Farbabb. 29, Abb. 57)
– Stift 259 (Abb. 58)
– Stiftskirche 259 ff.
Bad Grund 210, 212, **215**
Bad Harzburg 206
Bad Lauterberg 226 f.
Bad Münder 344 f.
– ev. Pfarrkirche 344 f.
– Hotzesches Herrenhaus 345
– Rathaus 345
Bad Nenndorf 293
Bad Pyrmont 352 ff.
– Hylliger Born 355 (Abb. 98)
– Kurhaus 354
– Kurpark 354 f.
– Oesdorf 355
Bad Sachsa 225 f.
– St.-Nikolai-Kirche 225 f.
Barbis 229
Bartshausen 264
Baum, Jagdschloß 327
Betheln 249
– Haus Escherde 249
Bevern 358 ff. (Farbabb. 24)
Bierbergen 65

Bisperode 347 f. (Abb. 94)
Bockenem 163
Bodenburg 163
Bodenwerder 358
Borsum (Harsum) 48
Braunlage 221 f.
Braunschweig 11, 17, **66 ff.**, 134
– Altewiek 66
– Altstadt 66
– Altstadtrathaus 74 (Farbabb. 9)
– Augusttorwall 88
– Brüdernkirche 80 (Farbabb. 7)
– Burgplatz 73
– Dankwarderode, Burg 68 f. (Farbabb. 8)
– Dom (Stiftskirche St. Blasius) 69 ff. (Farbabb. 10)
– Ehem. Bahnhof 78
– Gewandhaus 74
– Hagen 66
– Haus Salve Hospes 87 (Abb. 21)

387

ORTSREGISTER

- Herzog-Anton-Ulrich-Museum **86, 134**
- Kammergebäude 78
- Kohlmarkt 74
- Landschaftsgebäude 78
- Lessingplatz 87
- Löwendenkmal 67 (Farbabb. 8)
- Michaeliskirche 80
- Neustadt 66
- Neustädter Pfarrkirche St. Andreas 82
- Neustadtrathaus 83
- Nikolauskirche (Melverode) 89
- Petrikirche 82
- Richmond, Schloß 88 (Abb. 20)
- Siegfriedviertel 90
- St. Ägidien 86
- St. Katharinen 84 (Abb. 16)
- St. Magni 85
- St. Martini, Pfarrkirche 75 (Abb. 17–19)
- Technische Universität 89
- Vieweghaus 73

Bremen 10

Brüggen 251 f. (Abb. 55)

Brunshausen 262 f.

Bückeburg 320 ff.
- Jetenburg-Kapelle 326 f.
- Lehnshof 324
- Mausoleum der Fürsten zu Schaumburg-Lippe 323
- Rathaus 323
- Renthaus 323
- Schaumburger Hof 324
- Schloß 320 ff. (Farbabb. 22, Abb. 88)
- – Goldener Saal 322 f.
- – Schloßkapelle 322 (Abb. 87)
- Stadtkirche 324 f. (Abb. 84–86)

Burgstemmen 43
- Poppenburg 43

Bursfelde, Kloster 364 f.

Calenberg, Burg (Festung) 15, **41**

Clauen (Hohenhameln) 65

Clausthal-Zellerfeld 210, 212, **216 ff.**
- Clausthal 208, 212, **218 ff.**
- – Oberbergamt 219 (Abb. 52)
- – Otiliae-Schacht 219
- – Pfarrkirche zum Heiligen Geist 218 f. (Abb. 47, 48)
- – Zechenhäuser 219 f.
- – Zellerfeld 212, **216 ff.**
- – Bergapotheke 217 f.

Clus 263 f.

Coppenbrügge 348
- Pfarrkirche 348
- Schloß 348

Dassel 268 f.
- Wellersen 269

DDR 9

Deckbergen 333

Deister 8

Duderstadt 8, **290 ff.**
- Fachwerkhäuser 292 (Farbabb. 31, Abb. 77, 78)
- Rathaus 290 f. (Farbabb. 36, Abb. 76)
- Servatiuskirche 292
- St. Cyriacus 291 f.
- Westertor mit Torturm 292 (Abb. 75)

Duingen 256

Eichsfeld 8

Eimbeckhausen 345 f. (Farbabb. 26)

Eime 251

Eimen 362
- Fachwerkkirche 362 (Abb. 59)

Einbeck 8, **264 ff.**
- Bartholomäuskapelle 268
- Eickesches Haus 264 f. (Abb. 62)
- Rathaus 265 f. (Abb. 61)
- St. Alexandri 266 ff. (Abb. 60)
- St. Jakobi 266 f.
- St. Marien 266

Eldagsen 43

Elm 8, **93 ff.**

Elms 8

Elze 249

Equord 65
- Guts-Kirche 65 (Abb. 15)

Fischbeck 334
- Damenstift 334 f.

Fredelsloh, Kloster 274 f. (Abb. 65)

Fulda 8

Fürstenberg, Burg 363

Gittelde 215
- Ernst-August-Stollen 215
- Johanneskirche 215
- Mauritiuskirche 215

Goslar 10, 11, **164 ff.**, 210
- Bäckergildehaus 172
- Benediktinerkloster Neuwerk 176
- Breites Tor 201
- Dom (Stiftskirche) 167 f. (Abb. 43)
- Frankenberger Kloster 173
- Frühere Abtei Riechenberg 203 f.
- Goslar-Grauhof 202 (Abb. 39)
- Großes-Heiliges-Kreuz-Spital 168
- Haus Brusttuch 172
- Haus Kaiserworth 171 (Farbabb. 20)
- Kaiserpfalz 164 ff. (Farbabb. 19)
- Klauskapelle 173
- Kleines Heiliges Kreuz 173
- Marktkirche St. Cosmas und Damian 168 ff.
- Mönchehaus 174
- Pfarrkirche Neuwerk 175 (Abb. 42)
- Rammelsberg 207 f.
- – Maltersmeisterturm 207
- Rathaus 170 f. (Farbabb. 20)
- **Riechenberg, Klosterkirche** 175 (Abb. 44)
- Siemenshaus 173

388

- St. Annenkapelle 201
- St. Jakobi 175
- St. Stephani 176 f.
- Stift Georgenberg 201 f.
- Stift Petersberg 202

Göttingen 8, 16, **277 ff.**
- Alte Aula 285 f. (Abb. 71)
- Auditorium Maximum 287 f. (Abb. 73)
- ev.-ref. Kirche 287
- Junkernschänke 286
- Nikolaikirche 283
- Paulinerkirche 282 f.
- Rathaus 279 f. (Abb. 69)
- Rote Straße 25 283 f. (Abb. 72)
- St. Albani 284
- St. Jakobi 286
- St. Johannis 281 f. (Abb. 70)
- St. Marien 283
- Göttingen-Geismar 288
- Göttingen-Grone 288
- Göttingen-Nikolausberg 288

Grafelde 256
Greene (Kreiensen) 264
Gronau 249 f.
- Dominikanerkloster 250
- St. Andreas 250
Grone 10
Groß-Algermissen 48
Großalmerode 8
Grove 293
Grünenplan 256

Hagenohsen, Domäne 346
Hahnenklee 213
- Stabkirche 213 (Farbabb. 32, Abb. 45)
Halberstadt 10
Hamburg 10
Hameln 337 ff. (Farbabb. 27)
- Bäckerstraße 341 f. (Abb. 93)
- Markt 343
- Marktkirche St. Nikolaus 342 f.
- Münsterkirche St. Bonifatius 337 ff.

- Osterstraße 343 (Farbabb. 28)
- Pferdemarkt (Abb. 91)
- Rattenfängerhaus 343 f. (Abb. 92)

Hämelschenburg 350 ff. (Farbabb. 23, Abb. 97)

Hannover 9, **22 ff.**
- Aegidienkirche 28
- Altes Rathaus 25 (Farbabb. 1, Abb. 6, 7)
- Anzeiger-Hochhaus 35 (Abb. 5)
- Archivgebäude 34
- Berggarten 38
- Calenberger Neustadt 22, 33
- Christuskirche 35
- Conti-Hochhaus 36
- Dreifaltigkeitskirche 33
- Duvekapelle 27
- Eilenriede 33
- Fürstenhaus 39
- Georgengarten 38 (Abb. 8)
- Hauptbahnhof 32 (Abb. 3)
- Herrenhausen 22, **36** (Abb. 10)
- – Großer Garten 36 (Farbabb. 4, Abb. 9)
- Historisches Museum 27
- Kramerstraße 26 (Abb. 1)
- Kreuzkirche 27
- Leibnizhaus 28
- Leineschloß 28
- Marienwerder, Kloster 39
- Marktkirche St. Georg und Jakob 23 (Abb. 7)
- Minna-James-Heinemann-Stift 39
- Neues Rathaus 30 (Abb. 2)
- Niedersächsisches Landesmuseum 31
- Noltehaus 28
- Opernhaus 31 (Farbabb. 3)
- Palais Wangenheim 29
- Spielende Kinder, Brunnenskulptur 27 (Abb. 4)
- Sprengelmuseum 31 (Abb. 11)
- Stadthalle 33

- St. Clemens 33
- St. Elisabeth, Pfarrkirche 32
- St. Johannis 33
- St. Vinzenzstift 32
- Technische Hochschule 36
- Welfen-Schloß 36 (Farbabb. 2)
- Wilhelm-Busch-Museum 38

Harsum 47
Harz 8, **207 ff.**, 213, 249 (Farbabb. 33, 34)
Hasperde (Bad Münder) 346
Hastenbeck (Hameln) 346 f.
- Kirche 347
Hattendorf (Auetal) 334
Hehlen 355 f.
- Immanuelskirche 356 (Abb. 99, 100)
- Schloß 355 f.
Heiningen, Kanonissenstift 134
Helmstedt 93 ff., **99 ff.**
- Doppelkapelle St. Peter und St. Johannes 101
- Julius-Universität 103
- – Juleum 104 (Farbabb. 14, Abb. 27)
- Ludgerikirche 101 (Abb. 28)
- Ludgerikloster 101 (Abb. 28)
- Marienberg, Augustiner-Chorfrauenstift 105
- Rathaus 104
- Steinhäuser 104
- St. Stephani 102 f., 151
- Walpurgiskirche 105
Hennekenrode 163
Herzberg 227 f.
- Herzberg, Schloß 227 f. (Farbabb. 30)
Hessen 8
Hess. Oldendorf 334
Hils 8
Hildesheim 8, 10, 11, **139 ff.**
- Altstädter Pfarrkirche St. Jakobi 156
- Dom 141 ff. (Farbabb. 16, Abb. 36)

389

ORTSREGISTER

- – Laurentiuskapelle 146 f.
- – Hinterer Brühl 147
- – Knochenhaueramtshaus 154
- – Kreuz-Kirche 151 f.
- – Marktplatz 154
- – Neustädter Lamberti-Pfarrkirche 150 f.
- – Rathaus 156 (Abb. 41)
- – Roemer-Pelizaeus-Museum 160
- – Schloß 147
- – St. Andreas, Pfarrkirche 152 ff.
- – St. Godehard, Benediktinerkloster 148 ff. (Farbabb. 15)
- – St. Magdalena, Pfarrkirche 159 f.
- – St. Mauritius 160 f.
- – St. Michael 157 ff. (Farbabb. 17, 18, Abb. 35, 37, 38)
- – St. Paul, Klosterkirche 147
- – Templerhaus 156
- – Wedekindhaus 155

Hohenhameln 47, **48** (Abb. 14)
Holzminden 362
Hornburg 134 ff.
- – Altes Rathaus 135
- – Beatae Mariae Virginis, Pfarrkirche 134 f.
- – Fachwerkhäuser 135 f. (Abb. 34)

Hülsede 296
- – St. Aegidius, Pfarrkirche 296
- – Wasserschloß 296 (Abb. 79)

Ilten 47
Innerste 8
Irmenseul (Harbarnsen) 256
Isernhagen 47

Jühnde 292

Kathrinhagen (Auetal) 333 f.
Katlenburg 271 f.
Kemnade 356 ff.
- – Nonnenkloster 356 f.

- – Pfarrkirche 358
Kissenbrück 134
- – Ev. Kirche 134
Klein-Süntel 345
Köln 10
Königsförde (Aerzen) 349
- – Schloß Schwöbber 349 f.
Königslutter 93 ff.
- – Benediktinerkloster 93
- – St. Peter und Paul 93 ff. (Abb. 23–25)
- – – Kreuzgang 96 (Abb. 22, 26)
- – Rathaus 96
- – St. Sebastian und Fabian, Pfarrkirche 96

Lamspringe 258 f.
- – ehem. Benediktinerinnenkloster 257 f. (Abb. 56)
Langelsheim 204
Langenholzen 256
Lappwald 8, 106
Lauenau 295
- – Pfarrkirche 295
- – Schloß 295
- – Schwedesdorf, Münchhausensches Gut 295
Lautenthal 210, **213 f.** (Farbabb. 35)
- – Tiefe Sachsenstollen 213 f. (Textabb. 65)
Lehrte 47
Leine 8
Levesen (Stadthagen) (Abb. 83)
Liebenburg 204 f.
Limmer 256
Lübeck 11
Lucklum (Erkerode) 109 f.
- – Dorfkirche 109 f.
Lühnde (Algermissen) 48
Lutter am Barenberge 204

Machtsum (Harsum) 47
Mainz 10
Marienburg (Hildesheim) 161
Marienburg, Schloß (Pattensen) 42 (Farbabb. 5, 6)
Marienrode, Kloster 161 f.

Mariental, Zisterzienserkloster 106 f. (Abb. 30)
Mehrum 48
Minden 10
Möllenbeck, Benediktinerstift 332 f. (Abb. 89)
Mollenfelde 292
Moringen 273 (Textabb. 85)
Münden (Hann.) 8, **365 ff.**
- – Aegidienkirche 369
- – Rathaus 368 (Abb. 101)
- – Schloß 365
- – St. Blasius, Pfarrkirche 367 f.
- – Werrabrücke 367
Münster 10

Nettlingen 162 f.
Neuhaus 362 f.
Nörten-Hardenberg 272 f.
- – Hardenberg, Burgruine 273
- – St. Martin, ev. Kirche 273
- – St. Martin, kath. Pfarrkirche 272
Northeim 269 ff.
- – ehem. Hospital St. Spiritus 270 (Abb. 63)
- – St. Blasii, Benediktinerklosterkirche 271 f.
- – St. Sixti, Pfarrkirche 270 f. (Abb. 64)

Obernkirchen 319 f.
- – Augustinerinnenstift 319 f.
- – Steinbrüche 319
Oberode 370
Obersachsen 9
Odagsen 266
Oker 66
Oldenburg 9
Oldendorf (Salzhemmendorf) 348 f.
Osnabrück 10
Osterode 212, **229 ff.**
- – Harzkornmagazin 232
- – Marienkirche 231
- – Marktkirche St. Ägidien 229 ff.
- – Rathaus 232
- – Schachtrupp'sche Villa 231

- St. Jacobi 231
Ostharingen (Liebenburg) 205

Paderborn 10
Pattensen 41
Petersberg, Ruine 210f.
Plesse, Burg (Bovenden-Eddigehausen) 273
Pöhlde 10, **228**
Polle 358 (Abb. 102, 103)

Rammelsberg 11
Reinhausen 289f. (Abb. 74)
Rheden 251
Rhumspringe 228f.
Riddagshausen, Kloster 90ff.
Rinteln 313, **327ff.**
- Marktkirche 328f.
- Rathaus 329f. (Abb. 90)
- St. Jakob, Pfarrkirche 331
- von Münchhausensche Burgmannshöfe 330
Rodenberg 293
Ronnenberg 41

Salzdahlum 15, **133f.**
- Schloß 133f.
Salzgitter 136ff.
- Gebhardshagen 136
- - Schloß 136
- Lobmachtersen 137
- - Alter Gasthof 137
- Ringelheim 137f.
- - Ev. Pfarrkirche 137
- - Schloßgebäude 138
- - St. Abdon und Sennen 137f.
- Salder 136f.
- - Ev. Kirche 136
- - Schloß (Museum) 136f.
- Steterburg 136
- - Kirche 136
Salzhemmendorf 349
Sambleben 109
Sarstedt 48
Saupark (Springe) 9, **45**

Scharzfels, Burg 228
Schaumburg 334f.
Schaumburg, Landkreis 293ff.
Schaumburg-Lippe 9, **293**
Schöningen 107f.
- Anna-Sophianeum 108
- Burg 108
- St. Lorenz, Pfarrkirche 108
- St. Vincenz 107
Schöppenstedt 109
- An der Kirche 5 109
- Marienkirche (Küblingen) 109
- St. Stephan 109
Schulenburg 41
Schwöbber, Schloß (Abb. 95, 96)
Seesen 215f.
Sehnde 47
Sieber 221
Söder 163
Solling 8, **249ff.**
Sossmar (Hohenhameln) 65
Springe 45
- Martplatz 46
- Rathaus 46
- St. Andreas 46
Stadthagen 313ff.
- Bischopingerode, Kloster 313
- Franziskanerkloster 317
- Haus Amtsporte 318
- Markt 317 (Abb. 81)
- Rathaus 316f.
- Schloß 318 (Farbabb. 25)
- Steinhaus 317 (Abb. 80)
- St. Martin 313ff. (Abb. 81)
- - Mausoleum 315f. (Abb. 82)
St. Andreasberg 210, **220**
- Grube Samson 220f. (Abb. 49, 50, 51)
Steuerwald, Burg 161
Süpplingenburg 97
- Ev. Kirche 97ff. (Abb. 29)

Tettenborn 225

Tündern (Hameln) 346

Uslar 275f.
- Freudenthal, Schloß 275
- Kirche 275f.
- Rathaus 276 (Abb. 68)

Verden, a. d. Aller 10
Vienenburg 205f.
Völksen (Springe) 44

Wallensen 349
Walkenried, Kloster 222ff. (Abb. 53)
Wendhausen 47 (Abb. 13)
Werla 10
Werra 8
Weser 8
Wesertal (Farbabb. 21)
Wiebrechtshausen, ehem. Zisterzienserkloster 269 (Abb. 66, 67)
Wildemann **214f.**, 220
- Ernst-August-Stollen 214f.
- 19-Lachter-Stollen 214
Windhausen 215 (Abb. 46)
Winzenburg 257
Wispenstein, Gut 256
Wohldenberg (Holle-Sillum) 163
Wolfenbüttel 15, **110ff.**
- Hauptkirche Beatae Mariae Virginis 129ff.
- Heinrichstadt 110f., **113**
- Lessinghaus 112 (Abb. 33)
- Schloß 111f. (Farbabb. 11)
- Schloßplatz 111f.
- St. Johannis, Pfarrkirche 112
- Trinitatiskirche 132f. (Farbabb. 12, 13)
- Zeughaus 112 (Abb. 32)
Wötingerode, Benediktinerkloster 205
Wrisbergholzen 256
Wülfinghausen, Kloster 44

Zorge 222

391

Von G. Ulrich Großmann sind in unserem Verlag erschienen:

Östliches Westfalen

Vom Hellweg zur Weser
Kunst und Kultur zwischen Soest und Paderborn, Minden und Warburg
328 Seiten mit 33 farbigen und 122 einfarbigen Abbildungen sowie 88 Zeichnungen und Plänen, 7 Seiten praktischen Reisehinweisen, Register, kartoniert (DuMont Kunst-Reiseführer)

»Kunst und Kultur haben sich noch nie um landes- oder sonstige politische Grenzen gekümmert. So findet man zwischen Soest und Paderborn und zwischen Minden und Warburg eine Fülle großartigster Zeugen der Vergangenheit, die sich durchaus ähnlich auch in hessischen Landen widerspiegeln. Als neueste Folge in der ausgezeichneten Reihe der DuMont Kunst-Reiseführer macht diese Tatsache der Band ›Östliches Westfalen‹ hervorragend deutlich. Ein Genuß ist es, die zahlreichen sehr guten Farbaufnahmen des Bandes zu betrachten. Sehr instruktiv wirken alte und neue Lagepläne, Grundrißzeichnungen und Reproduktionen alter Bilder. Hier wurde mit ebenso großem Wissen wie Liebe zur Sache gearbeitet.«

Gießener Anzeiger

»Die klassischen Sehenswürdigkeiten des östlichen Westfalens erfahren eine eingehende, fundierte Würdigung. Der ausgezeichnete Kartenteil macht den Band hervorragend nutzbar.«

Westfalenpost

Der Fachwerkbau

Das historische Fachwerkhaus, seine Entstehung, Farbgebung, Nutzung und Restaurierung
208 Seiten mit 55 farbigen und 254 einfarbigen Abbildungen und Zeichnungen, Erläuterung der Fachbegriffe, Karte, Literatur, Ortsregister, Sachwortregister, Leinen mit Schutzumschlag

»Welche Baustoffe wurden früher für Fachwerkhäuser verwendet? Was versteht man unter dem Begriff Küchenlucht und was ist ein Rofen? Dieses Buch ist breit gefächert. Es informiert nicht nur über den Bau und die Grundtypen des Fachwerkgerüstes, über Zierformen und Raumstruktur, es bietet auch einen umfassenden Überblick über die Entwicklung des Fachwerks in der Bundesrepublik. G. Ulrich Großmann, Wissenschaftlicher Referent am Westfälischen Freilichtmuseum in Detmold, wendet sich mit dieser Veröffentlichung nicht nur an den Fachmann. Der Text ist einfach und präzise, übersichtlich in der Anordnung zu den Zeichnungen und Fotos, so daß auch der Laie, der Nichtfachmann gut zurechtkommt.«

Neue Osnabrücker Zeitung

»Dieses wissenschaftliche Buch, Satz für Satz dem Laien verständlich, beschreibt die Entstehung, Nutzung und Restaurierung des historischen Fachwerkhauses. Der Leser erfährt nicht nur alles Wissenswerte über Fachwerk-Konstruktion, Schmuck und Farbgebung, sondern auch über die konkrete Geschichte des Hausbaus: wie Bauwünsche früher aussahen, wie so ein Haus finanziert und geplant wurde, wie ein Vertrag aussah.« *Das Haus*